Klaus Neuenfeld

Streifzüge durch das alte Sachsen-Anhalt

Streifzüge durch das alte Sachsen-Anhalt

Ein Führer durch die Ortsgeschichte und Baudenkmäler
mit 680 Abbildungen

von
Dr. Klaus Neuenfeld

MUR-Verlag
2020

Haftungsausschluss:
Die Herstellung des Buchs hat, beginnend mit den Recherchen und Fotoaufnahmen durch den Autor ab 2013, mehrere Jahre in Anspruch genommen, weshalb nicht auszuschließen ist, dass einzelne Texte und Bilder zum Zeitpunkt des Erscheinens des Werks nicht mehr der aktuellen Lage entsprechen. Autor und Verlag übernehmen keine Haftung für die Aktualität, Richtigkeit und Vollständigkeit der Inhalte, obwohl diese unter größter Sorgfalt erarbeitet wurden.

Titelbild: Ehemaliges Biener´sches Gutshaus in Schotterey, Bad Lauchstädt

Lektorat: Dr. Heinz Wittmann

Druck: CPI books GmbH, Leck

Verlag: MUR-Verlag GmbH & Co. KG
94032 Passau – www.mur-verlag.de

ISBN: 978-3-945939-21-5

Inhaltsverzeichnis

Vorwort

Das vorliegende Werk ist aus der intensiven Befassung des Autors Dr. Klaus Neuenfeld mit den Baudenkmälern und der Territorial- und Kulturgeschichte Sachsen-Anhalts entstanden. Die baulichen Schätze, über die das Land mit seinen Burgen, Schlössern, Herrenhäusern, Klöstern und Rathäusern verfügt, sollen mit diesem Buch dokumentiert und geschichtlich eingeordnet werden. Der Band beinhaltet eine Auswahl aus den mehr als 2.000 Fotos, die Klaus Neuenfeld auf seinen Streifzügen durch Sachsen-Anhalt festgehalten hat, ergänzt durch Bilder, die von Museen, Stadtämtern und Fotografen, zum Teil über Wikipedia, zur Verfügung gestellt wurden.

Für das Lektorat des Buchs und das grafische Konzept zeichnet Prof. Dr. Heinz Wittmann (Wien-Passau) verantwortlich. Die grafische Gestaltung haben Ayla Güney (Weimar) und Eva Bittner-Scheuner (Wien) besorgt. Beiden sei an dieser Stelle für ihren Einsatz herzlich gedankt.

Für den Verlag | Prof. Dr. Heinz Wittmann

Im Juli 2020

Das alte Sachsen-Anhalt

Wer den Versuch unternimmt, sich diesem Thema zu nähern, wird nicht daran vorbeikommen, die zu beschreibende Kulturlandschaft räumlich einzugrenzen. Es ist nicht damit getan, sich strikt an die Landesgrenzen von Sachsen-Anhalt zu halten, das in diesen Umrissen erst seit 1990 existiert, abgesehen von einem geschichtlich unbedeutenden Zeitraum zwischen 1945 und 1952. Dieses so kulturgesättigte Land hat vielmehr eine Geschichte, die sich nicht ohne zahllose Blicke auf die Nachbarregionen beschreiben lässt. Umfassend ist dies ohnehin nicht möglich, als viele zwischen 800 und etwa 1990 entstandene Gebäude in ca. 350 Städten und Gemeinden eine Erklärung finden sollen. Diese Ausbeute erhebt keinen Anspruch auf Vollständigkeit. Sie begrenzt vor allem die Kirchen auf wenige Zeitzeugen, sonst wäre ein zweiter Band dieser Darstellung die unvermeidliche Folge. Auch die Zahl der Rittergüter geht auf eine Auswahl zurück, da deren Geschichte nur teilweise und meistens sehr rudimentär dokumentiert ist, was auf ideologische Gründe zurückzuführen ist, weil diese Güter in der DDR-Zeit „totgeschwiegen“ wurden und erst seit der Wende — also ziemlich spät — Akzeptanz gefunden haben.

Territorialgeschichtlich gesehen ist das Gebiet zwischen dem Thüringer Wald und der Altmark eines der zerrissensten in Deutschland (Anette Boldt-Stülzebach). Mathias Tullner (318) bezeichnet das Land in seinen Kerngebieten als „historischen Raum, als Geschichts- und Kulturlandschaft“, verkennt aber natürlich nicht die auch noch 1815 bestehende Zersplitterung in größere, kleine und kleinste Gebiete. Unter Berücksichtigung dieser Gemengelage soll der Zeitraum zwischen 800 und ca. 1990 in diesem Buch seine textliche und bildliche Darstellung finden.

Die Beschreibung endet im Norden südlich des Mittellandkanals sowie in der Höhe etwa von Haldensleben bis Wolmirstedt, erfasst also nicht die Nordteile des Ohrekreises, des Jerichower Landes sowie die Altmark, die schon sehr frühzeitig nach Norden tendierten und als „Wiege Brandenburgs“ oder „Preußens“ beschrieben worden sind (54, 55, 282).

Aus dem Landkreis Jerichower Land, das seit Beginn des 18. Jahrhunderts preußisch war, sind nur einige südlich gelegene Objekte beschrieben, die u.a. zu Zerbst gehört haben.

Dabei ist eine eher plakative Beschreibung der geschichtlichen Entwicklung für eine Erkenntnis der historischen Ereignisse unverzichtbar. Daneben wird sich das Land visuell aber vor allem in seinen Burgen, Schlössern, Herrenhäusern, Klöstern und Rathäusern erschließen, die zum größten Teil eher Ortsgeschichte als Landesgeschichte erzählen. Anders als in Thüringen, das sich im Wesentlichen auf sich selbst beschränkte und sich nur mit den Albertinern, den Stammvätern des heutigen Freistaates Sachsens, über Jahrhunderte verlustreiche Auseinandersetzungen mit den Ernestinern lieferte, wurde der Raum des heutigen Sachen-Anhalts von auswärtigen Mächten bedrängt und gestaltet, den Hohenzollern und den Sachsen, seit dem Mittelalter aber auch von den Preußen und der deutschen Königsmacht. Stärker als Thüringen war Sachsen-Anhalt daher Spielball vielfältiger Herrschaftsansprüche.

Nach der Befassung mit mehr als 350 Städten und Gemeinden und der Erkenntnis, dass eine Geschichte über fast 1200 Jahre zu betrachten ist, erscheint die Feststellung gerechtfertigt, dass es für den Erhalt und die Wiederherstellung vieler aus zurückliegenden Jahrhunderten stammenden baulichen Preziosen allerhöchste Zeit einer Visualisierung ist. Wie in Thüringen ist an – trefflichen – Büchern über die „Paradebauten" kein Mangel. Dieses Buch hat sich jedoch die Aufgabe gestellt, auch Bauten wieder in die Öffentlichkeit zu rücken, die viel zu wenig bekannt sind und häufig durch Vernachlässigung vor der Vernichtung ihrer Existenz stehen, weil sich für sie keine Verwendung zu finden scheint oder sie abseits der großen Kulturzentren des Landes liegen. Sehr viele Wohngebäude Sachsen-Anhalts sind äußerlich saniert, auch eine überraschende Erkenntnis. Schon dadurch fallen die Schlösser, vor allem aber die Guts- und Herrenhäuser, oft auf, weil sie als Einzige oft nicht saniert sind.

Außerdem sind sie bereits in der DDR-Zeit der gesellschaftlichen Verachtung ausgesetzt gewesen, weil sie oft in kleinsten Dörfern schon von weitem den in der Tat frappierenden Gegensatz von denen „da oben" und denen „da unten" augenscheinlich machen. Obwohl ungezählte Gutshöfe durchaus in den neuen gesellschaftlichen Rahmen nach Kriegsende gepasst hätten, verfielen sie und befinden sich heute nicht selten in einer deprimierenden Verfassung.

Der Verfasser hofft, mit diesem Buch zu einer anderen Sicht beizutragen. Ihm ist selbstverständlich bekannt, dass dies alles mit Geld zu tun hat, das man meistens nicht oder nicht in der unumgänglichen Höhe besitzt. Man braucht Nutzer und Nutzungskonzepte, der Einzelne kann das nicht stemmen. Hier ist vor allem das Land gefragt, das sich klarmachen sollte, dass der Tourismus nicht nur die „Romanische Straße" entlanggeführt werden darf.

Bei der Befassung mit dem Thema, die augenscheinlich in diesem Umfang noch niemals stattgefunden hat, ist dem Verfasser allerdings einiges aufgefallen, für dessen Bewältigung man eher kein Geld benötigt.

- Eine Information vor Ort über sehenswerte Objekte ist in den meisten Fällen nicht gegeben. Meist muss man sich durchfragen, wenn man auf den Straßen überhaupt jemanden antrifft. Oft hilft am Auto nur der Navigator, aber auch nur dann, wenn die Objekte postalisch ausgewiesen sind, was meistens nicht oder nicht mehr zutreffend der Fall ist.
- Keineswegs in allen Fällen sind die Objekte in die Denkmalliste eingetragen. Diese Feststellung gilt jedenfalls, wenn man – wohl mit Recht – die wenigen bekannten Schilder über die Denkmaleigenschaft zum Maßstab nimmt.
- Eine Kontrolle über die Erhaltungspflichten nach dem Denkmalschutzgesetz scheint in den meisten Fällen nicht stattzufinden. Sofern eine umfassende Inventarisation in absehbarer Zeit nicht möglich ist, angesichts der Objekte und ihrer riesigen Zahl durchaus verständlich, müsste angestrebt werden, jedenfalls eine große Zahl von nicht inventarisierten denkmalgeschützten Bauten den Nutzern oder Eigentümern als denkmalpflichtig bekannt zu geben und sie auf ihre Unterhaltungspflichten hinzuweisen.
- Die Denkmaleigentümer scheinen nicht darüber aufgeklärt, dass in Sachen-Anhalt die Eintragung in die Denkmalliste nicht konstitutiv ist, sondern das „ipso-jure"-Prinzip gilt. Dies bedeutet, dass eine Denkmaleigenschaft nicht erst vorliegt, wenn eine Eintragung in die Denkmalliste stattgefunden hat. Ein Gebäude oder ein Park kann auch ohne solch eine Eintragung Denkmalschutz genießen. Es ist zu bezweifeln, dass dieser Unterschied im Lande bekannt ist.

- Aus dieser Denkmaleigenschaft folgt eine umfassende Pflicht, die Denkmäler für Interessenten zu öffnen. Bereits in § 1 Abs. 4 des Denkmalschutzgesetzes des Landes heißt es, dass Kulturdenkmale im Rahmen des Möglichen und des Zumutbaren der Öffentlichkeit zugänglich gemacht werden sollen. Der wichtigste Satz für die Denkmalschutzpraxis ist wohl § 9 Abs. 2 des sachsen-anhaltinischen Denkmalschutzgesetzes:

  Die Eigentümer, Besitzer und anderen Verfügungsberechtigten von Kulturdenkmalen sind verpflichtet, diese im Rahmen der wirtschaftlichen Zumutbarkeit nach denkmalpflegerischen Grundsätzen zu erhalten, zu pflegen, instand zu setzen, vor Gefahren zu schützen und, soweit möglich und zumutbar, der Öffentlichkeit zugänglich zu machen.
- Über diese Pflichten müsste seitens der Denkmalbehörden eine umfassende Information an die Betroffenen gehen, durchaus verbunden mit dem Hinweis, dass man die Objekte nicht gewissermaßen rund um die Uhr für Besucher zur Verfügung halten muss, sondern dies auf bestimmte Tage und Zeiten begrenzen darf. Das vom Verfasser nicht selten gelesene Schild „Privatbesitz, Betreten verboten" verstößt jedenfalls eindeutig gegen geltendes Recht. Das gilt auch für solche Anlagen, die durch eine Ummauerung oder sonstige Abschirmmaßnahmen nicht zu visualisieren sind; das erscheint ebenfalls unzulässig.

Man muss die Objekte jedenfalls von außen betrachten und fotografieren können, alles andere ist nicht denkmalgerecht.

Vielleicht sollte das Land stärker auf die Entstehung von Fördervereinen hinwirken, die nicht selten sehr Maßgebliches zum Erhalt eines Denkmals tun, aber keineswegs überall vorhanden sind.

Mit der Zuordnung der Objekte zu den jeweiligen Landkreisen hofft der Autor, zu umfänglicheren Besichtigungen anzuregen. Die verbalen Beschreibungen sind Kurzfassungen. Sie sollen lediglich das Interesse an den gezeigten Bildern vertiefen. Die häufig in den Erläuterungen eingekreisten Zahlen verweisen auf das Literaturverzeichnis und ermöglichen eine weitere Vertiefung, die dieses Buch nicht leisten kann.

Die Entwicklung der Kulturlandschaft Sachsen-Anhalts

Fast 1200 Jahre „aktueller" Entwicklung eines so zentral in der Mitte Deutschlands liegenden Gebietes haben dieses natürlich über eine so lange Zeit unterschiedlichsten Einwirkungen ausgesetzt. Die einzelnen Herrschaftsgebiete wurden immer wieder verändert und nicht selten verkleinert durch das Fehlen einer Primogenitur, was dazu führte, dass ohnehin eher kleine Gebiete im Erbfall noch einmal zerteilt wurden. Jahrhundertelang regierende Adelsfamilien starben im Mannesstamme aus und verschwanden damit von der Bildfläche. Regionale Kriege oder Fehden führten zu teils drastischen Veränderungen. Durch Herrschaftsbauten bewirkte Überschuldungen führten ebenfalls nicht selten zu Gebietsveränderungen oder Gebietsverlusten. Vor allem aber hat das überaus fruchtbare Land zu Begehrlichkeiten bei den größeren und stärkeren Nachbarländern geführt. Eine ausführliche Behandlung dieser weitgespannten Thematik scheidet hier aus.

Die kurzgefassten Texte sollen allerdings Verständnis wecken bei der Betrachtung der einzelnen Objekte.

Werfen wir zunächst einen Blick auf ein Thüringer Königreich, das zwar keine Bauten hinterlassen haben konnte, aber für die Entwicklung des Gebietes von Sachsen-Anhalt einer kurzen Erwähnung bedarf. Dieses Königreich, das bereits im Jahre 531 durch Merowinger und Sachsen in einer einzigen Schlacht vernichtet wurde

(177), fand erst mit diesem Endzeitpunkt das Interesse späterer Historikergenerationen. Man hat über die Ausmaße und das gesellschaftliche und politische Leben dieses Reiches bis heute nur wenig erfahren können, kein Wunder bei der Urkundsarmut dieser frühen mittelalterlichen Zeiten. Man weiß heutzutage nicht einmal genau, wo diese Schlacht stattgefunden hat. Das als wahrscheinlich genannte Schlachtfeld lag bei der Burg Scheidungen, aus hier nicht weiter interessierenden Gründen kann jedenfalls auch die Unstrut für ein solches Ereignis herhalten. Die Ausmaße des untergegangenen Reiches sind bis heute ungeklärt. Hierzu fehlen zuverlässige schriftliche Überlieferungen und die durch Bodenforschung und Siedlungskunde bisher gewonnenen Erkenntnisse reichen zu einer genauen Feststellung nicht aus. Bisher gilt nur die sehr verschwommene Auffassung, das die Flussläufe der Ober- und Mittelelbe im Norden, im Osten vielleicht der Weißen Elster, im Süden des oberen und mittleren Main und im Westen etwa der Werra die Grenzen gekennzeichnet haben. Vielleicht kann man sich auf die These einigen, dass das Königreich seinen Mittelpunkt an der mittleren Saale gehabt haben müsste. Soweit man nach der Zerstörung des Königreiches im Maingebiet Hinweise auf Thüringer Adelsfamilien gefunden hat, ist nicht sicher, ob diese schon vor der Zerstörung des Königreiches dort geherrscht oder sich in den Jahrhunderten danach dort angesiedelt haben. Selbst die Frage, ob die Merowinger militärischen Beistand von den Sachsen erhalten haben, ist heiß umstritten. Die meisten Historiker gehen davon aus, dass die Sachsen Hilfe geleistet haben, wofür sprechen könnte, dass sie die westlichen Nachbarn der Thüringer gewesen sind. Auf dieses Thema ist noch zurückzukommen im Zusammenhang mit der Beschreibung des Herzogtums Sachsen, das sich an den Osträndern im Rahmen der Möglichkeiten unter Heinrich dem Löwen nach Osten weiterentwickelt hat.

Feststeht wiederum, dass nach 531 das alte Gebiet des Thüringer Königreiches in einer allerdings eher lockeren Weise von den merowingisch-fränkischen Herzögen beherrscht worden ist.

Das Stammesherzogtum Sachsen

Bei der Betrachtung dieses Themas muss man sich zunächst von der Vorstellung lösen, dass der heutige Freistaat Sachsen oder auch das frühere Königreich Sachsen gemeint wären. Das Stammesherzogtum Sachsen, auch Altsachsen genannt, war ein frühmittelalterliches Gebilde zwischen Niederrhein und Unterelbe. Es umfasste westlich von Elbe und Saale das heutige Niedersachsen und Bremen, die Landesteile Westfalen-Lippe des heutigen Nordrhein-Westfalen und des westlichen Teils von Sachsen-Anhalt. Das Herzogtum bestand somit aus drei Großgebieten, nämlich Westfalen, Engern und Ostfalen. Östlich der Elbe war der Norden Holsteins eingegliedert. Im Norden jedenfalls grenzte das Stammesherzogtum an die Nordsee und wie man weiß, haben die Sachsen auch Teile Englands beherrscht, wo nach dem Zusammenbruch des Römischen Reiches ein Vakuum entstanden war, in das die Angelsachsen einrückten (20).

Die abgedruckte Karte über das Stammesherzogtum Sachsen stammt etwa aus dem Jahre 1000. Wie lange vorher schon das Stammesherzogtum bestanden haben könnte, ist ungewiss. Feststeht aber, dass die Karolinger seit Mitte des 8. Jahrhunderts die Sachsen mit Feldzügen zu überziehen begannen, um sie zu christianisieren, was außerordentlich lange gedauert hat, weil die Bemühungen viele Jahre auf den entschiedenen Widerstand der Sachsen gestoßen waren. Im Jahre 743 führte der fränkische Hausmeier Karlmann aus dem Geschlecht der Karolinger ein Heer nach Sachsen und machte die sächsischen Stämme tributpflichtig. Der Karolinger Pippin

Das Stammesherzogtum Sachsen mit dem Gebietsstand etwa um das Jahr 1000

führte 753 erneut ein Heer nach Sachsen. Die eigentlichen Eroberungszüge begannen allerdings mit Karl dem Großen im Jahre 772. Im Jahre 785 war der Widerstand der Sachsen gebrochen und die Streitigkeiten ließen nach, nachdem der Sachsenführer Widukind sich hatte taufen lassen. Im Jahre 804 waren die Sachsenkriege endgültig beendet, nachdem Karl der Große im Elbe-Weser-Dreieck und nördlich der Elbe die Aufständischen besiegte und die Überlebenden mit Frau und Kind in das Frankenreich deportieren ließ (224).

Heinrich der Löwe

Heinrich der Löwe (1129-1195) wurde 1142 durch König Konrad III. mit Sachsen belehnt. Seine expandierende Politik bedarf einer etwas genaueren Betrachtung, weil sie auf die hier beschriebene Region erheblichen Einfluss hatte. Heinrich der Löwe hatte 1155 auch das Herzogtum Bayern erhalten und war bereits durch diese Bündelung der beiden Herzogtümer einer der mächtigsten Reichsfürsten. Aus der Belehnung Heinrichs des Löwen mit den Stammesherzogtümern Sachsen und Bayern begann eine reichsfürstliche Karriere,

Grabmal Heinrichs des Löwen und seiner Gemahlin Mathilde im Braunschweiger Dom

die zunächst bestimmt war von dem Umstand, dass Friedrich I. Barbarossa und er Neffen waren. Dieses Nebeneinander von letztlich unterschiedlichen Machtpositionen (hier der Kaiser, dort der Reichsfürst) funktionierte viele Jahre deshalb, weil Friedrich I. durch seine Italienpolitik bis hin zu Kreuzzügen und durch die Bemühungen, seinen Einflussbereich in Süddeutschland zu vergrößern, gebunden war und daher seinem Vetter Heinrich weitgehend freie Hand ließ, in Norddeutschland seinen Einflussbereich ständig zu vergrößern. Diese ausufernde Territorialpolitik Heinrichs des Löwen ist für unser Thema von Bedeutung. Heinrich der Löwe erweiterte unablässig seinen räumlichen Machtbereich. Er erwarb die Besitzungen der Grafen von Stade, Vinzenburg, Assel, Sommerschenburg und Oldenburg, wobei er seine Ansprüche zum Teil auf Verwandtschaft, zum Teil auf seine herzogliche Stellung stützte und diese notfalls gegen eher berechtigte Erben mit Gewalt durchsetzte (9, 52, 84, 157).

Sein Besitz reichte daher von Weser und Fulda über Saale und Elbe bis nach Thüringen, wozu noch sein großes ostelbisches Machtgebiet kam. Dabei stieß er naturgemäß mit nicht wenigen Regionalfürsten zusammen, die sich gegen das Machtgehabe Heinrichs des Löwen beim Kaiser immer wieder, zunächst ohne Erfolg, beschwerten. Es war aber klar, dass dieser Frieden zwischen den beiden Geschlechtern auf einer uneingeschränkten gegenseitigen Hochachtung und Hilfestellung beruhte. Die kam ins Wanken, als Heinrich der Löwe immer stärker die Attitüden eines Königs seines Gebietes auslebte und in einem entscheidenden Zeitpunkt den Kaiser im Stich ließ. Heinrich der Löwe hat zunächst den Kaiser bei seinen Italien-Feldzügen unterstützt, versagte sich aber noch unter Duldung Friedrichs I. die Teilnahme am Romzug von 1174. Im Jahr 1175 geriet der Kaiser in Italien in militärische Schwierigkeiten und nur ein rascher Kriegserfolg konnte noch alles zu seinen Gunsten wenden. Er bedurfte dazu dringend der militärischen Verstärkung, vor allem durch die Teilnahme des westfälischen Vetters und seiner Heerscharen. Heinrich der Löwe erklärte sich im weiteren Verlauf der sich abzeichnenden Auseinandersetzung und Entfremdung nur für den Fall zur Mitwirkung an den Heer-Zügen in Italien bereit, wenn ihm die Reichsstadt Goslar abgetreten werden würde. Da Goslar der wirklich einzige Stützpunkt des Kaisers im Stammesherzogtum Sachsen war, lehnte dieser die Abtretung ab und man trennte sich im Zorn. Die Schlacht bei Legnano ging verloren und als der Kaiser 1178 nach Deutschland zurückkehrte, stellte er sich überaus positiv zu den Klagen der Widersacher Heinrichs des Löwen.

Dieser hatte sich inzwischen den Markgrafen Albrecht den Bären und sein Askanisches Haus, den Pfalzgrafen von Sachsen und den Landgrafen von Thüringen sowie mächtige Erzbischöfe (Bremen, Magdeburg, Köln) zum Gegner gemacht. Anders als früher stellte sich der Kaiser nunmehr auf die Seite der Feinde des Löwen. Dieser muss gespürt haben, dass sich die Situation gewandelt und gegen ihn gerichtet hatte und erschien deshalb zu den drei Terminen des landrechtlichen Verfahrens nicht, so dass er aufgrund solcher Versäumnisse dem Achtspruch unterfiel. Da er im darauffolgendem Jahr nicht einlenkte, verfiel er im Juni 1180 der

Oberacht. Er wurde seiner beiden Herzogtümer für verlustig erklärt und behielt nur einen kleinen Einflussbereich um Lüneburg. Bayern kam an das Haus Wittelsbach, das Stammesherzogtum Sachsen wurde zerschlagen; Westfalen kam an den Erzbischof von Köln; Engern und Ostfalen wurden dem Herzogtum Anhalt übertragen. Außerdem wurde Heinrich der Löwe verurteilt, für mehrere Jahre in die Verbannung zu gehen. Er wählte hierzu den Sitz seines Schwiegervaters, des englischen Königs Heinrich II. Der Löwe hatte sich schlicht verkalkuliert, als er sich für unangreifbar gehalten hatte.

Lassen wir zum Schluss den berühmten Historiker Karl Hampe ein Urteil abgeben (84):

Eine Gestalt aus einem Gusse ist er, wenn wir sein Charakterbild betrachten, fraglos gewesen, geschlossen, folgerichtig, von der Kindheit bis zum Alter immer der gleiche: zugreifend und tatenlustig, großzügig und herrschkundig, machtdurstig und habgierig, hart und gewalttätig, stolz und hochfahrend, trotzig und eigenwillig – eine Herrschernatur mit der Lösung: alles oder nichts. Das Schicksal, das ihn traf, hatte nichts Zufälliges, sondern entsprang seinem tiefsten Wesen. Hätte es ihn auf den Thron emporgehoben, was ja keineswegs außer aller Möglichkeit lag, so hätte er für Königtum und Reichseinheit vielleicht ein Segen werden können.

Das Gebiet des Herzogtums Sachsen hatte sich schon unter Heinrich dem Löwen über den Besitz im Jahr 1000 (siehe Karte Seite 10) immer weiter nach Osten bis an die Elbe erstreckt. Nach seinem Sturz ergriff der längst sesshafte Adel im Harz und im Bördegebiet die „Macht", die man nicht mit einem geordneten Herrschaftsgebiet gedanklich in Verbindung bringen darf. In der Ottonischen Zeit, in der die Kaisermacht noch existent war, hatte diese längst das Harzgebiet wegen seiner Bodenschätze (und seiner Jagdmöglichkeiten) mit Beschlag belegt (25, 285) und ab 1115 mit der Schlacht am Welfesholz (bei Hettstedt) und der Niederlage des Saliers Heinrich V. Nachdem der Adel vollumfänglich über die Königsmacht triumphiert hatte, wurde das Gebiet östlich des heutigen Niedersachsen endgültig zum Spielball der mächtigsten hochadeligen Familien. Der Herzogtitel war jetzt längst im Besitz der Askanier, das alte Stammesherzogtum war ohnehin (seit 1180) zerfallen.

Für unsere Geschichte ist noch von Bedeutung, was aus Sachsen geworden ist. 1356 stieg das Herzogtum Sachsen-Wittenberg zum Kurfürstentum auf und wurde von da an als „Kur-Sachsen" bezeichnet. Zusammen mit der Kurwürde wurde in der Folgezeit auch der Name „Sachsen" auf die alten Stammlande der wettinischen Markgrafen von Meißen an der Oberelbe übertragen. Diese Entwicklung war nicht mit einer Bevölkerungsverschiebung verbunden, nur der Name ist also die Elbe aufwärts gewandert, nicht die Sachsen selbst. Was wir heute als Freistaat Sachsen kennen, war in Wirklichkeit eine eigene Landschaft, gebildet aus zahllosen Zuwanderern aus allen Gegenden einschließlich der slawischen Völker. Normalerweise hätte man hierfür die Bezeichnung „Ober-Sachsen" wählen können, um eine Abgrenzung gegen das entstehende Niedersachsen hervorzurufen. Dies ist nicht geschehen, aber wir halten fest, dass Sachsen ursprünglich aus den Gebieten südlich der Nordsee, dem Land Westfalen und Ostfalen (Niedersachsen) bestand. Das sich herausbildende mächtige Kurfürstentum, später Königreich Sachsen, sollte jedoch noch erheblichen Einfluss auf die Situation Sachsen-Anhalts nehmen.

Die Anfänge Sachsen-Anhalts

Die Landschaft Sachsen-Anhalts war schon zehntausende von Jahren, bevor sie in die Geschichtlichkeit eintrat, in Folge der hervorragenden Bodenqualität besiedelt. Bauten waren aber erst mit der ausgreifenden Kolonisation darstellbar.

Auch hier entziehen sich bauliche Zusammenhänge noch lange Zeit der Betrachtung, weil sie einfach nicht mehr existierten, als die Geschichtswissenschaft sich des Themas annahm.

Beginnen wir mit dem Anfang des 9. Jahrhunderts. 780/781 hatte Karl der Große im damaligen Seligenstadt, wahrscheinlich das heutige Osterwieck, ein Missionsstift einrichten lassen. Es wurde 804 nach Halberstadt verlegt. Grund war vermutlich die schon damals günstige Verkehrslage. Eine von Westen nach Osten verlaufende Straße war die kürzeste Verbindung zwischen Köln und Magdeburg und stellte die Verbindung mit den Hauptorten des Stammesherzogtums Sachsen dar. Gekreuzt wurde diese Straße von einer Nord-Süd-Strecke, die in Hamburg-Lübeck anfing und über Lüneburg, Ölsen, Braunschweig, Halberstadt nach Leipzig (und darüber hinaus bis Venedig) führte. Man geht sicherlich nicht fehl in der Annahme, dass diese Verkehrslage einer der wesentlichen Gründe für die Entwicklung Halberstadts gewesen ist, die uns noch beschäftigen wird.

Fast gleichzeitig, im Jahr 806, wurde Halle zum angesehenen Teil des Reiches wegen seiner Salzproduktion, die freilich schon zwischen 400 v. Chr. und 600 n. Chr. zu slawischen Siedlungskernen in der Region geführt hatte. Zwischen diesen beiden genannten Gründungen lag ein weitgehend unerschlossenes Gebiet, bedeckt von undurchdringlichen Urwäldern, Sümpfen und Mooren, die erst ab dem 11. Jahrhundert einer Urbanisation unterzogen wurden, die vor dem 14. Jahrhundert nicht beendet war. Auch auf Halle wird zurückzukommen sein.

Die Burgenordnung Heinrich I.

Mit dem von 919 bis 936 regierenden Ottonen Heinrich I. (16, 46) begann eine Kaiserdynastie, die maßgeblich für die Entwicklung des Berichtsraumes werden sollte. Die Rede ist von den Ottonen, bei denen Heinrich I. bereits etwas Wesentliches zur Entwicklung des Gebietes in Angriff nahm, nämlich durch den Reichstagsbeschluss 926 in Worms. Dort setzte Heinrich I. den Beschluss durch, im gesamten Reich ein Netz von Ummauerungen als Befestigungen von Orten anzulegen und bereits bestehende Versammlungsstätten außerhalb der Siedlungen mit festen Mauern zu versehen. Grund dieser Burgenordnung war die permanente Gefahr durch Einfälle der nichts und niemanden verschonenden Ungarn. Heinrich I. hatte für neun Jahre ein Stillhalten der Ungarn gegen erhebliche Tributzahlungen erwirkt und die Gelegenheit benutzt, auf der Grundlage dieser Burgenordnung möglichst viele menschliche Ansiedlungen mit Mauern sicherer zu machen. Erstaunlicherweise galt dies auch für damals existierende Burganlagen, für die trotz der gefährlichen Zeiten im Normalfall Mauern überhaupt noch nicht geläufig waren. Natürlich war es nicht möglich, alle menschlichen Ansiedlungen im Alten Reich mit solchen Umfassungsmauern zu versehen, aber es gab viele Plätze, die durch solche Mauergründungen sicherer wurden. Zu den bevorzugten Orten gehörten im unruhigen Osten des Reiches Quedlinburg, Meißen, der königliche Jagdhof Bodfeld und Gernrode im Harz. Nach Ablauf der vereinbarten Stillhaltefrist von neun Jahren jagte man die neuen Tribut einfordernden Abgesandten der Ungarn nach Hause und schlug beim nächsten Ansturm der Ungarn-Horden diese am 15.03.933 bei Riade, einem heute nicht mehr bestimmbaren Ort an der Unstrut, vernichtend. 936 starb Heinrich I. in der Pfalz Memleben an der Unstrut. Er fand seine letzte Ruhe in der Stiftskirche zu Quedlinburg.

Otto der Große

Heinrichs I. vielleicht größte Lebensleistung war die Durchsetzung einer künftigen Alleinherrschaft seines Sohnes Otto, der später „Der Große“ genannt werden sollte. Er hatte damit den Fehler der Nachfahren Karls des Großen vermieden, die sein großes Reich in drei Teile geteilt hatten, von denen zwei Teile nie wieder zusammenkamen (Deutschland und Frankreich).

Otto der Große (4) ist 936 an die Regierung gekommen und wahrscheinlich in Wallhausen geboren (das zu Sachsen-Anhalt gehört). Er hatte schon Jahre vor seiner Inthronisation konsequenter noch als Heinrich I. den Raum südlich Magdeburgs als königliche Machtbasis ausgebaut und errichtete später ein wirksames Grenzsystem gegenüber den Slawen, das dem Ziel der Eroberung und der Christianisierung der slawischen Gebiete diente. Nach dem Vorbild Karls des Großen errichtete er Markgrafschaften, deren nördlichen Teil Hermann Billung führte, Markgraf Gero den südlichen Teil, etwa zwischen Havelberg und Zeitz.

937 gründete Otto der Große das Moritzkloster, das allerdings Jahrzehnte später dem von ihm betriebenen Dombau weichen musste, ohne dass genau feststeht, wo das Kloster gestanden haben könnte. Magdeburg war für Otto I. das, was Aachen für Karl den Großen gewesen ist. In keiner Stadt ist er so oft erschienen wie dort. Sein Herrscherleben ist unruhig verlaufen, wie für das Mittelalter üblich (16). Das muss hier dahinstehen, aber Erwähnung verdient die Vernichtung der Ungarn 955 auf dem Lechfeld, die nie wieder im westlichen Europa erschienen und nach einigen Jahren zum Christentum übertraten. Das Ende dieser Geißeln brachte auch Sachsen-Anhalt eine größere Ruhe im Aufbau von Wirtschaft und Kultur. Otto der Große starb am 07.05.973 wie sein Vater in der Pfalz Memleben und wurde neben seiner ersten Gemahlin Editha in der Magdeburger Kathedrale bestattet. Auf den historischen Leistungen seines Vaters, Heinrichs I. aufbauend, hat er das Jahrhundert der Ottonen begründet und beinahe Unglaubliches geleistet (150).

Die Askanier und das Fürstentum Anhalt

Die Askanier (173), die ihren Namen von einem ihrer Residenzorte, Aschersleben, ableiteten (die andern beiden waren Ballenstedt und die dem Bundesland den Namen gebende Burg Anhalt), haben in vielfältiger Weise dem Kulturraum Ausdruck verliehen. Dies ist deshalb von Bedeutung, weil das Land mit der sich ausdehnenden Ost-Kolonisation weit mehr als noch in ottonischer Zeit eine Mittellage im Reich erhielt, sich nunmehr allerdings auch am östlichen Rand mit Preußen und Kursachsen zwei übermächtigen Nachbarn gegenübersah, die jede Gelegenheit auszunutzen bemüht waren, ihr Einflussgebiet nach Westen auszudehnen, was ihnen mehrfach gelang. Die Landschaft war zudem beherrscht von den kirchlichen Fürsten, voran dem Erzbischof von Magdeburg sowie dem Bischof von Halberstadt, eine für das Mittelalter Thüringens weitgehend unbekannte Situation (vgl. „Magdeburg").

In dieser Situation bildete sich die Herrschaft der Askanier heraus, die ein kleines, aber zähes Land schufen, dessen Gründungs-Familie heute noch existiert. Es umfasste 1925 nur eine Region von rund 2.300 km^2. Damals hatte Anhalt rund 350.000 Einwohner. Zur Zeit der ersten Askanier waren es drastisch weniger. Man muss sich diese Größenverhältnisse klarmachen, um zu verstehen, was für eine Kraft in solch einem Ländchen gesteckt haben muss, um die niemals ruhigen Zeitläufte zu überstehen.

Graf Esico wird erstmals in einer in der Pfalz Tilleda ausgestellten Urkunde Konrads II. vom 26.10.1036 erwähnt. Er ist somit der erste urkundlich beglaubigte Ahnherr des anhaltischen Fürstenhauses. Graf Esico heiratete Mathilde von Schwaben, eine Schwester der Kaiserin Gisela, der Gemahlin Kaiser Konrads II. Damit floss in den Askaniern das Blut der Karolinger. Sein Sohn Adelbert wurde um 1080 in einer Fehde durch Egeno von Konradsburg erschlagen. Über mehrere Generationen, deren Beschreibung hier entbehrlich ist, kommen wir zu Albrecht dem Bären, der bereits erwähnt wurde (176). Nach seinem Tode wurde sein jüngster Sohn Bernhardt ab 1180 Herzog von Sachsen. Im Jahre 1212 starb Bernhardt. Sein ältester Sohn Heinrich I. erhielt als Graf von Aschersleben (oder von Anhalt) die Stammgüter zwischen Harz und Mulde. Seine Söhne teilten später das Land auf und es entstand die bis 1468 existierende alte Bernburger Linie (69). Daraus entwickelten sich Köthen-Zerbst und Köthen-Dessau. 1570 war Anhalt unter Fürst Johann Ernst von Dessau wieder vereint. Leider teilten seine Söhne 1603 abermals das Herrschaftsgebiet innerhalb Anhalt-Zerbsts (bis 1793), Anhalt-Köthens (bis 1847), Anhalt-Bernburgs (bis 1863) und Anhalt-Dessaus. Als die ersten drei genannten Häuser ausgestorben waren, fungierten die Dessauer Askanier von 1863-1918 als Herrscher des Herzogtums von Anhalt. Man wird sagen dürfen, dass die unablässigen Teilungen Anhalts dieses ohnehin kleine Land immer ohnmächtiger gemacht haben. Allerdings scheint dem Autor das später so gelobte Prinzip der Primogenitur in seinen behaupteten Wirkungen überzogen. Die Primogenitur vereinte zwar die Herrschaftsmacht jeweils in der Person eines einzelnen Herrschers, normalerweise des Erstgeborenen. Damit es gelang, weitere Söhne und Töchter entsprechend abzufinden, hatten sie einen Anspruch auf Schloss und Land. Das berühmteste Beispiel hat im Nachbarland Thüringen stattgefunden, als Ernst I. von Sachsen-Gotha starb und 8 Söhne hinterließ, denen er jedem ein Herzogtum überantwortete, so dass es wenig bedeutet, dass ein einzelner Fürst die Politik weiterhin bestimmte. Das Land wurde schlicht zerteilt, verlor damit an Einfluss und verschlang darüber hinaus Unsummen für die repräsentative Ausstattung der Söhne.

Statue Albrecht des Bären in der Zitadelle Spandau/Berlin

Im Hauptteil dieses Buches wird deutlich werden, dass die kulturelle Entwicklung den politischen Machtverfall im Lande Anhalt mehr als ausgeglichen hat (116, 156).

Die preußische Provinz Sachsen

Im dreißigjährigen Krieg hatte das überwiegend flache Durchgangsland Sachsen-Anhalt furchtbar gelitten. Der Krieg hatte sich vorrangig auf seinem Territorium abgespielt, die Stadt Magdeburg war 1631 durch die kaiserlichen Truppen Tillys dem Erdboden gleichgemacht worden. Überlebt hatten nur der Dom und das Stift Unser Lieben Frauen. Unzählige Dörfer und Städte teilten dieses Schicksal. Hiervon hatte sich das Land erst nach rund 100 Jahren erholt. Als Ergebnis des Westfälischen Friedens von 1648 wurde Sachsen-Anhalt auf Preußen und

Kursachsen aufgeteilt. Ausgenommen blieb im Wesentlichen nur das kleine anhaltinische Gebiet. 1815 wurde als Ergebnis des Wiener Kongresses die preußische Provinz Sachsen gebildet, an der Kursachsen nicht mehr beteiligt war, das sich im Napoleonischen Krieg auf der im Ergebnis falschen Seite befunden hatte. Preußen erfuhr durch die Bildung der Provinz einen Ausgleich dafür, dass ihm Sachsen nicht überlassen wurde, was wohl die anderen Mächtigen des Kongresses verhindert haben, um Preußen nicht noch stärker werden zu lassen.

Die 1815 somit gebildete preußische Provinz Sachsen (318, 319) lag zwischen dem Königreich Hannover, dem Herzogtum Braunschweig, dem Kurfürstentum Hessen, den 10 Thüringischen Staaten und dem Königreich Sachsen sowie der preußischen Provinz Brandenburg. Es hatte eine Fläche von 25.529 km² und 3.622.546 Einwohnern. Die Provinzhauptstadt war Magdeburg. Die preußische Provinz Sachsen entspricht im Wesentlichen dem heutigen Bundesland Sachsen-Anhalt (ohne Dessau, den Norden Thüringens sowie Teilen des westlichen Brandenburgs und des nordwestlichen Sachsens). Damit verfügte Preußen faktisch über das Gebiet des heutigen Sachsen-Anhalts bis zum Ende des 2. Weltkrieges. 1946 erfolgte die Umbenennung in die Provinz Sachen-Anhalt und 1947 in das Land Sachsen-Anhalt, das 1949 Bestandteil der DDR wurde, jedoch bereits 1952 mit der Gebietsreform in der DDR wieder aufgelöst worden ist (310). Es entstanden daraus die Bezirke Halle und Magdeburg. Das Fürstentum Anhalt wurde gebietsmäßig kaum angetastet und überlebte auch noch die DDR. Ob man für das Jahr 1990 von einer Wiedergeburt oder einer Erstgeburt sprechen muss, lässt sich trefflich streiten. Die Bürger des neuen Kulturraums hatten kein Sachsen-Anhalt gekannt, genaugenommen niemals, und die wenigen Jahre, in denen während der DDR-Zeit von Sachsen-Anhalt die Rede war, werden wenig Veranlassung gegeben haben, ein starkes Heimatgefühl für diesen Begriff zu entwickeln. Die Kulturgeschichte dieses Bundeslandes ist jedoch so herausragend, dass sich ein solches Gefühl eigentlich inzwischen eingestellt haben sollte.

Die sächsischen Sekundogenituren Weißenfels, Merseburg und Zeitz

Am 20.07.1652 verfasste der sächsische Kurfürst Georg I. von Sachsen (Regierungszeit 1611-1656) ein Testament für seine zwischen 1613 und 1619 geborenen vier Söhne, um deren herrschaftlichen Verbleib für den Fall seines Todes zu regeln. Da die Primogenitur Pflicht war, wurde der älteste Sohn, Georg II., Kurfürst und Herrscher über Kursachsen, das spätere Albertinische Herrschaftsgebiet. Die drei jüngeren Brüder sollten neue fürstliche Dynastien gründen und – ggf. – dem Alter entsprechend den Kurfürstenstatus erlangen, falls die Familie Georg II. im Mannesstamme aussterben sollte (39, 239).

In dem Testament waren viele Fragen offen geblieben. Dazu kam, dass das Testament ohne Einschaltung der Landstände verfasst worden war und auf deren sowie der betroffenen Städte Widerspruch stieß. In langen Diskussionen der vier Erben miteinander und mit den Ständen kam es 1657 in Dresden zu einem „Freund-Brüderlichen Haupt-Vergleich", infolge dessen die Herzogtümer Weißenfels, Merseburg und Zeitz entstanden. Die „Außenpolitik" verblieb beim Kurfürsten, die neuen Gebilde durften nicht noch einmal geteilt werden und fielen beim Tode des jeweils letztversterbenden männlichen Herrschers an Kursachsen zurück. Allzu lange ließ das nicht auf sich warten, denn die Sekundogenituren existierten nur wenige Jahrzehnte (Sachsen-Zeitz bis 1718, Sachsen-Merseburg bis 1738 und Sachsen-Weißenfels bis 1746). Die ihnen jeweils zugehörigen Ländereien waren zu klein, um ein wirklich standesgemäßes Leben zu ermöglichen. Allerdings waren die drei Fürsten unabhängig von den testamentarischen Regelungen versorgt, denn sie versahen das Amt als Administratoren für die jeweiligen Domkapitel, Herzog August für Magdeburg und Halberstadt, Herzog Christian für Merseburg und Herzog Moritz für Zeitz und Naumburg.

Herzog August erhielt über das Testament, abgesehen von Weißenfels, die überwiegend in Nordthüringen gelegenen Schlösser, Städte und Ämter, nämlich Sachsenburg, Eckartsberga, Bebra, Freyburg, Sangerhausen, Langensalza, Weissensee, Sittichenbach, Heldrungen und Wendelstein, dazu Querfurt, Dahme, Burg und Jüterbog, im Jahre 1659 auch in Folge Aussterbens der Dynastie der Grafen Barby die Grafschaft Barby mit ihren Ämtern Barby und Roseburg.

Herzog Christian erhielt das Stift Merseburg mit den Ämtern Merseburg, Lützen, Schkeuditz und Lauchstädt sowie die Markgrafschaft Niederlausitz mit den Ämtern Dobrilug, Fürstenwalde, Bitterfeld, Delitzsch und Zörbig.

Auf Herzog Moritz entfielen die Stifte Zeitz und Naumburg mit den Städten Naumburg, Zeitz, Osterfeld und den Ämtern Breitungen, Crossen, Haynsburg, Saaleck, Schönburg, Bosau sowie Tautenburg, Frauen-Prießnitz, Nieder-Trebra, Voigtsberg, Plauen, Pause, Triptis, Arnshaugk, Weida, Ziegenrück und dem sächsischen Anteil an der Grafschaft Henneberg (Schleusingen, Suhl, Kühndorf, Benshausen, die Klöster Rohr und Veßra).

Bei Herzog August (1614-1680) kam eine über die Ergebnisse des Testaments hinausgehende Belehnung hinzu. Noch lange bevor das Testament in Kraft trat, war er ab 1638 Bischof, seit 1647 Administrator des Erzstifts Magdeburg. Wegen der ständigen Bedrohung durch schwedische Truppen – der Dreißigjährige Krieg lief noch, 1631 war die Stadt von Tillys Truppen sogar dem Erdboden gleichgemacht worden – verlegte er seinen Aufenthaltsort 1643 nach Halle, wo er bis zu seinem Tode 1688 durchgängig residierte. Das Schloss in Weißenfels war anstelle der im Dreißigjährigen Krieg zerstörten Burg ohnehin erst 1660 errichtet worden. 1680 fiel mit dem Tode Herzog Augusts das Herzogtum an Kurbrandenburg; die Nachfolger regierten weiter in Weißenfels. 1746 starb die Dynastie aus; die Sekundogenitur fiel an Kursachsen zurück (218, 239).

Die herzoglichen Sekundogenituren standen bei Amtsantritt 1656 vor folgender Situation: Der furchtbare Dreißigjährige Krieg lag erst acht Jahre zurück. Er hatte in erschreckendem Maße für eine Entvölkerung Mitteldeutschlands gesorgt, viele Städte und Dörfer waren zerstört, die Bevölkerung zahlenmäßig nicht mehr in der Lage, eine geordnete Wirtschaft aufzubauen.Die Vorgehensweise des Kurfürsten Georg I. bei der Abfassung des Testaments ohne Einschaltung der Stände führte zu streitigen Verhandlungen, aus denen die Stände gestärkt hervor gingen. Sie setzten weiterhin die Primogenitur durch, Kursachsen musste nach Beendigung der Sekundogenituren ungeteilt bleiben.

Die Stände erhielten viele rechtliche Vergünstigungen. Sie enthielten angesichts der Aufgliederung des Kurfüstentums eine Stärkung der kurfürstlichen Position bei gleichzeitiger Verstärkung ihres eigenen Einflusses, einheitliche Landtage und die Beibehaltung eines landesweit einheitlichen Steuersystems. Von nicht geringer Bedeutung war auch die Festlegung, dass in allen Landesteilen die Grafen, Herren sowie die schriftsässige Ritterschaft unter der Herrschaft des Kurfürsten blieben, wobei man unter Schriftsässigen zu verstehen hat, dass es sich dabei vor allen Dingen um Rittergüter handelte sowie um Städte, die dem Fürsten unmittelbar verantwortlich waren und mit ihm direkt verhandeln durften. Die geringe staatliche Herrschaftsgewalt wurde ausgeglichen durch eine intensive kulturelle Entwicklung. Es wird sich bei der Behandlung der Schlösser, Burgen, Rittergüter und Klöster herausstellen, dass die Zentren Merseburg, Weißenfels und Zeitz für eine bis heute eindrucksvolle kulturelle Entwicklung Sorge trugen (212).

Die Umformung des Kulturraumes Sachsen-Anhalt in ein modernes Bundesland

Von 1815 bis zum Ende des 2. Weltkrieges war der zu behandelnde Kulturraum über die preußische Provinz Sachsen Teil des preußischen Staates, eine Situation, die wohl eher der alte Adel beklagte, nicht aber unbedingt die Bevölkerung, die mit der gewaltigen industriellen Entwicklung der zweiten Hälfte des 19. Jahrhunderts und der straffen Organisation des Staatgebildes eher zufrieden war, sich jedenfalls die alten Zeiten nicht zurückwünschte. Soweit das immer stärker werdende Preußen nicht auf Gebiete verzichten musste, im Norden hatte es von Sachsen etwa bereits die Hälfte seines Staatsgebietes erhalten, konnte es mit der Entwicklung sehr zufrieden sein. Sachsen verlor den Kurkreis mit Wittenberg und Torgau, die Niederlausitz, die Hälfte der Oberlausitz und alle Gebiete in Thüringen, also alles Gebietsteile, die Preußen der neu gebildeten Provinz Sachsen zuschlug. Dem sächsischen Staat verblieben 1,2 Mio. von ca. 2 Mio. Einwohnern und 15.000 von 35.000 km² Fläche.

1918 ging die alte Ordnung ihrem Ende zu. 1928 kam es zwischen Sachsen und Thüringen zum – hier nicht interessierenden – Austausch kleinerer Teile der Länder. Sachsen-Anhalt, immer noch nicht so bezeichnet, profitierte in den zwanziger Jahren von einer stürmischen wirtschaftlichen Entwicklung. In der Provinz Sachsen wurde lautstark über eine Neugliederung „Mitteldeutschlands“ diskutiert, die eine Einbeziehung des erstaunlicherweise bis dahin „selbständig“ gebliebenen Fürstentums Anhalt bedeutet hätte. Herrmann Beims, Oberbürgermeister von Magdeburg und Vorsitzender des Provinzialausschussess, brachte aufgrund einstimmigen Beschlusses des Landtages der Provinz Sachsen den Vorschlag in die Debatte, aus der Provinz Sachsen, dem Fürstentum Anhalt, Braunschweig und Thüringen einen großen Mitteldeutschen Staat — unter dem Dach Preußens — zu errichten. Da Beims dabei auch an Magdeburg als Hauptstadt dachte, brach eine leidenschaftliche Diskussion zwischen den rivalisierenden Städten Magdeburg, Merseburg, Halle und Erfurt aus, die zu dem Vorschlag einer Dreiteilung von Sachsen-Anhalt, Thüringen und Sachsen führte. Die Weltwirtschaftskrise und die Machtergreifung Hitlers beendeten diese Diskussion. Unter dem neuen Regime der SED wurde im Januar 1947 sogar noch eine Landesverfassung für Sachsen-Anhalt verabschiedet, deren Inhalt weitgehend demokratisch war. Da Preußen durch die Alliierten als Staat aufgelöst war, kam die bisherige Provinz Preußen an das Land Sachsen-Anhalt. Kontraproduktiv zu der neuen Verfassung entstand zwar das heute noch existierende Land Sachsen-Anhalt, aber seine geschichtlichen Wurzeln waren seit der Auflösung des Landes im Jahre 1952 mehr und mehr aus dem Bewusstsein der Bürger verschwunden. Die Landesgeschichte verzeichnet nicht wenige Versuche von Randgebieten des heutigen Bundeslandes, sich angrenzenden Ländern anzuschließen. Der alte Streit zwischen Magdeburg und Halle über die Berechtigung als Landeshauptstadt lebte wieder auf, er scheint bis heute in der Bevölkerung zu wirken. Die weitere politische Entwicklung ist für die Beschreibung des Kulturraums dieses Bundeslandes nicht von Wichtigkeit und kann daher dahinstehen, soweit sie nicht bei der Behandlung der einzelnen Kulturobjekte von Bedeutung sein sollte.

Die Bedeutung der Rittergüter für die wirtschaftliche und kulturelle Entwicklung des Kulturraums

Der Kulturraum Sachsen-Anhalt war, von dem kleinen Herzogtum Anhalt (2.300 km^2) abgesehen, seit dem 18. Jahrhundert nicht mehr das Herrschaftsgebiet großer Familien. Zu beachten ist, dass die meisten Hochadelsgeschlechter des Alten Reichs bereits zwischen Hoch- und Spätmittelalter ausgestorben waren. Im Kulturraum waren die das Mittelalter und die Frühe Neuzeit prägenden Namen bald Geschichte.

Seit dem Mittelalter war der Harz bergbaulich von großer wirtschaftlicher Bedeutung; vor allem die Grafschaft Wernigerode verfügte über ein lukratives Bergbau- und Hüttenwesen. Mansfeld beutete riesige Kupfervorkommen aus. Die Region um Halle, der Name besagt es schon, produzierte in großem Umfang Salz.

Dessen ungeachtet wurde jedoch Sachsen-Anhalt vor allem von der Landwirtschaft geprägt, was jedenfalls im westelbischen Kernbereich der hervorragenden Bodenqualität (führend die Magdeburger Börde, das Zerbster und das Köthener Ackerland sowie das östliche Harzvorland), den Gewässern sowie den klimatischen Bedingungen geschuldet ist. Das dürfte einer der Gründe sein, warum die Güter im Westelbischen durchweg kleiner sind als im Ostelbischen. Spätestens seit der Frühen Neuzeit wurden zwei Drittel der landwirtschaftlichen Nutzfläche von den Bauern in eigener Verantwortlichkeit bewirtschaftet. Es galt das Erbzinsrecht, d.h. ihr Besitz war trotz des gräflichen Obereigentums vererblich. Die Rittergüter (der Besitz der „Öffentlichen Hand" hieß Domäne) gehörten ursprünglich nur dem Landadel, sie waren seine Existenzgrundlage. Der Landadelstitel entstand vermehrt im Laufe der frühen Neuzeit aus der Verleihung für militärische, verwaltungsmäßige oder wirtschaftliche Verdienste. Vor allem strebten beruflich aufsteigende Menschen militärische Dienste an, entweder in der eigenen – fürstlichen – Region oder bei auswärtigen Fürsten. Mit dem erworbenen Rang stieg auch die Notwendigkeit der Repräsentation, wohl einer der Gründe, warum teilweise prachtvolle Schlösser entstanden, die die Frage aufwerfen, wofür ein Gutsbesitzer eine derartige bauliche Pracht benötigt haben könnte. Die Rittergutsbesitzer waren allerdings frei von Steuern, Abgaben und Naturalleistungen und genossen im Einzelfall weitere Privilegien.

Die Situation der Rittergüter und Herrenhäuser erfordert auch aus der Sicht des Autors einige Erläuterungen. In dem Agrarland SachsenAnhalt ist die Zahl solcher Objekte naturgemäß riesengroß. Es hat jedoch ausgesprochen Mühe bereitet, in jedem Fall aussagefähige Fakten zu formulieren. Das hatte auch seinen Grund darin, dass die Rittergüter und Herrenhäuser in der DDR-Zeit aus ideologischen Gründen ignoriert wurden. Sie unterfielen nach dem 2. Weltkrieg, soweit sie baulich überlebt hatten, der Enteignung bei einer Größenordnung über 100 ha Nutzfläche. Sanierungen fanden selten statt, ein Wiederaufbau kam nicht in Betracht. Entsprechend selten sind Belege über die Güter; das Fachschrifttum hat unter dem Urkundenmangel erkennbar gelitten (100, 300). Die manchmal sehr knappen Erläuterungen sind das Ergebnis.

Die Geschichte der Familie Nathusius

Die Geschichte der Familie Nathusius ist wegen ihres wirtschaftlichen Erfolges vielleicht nicht typisch, da häufig weniger Meriten ausgereicht haben, den begehrten Adelstitel zu erlangen. Sie wirft jedoch ein helles Licht auf die beginnenden Möglichkeiten, auch ohne Adelsprädikat berufliche Karriere zu machen. Der im Jahre 1760 geborene Johann Gottlob Nathusius kam als einer von sechs Söhnen eines in einfachen Verhältnissen lebenden Akzise-Einnehmers zur Welt (161). Das

Johann Gottlob Nathusius

unzureichende finanzielle Einkommen des Vaters erübrigte den Traum von einem Studium und einer Akademikerkarriere. Die kaufmännischen Fähigkeiten des jungen Mannes waren jedoch so stringent, dass er bereits im Jahre 1785 der reichste Bürger der Elbmetropole Magdeburg war. Als er später (1808) in den Reichstag gewählt wurde, avancierte er zum wichtigsten Berater des westfälischen Finanzministers von Bülow. Das Ergebnis war das Angebot einer Adelstitelverleihung, das Nathusius ablehnte. Er war ein überzeugter Angehöriger eines aufstrebenden Bürgertums, liberal und rational denkend, mit einer starken Abneigung gegen manche Vorrechte des Adels ausgestattet, die jetzt nach der napoleonischen Herrschaft wieder geltend gemacht wurden. Inzwischen war er Rittergutsbesitzer in Althaldensleben geworden, wo er am 23. Juli 1835 auch starb. Johann Gottlob Nathusius war einer von jenen Unternehmerpersönlichkeiten, deren große Zeit erst begann. Im Jahre 1820 bestand der von ihm geleitete Industriekonzern bereits aus 33 verschiedenen Fabriken, Manufakturen und Gewerbebetrieben. Seine Söhne setzten die kaufmännische Tradition fort. Der Preußische König Wilhelm IV. versprach sich durch die Nobilitierung von angesehenen und reichen Bürgerlichen eine Reform des Adels und erhob bereits im Jahr 1840 29 bürgerliche Rittergutsbesitzer in den Adelstand, darunter Herrmann von Nathusius. Die Familie Nathusius war sicherlich kein Regelfall, aber ein Beleg dafür, dass man durch berufliche und soziale Leistungen, vor allem aber im Besitz von Rittergütern, den Adelstitel erlangen konnte.

Ostelbien

Der Landkreis Wittenberg, dessen bauliche Preziosen noch dargestellt werden, hatte insofern ein anderes geschichtliches Dasein, als seine östlichen Teile jenseits der Elbe lagen. Die Elbe war Jahrhunderte lang die faktische Grenze des Alten Reiches, die zwar unter den Markgrafen Gero und Kaiser Otto I. immer weiter nach Osten getrieben wurde, dort aber lange Zeit unsicheres Land blieb. Nach dem Tode von Markgraf Gero und Kaiser Otto I. drangen slawische Stämme im Jahr 983 in diese scheinbar befriedeten Gebiete ein und nahmen sie wieder in Besitz. Wer die Landkarte des seit 2007 auch die Verwaltungsgemeinschaften Coswig und Wörlitzer Winkel umfassenden Landkreises betrachtet, stellt fest, dass er fast zur Exklave des heutigen Sachsen-Anhalts geworden war. Im Norden schließt der Brandenburgische Landkreis Potsdam an Mittelmark und Teltow-Fläming an, im Osten der ebenfalls Brandenburgische Landkreis Elbe-Elster, im Süden der sächsische Landkreis Nordsachsen und im Westen der Landkreis Bitterfeld. Begrifflich gehörte der rechtselbische Teil Wittenbergs zu Ostelbien, das sich früher einmal bis nach Schlesien und Ostpreußen erstreckt hatte. Beherrschendes Prinzip, das auch bis in die Neuzeit galt, war die Existenz von teilweise riesigem Grundbesitz, der im alten Ostelbien einherging mit einer umfänglichen regionalen Macht der einzelnen Großgrundbesitzer. Damit war es spätestens am Ende des 2. Weltkrieges zu Ende und die dann herrschende SED hat bereits frühzeitig dafür gesorgt, dass Grundbesitz von mehr als 100 ha entschädigungslos enteignet und die Besitzer vertrieben wurden. Später wurde auch die übrige Landwirtschaft dem neuen sozialistischen System angepasst. Das Ergebnis war eine weitgehende Vernachlässigung der alten gutsherrlichen Baustrukturen, aber andererseits, wie noch zu beweisen ist, in vielen Fällen eine bauliche Struktur, die darzustellen sich lohnt, auch wenn angesichts der Vielzahl der Bauten eine Vernachlässigung oder sogar Vernichtung vieler alter Gutshäuser befürchtet werden muss (147, 243).

Sachsen-Anhalt
Landkreise und Kreisfreie Städte

Mit der Kreisgliederungsreform 2007 wurde die Zahl der bestehenden Landkreise von 21 auf 11 verringert. Daneben gibt es drei kreisfreie Städte.

Bördekreis

Altenhausen
Ampfurth
Bebertal
Bergen
Bodendorf
Dreileben
Eichenbarleben
Emden
Erxleben
Flechtingen
Gröningen
Groß Ammensleben
Groß Bartensleben
Groß Germersleben
Hadmersleben
Hamersleben
Harbke
Hillersleben
Hundisburg
Kroppenstedt
Krottorf
Magdeburg
Magdeburg-Fermersleben
Magdeburg-Randau
Marienborn
Meyendorf
Morsleben
Neindorf
Oebisfelde
Oschersleben
Ottleben
Peseckendorf
Rogätz
Schermcke
Seggerde
Sohlen
Sommerschenburg
Ummendorf
Walbeck (II)
Wanzleben
Weferlingen
Wolmirstedt
Ziesar

Magdeburg, Landtagsgebäude mit Parlamentssaal

Bördekreis

Altmarkkreis Salzwedel
Stendal
Nieder-sachsen
Jerichower-Land
Harz
Salzlandkreis
OEBISFELDE
WEFERLINGEN
HALDENSLEBEN
WOLMIRSTEDT
MAGDEBU
WANZLEBEN-BÖRDE
OSCHERSLEBEN (BODE)
GRÖNINGEN
KROPPENSTEDT

Altenhausen ①

Gräfin Oda von Altenhausen, 1162 erstmals erwähnt, kam durch Heirat in Verbindung mit dem sächsischen Hochadel; Altenhausen, durch den Namen als karolingisch ausgewiesen, südwestlich von Haldensleben gelegen, war vermutlich ihr Heiratsgut.

Die Burg hat im Übrigen die zeitbedingten baulichen Veränderungen mitgemacht. Versuche des Erzbischofs von Magdeburg in den Jahren 1244 und 1377, sich in den Besitz der Burg zu setzen, hatten 1390 Erfolg. Danach folgten zahlreiche Verpfändungen und Belehnungen an Familien des Braunschweigischen und Magdeburgischen Ministerial-Adels. Seit 1485 war Altenhausen bis 1945 dauernd im Pfandbesitz derer von der Schulenburg. Im Dreißigjährigen Krieg wurde der Wirtschaftshof mit seinen Gebäuden durch einen Großbrand zerstört (1625), der Wiederaufbau erfolgte erst Ende des 17./Anfang des 18. Jahrhunderts. Nach einem weiteren Brand Anfang des 19. Jahrhunderts erfolgte im Jahre 1834 eine umfassende Renovierung.

Nach 1800 entstand ein ausgedehnter Landschaftspark im englischen Stil. Heute befindet sich auf dem ausgedehnten Gelände eine große Reitanlage (43).

Ampfurth ②

Schon im Jahre 1144 wurde in Ampfurth (Bördekreis) ein Adliger benannt, was auf das Vorhandensein einer Burg schließen lässt. 1185 ist „Amuorde“ Sitz eines gleichnamigen Adelsgeschlechtes, dessen Burg Ende des 13. Jahrhunderts an den Erzbischof von Magdeburg gelangte. Von 1381 an existierten die Herren von der Asseburg als Burgmannen, die im Verlauf des 15. und 16. Jahrhunderts Burg und Dorf an sich gebracht hatten und auf dem Wege waren, mit dem Erwerb anderer Objekte

Schloss Altenhausen (links), Eingang (unten)

Schloss Ampfurth mit Schlossturm im Hintergrund

einen geschlossenen Familienbesitz zu begründen. Der Dreißigjährige Krieg brach diese Entwicklung ab. Anfang des 18. Jahrhunderts musste die Burg Ampfurth an König Friedrich Wilhelm I. von Brandenburg-Preußen verkauft werden. Die kastellartige Kernburg wird wahrscheinlich erst im 16. Jahrhundert umgebaut worden sein. 1997 erwarb ein Mitglied der Familie von Wahnschaffe das Schloss, dass zum Teil heute Wohnungen enthält. Im Amtshaus sind jetzt die Büros der Verwaltungsgemeinschaft „Börde Wanzleben" untergebracht.

Bebertal ③

Die Gemeinde Bebertal besteht heute aus zwei ehemaligen Gemeinden, nämlich Alvensleben (Bebertal I.) und Dönstedt (Bebertal II.). Die Burgensituation im ehemaligen Alvensleben ist bis auf den heutigen Tag kompliziert, weil es einmal drei Burgen gegeben haben muss, von denen eine allerdings nicht mehr nachweisbar ist. Es existierte zunächst eine Bischofsburg, die 1180 im Besitz der Bischöfe von Halberstadt stand, aber vermutlich sehr viel älter gewesen ist. Sie gelangte Anfang des 14. Jahrhunderts in den Besitz der Erzbischöfe von Magdeburg, die

Bebertal, Innenhof der Veltheimsburg

die Burg zumeist verpfändeten. Im Laufe der Jahrhunderte verfiel die Burg bis auf den Turm. Das Burggelände wurde 1837 vom Landrat Otto August von Veltheim erworben und in einen Landschaftspark umgestaltet. Darunter die jetzt noch sichtbare Burg war eine Markgrafenburg, vor 1245 von dem Markgrafen von Brandenburg unmittelbar neben der Bischofsburg errichtet. Sie gelangte 1439 als erzbischöfliches Lehen an die Herren von Veltheim. Die Burg erhielt nach einer Erweiterung durch ein neues Herrenhaus im 18. Jahrhundert den Namen Veltheimsburg. Sie blieb bis zur Bodenreform 1945 im Besitz der Familie von Veltheim. Die sehenswerte Anlage dient jetzt als Schule und Kinderheim.

In Bebertal II., früher Dönstedt, befindet sich das 1734 errichtete Gutshaus (Schenckschs Gut), heute mit Wohnungen versehen.

Bergen ④

Bergen in der Gemeinde Groß Rodensleben, Bördekreis, verfügt über eine ehemalige Komturei, die von 1272 bis 1285 im Besitz des Deutschen Ordens stand, heute aber Privatbesitz ist. 1272 erwarb der Deutsche Orden von den Herren von Barby das Dorf Bergen, das immer nur eine sehr kleine Komturei enthalten hat. Nur insgesamt acht Namen von Ordensangehörigen sind bis zum 16. Jahrhundert überliefert. Die Komture sind namentlich alle dokumentiert: Heinrich von Veltheim, Johann von Lossow, sowie später Hennig von Britzen, Balthasar von Einbeck, Johann Daniel von Priort, August von Bothmer, zuletzt Freiherr Waldemar von Freudenstein (1778 bis 1807). In der Mitte des 14. Jahrhunderts war der Ausbau der Kommende abgeschlossen. Es existiert ein Inventar über die Ausstattung der Gebäude von 1632. Als 1632 der Komtur Balthasar von Einbeck in Bergen starb, ergriff Fürst Ludwig von Anhalt, damals schwedischer Statthalter im Erzbistum Magdeburg, Besitz von Bergen. Zwingend enthält eine Komturei eine Kirche, die noch erhalten ist, aber wohl nicht mehr genutzt werden könnte. An die Kirche schließt sich nach Westen ein neueres Herrenhaus in Barockform an. Die Anlage wird nur noch privat genutzt. Welcher Art die Privatnutzung ist, lassen die fachlichen Veröffentlichungen nicht erkennen (100a).

Bergen, ehemalige Komturei des Deutschen Ordens

Schloss Bodendorf

Bodendorf ⑤

Das Barockschloss Bodendorf, im Ohrekreis westlich von Haldensleben gelegen, wurde Ende des 17. Jahrhunderts errichtet; Bauherren waren die von der Schulenburg, die Bodendorf als Wüstung bereits 1485 von Erzbischof Ernst II. von Wettin als Lehen erhalten hatten. Ein klassizistischer Saalanbau folgte 1817. Schlosskapelle (von 1709) und Küchenhaus (1815), Taubenhaus (1777) und eine ausgedehnte Parkanlage mit Teich runden das Bild ab.

Dreileben ⑥

Dreileben liegt nur wenige Kilometer südwestlich von Magdeburg. Der Ort wird im Jahre 966 erstmals erwähnt. Da er in der Nähe wichtiger Heerstraßen gelegen ist (Lüneburg-Leipzig und Braunschweig-Magdeburg), entwickelte er sich schnell. Im frühen 16. Jahrhundert war Dreileben ein landesherrliches Domänenamt, das dem Unterhalt des Landesherrn zu dienen hatte. Die Burganlage wird 1321 erstmals genannt; es könnte anstelle der hochmittelalterlichen Anlage ursprünglich eine runde ältere Burg gelegen haben, allerdings ist dies eine reine Vermutung. Das Domänenamt und das hinzugefügte zweigeschossige barocke Gutshaus aus dem 18. Jahrhundert waren für die landwirtschaftliche Arbeit bestimmt. Auch die Fotos von Reinhard Schmitt (270) zeigen den desolaten Zustand der großen Anlage, die sich in Privatbesitz befindet, ohne dass sich daraus irgendwelche Sanierungsmaßnahmen ablesen ließen.

Eichenbarleben ⑦

Der Herrensitz Eichenbarleben, 18 km südwestlich von Wolmirstedt gelegen, wurde auf dem Gelände einer nicht mehr vorhandenen mittel-

Teilansicht der Burganlage in Dreileben

Kirche St. Jakobi in Dreileben

Eichenbarleben, Herrenhaus mit weitläufigem Park

alterlichen Wasserburg errichtet. 1140 wurde Eichenbarleben erstmals urkundlich erwähnt, war bis 1452 im Besitz der Herren von Wanzleben, bis 1812/13 der Herren von Alvensleben. Das jetzige Herrenhaus wurde 1702/03 unter Gerhard Johann von Alvensleben errichtet. Das Gut kam 1811 durch Verkauf an die Familie von Krosigk und wurde nach 1945 „Volksgut". Aus dem in Eichenbarleben ansässigen Zweig stammten die preußischen Generäle Gustav von Alvensleben (1803 – 1888), Generaladjutant Kaiser Wilhelm I., sowie Constantin von Alvensleben (1809 – 1892). Gustav von Alvensleben schloss auf Weisung Bismarcks 1863 mit dem russischen Vizekanzler Gortschakow eine Konvention (die „Alvenslebensche") gegen die Aufstandsbewegung in Polen, die Bismarcks Position stärkte und den deutsch-russischen Beziehungen einen Auftrieb verschaffte. Im 18. Jahrhundert entstand ein weitläufiger Park. Wegenetz und Baumbestand haben sich bis in die heutige Zeit erhalten (361).

Emden ⑧

Emden liegt in einer historisch fesselnden Gegend, südwestlich von Bebertal und nicht weit von Haldensleben, Altenhausen und Hundisburg. Es wurde 1485 von der Familie von der Schulenburg erworben, die 1530 ein erstes Gutshaus errichtete und 1676 das heutige Herrenhaus. 1794/95 entstand ein Verwaltungsbau des Gutes. Mitte des 19. Jahrhunderts erlosch die Linie der von der Schulenburg-Emden. Später kam Emden unter die Hoheit von Altenhausen. Herausragende Persönlichkeit war der 1747 geborene sächsische und venezianische General Johann Matthias von der Schulenburg, der gegen die Schweden und die Franzosen kämpfte, dann aber im venezianischen Dienst als Verteidiger von Korfu gegen die Türken berühmt wurde. Vor der Festung Korfu steht heute sein Denkmal.

Herrenhaus Emden

Erxleben ⑨

Wer Schlösser derer von Alvensleben beschreibt, muss zunächst eine der wenigen Familien vorstellen, die es geschafft haben, das Mittelalter und die Frühe Neuzeit zu überstehen. Elisabeth Schwarze-Neuß, die es wissen muss (308), zählt die Besitztümer der Familie „in ihren Glanzzeiten" auf und billigt ihr das Attribut „kleines Fürstentum" zu. Aus Platzgründen seien hier, außer Erxleben, aus den rund 200 Orten nur die hier ebenfalls abgehandelten Schlösser in Hundisburg, Neugattersleben, Eichenbarleben genannt. Die Gründe für das im 15. und 16. Jahrhundert geschaffene Machtgefüge lagen in einer umsichtigen Wirtschaftsführung, in einem familiären Zusammenhalt und Eigentumsveränderungen nur innerhalb der Familie (307). Dieser Glanz ließ sich natürlich nicht über 850 Jahre (die ersten von Alvensleben erschienen urkundlich am 05.02.1163, sie blieben auch bis 1945 in noch vorhandenem Besitz) durchhalten, schon gar nicht nach den Zerstörungen des Dreißigjährigen Krieges, aber die Familie gibt es noch heute (2, 223). Die größte Burg in der Region, neben der der kleine Ort Erxleben noch kleiner wirkt, stammt aus dem 12. Jahrhundert, allerdings gehörte der Familie von Alvensleben das Anwesen erst etwa seit 1270. Die von Alvensleben waren seit 1190 urkundlich belegt, vermutlich aber schon länger existent. Nachdem sie um 1270 Erxleben, um 1324 Kalbe und um 1396 Calvörde erworben hatten, gehörten sie zum Hochadel der Mark Brandenburg. Administrativ unterstanden sie der Lehnshoheit des Markgrafen von Brandenburg und gehörten von 1375 bis 1807 verwaltungsmäßig zur Altmark. 1945 befanden sie sich dann allerdings im ungestörten Besitz der Burg, die groß genug war, 3 „Linien" der Alvenslebener aufzunehmen. Es gab eine Rote, eine Weiße und eine Schwarze Linie. Als die Rote 1553 ausstarb, teilten sich die Weiße und die Schwarze Linie die Burg Erxleben. Die Familie von Alvensleben stellte nicht nur hohe Beamte und sogar zwei

Schloss Erxleben

Schlosskirche St. Godehardt in Erxleben, 1564-1580 als evangelische Kirche erbaut

Bischöfe, sondern sie besaß auch umfangreichen Lehns- und Pfandbesitz im Bistum Halberstadt, im Erzbistum Magdeburg, in der Markgrafschaft Brandenburg und im Herzogtum Braunschweig. Bei der Teilung der Linien im Jahre 1554 bestand die Burg noch aus einer Oberburg, einer Unterburg und einer Vorburg. Daraus entstanden 2 Burgen, Erxleben I. und II., wobei Erxleben I., wie das Bild ausweist, das weitaus bessere Schicksal erlitten hat, auch wenn es in der Zwischenzeit (im 16. Jahrhundert) einmal grundsätzlich erneuert worden ist. Ebenfalls ein Teil des Schlosses wird seit der Wende als Verwaltungsgebäude genutzt, Erxleben II. ist eher noch ruinös. Ihrer Bedeutung entsprechend ist die Anlage besonders gut dokumentiert (02, 43).

Flechtingen ⑩

Das Dorf Flechtingen ist schon 961 urkundlich belegt, als Otto der Große das Dorf an das Moritz-Kloster in Magdeburg verschenkte. In einem künstlich aufgestauten See liegt die Wasserburg Flechtingen, eine der am besten erhaltenen und eindrucksvollsten Anlagen ihrer Art in Sachsen-Anhalt. Die Burg wird in den Quellen erstmals 1307 erwähnt. Eigentümer waren die Schenken von Dönstedt, die sich künftig als Schenken von Flechtingen bezeichneten. Ganz ungewöhnlich ist, dass die Schenken von Flechtingen die Burg von 1307 bis zum Aussterben der Familie 1853 bewohnt und gepflegt haben, was der Burganlage anzusehen ist, die naturgemäß in 700 Jahren immer wieder Veränderungen

Wasserburg Flechtingen

erlebte, die aber gleichwohl einen Eindruck von Geschlossenheit erwecken. Die Burg ging nach 1945 in den Besitz des Kreises Gardelegen über, der die Burg unterschiedlich nutzte. 1964 bis 1966 erfolgte ein Umbau zum Altersheim; seit 2000 wurden umfangreiche Instandsetzungsarbeiten vorgenommen (44).

Die Burg wird von einem Förderverein betreut. Der im Jahr 2000 begonnene Versuch, die Burg zu einem Hotel umzubauen, scheiterte an der Insolvenz des Betreibers (21). Weiter ist man bisher nicht gekommen.

Gröningen ⑪

13 km nordöstlich von Halberstadt am rechten Ufer der Bode könnte seit 936 ein königlicher Hof gelegen haben. Spätestens seit Anfang des 12. Jahrhunderts existierte eine Burg, die 1368 Residenz der Bischöfe von Halberstadt wurde. Seit 1473 entstand eine bedeutende Schlossanlage (Hauptbauzeit 1568-1594). Sie war das Werk des Fürsten Heinrich Julius, der bereits in seinen Erblanden Braunschweig-Wolfenbüttel ansehenswerte Bauten geschaffen hatte, die jedoch von dem überaus ansehnlichen Schloss Gröningen weit übertroffen worden sind. Nach schweren Schäden während des Dreißigjährigen Krieges setzte ein allmählicher Verfall des Renaissanceschlosses ein, das 1817 abgebrochen wurde. Zu dem Verfall des Schlosses trug der Wegfall des Residenzcharakters erheblich bei. Als notwendig erkannte Sanierungen scheiterten aus Mangel an Geld. Das bereits 936 gegründete Benediktinerkloster war bereits nach der Reformation im Jahre 1550 aufgehoben worden. Sein Lebensschicksal war genauso unruhig wie das des Gröninger Schlosses. Die Schilderungen übersteigen jedoch den in diesem Buch verfügbaren Platz.

St. Martini-Kirche in Gröningen

Oben eine Zeichnung des 1817 abgerissenen Renaissanceschlosses, unten das noch erhaltene Wirtschaftsgebäude

Groß Ammensleben, historisches Benediktinerkloster

In der Stadt ist eine größere Zahl von Fachwerkbauten erhalten, die vorwiegend aus dem 17. Jahrhundert stammen. Die Klosterkirche St. Vitus stellt heute noch eine Verbindung zum ehemaligen Benediktinerkloster her (43).

Groß Ammensleben ⑫

Der nahe Wolmirstedt gelegene Ort wurde im Jahre 950 erstmals erwähnt. Dort könnte eine Stammburg des nach dem Ort sich nennenden Grafengeschlechtes gelegen haben, was aber weder archäologisch noch urkundlich belegt ist (obwohl eine Burg vorhanden gewesen sein dürfte, wenn ein Graf am Ort lebte). 1087 führte ein Graf Dietrich erstmals den Grafentitel und den Namen von Ammensleben. Kurz vor seinem Tode 1120 stiftete er gemeinsam mit seiner Frau Amulrada ein Augustinerchorherrenstift, welches das Bistum Halberstadt mit Kanonikern besetzte und 1129 den Benediktinern vom Kloster Berge übergab. Die sich – nach einem Ortswechsel – Grafen von Hillersleben nennenden Grafen starben im 12. Jahrhundert aus und der Besitz ging an die Regensteiner über. Um 1600 wurde nördlich der Kirche ein Wirtschaftshof angelegt; die Gebäude wurden 1790/1800 deutlich verändert, 1889 entstand das Herrenhaus. Das Kloster war übrigens zu keiner Zeit besonders bedeutend und schon gar nicht reich. Man vermutet, dass es niemals mehr als 12 Mönche gleichzeitig gehabt hat. 1193 wurde es durch einen Brand zerstört, jedoch wieder aufgebaut. Das Kloster blieb über die Reformationszeit hinaus beim katholischen Glauben. Preußen säkularisierte allerdings das Kloster im Jahre 1804 und machte es zur Domäne. 1811-1815 wurde es vom König von Westfalen an Marschall Ney übereignet, danach war das Kloster wieder Domäne. Ende des 19. Jahrhunderts wurden die Klostergebäude mit Ausnahme des Herrenhauses abgerissen.

Groß Bartensleben ⑬

Bartensleben, südöstlich von Haldensleben, ist an der Grenze zu Niedersachsen gelegen.
Anstelle der jetzt dekorativ im Grünen liegenden Schlossanlage stand ursprünglich eine Wasserburg, die nach 1741 bis etwa 1757 durch ein stattliches Barockschloss ersetzt wurde. Nach mehreren Besitzwechseln setzte sich von 1400 bis 1945 die Familie von Veltheim in den Besitz des Anwesens, angesichts eines Zeitraumes von mehr als einem halben Jahrtausend eine für

Das Barockschloss Groß Bartensleben, über 500 Jahre im Besitz derer von Veltheim

Groß Bartensleben, Parkanlage am Schloss

die Region ungewöhnliche Stetigkeit. Von den Befestigungsanlagen sind noch die annähernd kreisrunden Wassergräben, wenn auch mühsam, zu erkennen. In das Barockschloss wurde ein Flügel der älteren Anlage aus der zweiten Hälfte des 16. Jahrhunderts einbezogen. Groß Bartensleben hatte ein gemeinsames Schicksal mit Harbke, nur drei Dörfer von Groß Bartensleben entfernt. Beide Anlagen gingen nämlich gleichzeitig an die Familie von Veltheim über. Harbke, nach der Wende im Gegensatz zu Schloss Groß Bartensleben in verfallenem Zustand, kann über eine für Botaniker spannende botanische Anlage verfügen. Bis 1770 sind mehr als 1.400 verschiedene Pflanzenposten und Samen nach Harbke gekommen und wurden dort eingepflanzt oder gesät. 1830 entstand eine Orangerie, die das Schicksal der Vernachlässigung des Schlosses teilte.

Das Dorf Groß Bartensleben bestand auch ursprünglich nur aus 14 Gehöften, die aber später meist aufgekauft und dem Gut angegliedert wurden. Wie sich zeigt, stehen jetzt dort nur noch mehrere kleine Gehöfte, die die Frage aufkommen lassen, wofür die Erbauer des prachtvollen Schlosses eine solche Anlage mit 1.300 (?) Zimmern benötigt haben könnten. Das Schloss wird jetzt von einem Besitzer aus den alten Bundesländern bewirtschaftet, ohne dass bei einem Besuch zu erfahren war, welchem Zweck die herrliche Anlage dienen soll.

Groß Germersleben ⑭

Die erzbischöfliche Burg im Bördekreis wurde 1286 erstmals erwähnt. Hofmarschall Hans von Kotze erhielt nach mehrfachem Wechsel der Lehnsherren 1489 Groß Germersleben überantwortet. Schwere

Burg Groß Germersleben

Schäden im Dreißigjährigen Krieg und in den 1880er Jahren erzwangen teilweise Umbauten. 1996 und 1999 fanden Restaurationsarbeiten und 1999 schwere Brandbeschäden statt, wobei ein Verlust aller Dächer eintrat. Nach dem verheerenden Brand kaufte ein Rechtsradikaler 2013 das Schloss, um dort Nazirock- und Skinhead-Konzerte zu veranstalten. Da die Auflagen der Stadt nicht erfüllt wurden, konnte ein neuer Interessent im Februar 2014 das Schloss erwerben und einem besseren Zweck zuführen. Der 4,8 ha große Gutspark ist als Landschaftspark immer noch sehr ansehnlich.

Hadmersleben ⑮

Hadmersleben liegt an der alten Heerstraße Halberstadt-Magdeburg am ehemaligen Bodeübergang. Der Ort hat eine uralte Geschichte. Trichterbecherstämme errichteten 3000 v. Chr. ein Hügelgrab, Sippen der Schnurkeramiker ließen sich 2000 v. Chr. dort nieder. Angeln und Warnen siedelten seit dem 5. Jahrhundert und bauten eine Fluchtburg (119). Seit dem 10. Jahrhundert stand östlich von dem Siedlungskern die Burg der Herren von Hadmersleben und westlich davon seit 961 ein Benediktinerinnen-Kloster. Dieses Kloster ist heute ein Internat, war aber früher über die Reformationszeit hinaus von seiner ursprünglichen Bestimmung diktiert. 1810 wurde das Kloster säkularisiert und verkauft. Die Burg, vermutlich Stammsitz der Grafen von Hadmersleben seit dem 10. Jahrhundert, kam 1372 in den Besitz des Erzstifts Magdeburg. Im 16. Jahrhundert wurde die Burg neu errichtet, dann 1804 baulich vielfach veränderte Domäne (43). Um die vorige Jahrhundertwende herum begründete Ferdinand Heine den Weltruhm der Hadmerslebener Getreidezucht.

Er hatte 1885 das ehemalige Klostergut erworben, um seine 1871 begonnene Forschungsarbeit fortzusetzen. Folgerichtig bestand von 1945 bis 1990 auf Hadmersleben ein Institut für Getreideforschung.

Zwischen 1889 und 1920 entstanden etwa gleichzeitig mit Heines Getreidezucht andere Industriebetriebe. Das Institut wurde 1991/92 aufgelöst. Ab 1993 wurde ein auf dem Gelände befindliches Altersheim saniert. 1995 wurden im ehemaligen Kloster ein Handwerkerhof eingerichtet und einem Privatgymnasium Räume zur Verfügung gestellt. Hadmersleben ist eine einmalige Anlage geworden.

Das ehemalige Kloster Hadmersleben beherbergt heute neben der Kirche das Klostermuseum, eine Schule und mehrere Unternehmen

Hamersleben ⑯

Hamersleben, nicht zu verwechseln mit dem fast gleich klingenden Hadmersleben, aber ebenfalls dem Bördekreis angehörig, wurde 1107 durch Bischof Reinhard von Halberstadt in Osterwieck gegründet, jedoch im Jahre 1111 nach Hamersleben verlegt. Der edle hochromanische Bau von St. Pankratius war ursprünglich Augustiner-Chorherren-Stift und ist heute katholische Kirche. Als die Kirche 1804 katholisch wurde, verlor sie das bauliche Klostergut, das als preußische Domäne weiterexistierte. St. Pankratius ist ein Jahrhundertbau, der alle baulichen Veränderungen und die Zeitläufe unversehrt überstanden hat und dies weiterhin tun wird (43).

Harbke ⑰

Harbke, im Bördekreis, wird erstmals 1040 genannt. Vermutlich hat auch schon eine Burg gestanden. Kaiser Otto IV. belehnte 1217 Hermann von Harbke mit dem „Castrum Hardbek“.

Stiftskirche St. Pankratius in Hamersleben

Schlossruine Harbke

1276 nahm Herzog Johann von Lüneburg den Ort samt Burg ein, musste sie aber sehr bald an den Erzbischof von Magdeburg zu Lehen geben. Anfang des 14. Jahrhunderts (zwischen 1303 und 1318) erwarben die von Veltheim den Besitz, den sie bis 1945 innehatten. Das Schloss ist leider völlig verkommen, obwohl der Schlosspark in die „Gartenträume Sachsen-Anhalt“ aufgenommen worden ist (288), der nicht nur die Besonderheit eines Besuchs Goethes im Jahr 1805 aufweist, sondern auch den ältesten deutschen Gingkobaum von 1758 nebst zahllosen anderen ausländischen Gewächsen. Es gäbe somit einen nachdrücklichen Anlass, die Besucher des Landschaftsparks mit einem sanierten Schloss zu erfreuen.

Hillersleben ⑱

Die Geschichte und die bauliche Entwicklung des ehemaligen Benediktinerklosters Hillersleben bei Magdeburg sind ungewöhnlich gut dokumentiert. Thietmar von Merseburg schrieb im Jahr 1002 erstmals über das Benediktiner-Nonnenkloster, das in der zweiten Hälfte des 10. Jahrhunderts gegründet worden ist. Es fiel bereits unter Kaiser Otto III. wieder einer Zerstörung durch die Slawen anheim, welche die Nonnen entführten. 1022 errichtete der Erzbischof Gero von Mag-

Hillersleben, Ehemaliges Benediktinerkloster mit Klosterkirche

deburg wiederum ein Benediktiner-Konvent. Einbezogen wurde das Gelände einer ehemaligen Wasserburg, deren Reste sich noch südlich der Klausuranlage und der für die Wasserversorgung des Klosters umgeleiteten Ohre nachweisen lassen. Seit 1272 war das Kloster in das Eigentum des Bischofs von Halberstadt übergegangen, der es nicht weiter verlehnen durfte. Das Kloster erlebte im 13. Jahrhundert eine wirtschaftliche Blüte, so dass mit den Einnahmen 1254 sogar das Mutterkloster Ilsenburg reformiert werden konnte. Seit 1720 war das Klostergut endgültig preußische Domäne, die von Pächtern verwaltet wurde. Von 1935 an war der Gutsbezirk der preußischen Militärverwaltung überantwortet. Nach 1945 diente die Kirche bis in die siebziger Jahre gottesdienstlichen Zwecken, danach war sie zum Teil als Lagerraum zweckentfremdet. Heute nutzt die Bundeswehr das Gelände, das durch den angrenzenden Truppenübungsplatz Altmark in der Colbitz-Letzlinger Heide schon vor dem 2. Weltkrieg derartigen Funktionen gedient hatte. Während der ganzen Zeit erfuhr die Kirche nutzungsbedingte, bauliche Veränderungen (266).

Hundisburg ⑲

Schloss Hundisburg, südlich von Haldensleben, hatte eine 1140 erwähnte Vorgängerburg, die als Talrandburg mit kreisförmigem Grundriss auf der Spitze eines aus den Tälern der Beber und der Garbe gebildeten Bergsporns angelegt war (18). Sie diente der Kontrolle der nahegelegenen Lüneburger Heerstraße und war eine der stärksten Anlagen des Erzbistums Magdeburg, wurde auch mehrfach belagert (1213, 1278, 1319). Die Burg gelangte 1452 an die Familie von Alvensleben und wurde von Ludolf X. zum Renaissance-Schloss ausgebaut (18). Das Schloss brannte 1615 teilweise ab und wurde im folgenden Dreißigjährigen Krieg vollends ruinös. Ab März 1693 erfolgten die Arbeiten zum Umbau des Schlosses in eine barocke Anlage. Am Schloss wurde bis 1712 gearbeitet, an der Gartenanlage bis 1719. Die Familie von Alvensleben verkaufte die Schlossanlage aus vielen Gründen 1811 an die Familie Nathusius. Diese setzte auch die Arbeiten an dem großen Landschaftspark fort. Blanke (18) und Rust (204) mussten in der ersten Hälfte der neunzi-

Schloss Hundisburg

ger Jahre, also kurz nach der Wende, noch von einem ruinösen Zustand des Schlosses ausgehen. Erfreulicherweise hat sich 20 Jahre später die Situation völlig verändert. Die Deutsche Stiftung Denkmalschutz, die Stadt Haldensleben und ein Verein Schloss Hundisburg sorgten dafür, dass umfangreiche Denkmalmittel flossen. Ein einfallsreiches Programm deckt bereits einen großen Teil der Unterhaltungskosten. Das Parkensemble wurde als eines von 40 Gartendenkmalen in das Projekt „Gartenträume – Historische Parks in Sachsen-Anhalt" aufgenommen (288). Kurz, es gibt hier nur Gutes zu berichten, verbunden mit der Empfehlung, Schloss Hundisburg baldmöglichst aufzusuchen.

Kroppenstedt ⑳

Kroppenstedt, im südlichsten Zipfel des Bördekreises am Höhenzug des Hakels gelegen, verdankt seine frühe Bedeutung der Funktion als Rastplatz an der Straße Halberstadt-Magdeburg. Die Ersterwähnung erfolgte im Jahre 934, als König Heinrich I. Kroppenstedt und Gröningen

Blick auf Schloss Hundisburg

Kroppenstedt, Rathaus (oben) und historisches Freikreuz von 1615 (rechts)

dem Grafen Siegfried, Bruder des Markgrafen Gero, überließ. An seine Stelle traten später die Grafen von Regenstein, die ihre Rechte 1253 an das Bistum Halberstadt abtraten, wo sie bis 1648 verblieben. 1253 erhielt Kroppenstedt Stadtrechte. In dieser Zeit war die Stadt bereits von Mauern mit drei Toren und 5 Türmen umgeben, die zum Teil heute noch auffindbar sind. Die Stadt blieb immer ein Ackerbürgerstädtchen und das eindrucksvolle Rathaus (1580, nach Brand 1719 erneuert) schönt die Bedeutung dieses Ortes, in welchem man einen solchen Prachtbau nicht vermuten würde, der von 2346 Einwohnern im Jahre 1938 auf 1451 im Jahre 2013 zurückgefallen ist. Dem Ort gebührt aber auch darüber hinaus Ehre, denn er zeigt noch weitere respektable Bauten.

Krottorf ㉑

Die Burg Krottorf, südlich von Oschersleben gelegen, ist eine Niederungsburg, die durch die Bode und durch von ihr gespeiste Wassergräben einigermaßen abgesichert war. Die Ersterwähnung der Burg erfolgte 1270 als Besitz der Grafen von Regenstein. Ab 1351 war sie zum Bistum Halberstadt gehörig und wurde mehrfach verpfändet. Von 1528 bis 1807 stand sie in bischöflicher Eigenverwaltung. Von 1814 bis 1849 war sie staatliche Domäne, danach wurde sie verkauft. Nach der Wende wurde die Burg mit ihren Gebäuden kaum noch genutzt, bis sich zum Zwecke ihrer Erhaltung eine Interessengemeinschaft gebildet hat. Seit Oktober 2000 wird ein Teil des Schlosses von der Arbeiterwohlfahrt als Heim für Kinder und Jugendliche genutzt.

Burg Krottorf

Innenhof der Burg (rechts)

Magdeburg ㉒

Die Geschichte Sachsen-Anhalts ist ohne eine Beschreibung der Entwicklung Magdeburgs kaum darstellbar.

Karl der Große, regierend von 768 bis 814, hatte noch vor 800 in verlustreichen Kriegen die Sachsen besiegt und seine – noch brüchige – Macht bis zur Elbe ausgedehnt. Zwischen 804 und 814 war das Bistum Halberstadt entstanden, einbezogen in die Kirchenprovinz der Erzbischöfe von Mainz. Bereits 805, und damit erstmals, belegen die Quellen die Existenz der „Magadoburg". Die fränkische Ausdehnung nach Osten war missionarisch begründet und so ist anzunehmen, dass schon in dieser Frühzeit in Magdeburg eine Kirche gebaut worden ist. Für die nächsten Jahrzehnte war allerdings von Magdeburg kaum die Rede, viel eher vom Bistum Halberstadt, das sich im 9. und in der ersten Hälfte des 10. Jahrhunderts über sechs Gaue erstreckte (Harzgau, Darlinggau, Nordthüringgau, Balsamgau [östlicher Teil der Altmark], Schwabengau und Hasegau). Diese Gebiete waren noch lange unbefriedet und keineswegs fest in der Hand des Bistums oder seiner Gaugrafen.

Im Jahre 919 wurde der Sachsenherzog Heinrich zum ersten deutschen König gewählt, womit die Macht der Franken an die Sachsen überging, was auch für 100 Jahre eine Interessenverlagerung gen Osten nach sich zog. Heinrich I. ließ Quedlinburg und Merseburg zu Zentren der Macht ausbauen (46, 76). Die Stunde Magdeburgs kam erst mit dem Kaisertum seines Sohnes Otto (des Großen). Heinrich I. starb 936 in der Pfalz Memleben (4). Sein wahrscheinlich in Wallhausen geborener Sohn wurde 930 in der Stiftskirche zu Quedlinburg mit der englischen Prinzessin Edgith verheiratet und schenkte ihr, sie war gerade 15 Jahre alt, Magdeburg, das zu dieser Zeit schon ein wichtiger Handelsplatz geworden war. Magdeburg blieb beider Lieblingsplatz, aber Otto I. musste wie alle Herrscher des Mittelalters von Pfalz zu Pfalz ziehen. 968 gründete er gegen den entschiedenen Widerspruch des Bistums Halberstadt und des Erzbistums Mainz sein Erzbistum Magdeburg (191).

946 war Edgith (Editha) verstorben, Otto I. hatte inzwischen wieder geheiratet, Magdeburg blieb sein Lieblingsplatz, die Stadt wurde der Mittelpunkt des Ottonischen Reiches. Sein Erzbischof Adalbert (192) regierte von 968 bis 985. Er war eine schillernde Persönlichkeit und ist zum Gegenstand vieler historischer Erörterungen geworden, sei es zum bis auf den heutigen Tag unklaren Geburtsort oder auch zur Beschreibung seines Lebens als Benediktinermönch, Missionsbischof,

© Staatskanzlei_W. Klapper

Links: Palais am Fürstenwall – Staatskanzlei des Landes Sachsen-Anhalt, Sitz des Ministerpräsidenten, Unten: Ministerium für Justiz und Gleichstellung

Berater von Otto I. und Otto II., Verfasser von Annalen des 10. Jahrhunderts.

Es besteht nicht der geringste Zweifel daran, dass Otto der Große eine überragende Bedeutung für die Entwicklung Magdeburgs besaß, das zu seinen Lebzeiten (und danach) fast die Bedeutung einer Deutschen „Reichsstadt" erhielt. Man nannte Magdeburg auch das „Konstantinopel des Nordens" (320). Mit dem Tode Heinrichs II. (1002 – 1024) starb die ottonische Königslinie aus und das Geschlecht der Salier übernahm die Königskrone, wobei sich der Schwerpunkt der salischen Herrschaft bald nach Goslar und schließlich nach Süddeutschland verlagerte (318). Die Zeit der großen Erzbischöfe von Magdeburg, Norbert von Xanten (110, 191), Wichmann (191, 20i) sowie Albrecht II. (86) war längst vorbei. Im späten Mittelalter war auch die politische Macht der Erzbischöfe angesichts verstärkter Bemühungen der Ratsherrschaft und des Adels schwächer geworden. Mit dem Fortschreiten der Christianisierung des Ostens verlor Magdeburg seine Randlage und damit auch seine politische Bedeutung als Leuchtturm dieser Christianisierung. In der ersten Hälfte des 16. Jahrhunderts ging zudem die Residenzherrschaft des Erzbistums auf das erstarkte Halle über, worunter naturgemäß die Bedeutung Magdeburgs litt. 1631 wurde Magdeburg, nachdem man zwei Drittel der rund 33.000 Einwohner verloren hatte, von den Truppen des Feldmarschalls Tilly dem Erdboden gleichgemacht, eine furchtbare Katastrophe für die Stadt, von der sie sich lange nicht erholte.

Als Magdeburg im Jahre 1680 brandenburgisch geworden war, ließ Fürst Leopold von Dessau den Gleichschritt üben und zwischen 1715 und 1740 in seiner Eigenschaft als Gouverneur Magdeburg zur stärksten preußischen Festung ausbauen. Sie

Der Magdeburger Dom, rechts: Langhaus des Doms, dessen Neubau im Jahre 1363 geweiht wurde

band in den drei Kriegen Friedrichs des Großen große Teile der österreichischen und russischen Armee, so dass diese ihre Bewegungsmöglichkeiten einbüßten.

Am 16. Januar 1945 wurde die Altstadt durch schwerste Bombenangriffe beinah dem Erdboden gleichgemacht. Viele der damaligen Wunden sind inzwischen geschlossen, zum Teil überaus ansehnlich (120). Da seit dem Mittelalter die Kirchen sehr massiv gebaut wurden, haben sie sogar im Wesentlichen dieses Bombardement überstanden. Im Stadtraum Magdeburg sind gleich drei Parkanlagen in die 40 preisgekrönten „Gartenträume Sachsen-Anhalt" aufgenommen worden, nämlich Herrenkrugpark und Elbauenpark, Stadtpark Rotehorn und Klosterbergegarten mit Elbe und Gruson-Gewächshäusern (288). Gleichzeitig ist Magdeburg Bestandteil der „Straße der Romanik" (119). Im Jahre 2009 legte der Mainzer Verlag Philipp von Zabern zum 800. Domjubiläum ein opulentes zweibändiges Werk über Magdeburg und seinen Dom vor, das der Bedeutung dieser Stadt vor der Reformation, vor allem aber im Zeitalter der Ottonen, voll entspricht (191a).

Magdeburg ist wieder eine sehr sehenswerte Stadt geworden, woran ihr Landeshauptstadt-Status nicht unbeteiligt ist (43, 301-305, 309).

Magdeburg-Fermersleben ㉓

Das ursprüngliche Dorf Fermersleben liegt auf einem Gebiet, auf dem schon in der frühen Jungsteinzeit (2000 v. Chr.) gesiedelt wurde. Otto I. schenkte den Ort schon 937 dem Moritzkloster von Magdeburg. Der Ort lag direkt an der Elbe, die sich später ostwärts verlagerte. Im Schmalkaldischen Krieg wurde Fermersleben stark in Mitleidenschaft gezogen, desgleichen 1598/99 durch die Pest und danach vom Dreißigjährigen

Magdeburg-Fermersleben, der Mahrenholzhof in der Mansfelderstraße

Krieg. Als die Truppen des Generals Tilly 1631 Magdeburg in Schutt und Asche legten, lagerten sie auf der Fermersleber Gemarkung. 1806 wurde der Ort durch napoleonische Soldaten weitgehend niedergebrannt, dem Ort wurde wahrlich nichts erspart, seine Situation im 2. Weltkrieg ist vielen Menschen noch wohlbekannt.

Das Ortsbild Fermersleben war seit 1800 weitgehend durch Vierseitenhöfe geprägt. In der DDR war zwar festgelegt worden, dass viele baufällig gewordenen Gebäude abgerissen werden sollten, was wegen des andauernden Wohnungsmangels, aber auch wegen des Ausbaus der Salbker Seen als Naherholungsgebiet unterblieb. In der Mansfelder Straße existiert der gezeigte Wohnturm aus dem 13./14. Jahrhundert, der 1695 in das ehemalige Gutshaus einbezogen wurde.

Magdeburg-Randau ㉔

Im Magdeburger Stadtteil Randau-Calenberge steht ein schlossähnliches Gutshaus, dem eine Burg vorangegangen sein muss, die in einem Vergleich vom 28. Mai 1236 zwischen dem Kloster Unser Lieben Frauen und Ivan von Dornburg erstmals urkundlich erwähnt wird. Die Herrschaft der von Alvensleben begann 1391 und dauerte bis 1850. Das gezeigte Gebäude wurde nach 1609 von den von Alvensleben errichtet, allerdings

Schloss Randau im Magdeburger Stadtteil Randau-Calenberge

später weiter nach Süden verlegt, auf das Gebiet des heutigen Schlosses Randau, dem endgültigen Standort des Gebäudes. Um 1880 erfolgte der Abbruch des Gutshauses. Die Anlage wurde 1863 an den Magdeburger Unternehmer und Kommerzienrat Paul Hennige verkauft, der 1885 auf den Grundmauern des alten Gutshauses das Schloss Randau errichtete.

Das Schloss wurde 1968 bis 1984 als Grundschule genutzt, 1985 und 1992 erfolgten teilweise Restaurierungen des Gebäudes, das zunächst als Bildungszentrum eingerichtet werden sollte, was in Folge der Insolvenz des Investors Wyborski, der am 30.04.2001 plötzlich und unerwartet verstarb, scheiterte. Heute steht das Schloss immer noch leer.

Marienborn ㉕

Marienborn, im Bördekreis nahe der Grenze zu Niedersachsen gelegen, ist einer der ältesten Wallfahrtsorte der Region. Dort stand zunächst seit dem 12. Jahrhundert ein vom Erzbischof Wichmann von Magdeburg gestiftetes Hospital, aus dem sich zwischen 1230 und 1250 ein Chorfrauen-Stift entwickelte. Einen sehr nachhaltigen Eingriff erfuhr die seit der Säkularisierung des Klosters 1810 verfallene Kirche mit der Wiederherstellung 1885 nach Plänen Friedrich August Stülers von 1860. Erst seit dieser Zeit steht Marienborn in privatem Eigentum, nachdem das kurzzeitige Königreich Westfalen das aus dem Kloster entstandene Fräuleinstift aufgehoben hatte. Von den Klostergebäuden ist nur noch ein Teil erhalten; die meisten Teile sind über die Jahrhunderte abgerissen.

Meyendorf ㉖

1267 wurde in Meyendorf ein letztes Nonnenkloster der Zisterzienserinnen gegründet. Das 1268 päpstlich bestätigte Kloster kauften die Bauern des Ortes auf und bildeten aus deren Höfen eine Eigenwirtschaft von etwa 850 ha. Eine wirtschaftlich bedeutende Rolle spielte das Kloster gleichwohl niemals. Beim Beginn der Reformation bestand der Konvent aus 43 Nonnen und 48 Laienschwestern, die am alten katholischen Glauben über die Reformationszeit hinaus überwiegend festhielten. Die 1610 abgebrannten Klostergebäude wurden erst Anfang des 18. Jahrhunderts durch schlichte Barockbauten und eine neue Kirche ersetzt. Das Dorf Meyendorf mit schätzungsweise 200 Einwohnern wurde Anfang des 19. Jahrhunderts in Remkersleben eingemeindet. Ein großer Englischer Park vervollständigt die Idylle.

Marienborn, Blick vom Kreuzgang auf die Stiftskirche

Meyendorf, Klosteranlage, jetzt als Seniorenheim genutzt (oben), Eingang Klostergebäude (unten)

Morsleben ㉗

Morsleben, Ortsteil der Gemeinde Ingersleben (Landkreis Börde), liegt im oberen Allertal an der Grenze zu Niedersachsen. Der innerdeutsche Grenzübergang Marienborn befand sich auf dem Gemeindegebiet. Das ehemalige Rittergut bestand aus einer großen Anlage mit Herrenhaus, Park, Landarbeiterwohnhäusern, Verwalterhaus, Kutscherhaus und Wirtschaftsgebäuden. Das Herrenhaus wurde 1775 von der Baronin Wilhelmine Amalie von Veltheim errichtet. Von der Geschichte Morslebens ist kaum etwas bekannt. Der Fund frühmittelalterlicher Bildsteine mag ein Hinweis auf die für Sachsen-Anhalt ohnehin typische Entstehungszeit der meisten Dörfer sein, auch, dass es im 10. Jahrhundert einen Konrad von Morsleben gegeben haben soll. Heute ist Morsleben ein umstrittener Ort, denn er beherbergt ein atomares Endlager.

Rittergut Morsleben, Wirtschaftsgebäude

Neindorf ㉘

Nördlich von Oschersleben liegt Neindorf, von 1463 bis 1945 im Besitz der Grafen von der Asseburg. Das 1824 bis 1827 erbaute Schloss ist ein eindrucksvoller klassizistischer Bau des anhaltisch-bernburgischen Landbaumeisters Johann August Philipp Bunge. Die Schlossanlage ist seit 1830 von einer ausgedehnten Parkanlage

Schloss Neindorf

umgeben. Das Schloss ist bereits seit 1944 Kreiskrankenhaus. Es scheint durch Umbauten und Erweiterungen vom Ursprungsbau verschieden von der ursprünglichen Gestalt.

Oebisfelde ㉙

Oebisfelde, mit Weferlingen zu einer Stadt vereinigt, südlich des Naturschutzgebietes Drömling und westlich an der Grenze zu Niedersachsen in Höhe Wolfsburg gelegen, wurde zwischen 1014 und 1073 als Ysfelde urkundlich genannt. 1267 erscheint die noch heute in Teilen existierende Burg in der Wahrnehmung der Öffentlichkeit. Sie befand sich zunächst im Besitz des Erzstiftes Magdeburg und hatte ihre Bedeutung in der Grenzlage zur Markgrafschaft Brandenburg und zum Herzogtum Braunschweig.

Die Burg liegt am Rande einer Sumpfniederung an der Aller, als Stadtrandburg war sie in die Stadtbefestigung einbezogen. Das Burggebäude, über die Jahrhunderte in ständig neuem Besitz, kein Wunder bei seiner Randlage, ist seit 1956 in städtischer Verwaltung und wird seit 1992 saniert. 1999 war die Burg jedenfalls schon Kulturzentrum mit Archiv und Stadtbibliothek (43). Oebisfelde gehört heute zum Landkreis Börde und nicht mehr, wie jahrhundertelang, zur Altmark. Eine Reihe ansehenswerter Kirchen und Straßenzüge rechtfertigen darüber hinaus einen Besuch des Städtchens.

Burg Oebisfelde

Bergfried der Burg (rechts)

Oschersleben ㉚

Oschersleben liegt am östlichen Rand des Großen Bruchs, über dessen Einmündung in die Niederung der Bode. Zum Schutz des Übergangs über die Bodeniederung ist seinerzeit eine Burg errichtet worden, wahrscheinlich Anfang des 12. Jahrhunderts. Die Baulichkeiten wurden in der

Folgezeit vielfach verändert. Sie sind trotz häufiger Verpfändungen lange im Besitz der Bischöfe von Halberstadt geblieben. 1545 wurde die Anlage völlig erneuert, ab 1648 war sie kurfürstliche, seit 1701 königliche Domäne. In der zweiten Hälfte des 19. Jahrhunderts ging sie in Privathand über. Eine erwähnenswerte Geschichte lässt sich aus den vorhandenen Unterlagen nicht entnehmen. 814 wurde die Stadt in Stiftungsbriefen des Kaisers Ludwig des Frommen erwähnt, ihre Existenz aber urkundenmäßig endgültig 994 belegt, als Otto III. in Quedlinburg der Stadt Oschersleben das Marktrecht verlieh. Wir haben es also hier mit einer mehr als tausendjährigen Geschichte zu tun. Im 12. Jahrhundert gehörte Oschersleben den Pfalzgrafen von Sommerschenburg, 1207 ging das Städtchen an das Bistum Halberstadt. Danach fanden mehrfache Wechsel statt, erst 1545 ging die Stadt an das Bistum Halberstadt zurück, von da 1648 an das Kurfürstentum Brandenburg. Jetzt ist wieder Sachsen-Anhalt am Zuge.

Ottleben ㉛

In dem kleinen Ort Ottleben (Bördekreis) steht, neben drei anderen Gütern, das ehemalige Schloss der Familie von Trautenburg. Die von Trautenburg starben 1786 aus. Der Besitz ging über eine Heirat 1791 an die von der Schulenburg und beherbergt heute einen großen und offenkundig besonders durchdachten Kindergarten. Die kleine U-förmige Anlage liegt in einem Park. Dem zweigeschossigen

Ottleben, Schloss Trautenburg

Hauptgebäude sind zwei kurze rückwärtige Flügel angefügt, dies seit 1575. Bauliche Veränderungen fanden um 1860 bis 1880 statt, eine umfassende Restaurierung 1994 bis 1996.

Peseckendorf ㉜

Peseckendorf, 9 km südwestlich von Wanzleben, wird 1086 erstmals urkundlich erwähnt. Ab dem Jahre 1483 gehörte das Rittergut dem Geschlecht derer von Asseburg als Lehen.

Die schlossartige Anlage des ehemaligen Rittergutes im Bördekreis wurde zwischen 1906 und 1909 vom Architekten Paul Schultze-Naumburg für den Rittergutsbesitzer Friedrich Schaeper

Die Burg Oschersleben wurde vorbildlich saniert

Rückansicht der Burg Oschersleben

Schloss Peseckendorf, Parkseite

Parkanlage

errichtet. Schultze-Naumburg favorisierte für derartige Bauten den Stil von 1800, eine der zu dieser Zeit für den herrschaftlichen Villenbau bevorzugte Variante mit einer Verbindung klassizistischer und barocker Formen. Im Jahre 2002 befand sich im Schloss Peseckendorf eine Jugendbildungsstätte des paritätischen Wohlfahrtsverbandes Sachsen-Anhalt. Das Schloss steht jedenfalls im Jahre 2015 leer, nachdem es der Wohlfahrtsverband 2013 verkauft hatte. Es wird derzeit vom neuen Eigentümer nach einer adäquaten Nutzung gesucht.

Rogätz ㉝

An der vom Autor angedachten nördlichen Berichtsgrenze dieses Buches liegt Rogätz, ca. 20 km nördlich von Magdeburg, am Elbübergang einer mittelalterlichen Fernhandelsstraße von Lüneburg über Gardelegen in die Niederlausitz und Schlesien gelegen. Rogätz entstand in sehr frühen Zeiten. Die Gegend war schon in den Jahren 4000 bis 2000 v. Chr. besiedelt. Der Name des Ortes könnte auf den römischen Hauptmann Ragustus zurückzuführen sein, der um das Jahr 20 n. Chr. den Ort als festen Platz begründet haben soll. Historisch ist nicht abwegig, dass Kaiser Augustus nachweisbar in dieser Zeit die Absicht verfolgt hatte, das westelbische Land seinem Reich einzuverleiben. Claudius Drusus, Sohn des Augustus nachfolgenden Kaisers Tiberius, war auf seinem Germanenfeldzug bis an die Elbe vorgestoßen.

1144 erwähnt der staufische König Konrad III. Rogätz in einer Urkunde. Zu diesem Zeitpunkt ging das Dorf von den Grafen von Hillersleben auf das Bistum Havelsberg über, womit es in die Auseinandersetzungen zwischen dem Erzbistum Magdeburg und den brandenburgischen Markgrafen geriet. Im 13. Jahrhundert, genauere Gründungsdaten finden sich im Fachschrifttum nicht, muss die Rogätzer Burg entstanden sein. Über brandenburgische Vasallen ging der

Rogätz, Ehemaliges Gutshaus

Jagdschloss Heinrichshorst bei Rogätz

Ort ab 1369 etappenweise an die Familie von Alvensleben über, die den Ort fast 500 Jahre beherrschte. Im Dreißigjährigen Krieg ging es Rogätz sehr schlecht; es wurde völlig zerstört und erst nach Jahren wieder aufgebaut. Das Schicksal traf auch die Burg Rogätz, von der heute nur noch der das Ortsbild beherrschende Kluftturm steht. 1871 erwarb Reinhold Himburg von Schricke das Gut und ließ 1898 ein neues Gutshaus errichten.

Die Rogätzer, die durchaus mehr zu erdulden hatten als viele andere Orte (beispielsweise quartierten sich im Herbst 1806 40.000 (!) französische Soldaten in dem kleinen Dorf ein), widerstanden allen Prüfungen. Nach dem 1. Weltkrieg existierten in Rogätz eine Schiffswerft, eine Ziegelei und eine Konservenfabrik, die in der DDR-Zeit das übliche Schicksal als Volkseigene Betriebe erlitten. Die Werft überstand die Wende nicht, das Betonwerk (ehemals Ziegelei) und die Konservenfabrik existierten weiter.

In den Jahren 1943 bis 1945 lebte übrigens der Physiker Max Planck mit Gattin im Gutshaus. Die Kirche, der Klutturm, das Gutshaus und das Jagdschloss Heinrichshorst (errichtet vom Magdeburger Brauereibesitzer Heinrich Wernicke in den Jahren 1898/99) künden von den frühen Zeiten dieser immer wieder auferstandenen Kommune.

Schermcke ㉞

Schermcke ist heute ein Stadtteil von Oschersleben. Das ehemalige Schloss hatte einen Vorgänger in einer ersten Burg aus dem 12. Jahrhundert, die von 1373 bis 1720 im Besitz der Familie von der Asseburg stand, einer adligen Familie, die zahllosen Grundbesitz besaß und versuchte, ihn ständig zu vermehren. 1511 erfolgte der Neubau einer vierflügeligen Burg, die 1720 preußische Domäne wurde, nachdem die Burg von den

Schloss Schermcke

Schermcke, St. Stephanus

von Asseburg an die preußische Krone verkauft worden war. 1902 wurde ein zweigeschossiges Herrenhaus nach dem Entwurf des Architekten Bernhard Sehring gebaut, das seit 1997 wieder Instandsetzungsmaßnahmen unterliegt. Ein weitläufiger Landschaftspark säumt die Anlage, wie in Sachsen-Anhalt „üblich“.

Seggerde ㉟

Hoch im Norden des Landkreises, im ehemaligen Ohrekreis, 20 km nördlich von Helmstedt, dürfte bereits im 10. Jahrhundert in einem Sumpfgebiet an einer die Allerniederung überquerenden Straße eine Burg als Grenzbefestigung angelegt worden sein. Von ihr ist so gut wie nichts mehr erhalten, allerdings wird schon 1274 ein Ministerialen-Geschlecht von Seggerde erwähnt,

Seggerde: Gutshaus (oben), Schloss (unten)

im späten Mittelalter Lehnsträger des Stiftes Halberstadt. Das heutige spätbarocke Schloss dürfte Ende des 18. Jahrhunderts errichtet worden sein. 1834 bis 1838 erfolgte eine qualitätvolle klassizistische Umgestaltung. Das wohlerhaltene Schloss kam 1889 durch Erbgang an die Familie von Davier, die 1945 enteignet wurde. Ab 1830 wurde nach englischem Vorbild ein weitläufiger Landschaftspark geschaffen. In den Jahrzehnten nach dem 2. Weltkrieg diente das prachtvolle Schloss als Lungenheilanstalt, Lehrlingswohnheim, Grenztruppen-Unterkunft und Kinderkrippe. Seit der Wiedervereinigung ist die Familie von Davier Eigentümerin des Schlosses. Der Schlosspark gehört inzwischen wieder zum Parkerlebnis „Gartenträume Sachsen-Anhalt“, noch dazu mit dem seltenen Beispiel einer weitgehend erhaltenen Gestaltung aus dem frühen 19. Jahrhundert. Ein Grund mehr, Seggerde aufzusuchen (288).

Sohlen ㊱

Im Magdeburger Stadtteil Beyendorf-Sohlen liegt der Gutshof Sohlen, seinerzeit Teil des Rittergutes Schaeper, erbaut 1908 vom Architekten Baljes. Nach der Enteignung fand das Gutshaus von 1946 bis in die 1990er Jahre Verwendung als Schule. Seit der Wende existiert dort ein Soziokulturelles Zentrum nebst heimatkundlichen Ausstellungen. Der das

Gutshof Sohlen

Gutshaus ursprünglich weitläufig eingrenzende Park ist noch in Teilen vorhanden.

Sommerschenburg ㊲

Sommerschenburg, im Dehio (43) und bei Schwineköper (309) nur sehr knapp kommentiert, besitzt eine gut dokumentierte Familiengeschichte in Form einer Dissertation aus dem Jahr 1953 (231), die der Bedeutung dieses geschichtsträchtigen Platzes gerecht wird.

Es spricht einiges dafür, dass Otto der Große ein sächsisches Pfalzgrafenamt geschaffen hatte, das jeweils einem sächsischen Grafen zukam. Die Würde berechtigte nicht zur Aufsicht über das Königsgut und sie war auch nicht an den Besitz einer königlichen Pfalz gebunden. Bereits zur Zeit der letzten Gosecker Pfalzgrafen (die von 1040 bis 1088 amteten), hing die Bedeutung der Pfalzgrafenwürde von der Persönlichkeit des jeweiligen Pfalzgrafen ab. Diesen Voraussetzungen ist Pfalzgraf Friedrich von Sommerschenburg in 32 Jahren seiner militärischen und politischen Tätigkeit zwischen 1088 und 1120 voll gerecht geworden. Seine intensiven Kontakte zum König, zu den Bischöfen und Erzbischöfen von Halberstadt und Magdeburg sowie seine vielfachen Vermittlungen zwischen dem oft streitenden Hochadel festigten die Anerkennung der Dynastie der Sommerschenburger. Sein Sohn, Friedrich II., versah das Amt des Pfalzgrafen zwischen 1120 und 1162 auf ähnliche Weise wie sein Vater, bis sein von 1162 bis 1179 amtierender Sohn Adalbert in den

Schloss Sommerschenburg

Auseinandersetzungen mit Heinrich dem Löwen der Bedeutung der Pfalzgrafschaft nicht länger gerecht zu werden vermochte. 1179 starben die Sommerschenburger aus, aber insgesamt hatten sie ihrer Familie Ehre eingebracht.

Die Burg Sommerschenburg kam danach in erzbischöflichen Besitz, nachdem zunächst Heinrich der Löwe bzw. seine Erben Hand an die Burg gelegt hatten. Ab 1443 wurde die Burg überwiegend durch Vögte und Amtsleute verwaltet, oft auch verpfändet. 1626 besetzte sie Wallenstein. Nach 1806 erhielt General Savary die Domäne von Napoleon. 1814 wurde Generalfeldmarschall Neidhardt von Gneisenau vom preußischen König wegen seiner Verdienste in den Befreiungskriegen mit der Domäne begabt. Bis auf den noch heute vorhandenen Turm aus dem Mittelalter errichtete die Familie von Gneisenau 1896/97 einen historisierenden Neubau. In der DDR-Zeit befand sich bis 1989 in dem Gebäude eine polytechnische Oberschule. Seitdem haben die Besitzer gewechselt, aber seit dieser Zeit verfällt sie auch. Sie ist gegenwärtig nicht bewohnt oder sonstwie genutzt, was erkennbar ihren Alterungsprozess beschleunigt.

Schlosseingang Ummendorf

Ummendorf (38)

Der Magdeburger Erzbischof Friedrich II. von Wettin errichtete um 1178 an einer strategisch wichtigen Straße an der Aller und der Straße Lüneburg-Leipzig das Schloss Ummendorf, zunächst als Niederungsburg, die durch die umlaufenden tiefen Gräben noch gut ablesbar ist. 1535 - 1581 erfolgte ein Neubau durch die Herren von Meyendorff, nämlich eine Dreiflügelanlage um einen fast quadratischen Hof. Der alte Bergfried aus der Gründungszeit blieb erhalten. Die Burg wurde zwar im Dreißigjährigen Krieg geplündert, sie überstand jedoch diese Kriegshandlungen. Die zwischenzeitlich ansässig gewordene Familie Meyendorff starb nach 1667 aus, woraufhin das

Bergfried der Burg Ummendorf

Gut zurück zum Erzstift kam und nach weiteren Wechseln der Burgherrschaft preußische Staatsdomäne wurde. Seit 1912 gehört die Burg der Gemeinde Ummendorf, die hier ab 1924 das Börde-Museum aufbaute. Der Bergfried hat sechs Geschosse und ist von der Höhe her mit rund 25 Metern einzuschätzen. Bis zum dritten Geschoss hat sich die originale Bausubstanz erhalten. Das 1145 erstmals erwähnte Ummendorf wurde 2001 als das schönste Dorf in Sachsen-Anhalt ausgezeichnet und errang im Bundeswettbewerb eine Goldmedaille. Zahlreiche alte Gehöfte runden ein Bild ab, das gute Gründe für einen Besuch aufweist (169).

Walbeck (II) ㊴

Die im Nordwesten des Bördekreises und an der Grenze zu Niedersachsen gelegene Ortschaft Walbeck (nicht zu verwechseln mit dem Mansfeldischen Walbeck nahe Hettstedt) hat eine heute eher unbekannte Geschichte, was mit ihrer abseitigen Lage, aber auch mit dem lange zurückliegenden Aussterben der Grafen von Walbeck (etwa 1180) zusammenhängen dürfte.

Die Grafenfamilie wird zwar erstmals 929 urkundlich erwähnt; es spricht allerdings einiges dafür, dass dieses altsächsische Herrengeschlecht, wie viele andere, zwischen dem 6. und 8. Jahrhundert in das Gebiet zwischen Oker und Elbe vorgedrungen ist (81). Jedenfalls war das Geschlecht der Grafen von Walbeck neben dem der von Alvensleben im Gebiet vorherrschend gestützt auf umfangreiche Ländereien. Seit 985 trugen mehrere Grafen auch den Titel „Markgraf der Nordmark“, aber dieses Gebiet nordöstlich der Elbe war zu dieser Zeit hart umkämpft und 983 im Zuge des großen Sklavenaufstandes stark reduziert. Der Titel war wohl mehr plakativ.

Unmittelbar neben der Stiftskirche hat eine große Burg gestanden, in der am 25. Juli 975 der große historische Biograph Thietmar, 1009 – 1018 Bischof von Merseburg, geboren wurde. Thietmar war eigentlich ein Graf von Walbeck, ein Titel, der mit der Bischofswürde wegfiel (76, 312). Walbeck wurde Königshof, als Otto der Große seiner zweiten Gemahlin Besitzungen übereignete, zu denen auch die Curtis Walbeck gehörte. Damit wurde Walbeck Aufenthaltsort durchreisender ottonischer Herrscher, die allerdings erst etwa 950 außer auf dem Königshof auch auf einen Ort Walbeck trafen (35). Die Klosterkirche konnte erst am 7. Mai 997 geweiht werden, als Otto I. und sein Sohn, Otto III., nicht mehr lebten. Besonders häufig besuchte Heinrich II. (1002 bis 1024) Walbeck, dem man den Ottonischen Glanz nicht mehr anzusehen vermag, findet der Besucher doch „nur“ noch eine – wenig besuchte – Klosterruine, die allerdings von eindrucksvoller Mächtigkeit ist. Mit seinem letzten Besuch gegen

Ruine der Stiftskirche

Ende seines Lebens war auch die große Zeit Walbecks zu Ende. Die Burg steht längst nicht mehr, denn im Jahre 1229 beschlossen der Erzbischof von Magdeburg, der Bischof von Halberstadt und der Herzog von Braunschweig, die zerstörte Burg niemals wieder aufzubauen. Sie ist auch nie wieder neu entstanden und bis heute ist unbekannt, wo sie gestanden haben könnte, wenngleich einiges dafür spricht, dass sie in unmittelbarer Nachbarschaft des Stifts gestanden haben dürfte, vielleicht sogar mit ihm eine bauliche Einheit gebildet hat. Festzustehen scheint, dass das ursprüngliche Bauwerk der Gründungsbau Lothar II. von Walbeck um 942 gewesen ist. Das weitere Schicksal der Stiftskirche ist wenig bekannt, allerdings sind die Daten über Instandsetzungs- und Abrissarbeiten gut dokumentiert. 1832 wurde der Dom der Gemeinde als Armenhaus geschenkt, muss also noch bewohnbar gewesen sein. Bis 1935 sind immer wieder Instandsetzungs- und Abbrucharbeiten dokumentiert. Diese Veränderungen lassen nicht den Schluss zu, dass der Betrachter hier eine unansehnliche Ruine vorfindet. Wie die Abbildungen zeigen, ist die Ruine immer noch in einer eindrucksvollen Verfassung (4) und strahlt etwas von dem Zauber einer Vergänglichkeit aus. Die Anlage ist auch Bestandteil der „Straße der Romanik“ (119, 343).

Wanzleben ㊵

Der Ort Wanzleben, gelegen an den Straßen Helmstedt-Leipzig und Magdeburg-Halberstadt, gehört zu den urkundlich am frühesten erwähnten Ortschaften des Magdeburger Landes. Bereits vor 877 war König Ludwig der Jüngere der Besitzer des königlichen Gutsbezirkes Wanzleben mit zugehörigen Dörfern. Er verschenkte den Besitz weiter an seine Schwiegermutter Ida, die ihn an das Familienstift der Ottonen, Gandersheim, weitergab, vermutlich einschließlich der Burg. 968 wird erstmals die Burg Wanzleben mit dem dazugehörigen Burgward urkundlich erwähnt. Von den älteren Bauten der Oberburg ist vor allem der gewaltige spätromanische Bergfried (13. Jahrhundert) erwähnenswert. Der 30 m hohe Bergfried ist ein Wohnturm gewesen, beim gleichzeitig erbauten Torturm mit seinen fünf Stockwerken diente nur das obere Geschoss als Wohngeschoss (309). 1373 verkauften die Herren von Wanzleben die Burg und ihr Umfeld an den Erzbischof von Magdeburg. Zwischen 1680 und

Burg Wanzleben

Der 30 Meter hohe Bergfried (rechts)

Wanzleben, Domänen-Gebäude

1945 war der Erwerbsgegenstand eine Domäne. Vorher hatte der fruchtbare Landstrich jedoch noch eine andere Geschichte. Mit Schreiben vom 21.12.1526 schickte Kardinal Albrecht von Brandenburg, Erzbischof von Mainz und Magdeburg, seine Räte aus dem wohnlichen Halle nach Wanzleben (Wolmirstedt, Calbe und Zima), weil Giebichenstein und Moritzburg zu eng geworden waren (280a). Die daraus entstandenen Nebenresidenzen beförderten den Aufstieg der Orte zum Mittelpunkt eines landesherrschaftlichen Amtes. Sieben Rittergüter unterwarfen Wanzleben den Bedingungen der Landwirtschaft, die den Ort auch optisch geprägt haben.

Bis zur Vertreibung 1945 bewirtschafteten vier Generationen diese Domäne, die eine landwirtschaftliche Fläche von ca. 1.400 ha umfasste, wozu noch eigene Flächen in einer Größe von 250 ha durch Kauf kamen. In der gesamten Zeit war die Domäne Wanzleben ein Paradegut, bis die Familie im September 1945 enteignet wurde und das Land verlassen musste. Inzwischen haben zwei Mitglieder der Familie das Wagnis unternommen, wieder eine Fläche von 220 ha zu bewirtschaften (357).

Weferlingen ㊶

Weferlingen enthält eine Niederungsburg mit Wassergräben und Wellen und liegt zwischen zwei Aller-Armen im Orlekreis. Der jetzt vorhandenen Burg scheint eine ältere Rundburg vorausgegangen zu sein, die dann schon im 11. Jahrhundert vorhanden gewesen wäre. Die Herren von Hohenlage waren schon seit dem Ende des 12. Jahrhunderts Besitzer der Burg „Weferlingen“. Die Burg lag im „Kampfgebiet“ zwischen Braunschweig, Magdeburg, Brandenburg und Halberstadt und hatte ein entsprechend aufregendes Geschick. 1316 waren die Herren von Alvensleben vorübergehend Besitzer der Burg, dann wieder die von Hohenlage. Der Herzog von

Schloss-Ruine Weferlingen

Bergfried des Schlosses Weferlingen

Braunschweig bemächtigte sich 1318 der Burg, die Ende des 15. Jahrhunderts in Halberstädter Besitz und seit dem Westfälischen Frieden im Besitz Brandenburgs stand.

Der quadratische Bergfried gehört zu den ältesten Bauten der Burg, auch wenn die über dem Eingang stehende Jahreszahl 1300 eine spätere Zutat ist und daher in Zweifel gezogen werden kann. Im 16. Jahrhundert entstand das dreiflügelige Renaissanceschloss. Zwischen 1751 und 1861 wurde die Anlage als landesherrliche Domäne von der Familie Wahnschaffe bewirtschaftet. Danach wurde sie an die Familie von Spiegel auf Seggerde verkauft. Heute ist das Schloss eine Ruine (343).

Wolmirstedt ㊷

Das Städtchen Wolmirstedt liegt 13 km nördlich von Magdeburg. Die das Stadtbild beherrschende Burg könnte schon slawischen Ursprungs gewesen sein. Im Jahr 1009 wurde sie als deutsche Burg bezeugt und stand im Besitz der Grafen von Walbeck. Sie wurde ein Mittelpunkt der Streitigkeiten zwischen dem Markgrafen von Brandenburg und den Erzbischöfen von Magdeburg. Die Erzbischöfe zerstörten die Burg im Jahr 1241, die dann aber 1342 endgültig an Magdeburg kam. Auf der Burg saßen Vögte und die Folge war im 14. Jahrhundert die Verleihung der Stadtrechte. Eine Schlosskapelle wurde 1348 in der Vorburg bezeugt, die aber 1418 in die Oberburg verlegt wurde. Im Dreißigjährigen Krieg hatte die Burg, wie die gesamte Region, zu leiden, aber Handzeichnungen aus dem 17. Jahrhundert zeigen, dass die Burg fast noch ein mittelalterliches Gepräge besaß. Danach erfuhr die Burg, wie viele andere auch, Umbauten und Überformungen sowie Funktionsveränderungen baulicher Art, die sich mit Unterbrechungen bis in die Mitte des 19. Jahrhunderts hinzogen. Von einer Burg lässt sich nicht mehr sprechen, aber das heutige Schlossgebäude ist immer noch überaus ansehnlich.

Wolmirstedt: Museums-Scheune (oben)
Pächterhaus (unten) und Schlosskapelle (rechts)

Von den Domänegebäuden sind erhalten: Das ehemalige Pächterhaus der Schlossdomäne, ein breit gelagerter repräsentativer barocker Putzbau von elf Achsen, zweigeschossig, erbaut 1773/74. Die gegenüberliegende Scheune, heute Museum, ist auch einen Besuch wert (43, 361).

Ziesar ㊸

Der kleine Ort Ziesar, heute zu Brandenburg gehörig, kam 948 durch Otto I. in bischöflichen Besitz. Im Slawenaufstand 983 ging das ostelbische Gebiet, und damit auch Ziesar, verloren und konnte erst im 12. Jahrhundert durch Albrecht den Bären zurückerobert werden. Die Burg kam an das Erzbistum Magdeburg, bei dem sie bis 1449 verblieb. Von 1571 bis 1819 war Ziesar kurfürstliche und königliche Domäne. 1775 entstand auf dem weitläufigen Parkgelände ein heute noch vorhandenes Wohnhaus Friedrichs des Großen, das ursprünglich als königliche Herberge für den Fall der Reisen zur Magdeburger Garnison gedacht war, aber vermutlich dieser Funktion niemals gedient hat, da Friedrich schon 1786 starb. Nach der Auflösung des königlichen Domänenamtes 1819 wurde die Burg verkauft und blieb bis 1945 in Privatbesitz. 1946 erfolgte die Enteignung der privaten Eigentümer (Familie Schneider). Die Burg diente nunmehr der Unterbringung von Flüchtlingen, 1955/56 war sie Internat, 1990 stand die Burg leer. Von 2002 bis 2005 wurde die Burg, die zu Internatszeiten einen umfangreichen, heute noch vorhandenen, Park erhalten hatte, saniert. Heute enthält sie das Museum für brandenburgische Kirchen- und Kulturgeschichte des Mittelalters. Wann der Ort Ziesar entstanden ist, der im Übrigen wenig historische Substanz enthält, vermag niemand mehr zu sagen, da ein Mangel an Urkunden vorliegt, ohne die Aussagen über den Entstehungszeitpunkt nicht möglich sind. Alle Stadtbefestigungen sind verschwunden. Selbst die Bauunterlagen der Burg fehlen, abgesehen von der Schlosskapelle. Eine Besichtigung des Burgkomplexes ist allerdings ratsam (139).

Burg Ziesar

© Burgmuseum Ziesar

Prächtige Backsteinfassade der Burgkapelle Ziesar

Harz

Adersleben
Aderstedt (Huy)
Ballenstedt
Berßel
Blankenburg
Börnecke
Burg Anhalt
Degenershausen
Derenburg
Ditfurt
Drübeck
Eilenstedt
Emersleben
Endorf
Ermsleben
Falkenstein
Friedrichsbrunn
Gernrode
Güntersberge
Halberstadt
Harkerode
Harzgerode
Hausneindorf
Hessen
Heteborn
Huysburg
Ilsenburg
Langenstein
Meisdorf
Michaelstein
Minsleben
Neuhaus
Osterwieck
Quedlinburg
Regenstein
Reinstedt
Rhoden
Röderhof
Roseburg
Schlanstedt
Stapelburg
Stecklenberg
Stiege
Thale
Wedderstedt
Wegeleben
Wernigerode
Westerburg
Windenhütte
Zilly

Innenhof der Westerburg

Harz

Niedersachsen
Börde
Salzland-
kreis
Mansfeld-
Südharz
Thüringen
OSCHERSLEBEN (BODE)
HALBERSTADT
WERNIGERODE
OSTERWIECK
BLANKENBURG (HARZ)
WELTERBESTADT QUEDLINBURG
THALE
BALLENSTEDT
HARZGERODE
OBERHARZ AM BROCKEN
ILSENBURG (HARZ)
SCHWANEBECK
WEGELEBEN
GRÖNINGEN
KROPPENSTEDT
Nordharz
Huy
Brocken
Harsleben
Ditfurt
Hedersleben
Selke-Aue
HAKEL
GROßER FALLSTEIN
NÖRDLICHES HARZVORLAND
OBERHARZ
UNTERHARZ
RAMBERG
TEUFELSMAUER
Bruch
WANZLEBEN-BÖRDE

Die Harzgrafen

Der Harz ist ein ganz besonderer Geschichtsraum. Dass er über viele landschaftliche Schönheiten verfügt, ist zunächst nichts Besonderes, die haben die anderen deutschen Mittelgebirge auch aufzuweisen. Der Harz, vor allem seine nördlichen Teile, waren schon zu Zeiten des Herzogtums Sachsen Interessengebiet vor allem der lokalen Herrscher Ostfalens, später Heinrichs des Löwen. Neben den das gesamte Mittelalter ausfüllenden Bestrebungen, das eigene Machtgebiet zu erweitern, waren dies Interessen an dem Harz als „Wirtschaftsraum des frühen Mittelalters" (25). Bereits im 9. Jahrhundert waren Teile des Harzvorlandes in das fränkische Reich eingegliedert worden. Möglicherweise haben Verhüttungen von Erz aber schon früher stattgefunden, wie neuere Ausgrabungen bestätigen. Die Verhüttung dürfte zunächst im Westharz bei Clausthal-Zellerfeld, später auch in Elbingerode im Ostharz stattgefunden haben. Das 10. Jahrhundert der Ottonen zeigt jedenfalls eine umfangreiche Schürfpraxis von Metallen, die ja für die kriegerische Bewaffnung, aber auch für die Bedarfsdeckung an Münzen und Silber von großer Bedeutung war. Ökonomischer Mittelpunkt des Wirtschaftsraumes Harz war ohne Frage Magdeburg, von dem aus ein schwungvoller Handel mit den Erzen des Harzes betrieben wurde (25).

Die sich abzeichnende wirtschaftliche Prosperität kam dem im Harz ansässigen Adel zugute, wobei die Harzfamilien noch kein Historiker aufgezählt und bewertet hat (285). Gelegentlich kann man lesen, dass es im Harz 500 Burgen gegeben haben soll. Diese verdächtig auf- oder abgerundete Zahl erscheint jedoch weit übertrieben. Sie hätte den Harz in eine „einfamilienhafte Anlage in Burgform" verwandeln müssen. Sternal (235), der überaus sorgfältig in neuster Zeit alle Erkenntnisse über Burgen, Schlösser und Burgstellen im Harz ausgewertet hat, kommt auf 143 Objekte für beide Teile des Harzes, wobei einige nur sehr mühsam dem Harzvorland zugerechnet werden können. Es müsste dann noch ca. 360 nicht mehr auffindbare Burgstellen gegeben haben, eine unwahrscheinliche Zahl, auch angesichts des königlichen Ausschließlichkeitsrechts, Burgenbauten zu genehmigen.

Der Burgenreichtum des Harzes ist allerdings immer noch bemerkenswert, auch wenn viele Burgen längst in Schlössern aufgegangen sind.

Die „Harzgrafen" haben sich über die Jahrhunderte gehalten, weil sie auch wegen ihrer wirtschaftlichen Schwierigkeiten zusammen hielten (wenn auch nicht ausschließlich, man denke an die vielen Fehden der Regensteiner). Vor allem erzeugten sie Bindungen durch Heiraten untereinander, für die sie nur in Einzelfällen päpstlichen Dispens einholten. Die Harzgrafen waren alle miteinander verwandt. Ihre Auseinandersetzungen regelten sie intern, nur selten unter Einschaltung des Papstes, des Königs oder des Kaisers. Das auf Verwandtschaft gegründete Gemeinschaftsbewusstsein der Harzgrafen hat um 1500 viel an konfliktvermeidender Kraft eingebüßt.

*****

Adersleben ①

Adersleben, Ortsteil von Wegeleben (östlich von Halberstadt), verfügt über die ansehnlichen Reste eines ehemaligen Zisterzienser-Klosters, das vor 1266 vom Burchardi-Kloster in Halberstadt gegründet und erst 1809 aufgehoben wurde. Der Ort wurde bereits im Jahre 978 in einer Urkunde Ottos II. genannt. Das Nonnenkloster wurde 1267 durch den Halberstädter Bischof bestätigt. Das seit 1445 als wüst geltende Dorf wurde überdies 1525 durch die marodierenden Bauern zerstört. Der spätere Dreißigjährige Krieg vollendete den Niedergang des Klosters, obwohl die Mehrzahl der Nonnen dem katholischen Glauben treu blieb. 1866 kam das Kloster durch Kauf an den Staat zurück. Es wurde in eine Domäne umgestaltet und nach 1945 LPG. Im 18. Jahrhundert entstanden anstelle der nicht mehr nutzbaren Klostergebäude Neubauten, aber der Ort blieb klein und unbedeutend (155). Das Klostergebäude scheint hingegen die Jahre gut überstanden zu haben (155, 353).

Zufahrt zum ehemaligen Kloster Adersleben

St. Nikolaus-Kirche in Adersleben

Aderstedt (Huy) ②

Der kleine Ort, der 1993 600 Einwohner hatte (die inzwischen weniger geworden sein dürften), ist seit 2008 Ortsteil der Einheitsgemeinde Huy und nicht zu verwechseln mit dem gleichnamigen Ort der Kreisstadt Bernburg im Salzlandkreis. Dieses Aderstedt wurde 1004 in einer Schenkungsurkunde König Heinrichs II. an das Kloster Drubeck erstmals urkundlich erwähnt. Die Grafen von Regenstein hatten hier Besitz, der 1349 an die Grafen von Wernigerode überging. Danach übernahm die Familie von Veltheim die Herrschaft; die Fachbücher sagen nicht, zu welchem Zeitpunkt. Das Rittergut muss jedoch schon vorher bestanden haben, nämlich seit den Jahren 1766/71. Die heutige Nutzung ist nicht erwähnt, das eindrucksvolle schlichte Herrenhaus macht jedoch nicht den Eindruck fehlender Verwendung (353).

Gut Aderstedt

Ballenstedt ③

Ballenstedt ist einer der reizvollsten Orte nicht nur des Kerngebietes Anhalt, sondern ganz Sachsen-Anhalts. Dies erklärt sich nicht nur aus seiner großen Geschichte, sondern auch aus seinen Bauten. Die Altstadt wird bis heute von zahllosen Fachwerkhäusern aus dem 17./18. Jahrhundert geprägt. Die um 1710 entstandene Allee mit ihren herrschaftlichen Palais und Villen bildet eine künstlerisch adäquate Proszeniumsloge zum Schloss.

Esico Graf von Ballenstedt gründete 1043 auf dem Schlossberg ein Kollegiatstift, das Anfang des 12. Jahrhunderts eine Umwandlung in ein Benediktinerkloster erfuhr. Mit der anhaltinischen Landesteilung verband sich Ballenstedt mit der Anhalt-Bernburger Linie, die den Bau in Schritten zum Schloss umgestaltete, das seit Anfang des 18. Jahrhunderts häufig bei Daueraufenthalten der fürstlichen Familie Verwendung fand. Ab 1765 wurde das Schloss ständige Residenz, da Fürst Friedrich von Anhalt-Bernburg seine bisherige Residenz aufgab und nach Ballenstedt übersiedelte. Das Schloss wurde weiter ausgebaut und war Auslöser für eine kulturelle und wirtschaftliche Blüte über fast 100 Jahre. Sie ging 1863 mit dem Tod des Herzogs Alexander Carl zu Ende, denn damit erlosch die Linie Anhalt-Bernburg. Ihre Ländereien wurden mit dem Herzogtum Anhalt-Dessau vereinigt, womit auch die Residenz Ballenstedt ihre Bedeutung verlor (21, 27, 43, 155).

Der Schlosspark entstand in seiner ursprünglichen Form Ende des 18. Jahrhunderts und wurde 1859 nach einem Entwurf von Lenné im englischen Stil umgestaltet. Es ist heute „Gartentraum Sachsen-Anhalt“ (288).

Schloss Ballenstedt

Ballenstedt, Schlosstheater

Rittergut Berßel

1788 entstand das Schlosstheater (165), das neben vielen anderen einen künstlerischen Rahmen unter anderem für Liszt und Lortzing bot. Sie waren nur die bekanntesten Namen innerhalb einer glorreichen Opern-Geschichte, die allerdings 1863/64 mit dem Erlöschen der Dynastie ein vorläufiges Ende anlässlich der gleichzeitigen Auflösung der Hofkapelle fand. Der Theaterbau überstand alle Zeiten und ist damit besonders bedeutsam als einer der wenigen erhaltenen der Zeit und ältester Theaterbau Anhalts. Die Schlossanlage enthält aber noch weitere sehenswerte Gebäude wie den Marstall, die Schlossmühle, das Jagdschlösschen auf dem Röhrkopf, das Grüne und das Gelbe Haus (43).

Berßel ④

Berßel wurde erstmals 1018 erwähnt, als es von Bischof Arnulf an das neu gestiftete Kloster Ilsenburg verschenkt wurde. Grafschaft und Gericht waren bis 1343 regensteinisch, 1398 begann der vieljährige Besitz der Familie von Rössing. Berßel gehörte bis 1648 zum Bistum Halberstadt und danach zum Fürstentum gleichen Namens. Das abgebildete Rittergut besaß viele Jahre die Familie von Rössing und war bis 1848 Sitz eines Patrimonial-Gerichts. 1815 gelangte Berßel an den Regierungsbezirk Magdeburg in der preußischen Provinz Sachsen. Um 1900 kam das Gut in den Besitz der Familie von Gustedt. Seit 2010 ist Berßel Teil der Einheitsgemeinde Osterwieck.

Blankenburg ⑤

Im Jahre 1123 wird zum ersten Mal eine Burg an dem Platz genannt, auf dem später das große Schloss Blankenburg entstanden ist. Zu diesem Zeitpunkt war die Burg im Besitz des Herzogs Lothar von Süpplingenburg, dessen Ministerialen auf der Burg saßen. 1546 fiel die Burg einem Brand zum Opfer. Im Dreißigjährigen Krieg kamen über Blankenburg und die Burg schwere Kriegsschäden. Außerdem wurde die Herrschaft vorübergehend an einen Vetter Wallensteins verpfändet. Im Jahre 1690 übergab Herzog Anton Ulrich aus dem Hause Braunschweig-Wolfenbüttel seinem zweitältesten Sohn Ludwig Rudolf das

Blankenburg, Kleines Schloss

© Eckhard Wegner, Deutsche Stiftung Denkmalschutz

Blankenburg, Großes Schloss

Schloss und die ehemalige Grafschaft Blankenburg. Dieser ließ das inzwischen entstandene Renaissanceschloss abreißen und zwischen 1705 und 1731 das jetzige Barockschloss erbauen. Damit setzte eine Politik ein, die an das Coburger Herzogtum und dessen Heiratspolitik erinnert. Aus der Ehe Ludwig Rudolfs mit der Prinzessin Christine Luise von Öttingen gingen vier Töchter hervor. Die älteste 1691 geborene Tochter Elisabeth Christine, vermählte sich 1708 mit dem spanischen König Karl III. dem nachmaligen Deutschen Kaiser Karl XI. Sie wurde die Mutter der Kaiserin Maria Theresia. Die zweite Tochter, Charlotte Sophia, heiratete 1711 Alexei, den Sohn des russischen Zaren Peters des Großen. Ihr 1715 geborener Sohn kam als Peter II. 1727 auf den Zarenthron. Aus der Ehe der dritten Tochter stammt die Gemahlin des preußischen Königs Friedrich II.. Außerdem stammt aus dieser Ehe auch die spätere Herzogin Anna Amalia von Weimar. Diese anspruchsvolle Heiratspolitik und die Verbindung mit zwei Kaiserthronen veranlasste Kaiser Joseph I., 1707 Blankenburg zum reichsunmittelbaren Fürstentum zu erheben. Dies zwang zu einer erhöhten Repräsentation und daher wurde das Schloss nach den Plänen des Braunschweiger Landbaumeisters Hermann Korb umgestaltet und erweitert. 1731, bis dahin war Blankenburg Residenz, verlegte der Fürst seine Hofhaltung nach Wolfenbüttel und Blankenburg wurde verhältnismäßig bedeutungslos (21, 43, 155). Ende des 19. Jahrhunderts erfolgte ein wirtschaftlicher Aufschwung, der einen blühenden Tourismus nebst Kurbetrieb nach sich zog. Die Stadt hat auch noch mehr zu bieten als ein Schloss, das allerdings einerseits über eine prachtvolle Gestalt, andererseits über ungezählte, noch unsanierte Räume verfügt.

Börnecke ⑥

Der zu Blankenburg gehörende kleine Ort Börnecke besteht zu einem großen Teil aus Gebäuden, deren früherer landwirtschaftlicher Zweck offenkundig ist. Das sehenswerte Rittergut stammt aus dem Jahre 1679. Börnecke kommt in den bekannten Nachschlagewerken praktisch nicht vor. In seiner Gemarkung liegen etwa 100 ha Ackerland,

Ehemaliges Rittergut Börnecke

300 ha Wald und 25 ha Streuobstwiesen. Der Ort ist seit 7000 (!) Jahren ständig besiedelt. Der Name Börnecke weist auf eine schwefelhaltige Quelle hin; schon vor der Zeitenwende wussten die Menschen von ihrem medizinischen Nutzen, wie die Archäologen wissen. Im Mittelalter war die Quelle eine wichtige Trinkwasserstelle. Im Übrigen wurde der Ort in einer Urkunde Heinrichs II. erwähnt. Zwischen 1136 und 1293 residierte eine Ministerialenfamilie der Regensteiner Grafen. Zwischen 1487 und 1599 war es ein Lehen der Herzöge von Braunschweig-Lüneburg an die Grafen von Regenstein-Blankenburg. In der Frühen Neuzeit, im Dreißigjährigen Krieg, wurde Börnecke zerstört und um 1681/82 wütete die Pest. Seit 2007 gehört Börnecke zum Landkreis Harz. Wie der Autor aus eigenem Erleben bekennen kann, lässt sich dort prächtig Urlaub machen.

Holzschnitzerein bei den Resten der Burg Anhalt

Burg Anhalt ⑦

Obgleich der Name „Anhalt" mehr als 900 Jahre ein erfolgreiches und zähes Fürstengeschlecht bezeichnete und in der Bezeichnung des Bundeslandes Sachsen-Anhalt wiederkehrt, ist die Burg Anhalt nordöstlich von Harzgerode nicht der Gründungsort des Geschlechts.

Die Geburt Anhalts schreibt man vielmehr der im Salzlandkreis liegenden Stadt Aschersleben zu, die als Ursprungsort der Askanier gilt, da Aschersleben vom lateinischen Wort „Ascheria" abgeleitet wird. Der erste namentlich bekannte Askanier war Graf Esico, in einer Urkunde Kaiser Konrads II. von 1036 Graf von Ballenstedt genannt. Er war der Urgroßvater des wohl bekanntesten Askaniers, Albrecht der Bär, der später als Gründer der Mark Brandenburg in die Geschichte einging (7). Bevor er 1170 starb, teilte er seinen umfangreichen Besitz unter seinen vier Söhnen auf, die sämtlich Grafenrang besaßen oder erhielten.

Reste der Burg Anhalt

Die ca. 1123 errichtete Burg wurde bereits 1140 zerstört, aber schon ca. 1147 von Albrecht dem

Bären wieder aufgebaut, überraschend mit Ziegelsteinen im Klosterformat (9 x 25,6 cm), was den späteren Abbruch im 14./15. Jahrhundert beschleunigt haben dürfte, denn die Bauern haben sich erfreut am ungewohnten Baumaterial bedient. Bei Ausgrabungen 1902 bis 1907 wurde festgestellt, dass die Ausdehnung der gesamten Burg 130 x 220 m betrug. Von ihr ist nicht mehr viel vorhanden. Der romantische Aufstieg durch den Hochwald des Selketals und die baulichen Reste der Burg sind für einen phantasiereichen Besucher jedoch ein eindrucksvoller Erinnerungsort (22, 44, 62, 122, 237, 309).

Degenershausen ⑧

Südöstlich von Ballenstedt, in unmittelbarer Nähe der Burg Falkenstein, liegt ein eher unscheinbares Herrenhaus in einem 12 ha großen Park. Er

Herrenhaus Degenershausen

entstand 1835 um das ehemalige „Schloss“ des Amtsrats Johann Christian Degener. Die letzte Veränderung des großzügig gestalteten Landschaftsparks erfolgte auf Anregungen von Hans Wilke von Bodenhausen im Jahr 1924. Der Park enthielt über 110 Arten einheimischer und fremder Gehölze. 1989 ging das Gut an die Gemeinde Weserode, die den Landschaftspark wieder in seiner ursprünglichen Größe und Ausstattung hergerichtet hat.

Derenburg ⑨

Die im Jahre 2010 in die Stadt Blankenburg (Harz) eingemeindete Stadt Derenburg kann sich

Schlossvilla Derenburg

einer Vorgängerburg berühmen, die schon 937 genannt wurde, aber offen gelassen hat, ob sie zu den Burgengründungen Kaiser Heinrichs I. gehörte. Sie soll jedenfalls zwischen 1126 und 1130 durch den Pfalzgrafen von Sommerschenburg zerstört worden sein. Ende des 12. Jahrhunderts wurde die spätere Burg angelegt. Im frühen Mittelalter wurde Derenburg Königspfalz, die Ottonischen Kaiser hielten sich häufig dort auf. Im 14. Jahrhundert geriet die Stadt in die Machtkämpfe zwischen den Grafen von Regenstein und den Hälberstädter Bischöfen, was dazu führte, dass die unter der Herrschaft Derenburg umliegenden Dörfer ausgeraubt und geplündert wurden. Im Jahre 1623 plünderten 6000 Soldaten unter Führung des Feldobristen Graf Schlick die Stadt und steckten sie zum überwiegenden Teil in Brand. 1764 brannte das alte Rathaus nieder, das 1789 wieder aufgebaut wurde und heute als Sitz des gemeinsamen Verwaltungsamtes genutzt wird. Das hier gezeigte Schlosshotel Derenburg ist durch den Halberstädter Kaufmann und Bankier Heinrich Mooshake auf der Grundlage des maroden Rittergutes errichtet und umgebaut worden. Die außerordentlich romantische Schlossvilla wird heute als Hotel, Restaurant und Café betrieben. Die kleine Stadt mit rund 2600 neuen Einwohnern im Jahre 2008 hat jedoch noch mehr Ansehnliches zu bieten. Das 1157 gegründete Katharinenhospital ist 1895 in wesentlichen Teilen erneuert worden. Das 1790 erbaute Rathaus ist höchst ansehnlich. Ortsbildprägende Straßenzüge mit Fachwerkhäusern des 17. und 18. Jahrhunderts (Kirchstraße, Kornstraße, Markt, Mittelstraße, Neuer Markt und Ueckerstraße) runden das Bild ab.

Ditfurt ⑩

Auf dem westlichen Hochufer der Bode, nordöstlich von Quedlinburg, liegen ein vorgeschichtlicher Siedlungsplatz und eine Burgstelle der Völkerwanderungszeit, seit dem Frühmittelalter Übergang eines wichtigen Heer- und Handelsweges.

Wahrscheinlich gab es seit der Karolingerzeit eine Burg, die sich heute jedoch nicht mehr auffinden lässt. Die Physiognomie des kleinen Ortes ist zurückhaltend, allerdings enthält Ditfurt eine Reihe von sehenswerten Gebäuden, das Rathaus als platzbeherrschendes Fachwerkhaus (1534), das ehemalige Zollhaus „Zum Toll“ (17. Jahrhundert), das ehemalige Pfarrhaus, das Gasthaus „Alter Krug“, die ehemalige Stiftsmühle und ein Wohnhaus, sämtlich um 1700 entstanden (43).

Drübeck ⑪

Beim Kloster Drübeck, nahe Ilsenburg gelegen, handelt es sich um ein ehemaliges Benediktinerinnenkloster, das erstmals schon in einer Urkunde König Ottos I. im Jahre 960 erwähnt wurde und 995 seine Bestätigung als königliches Stift erfuhr. Es war um 1058 an das Bistum Halberstadt gelangt und wurde zwischen 1108 und 1110 durch Bischof Reinhard nach der strengen Benediktinerregel reformiert. Als das Stift Königslutter in ein reines Mönchskloster verwandelt wurde, siedelten sich die weiblichen Kanonissen in Drübeck an. Die Vogteirechte lagen seit dem 12. Jahrhundert bei den Grafen von Wernigerode, später bei den Grafen von Stolberg-Wernigerode, die im 17. Jahrhundert in den vollen Besitz des ehemaligen Klosters gelangten. 1540/45 wurde das Kloster mit der Reformation evangelisches Damenstift. Die ehemalige Klosterkirche, heute evangelische Kirche St. Vitus, ist allein wegen ihres Äußeren ein Besuchsgrund (43, 155). Das im Fachschrifttum ausführlich gewürdigte Innere von St. Vitus korrespondiert in der Qualität dem Äußeren.

Ditfurt, St. Bonifatius-Kirche im Hintergrund

Ditfurt, Taubenturm

Haus der Stille im Kloster Drübeck

Klosterkirche St. Vitus, Drübeck

Eilenstedt ⑫

In Eilenstedt, nahe Oschersleben, steht die Kirche St. Nicolai, die 1138 vom Kloster Huysburg gegründet wurde, das dort über umfangreichen Grundbesitz verfügte. Im Ort steht ein ehemaliger Wirtschaftshof des Klosters, eine bedeutende und von ihrer Größe her eindrucksvolle Hofanlage mit teilweise romanischer Bausubstanz. Von besonderer Bedeutung, versteckt in einem großen Garten, liegt der Weddelsche Hof, ein repräsentativer ehemaliger Adelshof der Familie von Weddel aus der Zeit um 1600, ein langgestreckter, zweistöckiger Fachwerkbau in guter Verfassung. Der Bau enthält im Erdgeschoss überraschende Steinbauten aus dem Mittelalter, um die herum offenbar das Weddelsche Gutshaus damals errichtet worden sein muss. Das Haus ist wieder in engagierten Privathänden.

Eilenstedt, Wirtschaftsgebäude

Weddel'scher Hof

Emersleben ⑬

7 km nordöstlich Halberstadts liegt am östlichen Dorfrand von Emersleben die Niederungsburg gleichen Namens, über die wenig Geschichtliches bekannt ist. Der Ort wurde 1136 erstmals genannt, hat aber schon längere Zeit Bestand. 1305 soll die Burg ein Raubnest gewesen sein. 1325 wurde sie von Bischof Albrecht II. belagert,

Schloss Emersleben

erobert und 1359 an die Familie von Stamer verpfändet. Seit 1492 besaß eine Familie von Dorstadt die Burg, die Wohnzwecken und in der zweiten Hälfte des 19. Jahrhunderts einer aufstrebenden Wirtschaft diente. Die Burg diente in besonderem Maße der Geldbeschaffung, was zu häufigen Verpfändungen und dann zu Eigentumswechseln führte, wenn die geliehenen Gelder nicht rechtzeitig zurückgezahlt wurden. Die Folge war ein Sammelsurium von einander folgenden, adligen Besitzern, deren Namen hier dahinstehen mögen. Der Nestor der deutschen Getreidezüchtung, Ferdinand Heine, hat, nachdem die Burg zum Rittergut geworden war, dort von 1869 – 1889 276 ha Fläche bewirtschaftet. Als sein Ruhm weiter stieg, kaufte er das wesentlich größere Klostergut in Hadmersleben und verlegte 1889 den Sitz seiner Saatzucht dorthin (175).

Endorf ⑭

Endorf ist einer der sieben Ortsteile der Stadt Falkenstein am Nordostrand des Harzes, südöstlich von Ermsleben. Der Ort wurde 934 erstmals urkundlich genannt. Nach dem Dreißigjährigen Krieg wurde der Ort vor allem bekannt durch seinen Erwerber, den bekannten „Benimmratgeber" Adolph Freiherr von Knigge. Das Gut Endorf mit dem beeindruckenden Herrschaftshaus mit Freitreppe (entstanden Mitte des 19. Jahrhunderts), ging nach der politischen Wende im Ostteil Deutschlands wieder in den Besitz der Familie Knigge über, deren Namensträger den großen Besitz wieder landwirtschaftlich betreibt.

Das Rittergut Endorf befindet sich wieder im Besitz der Freiherrn Knigge, die hier Land- und Forstwirtschaft betreiben

Ermsleben ⑮

Der nur wenige km südwestlich von Aschersleben entfernte Ort liegt an der Selke. Er wurde 1045 erstmals urkundlich erwähnt. Seit 1332 stand er im Besitz des Stifts Halberstadt. Die auf dem Schloss Ermsleben residierenden Burgmannen nannten sich „von Ermsleben“. Sie waren allerdings den Grafen von Falkenstein bis zu deren Aussterben lehnspflichtig. 1332 ging die Oberhoheit an das Bistum Halberstadt, 1567 an die Herren von Hoym, die den Ort allerdings 1712 an König Friedrich I. von Preußen herausgaben, der aus dem Anwesen eine königliche Domäne machte. 1535 fand die Reformation Eingang. Ermsleben ist der Geburtsort zweier weiterhin bekannter Persönlichkeiten, des Dichters Ludwig Gleim (1719) und des Nationalökonomen Werner Sombart (1863). Außer der anschließend behandelten Konradsburg lohnen noch folgende Besichtigungen wie das Rathaus (1773 bis 177), das Schwarze Schloss, einige Ackerbürgerhöfe (1717), das Gleim-Haus (1700) und die ehemalige preußische Oberförsterei.

Hauptanziehungspunkt Ermslebens dürfte die 1,5 km außerhalb liegende Konradsburg sein. Sie dürfte aus dem 11. Jahrhundert stammen, seit 1080 ist der Name „Conradisburch“ bekannt. Zur Sühne für eine Mordtat wurde die Burg 1120 bis 1133 in ein Kloster verwandelt. Von den eigentlichen Burggebäuden ist kaum noch etwas vorhanden, doch hat sich an Anlage und Form der Burg durch den Einbau der Basilika und der Klosteranlage nichts Wesentliches geändert. Über die eigentliche Burggeschichte ist wenig bekannt, was daran liegt, dass das Kloster zwar die Geschichte schrieb, es jedoch keine schriftlichen Materialien aus der Frühzeit mehr gibt. Allerdings weiß man, dass seit dem Jahre 1322 der Verfall des klösterlichen Lebens einsetzte. Zwischen 1470 und 1475 müssen die letzten Benediktiner den Berg verlassen haben. Noch einmal erwachte das klösterliche Leben, denn Papst Sixtus IV. erlaubte 1476 die Ansiedlung von Karthäuser-Mönchen, die zum größten Teil aus dem Karthäuserkloster Erfurt stammten. Die spätromanische Basilika ist sehr besichtigenswert, auch wenn sie nur noch

Krypta der Klosterkirche Konradsburg (oben)

Ermsleben, Konradsburg

aus der Krypta besteht, denn das Kirchenschiff wurde bereits im 16. Jahrhundert abgerissen. Die Krypta ist derart eindrucksvoll, dass sie allein einen Besuch rechtfertigt, der leicht mit Besuchen in der nahen Umgebung verbunden werden kann. Die umgebenden Gebäude stammen aus der Mitte des 19. Jahrhunderts und besaßen Domänenfunktion bis 1945 (169). Seit 2009 liegt erstmals eine anspruchsvolle Untersuchung der Konradsburg vor (249, 264).

Falkenstein ⑯

Die Burg Falkenstein oberhalb des zauberhaften Selketals ist nicht nur von Fachleuten sehr genau beschrieben worden (122, 291), sondern sie hat wegen ihrer schon einmalig zu nennenden Lage und ihres Erhaltungszustandes immer auch die Aufmerksamkeit der Dichter gefunden. Die Burg wurde aber auch gemalt und vor allem im 20./21. Jahrhundert wohl tausendfach abgelichtet, bei ihrer Gestalt und ihrer exponierten Lage kein Wunder. Der Burg Falkenstein war schon eine alte Burg gleichen Namens vorangegangen, die 1115 als Folge der Schlacht am Welfesholz zerstört worden ist und heute nur noch mühsam in Resten gefunden werden kann. Die Neugründung der Burg Falkenstein geht auf einen Mord zurück, denn Egino II. von der Konradsburg hatte um 1080 im Streit den Grafen Adalbert von Ballenstedt erschlagen. Um diese Tat zu sühnen, gaben die Konradsburger ihre Stammburg zu Gunsten eines Klosters auf und bauten die heutige Burg Falkenstein auf. Ab 1141 nannten sich die Konradsburger daher nur noch Herren von Falkenstein. Sie waren ein mächtiges Grafengeschlecht, denn im Jahre 1200 erlangten sie die Vogtei über das Reichsstift Quedlinburg. In der Zeit der Grafen von Falkenstein ist um 1220/35 durch Eike von Repgow der Sachsenspiegel entstanden; wahrscheinlich ist er auch auf der Burg Falkenstein geschrieben worden, weil Graf Hoyer II. von Falkenstein die Arbeit von Eike von Repgow gefördert und ihn beauftragt hatte, das Rechtswissen der Zeit in deutscher Sprache zu fassen (123, 146). Der letzte Falkensteiner,

Burg Falkenstein

Burchard IV., übereignete die Burg 1332 dem Hochstift Halberstadt, das in Geldnot 1437 die Burg an die Edlen von der Asseburg verpfändete, die aus dem Braunschweigischen in den Harz gekommen waren. Weitere Einzelheiten kann man bei Frotscher nachlesen (68). Die Burg hat jedenfalls alle Zeiten überstanden und ist heute ein viel gefragter touristischer Mittelpunkt des Harzkreises (125, 291).

Friedrichsbrunn ⑰

Friedrichsbrunn gehört genau genommen nicht in diesen Bericht, denn der Ort ist weder „alt", noch enthält er eine Geschichte, die weit zurückreicht oder von Fehden, Kriegen sowie Ortsbränden handelt. Die evangelische Kirche Dietrich Bonhoeffer von 1879/80 und ein Turm von 1896 rechtfertigen gerade noch den Verbleib im Buch. Wesentlich ist etwas anderes. Der florierende Fremdenverkehrsort südwestlich von Quedlinburg verfügt in der Hauptstraße über eine Villa, die um 1920 als Sommersitz in einem ausgedehnten Park erbaut wurde und heute Ferienwohnungen enthält.

Gernrode ⑱

Markgraf Gero I. ließ das Frauenstift Gernrode um 961 auf dem Gelände seiner Burg errichten. Er tat dies, um den Erbansprüchen seiner Geschwisterkinder zuvorzukommen, da seine beiden Söhne kinderlos gestorben waren. Daher gründete er ein Kanonissenstift und setzte seine verwitwete Schwiegertochter Hathui zur Äbtissin ein. Um 961 herum entstand auch die Stiftskirche, St. Cyriacus, die auf Betreiben Geros schon bald reichsunmittelbar und unter päpstlichen Schutz gestellt war und damit zu den Kanonissenstiften in Quedlinburg, Essen und Gandersheim, mithin zu den vornehmsten des Reiches, aufschloss. In seinen besten Zeiten verfügte das Kanonissenstift über 11.000 ha Land, bestehend aus Wald, Weinbergen, Fischteichen, Schafweiden und Ackerland. Da die Stiftskirche im Verlaufe der nächsten Jahrhunderte immer wieder sehr behutsam restauriert wurde, kann man sie als eine der am besten erhaltenen ottonischen Sakralbauten Deutschlands bezeichnen. Mit der Aufhebung des Stiftes im Jahre 1616 begann der Verfall der Kirche und der Stiftsgebäude. Die Kirche

Friedrichsbrunn , Dietrich Bonhoeffer Kirche (links)
„Weiße Villa" (unten)

Gernrode, Stiftskirche St. Cyriacus

Gernrode, Rathaus

wurde in den späteren Jahrzehnten als landwirtschaftliches Gebäude missbraucht, die Krypten dienten zur Aufbewahrung von Kartoffeln, die Langhausemporen wurden Getreidespeicher und im Kreuzgang war Vieh untergebracht. Als 1834 der Kunsthistoriker Franz Theodor Kugler auf den heruntergekommenen Bau aufmerksam machte, griff Herzog Alexander Carl von Anhalt-Bernburg ein und veranlasste unter der Federführung des preußischen Konservators Ferdinand von Quast eine Restaurierung. Die Restaurierung von 1858 bis 1872 bewahrte die originalen Bauformen oder stellte sie wieder her. Gernrode ist auch im Übrigen eine sehenswerte kleine Stadt mit allerdings nur 3.500 Einwohnern. Das Rathaus (Bild) stammt von 1914, greift aber die ursprünglichen Bauformen aus dem 17. Jahrhundert wieder auf. In Gernrode befinden sich darüber hinaus Fachwerkhäuser aus dem 17./18. Jahrhundert (4, 43, 155, 200). Das ottonische Juwel St. Cyriacus liegt an der „Straße der Romanik“ (119). Lesenswert und zitierfähig auch Wikipedia unter dem Stichwort „Gernrode“.

Güntersberge ⑲

Der kleine Ort Güntersberge, in einem schmalen Taleinschnitt nahe der Selkequelle und an der Schnittstelle zweier Durchgangsstraßen gelegen,

Güntersberge, Fachwerkhäuser

wird erstmals 1281 erwähnt. Möglicherweise ist die auf dem Kohlberg liegende ehemalige Wallburg, heute meist Güntersburg genannt, die Schutzanlage für Güntersberge gewesen. Von der Güntersburg selbst ist fast nichts mehr erhalten. 1326 wird allerdings eine Burg im Ortsbereich erwähnt, die möglicherweise als Ersatz für die zerstörte Burg auf dem Kohlberg gebaut wurde.

Güntersberge war von 1435 bis 1536 in der Hand der Grafen von Stolberg. Im Teilungsvertrag von 1603 kam Güntersberge an Anhalt-Bernburg und gehörte dann zwischen 1635 und 1709 der Nebenlinie Harzgerode an. Die Schlossanlage wurde bei mehreren zwischen dem 16. und dem 18. Jahrhundert tobenden, verheerenden Bränden zerstört und der Neubau von 1708 bis Ende des 19. Jahrhunderts durch das Gebäude der neuen Oberförsterei ersetzt. Zahlreiche Altbauten (17. und 19. Jahrhundert) schmücken den Ort (43).

Halberstadt ⑳

Die Geschichte Sachsen-Anhalts, insbesondere aber des Harzvorlandes, wäre ohne Halberstadt unvollständig. Seine Entwicklung ist allerdings im Rahmen dieses Buches nur rudimentär darstellbar, so dass auf das Fachschrifttum verwiesen werden muss (53, 59, 275, 276, 278). Es steht ziemlich fest, dass Karl der Große Halberstadt im Jahre 804 zum Bischofssitz erhob. Schon zuvor war der im Jahre 780 im nahen Osterwieck (früher Seligenstadt) gegründete Missionsstützpunkt nach Halberstadt verlegt worden. Bis zur späteren Gründung des Erzbistums Magdeburg war Halberstadt das größte sächsische Zentrum von der Unstrut bis zur Milde in der Altmark und von der Oker östlich Niedersachsens bis zu Elbe und Saale. Die Bistumsgründung in Halberstadt bot sich angesichts der überaus günstigen Straßensituation an. Halberstadt wurde nicht so oft wie Magde-

Blick auf Halberstadt mit Dom St. Stephanus links im Hintergrund

burg zum Anlaufpunkt von königlichen Visiten gewählt. Nach neueren Untersuchungen von Ulrich Schütte (290a) kann sich Halberstadt aber über zu wenige Besuche von Königen nicht beklagen. Die Bedeutung Halberstadts in kirchlicher Hinsicht begann sich zu ändern, als Otto der Große Magdeburg zum Erzbistum zu erheben beabsichtigte, was ihm erst nach 968 gelang. Ungeachtet der weitgehenden Zerstörung Halberstadts durch Heinrich den Löwen 1179 gehörte die Stadt zu den wichtigsten Plätzen des Reiches, wenngleich wie erwähnt ihre Bedeutung durch Magdeburgs Entwicklung zur erzbischöflichen Stadt des Alten Reiches beeinträchtigt wurde. Im Dreißigjährigen Krieg litt Halberstadt – wie viele andere Städte auch – furchtbar unter den Gewalttaten praktisch aller kriegsführenden Parteien. Im Ergebnis des Krieges wurde Halberstadt 1648 allerdings brandenburgisch, was unter anderem dazu führte, dass im Siebenjährigen Krieg eine Reihe von Kampfhandlungen auch Halberstadt stärkstens in Mitleidenschaft zogen. In den Befreiungskriegen wurde Halberstadt wieder in kriegerische Ereignisse verwickelt, 1816 kam es zur Eingliederung in die neugeschaffene Provinz Sachsen. Damit waren die widrigen Ereignisse

Stadtkirche St. Martini

Halberstadt, Liebfrauenkirche

Rathaus mit Halberstädter Roland

Dom zu Halberstadt, mit Elementen nach dem Vorbild französischer Kathetralen

ein Zentrum kultureller Entwicklung. Nicht nur der wiedererstandene Domplatz lohnt deshalb eine Reise nach Halberstadt. Vor allem im 18. Jahrhundert herrschte in Halberstadt ein besonderes geistiges Leben, nicht zuletzt geprägt durch die Ideen eines progressiven Bürgertums. Herausragende Figur dieser Zeit war der Domsekretär Johann Wilhelm Ludwig Gleim, der eine Korrespondenz mit über 400 Persönlichkeiten des geistigen Alten Reiches führte und viele Dichter und Denker seiner Zeit nach Halberstadt zog. Im Gleimhaus lassen sich heute durch die von Gleim zusammengetragenen Portraits nicht nur Erkenntnisse dieses Jahrhunderts sammeln. Der Nachlass Gleims ist auch einer der wenigen weitgehend erschlossenen und erhaltenen Dichternachlässe des 18. Jahrhunderts, weil Gleim nicht nur Portraits sammelte, sondern auch Bücher und Briefe (277).

aber noch nicht zu Ende. In der nationalsozialistischen Zeit wurde bei Halberstadt ein KZ gebaut. Am 8. April 1945 wurde die Stadt durch amerikanische Luftangriffe zu 82 % zerstört und damit eine fast einmalige Fachwerkstadt bis auf den nördlich des Domplatzes liegenden Teil völlig ausgelöscht. Die Fachwerkbauten konnten dem Bombardement naturgemäß nicht widerstehen, aber dies erging zum Teil auch den Kirchen in Halberstadt so.

Ungeachtet dieser Negativseiten der Geschichte der Stadt Halberstadt war diese aber auch

Halberstadt, Stadtansichten

Wer heute die Innenstadt Halberstadts durchwandert, findet viele sanierte Bauten. Die Stadt hat sich von der fürchterlichen Zerschlagung in vieler Hinsicht gut erholt, aber natürlich kann man nicht eine Stadt 1:1 wieder herstellen, die einmal zu 82 % vernichtet worden war. Halberstadt liegt an der „Straße der Romanik" (119).

Halberstadt – Spiegelsberge ⑳

Zur Entwicklung Halberstadts gehört auch die segensreiche Tätigkeit des Freiherrn Spiegel zum

Landschaftspark Spiegelsberge bei Halberstadt

Desenberg, der die südlich der Stadt gelegenen, damals noch kahlen Berge, aufforsten und in einen Landschaftspark verwandeln ließ. Diese im Zweiten Weltkrieg nicht zerstörte Anlage ist heute ein beliebtes Ausflugsziel der Halberstädter Bevölkerung und mit Recht „Gartentraum Sachsen-Anhalt" (288, 344).

Harkerode ㉑

Harkerode, erstmals 936 erwähnt, ist nicht nur ein ehemaliges Besitztum der Freiherren von Knigge, sondern auch Standort der weithin ragenden Burgruine Arnstein, einer Höhenburg mit Gräben und Wellen auf einem nach Südwesten ins Einetal vorspringenden Felsrücken an der alten Harzrandstraße Wernigerode-Eisleben. Es liegt heute im Landkreis Mansfeld-Südharz. Die Burg muss etwa 1135 entstanden sein; seit der Mitte des 14. Jahrhunderts war sie im Besitz der Grafen von Regenstein, danach mansfeldisch. Im 16. Jahrhundert wurde die Burg zu einem Wohnschloss umgebaut. Von 1678 bis 1945 stand sie im Besitz der Freiherren von Knigge. Seit dem Ende des 18. Jahrhunderts trat allerdings ihr Verfall ein. Das Schloss wurde um 1700 erbaut, es dient heute als Kinderheim. Der Vergleich des heutigen Bauwerks mit der Lithographie von Alexander

Schloss Harkerode, heute

re: Lithographie des Schlosses Harkerode von Friedrich Albert in der Sammlung Dunker, um 1860 (Wikimedia Commons)

Ruine Arnstein bei Harkerode

Duncker (um 1860) zeigt, dass das Schloss die Zeiten unverändert überdauert hat.

Harzgerode ㉒

In der hügeligen Hochfläche des östlichen Harzes rechts der Selke liegt Harzgerode, erstmals 936 urkundlich erwähnt. Um das Jahr 970 gehörte die Siedlung zum nahegelegenen Kloster Thankmarsfelde, das wiederum dem Kloster Nienburg/Saale unterstand. Eine Burg findet erst im Jahre 1326 Erwähnung. Harzgerode entwickelte sich schnell zum Mittelpunkt des Nienburger Klosterbesitzes im Harz, auch nachdem die Münze 1035 nach Nienburg verlegt worden war, allerdings 1239 nach Harzgerode zurückverlegt wurde. Als Vögte des Nienburger Klosters verstanden es die Fürsten von Anhalt, sich in der zweiten Hälfte des 13. Jahrhunderts des Ortes Harzgerode zu bemächtigen. In diesem Zeitraum erbauten sie eine Burg. Die Residenzgeschichte Harzgerodes beginnt im 17. Jahrhundert, denn im Alter von 58 Jahren legte Fürst Christian I. von Anhalt-Bernburg 1626 testamentarisch fest, dass die drei noch lebenden Söhne nach seinem Tode die Regierung gemeinsam, aber unter der Direktion des Ältesten führen sollten. Christian II. erreichte später nach den üblichen Streitigkeiten auch unter Brüdern mit Vollendung seines 21. Lebensjahres die Vereinbarung, dass für ihn aus den Ämtern Harzgerode und Güntersberge in dem anhalt-bernburgischen Territorium ein neues Fürstentum entstehen sollte. Dies geschah in der Erbteilung vom 04.02.1635; Christian II. wurde alles übereignet mit Ausnahme der unter der Gesamtverwaltung aller Fürsten des Hauses Anhalt stehenden Bergwerksnutzung. Nach einer entsprechenden Abfindung auch Christian II. übernahm Fürst Friedrich zu Walpurgis 1635 sein neues Fürstentum. Von 1635 bis 1709 war Harzgerode daher Fürstensitz (23, 112, 155). Zwischen 1549 und 1552 war bereits ein neues Schloss errichtet worden, das die ältere Burganlage ersetzte. Die Anlage blieb daher, von einigen baulichen Veränderungen abgesehen, eine geeignete Fürstenresidenz. Harzgerode war immer noch eine kleine Stadt, ihre Bevölkerungszahl betrug zu Beginn des Dreißigjährigen Krieges maximal 1500 Einwohner. Am 23.06.1635 brannte die Residenzstadt bis auf das Schloss und einige Häuser ab. 1670 starb Fürst Friedrich. Seine Nachfolge übernahm der Erbprinz Wilhelm. Er starb 66jährig im September 1709, weithin berühmt wegen seiner Gelehrsamkeit, seiner positiven Charaktereigenschaften sowie seiner Frömmigkeit. Der Witwe Sophie Auguste blieb

Harzgerode, Rathaus

Schloss Harzgerode (oben)
Harzgerode, St. Marien-Kirche (rechts)

das Schloss Harzgerode als Sitz, im Übrigen fiel der Fürstentitel von Harzgerode mit dem Tode des kinderlosen Wilhelm an seinen in Bernburg residierenden Cousin Viktor Amadeus. Das Jahr 1709 bedeutete damit das Ende des Fürstentums Harzgerode, das politisch keinerlei Bedeutung mehr besaß. Wirtschaftlich hatte sich Harzgerode in dieser Zeit entwickelt und dem Altbestand vier Vorstädte hinzugefügt. Der Bergbau hatte Arbeitsplätze geschaffen und es darf vermutet werden, dass auch die 74jährige Residenzzeit Einnahmen- und Arbeitsbeschaffung bedeutete (43). Der kleinen Stadt mit heute rund 8.500 Einwohnern sieht man die Entwicklung an.

Hausneindorf ㉓

Etwa 12 km nordöstlich von Quedlinburg liegt die kleine Gemeinde Hausneindorf. Sie verfügt über weniger als 800 Einwohner und ist seit Januar 2010 mit Wedderstedt zur neuen Gemeinde Selke-Aue zusammengeschlossen. Hausneindorf erscheint namentlich erstmals im Jahr 1261. Der Halberstädter Bischof Volrad von Kranichfeld musste für eine Geldanleihe bei den Quedlinburger Juden Neindorf und Emersleben an seine Bürgen, den Grafen Heinrich von Regenstein und den Burggrafen Burchard von Querfurt verlehnen. 1312 baute Bischof Albrecht I. von Anhalt die Veste zum Kampf gegen den Grafen Ulrich von Regenstein stark aus. 1744 starb das Geschlecht der Herren von Neindorf aus; das adelige Gut fiel an den Lehnsherren, den Herzog von Braunschweig. Nach 1848 gehörte Haus Neindorf zu den Ämtern des Fürstentums Halberstadt. Die sehenswerten Burgreste sind überwiegend gotischer Herkunft, die nicht gotischen Gebäude stammen aus dem 18. bis 20. Jahrhundert.

Burg Hausneindorf

Schloss Hessen, Unterburg mit Bergfried

Hessen ㉔

Der Ort Hessen, 6 km nördlich von Osterwieck im Nordharz, wurde bereits im Jahre 966 in einer Urkunde Otto I. als „Hessenheim" erwähnt, als einem getreuen Grafen namens Marco das Gut Hessen übereignet wurde. Die Edelherren von Hessen waren bis 1313 Herren von Burg und Dorf, dann starb das Geschlecht aus. 30 Jahre lang herrschten dort die Grafen von Regenstein, im Jahre 1343 verkauften sie ihren Besitz an die Herzöge von Braunschweig, die bis zum Ende des 2. Weltkrieges den Besitz innehatten. Die Burg Hessen wurde zur Wasserburg und zum Ende des 16. Jahrhunderts zum herzoglichen Wasserschloss ausgebaut. Zu Beginn des 18. Jahrhunderts wurde das Schloss Domäne, also herrschaftliches Wirtschaftsgut und das Unterschloss wurde zum Domänenpächterhaus. Die zeitüblichen Umbauten ließen nur Teile des alten Wasserschlosses übrig (233).

Heteborn ㉕

Das ansehnliche Dorf Heteborn ist durch eine Kirche von 1716 und die hier dargestellten Reste einer 1367 zerstörten Domburg nicht uninteressant. Von der Domburg sind allerdings nur noch tiefe Gräben und ansehnliche Reste der Umfassungsmauern mit schmalem hohen Toreingang erkennbar. Markgraf Gero schenkte 964 das Dorf dem Kloster Gernrode. Aus dem Gernröder Besitz stammt die noch lange im Ort befindliche Domäne, die vom Kloster die Edlen von Hadmersleben zu Lehen hatten und die nach dem Aussterben der alten Linie (1367) erst Magdeburg beanspruchte, später aber Halberstadt bekam.

Von der Domburg waren 1891 nur noch spärliche Reste vorhanden. Sie stand 1367 im Besitz der

Reste der Domburg in Heteborn

Herren von Knesebeck, Raubritter ihres Zeichens, die von der Burg aus nach Magdeburg zu Raubzügen ausschwärmten. Die Burg wurde mehrfach verpfändet, aber wann sie wüst geworden ist, sagt keine Chronik.

Huysburg ㉖

Das schöne Benediktinerkloster Huysburg liegt auf dem Huy, einem bewaldeten Höhenrücken nördlich des Harzes (181). 997 erhielt der Bischof von Halberstadt von Otto III. die Hoheitsrechte über Huysburg, das für Jahrhunderte eines der führenden deutschen Benediktinerklöster blieb. Während des Bauernkrieges wurde die Huysburg am 5. Mai 1525 von einem vorüberziehenden

Bauernheer in Brand gesetzt, die Kirche jedoch nicht zerstört. Im Dreißigjährigen Krieg kam es zu Verwüstungen, doch im Friedensvertrag von Münster und Osnabrück (1648) wurde der Bestand der Huysburg sowie 10 anderer Klöster im Gebiet von Halberstadt garantiert. In dieser Zeit entwickelte sich die Huysburg zu einem Zentrum für die katholische Minorität im Raum Magdeburg, wo die Reformation zu einer überwiegend evangelischen Bevölkerung geführt hatte. 1804 wurden die Klöster in der Preußischen Provinz Sachsen aufgehoben und in staatliche Domänen umgewandelt, so auch Kloster Huysburg. Friedrich Wilhelm III. von Preußen erklärte jedoch die Abteikirche zur Pfarrkirche für die Katholiken der Dörfer in der Umgebung. 1952 wurde auf der Huysburg ein Priesterseminar eingerichtet, in Verbindung mit dem das einzige Benediktinerkloster in der DDR entstand. Ein Besuch in der umwerfend schönen Klosteranlage zeigt, dass dort weiterhin intensives Leben herrscht (43, 353).

Ilsenburg ㉗

Das sich auch touristisch entwickelnde Städtchen Ilsenburg hat eine uralte Geschichte, denn es stand auf dem Gelände des heutigen Klosters,

Klosteranlage Huysburg

Klosterkirche Ilsenburg

der Ilesenaburg, die als Reichsburg seit 995 in Urkunden auftauchte. Der Halberstädter Bischof Arnulf erhielt 1003 von Kaiser Heinrich II. das königliche Eigentum in Ilsenburg, wohl mit der Vorgabe oder jedenfalls der Erwartung, dass dort sich ein Kloster entwickele. Die Burgbesatzung gründete später auf dem Ilsenstein eine Burg, von der heute allerdings nur noch ganz unscheinbare Mauerreste vorhanden sind. Herbeigerufene Mönche lebten zunächst in der Burg, bis 1078 die Kirche St. Peter und Paul als Benediktiner-Kloster neu geschaffen wurde. Auf Veranlassung des Bischofs Burchard II. wurde in der zweiten Hälfte des 11. Jahrhunderts das Kloster reformiert und mit Mönchen aus Cluny besetzt. Der neue Abt Herrand aus dem Kloster Gorze bei Metz begründete die weithin berühmte Ilsenburger Klosterbibliothek mit einer anerkannten Schreibschule. Nach der Reformation gelangte das Kloster in den Besitz der Grafen von Stolberg-Wernigerode. Sie ließen das Kloster zu Wohnzwecken umbauen und nutzten die verkleinerte und mit einer barocken Ausstattung versehene Kirche als Schlosskirche. Das ehemalige Wirtschaftsgebäude des Klosters wurde 1862 zu einem neoromanischen Schloss umgebaut und dient heute als Hotel. Geschichte und Baugeschichte des Klosters Ilsenburg sind sehr gut recherchiert und dokumentiert (43, 155, 185, 252).

Langenstein ㉘

Nahe der Ortschaft Langenstein im nördlichen Harzvorland liegt der Hoppelberg, der mit einer Höhe von 308 m zu einem strategisch bedeu-

Schloss Langenstein

Maria Antonia von Branconi (1770), Gemälde von Anna Rosina de Gasc

tenden Standort wurde. Im 12. Jahrhundert lebte der Bischof Ulrich von Halberstadt mit Heinrich dem Löwen in ständigem Streit. Die Burg wurde ab 1151 errichtet, aber 1177 bereits durch Heinrich den Löwen zerstört. In späteren Zeiten erging es der Burg nicht besser. Sie war ein häufiger Beurkundungsort der Halberstädter Bischöfe. 1644 wurde sie von den Schweden geplündert und 1653 abgebrochen; es finden sich nur noch geringe Mauerreste auf dem Hoppelberg.

Für Gräfin Maria Antoinette von Branconi wurde 1777 ein kleines Barockschloss errichtet, das die – bildliche – Erwähnung Langensteins rechtfertigt. Beim Bau leistete der Braunschweiger Herzog Carl Wilhelm Ferdinand finanzielle Hilfe. Das Schloss, heute ein Rehabilitationszentrum, wird von einem weiträumigen Landschaftspark umgeben, gestaltet 1858 vom Gartenarchitekten Eduard Petzold. Die Anlage ist mit vollem Recht „Gartentraum" (288).

Meisdorf ㉙

Meisdorf war mindestens seit dem 12. Jahrhundert Sitz eines niederen Adelsgeschlechtes. Im Mittelalter hat es ein Doppeldorf gegeben, Meisdorf und Wertheim, die im Laufe der Zeit

Schloss Meisdorf, heute Hotel

zusammenwuchsen und den noch heute gültigen Namen Meisdorf beließen. Meisdorf gehörte ursprünglich zur Herrschaft Falkenstein, formte sich jedoch seit 1689 anlässlich einer Erbteilung innerhalb der Familie von der Asseburg zu einer eigenen Grundherrschaft. Nach zwei nicht mehr existenten Schlossbauten auf dem jetzigen Gelände des Schlosses Meisdorf ließ sich Achaz Ferdinand von der Asseburg (1721 - 1797) ab 1765 das jetzige Schloss nebst Landschaftspark erbauen. Der Erbauer war eines der wichtigsten und bedeutendsten Mitglieder der Familie, die schon seit Jahrhunderten über umfangreichen Grundbesitz zwischen Magdeburger Börde, nordöstlichem Harzrand und Sangerhausen verfügte. Er war Wirklicher Geheimer Rat, nahm aber angebotene Hofämter nicht an, sondern zog sich nach Meisdorf zurück und lebte als gut dotierter, russischer Gesandter am Ständigen Reichstag in Regensburg nach seinen Vorstellungen, wozu die Benutzung einer ansehnlichen Bibliothek und ein Schriftwechsel unter anderem mit Klopstock, zahlreichen gekrönten Häuptern und Ministern europäischer Länder sowie seiner Gönnerin, Katharina der Großen, gehörten. Das Schloss ist heute Standort eines Hotels der Oberklasse.

Michaelstein ㉚

Das Kloster Michaelstein, zur Stadt Blankenburg gehörend, geht auf eine 3 km entfernte Naturhöhle zurück, wo die Einsiedlerin Luitburg im 9. Jahrhundert zurückgezogen lebte. Die neben ihrer Zelle erbaute Kirche war dem Heiligen Michael geweiht; Kaiser Otto I. übergab das Gebiet im Jahre 956 dem Quedlinburger Stift. 1146 wurde das Kloster nach einer Bestätigung von Papst Innozenz II. im Dezember 1139 als reguläres Kloster gegründet. Die Bestätigungsurkunde des Papstes Eugen III. aus dem Jahre 1152 enthält die erste eindeutige Erwähnung eines Zisterzienserkonvents. Das wohlgeord-

Kloster Michaelstein, mit dem Torhaus

nete Kloster besaß Ende des 12. Jahrhunderts ca. 3.500 ha Land.

1525 verwüsteten aufsässige Bauern das Kloster und beschädigten die Kirche stark. 1533 wurde das Kloster durch Wilhelm von Haugwitz geplündert, die Klosterbauten teilweise zerstört. 1543 legte nach der Reformation der letzte katholische Abt sein Amt nieder und die Grafen von Blankenburg nahmen das Kloster in ihren Besitz. Das Kloster erlebte über die weiteren Jahrhunderte, was Klöstern mit der Säkularisierung häufig widerfuhr. 1721 wurde die Klosterschule aufgelöst. Mit der Bodenreform 1945 erfolgte eine Aufteilung des Klostergutes auf verschiedene Rechtsträger. 1968 fanden die ersten Konzerte im Klausurgebäude statt. 1977 erfolgte die Gründung der Kultur- und Forschungsstätte, das spätere Institut für Aufführungspraxis der Musik des 18. Jahrhunderts. Im Jahre 2001 wurde in der Stiftung Michaelstein die Landesmusikakademie eingerichtet und heute ist das Kloster ein musikalisches Zentrum, sein Erhalt scheint somit gesichert. Stall und Scheune sind heute als Gästezimmer und Seminarräume ausgestattet, die Klostergärten sind ein weiterer Anziehungspunkt des Klosters Michaelstein, das seine Bedeutung als Kloster längst verloren hat, aber baulich, funktionell und wirtschaftlich auf einer sehr gesunden Basis steht (189).

Minsleben ㉛

Minsleben ist seit dem Jahre 1999 ein Ortsteil der Stadt Wernigerode und im einschlägigen Fachschrifttum nicht ausführlich behandelt. Dabei hat Minsleben eine Vorgeschichte von herausragender Bedeutung. Wo Minsleben gründete, lag die am frühesten besiedelte Fläche innerhalb der späteren Grafschaft Wernigerode. Funde aus der Steinzeit sowie der älteren und jüngeren Bronzezeit sind belegt. Um das Jahr 1000 erwirbt Kaiser Otto III. Minsleben und übereignet den Ort der Kir-

Gutshaus Minsleben, Vorderansicht

Minsleben, Rückansicht

che von Halberstadt. Bischof Burchard II. von Halberstadt überträgt 1084 Teilflächen an das Kloster Huysburg. Weitere Flächen gehen 1144 an das Jungfrauenkloster Drübeck. Ansehnlichen Besitz hatten auch das Kloster Drübeck und die Grafen von Blankenburg. Gegen Ende des 15. Jahrhunderts stirbt das Minslebener Geschlecht aus. Bis in das frühe 19. Jahrhundert wechselt Minsleben, jedenfalls der Junkerhof, unablässig den Besitzer, was für den Ort spricht, der auch noch über mehrere Freigüter verfügte. Das ehemalige Schloss aus dem 18. Jahrhundert, Herrenhaus der Familie Reiffenstein, wird heute teilweise als Wohngebäude benutzt, umgeben von einem öffentlich zugänglichen Landschaftspark.

Neuhaus ㉜

Die Burg Neuhaus liegt auf der Unterharzer Hochfläche und ist uraltes Siedlungsgebiet. Seit ältester Zeit siedelten sich in dieser Region Bauern an und es wurde wohl auch schon sehr früh Bergbau betrieben. Die Burg Neuhaus, über die das Fachschrifttum nichts verlautet, wurde 1882 zum 600. Geburtstag gefeiert. Sie war Besitz und gelegentlicher Aufenthaltsort des fränkischen Generalfeldmarschalls Ernst Albrecht von Eberstein, der – 1605 geboren –, den Dreißigjährigen Krieg trotz ungezählter Gefechte überlebte, immer auf verschiedenen Seiten, zuletzt bei den Dänen, denen er auch nach 1648 noch acht Jahre diente. Dass der Kriegsheld trotz einiger zu vieler Ämter acht Söhne und sechs Töchter in die Welt setzen konnte, ist angesichts seines Lebens ein staunenswertes Ergebnis. Er lebte die letzten Jahre seines Lebens auf Schloss Neuhaus, wo er 1676 auch starb. Über die „Burg" Neuhaus verlautet auch seine Familiengeschichte nichts. Die Umwandlung in ein romantisches Herrenhaus ist vermutlich ein späteres Ergebnis. Man geht davon aus, dass die ältere Anlage zu dem Gut umgestaltet wurde, wofür die das Gut umgebenden Wälle und Gräben sprechen. Das Anwesen ist in den gängigen Büchern kaum oder gar nicht erwähnt und nicht einmal Wikipedia,

Gut Neuhaus

Ansichten von Osterwieck, Gebäude im niedersächsischen Fachwerkstil

sonst auf dem Burgensektor recht effizient, lässt ein Wort über Neuhaus verlauten, so dass es seinen Sinn macht, die Anlage optisch wieder einmal der Vergessenheit entrissen zu haben.

Osterwieck, St. Stephani

Osterwieck ㉝

Die Kleinstadt Osterwieck soll schon auf die Gründung eines dort ansässigen Missionszentrums hin im Jahre 780 entstanden sein, als Karl der Große einen Kriegszug bis an die Elbe hin unternahm. Die ersten Missionare errichteten im neuen Missionsort eine Kirche und nannten den Ort Saligenstiddel oder Seligenstadt. Bereits zwischen 802 und 809 wurde aber das Missionszentrum nach Halberstadt verlegt. In den Urkunden erscheint Osterwieck erstmals 1073. Im Jahre 1751 ist Osterwieck neben Halberstadt und Aschersleben eine der drei Landstädte des Fürstentums Halberstadt. Nach einer Brandkatastrophe von 1511 baute das wohlhabende Bürgertum der Stadt die hochansehnlichen Fachwerkbauten wieder auf. Berühmt und unbedingt eine Besichtigung wert ist Osterwieck wegen seiner vielen Häuser im niedersächsischen Fachwerkstil. Trotz eines erneuten Brandes im Jahre 1884 blieb die Fachwerkstadt erhalten und vermittelt das repräsentative Bild des niedersächsischen Fachwerkbaues.

Quedlinburg ㉞

Eine umfassende Darstellung der Geschichte Quedlinburgs ist bei dem in diesem Buch mög-

Schloss Quedlinburg mit Stiftskirche St. Servatius (oben)

Eingang in die Quedlinburg (unten)

lichen Umfang nicht denkbar. Der Platz war bereits in der Altsteinzeit besiedelt und hat über viele Jahrhunderte seine Bedeutung nicht verloren. Sehr früh siedelten im nördlichen Harzvorland die Cherusker, bis sie in den Wirren der Völkerwanderungszeit während des 4./5. Jahrhunderts verschwanden. Umfangreiche Grabungen haben auch Mauerreste aus merowingischer Zeit (482 - 714 n. Chr.) ans Tageslicht gebracht. Der Teil der Geschichte, der sich baulich auch noch nachweisen

Fachwerkstadt Quedlinburg

lässt, begann im Jahre 919, als Heinrich I. die Königswürde erhielt, als Erster der Liudolfinger (Ottonen), die wesentlich dazu beitrugen, dass Quedlinburg nach Magdeburg die wichtigste Stadt wurde. Otto I. gründete auf dem Burgberg ein reichsunmittelbares Frauenstift, ausgestattet mit vielem Grundbesitz und anderen Einkünften. Für alle Sachsenkaiser war Quedlinburg ein bevorzugter Aufenthaltsort. Zwischen 922 und 1027 sind 69 Aufenthalte deutscher Könige und Kaiser in Quedlinburg bezeugt. Schon in den ersten beiden Jahrzehnten des 13. Jahrhunderts war die Stiftsburg allerdings relativ bedeutungslos geworden. Im 18. Jahrhundert erfolgte ein wirtschaftlicher Aufschwung der Stadt.

Nach der Wende wurden rund 1200 historische Wohnbauten saniert, die Quedlinburg zu einer einzigartigen Stadt gemacht haben. Die Stadt ist ein Gesamtkunstwerk und mit Recht Weltkulturerbe geworden. Im September 2006 wurde sie in einer Fernsehsendung des ZDF unter Deutschlands Lieblingsorten auf Platz 10 gewählt (4, 43, 103, 309).

Regenstein ㉟

Die Festung Regenstein ist von ihrer Gestalt her mit keiner anderen Burganlage des Berichtsraumes vergleichbar. Sie thront auf einer ca. 2,5 km langen und bis zu 295 m hohen Sandsteinformation, die aus der Kreidezeit stammt. Sie liegt nahe dem kleinen Ort Heimbach und war Sitz der Grafen von Regenstein, dessen Repräsentant Konrad 1167 erstmals in einer Urkunde des Halberstädter Bischofs als „comes Conradus de Regenstein" bezeichnet wird. Wie die Pegauer Annalen aussagen, eroberte Kaiser Friedrich Barbarossa 1181 während der staufisch-welfischen Auseinandersetzung auch den Regenstein, was wohl seinen Grund darin hatte, dass Konrad Lehnsträger Heinrichs des Löwen, des Kontrahenten Friedrichs I., war. Die Regensteiner Grafen müssen eine sehr streitlustige Dynastie gewesen sein. Im späten Mittelalter waren sie in schwere Kämpfe mit dem erstarkten Bistum Halberstadt um die Vorherrschaft im Harzgau verwickelt (201). Sie waren Hauptbeteiligte zahlreicher Fehden seit 1325. Wahrscheinlich Mitte des 15. Jahrhunderts verließen die Grafen von Regenstein, ohnehin verwandt mit den Blankenburgern, die alte Wohnstätte und residierten von da an auf der Blankenburg. Danach muss der Regenstein weitgehend unbewohnt gewesen sein (155). In der Folgezeit hatte er den Charakter einer Garnison. Während des Siebenjährigen Krieges wurde die Festung am 12.09.1757 durch etwa 200 Franzosen besetzt, aber eine Woche später von den Preußen zurückerobert. Damit endete die kurze Geschichte des Regensteins, aber seine höchst ansehnlichen „Reste" werden noch viele Jahre die Touristen begeistern (14). Eine historische Kuriosität beinhaltet auch der Umstand, dass die Nazis zwischen 1943 und 1945 auf dem Regenstein geheime Dienststellen der Marine und der Luftwaffe platziert hatten, die mit dem Ende des 2. Weltkrieges wieder verschwunden sind (14b).

Reinstedt ㊱

In Reinstedt, westlich von Aschersleben, existiert ein großer vierseitiger Gutshof mit spätklassizistischem Gutshaus aus der zweiten Hälfte des 19. Jahrhunderts. Das „Gutshaus" hat eher die Merkmale eines typischen Landschlosses. Reinstedt

Festung Regenstein

Gutshof Reinstedt

erfuhr die Ersterwähnung im Jahre 964, also in Ottonischer Zeit, unter dem Namen Reinstede. Damals war Reinstede Teil der Stiftung Markgraf Geros für das Jungfrauenstift Gernrode. Bereits 1175 zerstörte Heinrich der Löwe den Ort. 1525 vollendete eine der Kriegsparteien das im Bauernkrieg „normale" Zerstörungswerk. Die Geschichte Reinstedts gibt nicht viel mehr her. Man erfährt nicht einmal, ob und wie der prachtvolle Bau genutzt wird.

Rhoden ㊲

Der weniger als 500 Einwohner zählende Ort Rhoden gehörte bis 1648 zum Bistum Halberstadt und gelangte 1815 an den Regierungsbezirk Magdeburg in der Preußischen Provinz Sachsen. Am 01.01.2010 schloss er sich mit all den anderen, bis dahin selbständigen Gemeinden der Umgebung, zur neuen Stadt Osterwieck zusammen. Der Ort enthält eine beachtliche Zahl prächtiger Wohnhäuser aus dem 18. und 19. Jahrhundert. Bemerkenswert ist das ehemalige Herrenhaus, ein anspruchsvoller Fachwerkbau mit Eckturm und Krüppelwalmdach aus dem Jahre 1580.

Röderhof ㊳

Der Röderhof war ursprünglich Wirtschaftshof des Klosters Huysburg. 1823 gelangte das Kloster Huysburg mit dem Wirtschaftshof in den Besitz des Freiherrn von dem Knesebeck, weiterverkauft 1878 an die Familie Hahn. Ab 1830 fand die Errichtung eines Herrenhauses mit Türmen, Zinnen und Mauern statt. Die dekorative Anlage lässt von einem Wirtschaftshof nichts mehr erkennen. Unklar und in der Fachliteratur nicht erwähnt, ist, ob die auf der gegenüberliegenden

Herrenhaus Rhoden, Einfahrt zum Herrenhaus (Bild rechts)

Röderhof

Straßenseite stehenden Backsteingebäude, die eher einem Wirtschaftshof ähneln, heute aber weitgehend Wohnungen beinhalten, zum Wirtschaftshof des Klosters Huysburg gehört haben.

Roseburg ㊴

Zwischen Rieder und Ballenstedt liegt ein ungewöhnliches Burgensemble. Der von 1855 bis 1941 lebende Berliner Architekt Bernhard Sehring erfüllte sich mit der Erbauung der Roseburg offenbar einen Lebenstraum, den er sich allerdings auch leisten konnte. Der bekannteste Bau Sehrings ist das heute noch existierende Theater des Westens in Berlin. Die Fläche, auf der noch Reste der aus dem 13. Jahrhundert stammenden Rudolfsburg standen, erwarb er vom Grafen von Anhalt-Dessau. An der Burg nebst Park soll er von 1907 bis 1925 gebaut haben. Die Baukosten sollen 13. Mio. Reichsmark betragen haben, eine ungeheure Summe, die jedenfalls für ein erfolgreiches Architektenleben spricht. 1920 muss ihm allerdings das Geld ausgegangen sein und er dürfte nicht alle seine Pläne verwirklicht haben. Herausgekommen ist gleichwohl eine bemerkenswerte Burg. Diese ist seit 2006 an einen Privatinvestor verkauft, der weitere Erhaltungs-, Sanierungs- und Restaurationsarbeiten an Gebäuden und Park durchführt. Der Park allein ist einen Besuch wert, ein Burgrestaurant sorgt für das leibliche Wohl (233).

Die Roseburg

Schlanstedt ㊵

Schlanstedt liegt im nördlichen Harzvorland Huy, südwestlich von Oschersleben. Der Ort wird erstmals 1056 genannt, was wie in den meisten anderen Fällen nicht die Entstehungszeit nennt, da diese oft noch weiter zurückliegt, bis eine urkundliche Erwähnung erfolgt. Der Besitz wurde aus Geldmangel mehrfach verpfändet. Die Geschichte der Pfandeinlösungen wäre ein umfangreiches Kapitel, das nicht in diese Darstellung gehört. Im selben Jahrhundert wurde der 24 Meter hohe romanische Bergfried erbaut. Ab 1317 erscheinen die Grafen von Regenstein

Burg Schlanstedt und Innenhof

als neue Besitzer der Burg, die 1344 von ihnen endgültig an das Halberstädter Domstift überging. Mit dem Dreißigjährigen Krieg wurde die schwer im Krieg leidende Burg brandenburgisch und später preußisch. 1836 pachtete die Familie von Rimpau Burg und Gut und bewirtschaftete die Anlage bis 1946. Wilhelm Rimpau war ein Begründer der deutschen Pflanzenzucht. Im Jahr 2001 wurden Grundstück und Burg von der Familie Blume-Brümmer gekauft, die die Burg zu einem lohnenden Besichtigungsobjekt machten.

Stapelburg ㊶

Die Burg liegt an der bereits 1330 genannten Goslarer Heerstraße und einer noch älteren Handelsstraße von West nach Ost, 5 km nördlich von Ilsenburg. Die Burg, von der man wenig weiß, soll vor 1300 erbaut worden sein. 1394 war sie vorübergehend halberstädtisch, 1438 gehörte sie den Grafen von Schwarzburg. Bereits 1509 ist sie verfallen und wurde wüst. 1559 hat ein Heinrich von Bila ein Schloss quadratisch in den innersten Burgring hineingebaut, das es ebenfalls nicht mehr gibt. Die Ausmaße der Burg lassen sich heute nicht mehr nachvollziehen; es ist jedoch aktenkundig, dass am 3. September 1573 vierzehn erwachsene Männer als Zeugen genannt wurden, die alle auf der Stapelburg wohnten. Diese Zahl lässt gewisse Rückschlüsse auf die Größe der Burg zu. Die von Bila verkauften die Burg 1596 an Statius von Münchhausen. 1625 lagerte auf dem Burggelände eine kaiserliche Truppe unter Graf Collalto. 1736 und 1742 muss es trotz des eingetretenen Verfalls auf der Burg noch mehrere bewohnbare Zimmer gegeben haben. Danach wird dort aber niemand mehr gewohnt haben. Die Burg liegt malerisch oberhalb des kleinen Ortes Stapelburg und schaut auf ihn herab. Jeder romantisch veranlagte Burgenfreund sollte sie besuchen.

Stapelburg Burgruine

Stecklenberg ㊷

Stecklenberg, zwischen Thale und Gernrode gelegen, aber zu Thale gehörig, bietet überraschende kulturhistorische Einblicke. In dem ohnehin idyllischen Ort befindet sich zunächst ein ehemaliges Schloss, das für die Familie von dem Bussche 1897/98 errichtet wurde und heute als Schloss-Hotel eine lebenserhaltende Funktion gefunden hat. Wichtig für den an malerischen Burgruinen Interessierten sind zwei solcher Objekte oberhalb von Stecklenberg, nämlich die Stecklenburg und die Lauenburg.

Die Burgruine Stecklenburg ist der Restbestand einer Höhenburg, die 1281 erstmals erwähnt wird. Das Baujahr der mächtigen Stecklenburg ist bis heute unbekannt. Burgherr war unter anderem Gero de Steckelenberge. Ab dem 12. Jahrhundert stand die Burg unter Lehnshoheit des Stifts Quedlinburg. Im Jahr 1311 ging sie als Lehnsbesitz an den Ritter von Hoym. Sie wurde zwar im Jahre 1364 einmal zerstört, aber nach dem Wiederaufbau war sie selbst im Dreißigjährigen Krieg noch verteidigungsfähig und bis ins Jahr 1736 noch teilweise bewohnt. Um 1750 wurden dann allerdings Teile der Burg abgebrochen, um für das Dorf Stecklenberg ein neues Gotteshaus zu bauen (233).

Die Lauenburg, die sich fast unmittelbar auf dem selben Höhenzug an die Stecklenburg anschließt, hatte eine herausragende Geschichte. Sie galt neben der Harzburg im Westharz als die größte Burg im Harz. Vermutlich ist sie von Kaiser Heinrich IV. im dritten Viertel des 11. Jahrhunderts als Reichsburg errichtet worden. Ende des 13. Jahrhunderts war sie bei Auseinandersetzungen zwischen den Grafen von Regenstein und den Bischöfen von Halberstadt umkämpft. Bis 1477 war sie als bischöfliches Schloss genannt. Die Besonderheit der Lauenburg, abgesehen von ihrer Größe, ist die Existenz einer Hauptburg und einer Vorburg, wobei die Vorburg durch einen mächtigen Halsgraben von der Hauptburg getrennt ist. Ursprünglich war die gesamte Burganlage von einem Ringgraben mit Vorwall in einer Länge von 220 m geschützt. Die ursprüngliche kaiserliche Burganlage ging im Jahre 1165 an Heinrich den Löwen, erst von da an in den Besitz von Kaiser Barbarossa, der sie aber wieder an den Welfen zurückgab. 1273 erwarben die Grafen von Regenstein die Burganlage durch Kauf, was zu jahrzehntelangen Auseinandersetzungen zwischen dem Regensteiner Grafen und dem Bischof von Halberstadt, Albrecht II., geführt hat, der zwischen 1326 und 1351 neunmal vor die Lauenburg gezogen ist. Wegen der Nähe der Lauenburg zur Stecklenburg, vielleicht 800 m entfernt, lassen sich die beiden höchst dekorativ im Wald gelegenen Burgruinen gemeinsam besichtigen (233, 237).

Ruine Stecklenburg

Ruine Lauenburg

Stiege, Schloss mit Schlosskirche „zur Hilfe Gottes"
Fachwerkhaus in Stiege (unten)

Stiege ㊸

Die Burg zählt zu den wenigen erhaltenen Bauten des frühen Hochmittelalters. Am Südabhang des Unterharzes gab es dort eine sehr frühe Siedlung, noch vor Karl dem Großen, an einem alten Weg zur Harzquerung, so dass das Schloss wohl der Wegesicherung diente. Das Schloss soll in der Herrschaftszeit Heinrich I. im Jahr 919 erbaut worden sein.

1599 verstarb der letzte Spross des blankenburg-regensteiner Grafengeschlechts. Blankenburg und damit auch die Burg am Stiege fielen an das Herzogtum Braunschweig zurück. Im Dreißigjährigen Krieg nahmen Wallensteins Truppen in Stiege Winterquartier; in dieser Zeit starben in Stiege 290 Menschen an der Pest, die die Soldaten eingeschleppt hatten. 1644 wurden Dorf und Schloss noch einmal geplündert und letztmalig in den Napoleonischen Kriegen musste die Bevölkerung mit den Plünderungen der Franzosen fertig werden. Im Jahr 2005 erwarb ein Privatmann das Schloss.

Thale ㊹

Die 18.000-Einwohnerstadt, die das Stadtrecht erst 1922 erhielt, ist wahrscheinlich schon im 10. Jahrhundert in Erscheinung getreten. Sie verfügt über zwei wichtige Bauten. Zum einen ist das ein ehemaliges Rittergut der Familie von dem Bussche, heute ein Lehrer-Weiterbildungszentrum des Landes Sachsen-Anhalt. 1812 erfolgte ein

Thale, Kloster Wendhusen

Thale, Schloss der Freiherren von dem Bussche (links), ehemaliges Rathaus (rechts)

weitgehender Neubau der gesamten Anlage, die nach der Wende offenkundig weitere funktionsbedingte Veränderungen nach sich gezogen hat.

Vor allem aber ist Thale bekannt durch das ehemalige Kanonissen-Nonnenkloster Wendhusen, etwa 825 gegründet. Gründerin war Gisela, die Tochter des Harzgrafen Hessi. Nicht nur die frühe Klostergründung macht Wendhusen zu einem faszinierenden Objekt der Besichtigung. Im 9. Jahrhundert schrieb die Klausnerin Luitbirg, möglicherweise von Michaelstein aus (bestritten, 309), wahrscheinlich in Wendhusen ihre „Erinnerungen", die sich ursprünglich im Kloster Fulda befanden, dort aber verschwunden sind. 880 verfasste ein Unbekannter die Lebensbeschreibung der Luitbirg neu, eine unschätzbare Quelle dieser so weit zurückliegenden Zeit (14c). Luitbirg wurde 786 geboren, in einem Kloster erzogen und diente später Jahrzehnte Gisela, der ältesten Tochter des Grafen Hessi. Etwa im Alter von 50 Jahren ließ sie sich im Kloster Wendhusen (andere sagen im Michaelstein) als Klausnerin einmauern und starb vermutlich im Jahr 870, in welcher Zeit sie die Klause niemals verlassen hat. Ihre Lebensdaten und der Ort der Klause waren Gegenstand umfänglichster wissenschaftlicher Erörterungen (14c), angesichts der Urkundenlage im 9. Jahrhundert und der frommen Lebenshaltung der Luitbirg naheliegend. Das wahrscheinlich älteste Kloster Sachsen-Anhalts hat heute wieder eine Funktion und lohnt unbedingt einen Besuch, ebenso wie viele andere Bauten der im 2. Weltkrieg unzerstört gebliebenen Stadt (43, 309); außerdem lädt das romantische Bodetal zu einem Besuch ein (167).

Wedderstedt ㊺

Was Entdeckungsfahrten in Sachsen-Anhalt so spannend und manchmal überraschend macht,

Wedderstedt, Denkmalgeschützter Gasthof und ehemaliges Herrenhaus Wedderstedt

sind kleine Orte wie das Dorf Wedderstedt, das außer einer heute ruinösen ehemaligen Kirche mit einem mittelalterlichen Westturm ein Herrenhaus zeigt, welches heute die Gemeindeverwaltung beherbergt und einen imposanten Klinkerbau von 1893 mit strenger Symmetrie im Sinne der niederländischen Renaissance darstellt. Wedderstedt ist ein Ortsteil der Gemeinde Selke-Aue, etwa 12 km nordöstlich von Quedlinburg gelegen.

Wegeleben ㊻

Westlich der Bode liegt an einer von Quedlinburg nach Helmstedt führenden Straße der Ort Wegeleben, der bereits wegen seiner zahlreichen Wohnbauten aus dem 17. Jahrhundert, in wenigen Fällen auch aus dem 16. Jahrhundert, sehenswert ist. Der Ort könnte bereits im 10. Jahrhundert als Siedlung bestanden haben. Westlich davon wurde im 12. Jahrhundert eine Burg errichtet, wofür bereits der Umstand spricht, dass 1120 das Auftreten einer adeligen Familie von Wegeleben belegt ist und 1252 ein Kastellan aktenkundig gemacht wurde. Die Reste einer viereckigen Anlage sind beim Gutshof noch erkennbar. Wegeleben muss schon im 13. Jahrhundert eine Stadt gewesen sein, denn es sind Stadtmauern belegt, die ohne königliche Erlaubnis nicht errichtet worden wären. Burg und Ort gehörten bis 1267 den Anhaltinern, bis Magdeburg neben anderen Orten der Umgebung eine Lehenshoheit begründete, die zu langjährigen Auseinandersetzungen mit Halberstadt führte. Anfang des 14. Jahrhunderts kam Wegeleben definitiv an Halberstadt, bald darauf die ganze Grafschaft Aschersleben. In der zweiten Hälfte des 15. Jahrhunderts war die Burg im Besitz der Herren von Hagen, später wurde sie preußische Domäne. Im Dreißigjährigen Krieg ist die Stadt stark in Bedrängnis geraten. Zu allem Unglück starben zwischen 1611 und 1636 viele Einwohner an der Pest. 1636 wurde die Stadt ausgeplündert; im Juni 1643 hatten die kaiserlichen Truppen das Schloss, die schwedischen Truppen die Stadt besetzt. In und an der Stadt existierten verschiedene adelige Güter, aus denen sich später auch die preußische Domäne entwickelte, die aus der Burg entstand. Wegeleben ist eine sehenswerte Stadt, die Beschäftigung mit ihren zahlreichen Umwälzungen aber eine anspruchsvolle Tätigkeit.

Burgruine Wegeleben

Wernigerode ㊼

Wernigerode, eines der baulichen Kleinode des Harzraums, kann eine uralte Geschichte vorweisen, aus der sich als wahrscheinlich herauskristallisiert hat, dass Mönche aus dem Kloster Corvey im ersten Drittel des 9. Jahrhunderts eine Siedlung anlegten, die sie nach ihrem Abt Warin benannten. Aus der „Warins-Rodung“ wurde im Laufe der Jahrhunderte der Name Wernigerode. Um 1120 baute Graf Adalbert von Wernigerode, vermutlich aus Haimar bei Hildesheim stammend, die erste Steinburg. Bereits im 16. Jahrhundert erfolgte in einer letzten Phase die Umwandlung der Festung zu einem höfischen Wohnschloss und von 1671 bis 1676 geschah der Umbau zum Barockschloss (237).

Im Jahre 1417 schloss Graf Heinrich von Wernigerode in Ansehung des bevorstehenden Erlöschens seiner Dynastie im Mannesstamm einen Erbvertrag

Schloss Wernigerode

mit einem Verwandten aus der Grafendynastie von Stolberg (Bodo II.). Für den Fall des Todes, der 1429 eintrat, sollten die Grafen von Stolberg die Besitztümer der Grafen von Wernigerode übernehmen. Dies taten die Grafen von Stolberg selbstverständlich und nannten sich von nun an Grafen von Stolberg-Wernigerode, behielten aber ihren Wohnsitz zunächst in Stolberg bei. Nach 1638 versuchte Graf Heinrich Ernst zwar eine Hofhaltung in Wernigerode zu etablieren, die Zerstörungen auf der Burg vertrieben ihn jedoch 1650 nach Ilsenburg. Die Situation änderte sich im Jahre 1710, als das herrschaftliche Leben nach Wernigerode zurückkehrte, wobei allerdings unter Graf Christian Ernst kein glanzvolles Hofleben entstand, da er das Schloss zu einem Zentrum des Pietismus machte. Bereits im frühen 13. Jahrhundert erhielt Wernigerode das Goslarer Stadtrecht, Handel und Handwerk erlebten eine Zeit der Prosperität.

Das heruntergekommene Schloss wurde ab 1672 wieder in Stand gesetzt und um 1676 um einen barocken Neubau erweitert. Graf Christian Ernst (1691 bis 1771) erbte 1710 das Schloss und bestimmte es als ständige Residenz der Familie. Den intensivsten Umbau allerdings, der von der ursprünglichen Burg nun endgültig nichts mehr übrig ließ, nahm er vor, indem er insgesamt 22 Jahre lang die Handwerker beschäftigte, um das Barockschloss in ein prunkvolles Repräsentationsschloss im Stil des Historismus umzubauen

Stadtbilder Wernigerode

Rathaus Wernigerode

(246). In dieser Zeit erhielt das Schloss seine im Wesentlichen heute noch bestehende Gestalt und nur in der Zeit nach der Wende waren noch einmal Veränderungen notwendig, die aus dem Umstand resultierten, dass das Schloss lange Zeit vernachlässigt worden war. Otto von Stolberg-Wernigerode war übrigens auch eine reichsweit geschichtliche Figur, denn Bismarck machte ihn 1878 zu seinem Stellvertreter. Schon nach drei Jahren stellte sich jedoch heraus, dass die beiden unterschiedlichen Charaktere nicht miteinander konnten und daher sah sich der Vizekanzler des Deutschen Reichs schon 1881 zum Rücktritt genötigt.

Das besichtigungswerte Schloss ist nicht das einzige Bauwerk, das einen Anlass für einen Besuch in Wernigerode gibt (43). Die ganze Altstadt ist ein Gesamtkunstwerk, das Hermann Löns 1909 zu dem Ausbruch veranlasste: „Alle Städte den Harz hinauf, den Harz hinab, haben ihre Schätze und Kostbarkeiten; keine aber ist so reich und bunt wie Wernigerode“. Das müssen auch schon Luther, Melanchthon, Klopstock und der alte Geheimrat von Goethe gewusst haben, die es nach Wernigerode zog, genau so wie heutzutage jährlich tausende Menschen, die als Touristen das kleine Städtchen bevölkern (21, 32).

Westerburg ㊽

Die Burg liegt im Harzvorland zwischen Halberstadt und Wolfenbüttel, unweit von Dadele-

Die Westerburg

ben am Großen Bruch. 1052 schenkte Kaiser Heinrich III. die möglicherweise uralte Burg dem Bistum Halberstadt. Sie war von 1317 bis 1599 regensteinisches Lehen. Von 1802 – 1945 diente Westerburg als Staatsdomäne, bis 1990 war sie LPG. Auch diese Burg hat im Dreißigjährigen Krieg einiges erduldet, sie wurde jedoch nie zerstört. Die wahrlich große, ja großartige Anlage ist seit 2000 wieder in Privatbesitz und eine eindrucksvolle Hotelanlage. Dem Verfasser ist eine gleich schöne Anlage in Sachsen-Anhalt nicht begegnet. Die „Straße der Romanik" führt an ihr entlang (119, 155).

Windenhütte ㊾

Zwischen Güntersberge und Stiege liegt in einem großen Waldgebiet, dem man seine Eignung als Jagdgebiet förmlich ansieht, ein „Jagdschloss" (das man besser als Jagdhütte bezeichnen sollte), das 1872 von Herzog Wilhelm von Braunschweig erbaut wurde. Zwischen 1906 und 1908 wurden dann nur 50 m von der Holzhütte entfernt Bruchsteine dazu verwendet, das „Herzogliche Jagdschloss Windenhütte" zu erbauen. Im Mai 1913 heiratete die einzige Tochter des letzten deutschen Kaisers Wilhelm II., Prinzessin Viktoria Luise, den Erbprinzen Ernst-August von Hannover. Das Paar begründete die neue Dynastie der Braunschweiger und konnte dann im November 1913 die Regierung in Braunschweig antreten, womit sie auch Besitzer des Jagdschlosses Windenhütte wurden, von welchem aus große Jagden veranstaltet worden sind. Nach 1924 wurde dieses kleine Häuschen, das in seiner einfachen Bauweise sympathisch anmutet und sich von üblichen fürstlichen Jagdschlössern deutlich unterscheidet, Sommerresidenz. Nach umfangreicher Renovierung wurde es 1993 als Waldhotel und Restaurant der Öffentlichkeit zugänglich gemacht. Seit 2010 hat Windenhütte einen neuen Bestreiber, bei dem man trefflich Essenspause machen kann.

Zilly ㊿

Die Ortschaft Zilly kommt 1172 erstmals urkundlich vor, denn die Klöster Ilsenburg und Walkenried hatten dort Grundbesitz. 1211 wurde eine Burg erwähnt, die sich damals im Besitz der Regensteiner befand, die aber von 1341 bis 1371

Jagdschloss Windenhütte (li.), Waldhotel & Restaurant (u.)

Zilly, Burgansicht

Wirtschaftsgebäude

an die Grafen von Wernigerode überging. 1504 ging Zilly nach erneuten Verpfändungen ganz an das Halberstädter Domkapitel über, bei dem es als Pfand verblieb, um nach 1810 staatliche Domäne zu werden. Ihre jetzige Gestalt nahm die Burg Zilly im frühen 17. Jahrhundert an und die ungewöhnlich genaue Kenntnis der damaligen Baumaßnahmen lässt sich einem Tagebuch des Halberstädter Domherrn Matthias von Oppen entnehmen. Hierüber liegt eine Abschrift des verlorengegangenen Originals vor (294). Ab 1810 wurde die Wasserburg bis zum Ende des 2. Weltkrieges Preußische Staatsdomäne. Seit 1990 steht sie nun im Besitz der Gemeinde Zilly, durch die sie stückweise saniert und restauriert wird. Die Vorburg ist teilweise erhalten. In der Hauptburg sind einige Einrichtungen untergebracht, unter anderem eine Kindertagesstätte. Geheiratet werden kann dort ebenfalls und besichtigt werden erst recht.

Burg Zilly

Salzlandkreis

Aderstedt (Bernburg)
Alsleben
Aschersleben
Athensleben
Bad Salzelmen
Barby
Beesedau
Beesenlaublingen
Bernburg
Biendorf
Calbe
Egeln
Freckleben
Frose
Gänsefurth
Gatersleben
Gröna
Großmühlingen
Haus Zeitz
Hecklingen
Hohenerxleben
Hoym
Ilberstedt
Neugattersleben
Nienburg
Plötzkau
Poplitz
Rathmannsdorf
Schneidlingen
Staßfurt
Trebnitz
Warmsdorf
Wilsleben

Schlossensemble Bernburg an der Saale

Salzlandkreis

Aderstedt (Bernburg) ①

Aderstedt, nicht zu verwechseln mit dem gleichnamigen kleinen Ort im Saalekreis, ist in einer Schenkungsurkunde Heinrichs IV. vom 20.08.1063 erstmals erwähnt, als der König den Ort an Bischof Burchard II. von Halberstadt übertrug, von dem er 1086 als Geschenk an den Benediktinerorden und damit an die Abtei Ilsenburg ging. Nach der Einführung der Reformation wurde Aderstedt protestantisch und 1580 an das Fürstentum Anhalt verkauft. Seit 1803 gehörte der Ort zum Fürstentum Anhalt-Bernburg und 2003 als Ortsteil zur Verwaltungsgemeinschaft Bernburg, woran sich bis zum heutigen Tage nichts geändert hat. Die neoromanische Pfarrkirche St. Paul (früher St. Hypolyt) lässt noch Bauteile aus dem 13. Jahrhundert erkennen. Sehenswert sind barocke Bauerngehöfte und der Aderstedter Reiterhof. Das

Aderstedt (Bernburg), die Türme der Kirche St.Paulus

Schrifttum vermittelt keine genaueren Erkenntnisse über den – ansehenswerten – tausendjährigen Ort.

Alsleben ②

Alsleben (Saale) bekam schon frühzeitig eine Funktion als Grenzverteidigung gegenüber den Slawen und verfügte demgemäß über eine Burg, die im 10. Jahrhundert errichtet wurde, von der sich allerdings heute nichts mehr finden lässt. 979 stifteten Markgraf Gero und seine Gattin Adela ein Nonnenkloster unmittelbar neben der Alten Burg. Zu diesem Zeitpunkt war die Alte Burg bereits vorhanden. Das Kloster gelangte nach Jahrhunderten in die Gewalt des Erzbistums Magdeburg, als nämlich der Markgraf Gero auf Befehl Ottos II. enthauptet worden war und seine Tochter den Leichnam nur frei bekam, sofern sie ihre Güter in Alsleben dem Erzstift in Magdeburg übertragen würde, was auch geschah. Mit Graf Gero ist das Geschlecht der Grafen zu Alsleben ausgestorben. Man kann über die Geschichte dieses Verbrechens und viele Details der Grafschaft Alsleben bei Dreyhaupt (48) nachlesen. 1698 entstand das Schloss unmittelbar am Saalehang, das sich dem Betrachter noch zeigt, wohingegen viele ältere Häuser in insgesamt 13 fürchterlichen Stadtbränden zwischen 1589 und 1718 zerstört wurden. Wie ein alter Stich zeigt, hat die Saale Stadt und Dorf Alsleben getrennt. Das Schloss existierte auf der Stadtseite von Alsleben. Die ungewöhnlich zahlreichen Brände führten dazu, dass die Stadtgestalt immer moderner wurde.

Schloss Alsleben, am Saalehang gelegen

Zwischen 1992 und 2003 wurde die Stadt durch umfangreiche Sanierungsmaßnahmen wieder mit der alten Stadtgestalt versehen und ist daher wieder anschauenswert (302, 309, 348).

Aschersleben ③

Aschersleben ist vermutlich die älteste Stadt Sachsen-Anhalts. Sie verfügt über unglaublich frühe Gründungsdaten, einmal durch die um 300 in der Gegend siedelnden Warnen, allerdings sicherer durch Bodenfunde, die auf das 6. Jahrhundert und damit auf das altthüringische Königreich (vor 531) zurückgehen (43, 309).

Aschersleben ist in späteren Zeiten die Stadt geworden, die sich heute dem Betrachter darstellt. Unter Albrecht dem Bären wurde die Stadt Mittelpunkt des späteren Fürstentums Anhalt und der Askanier. Die Stadt verdankt ihre Entstehung am nordöstlichen Harzrand im Einetal der Kreuzung zweier alter Handelsstraßen (Bremen-Leipzig und Erfurt-Magdeburg). Ab 1266 galt das Halberstädter Stadtrecht und nach dem Aussterben der Aschersleben Linie der Askanier 1315 herrschten die an ihre Stelle tretenden Halberstädter Bischöfe, die Wesentliches für die politische und wirtschaftliche Stabilisierung vollbrachten. 1722 wurde Aschersleben zur Garnisonsstadt und 1794 Herzog Carl August von Weimar Kommandeur des 6. Preußischen Kürassier-Regiments im Range eines Generalleutnants. Am 09.07.1807 fiel Aschersleben mit dem Frieden von Tilsit dem französischen Königreich Westfalen zu. Als Napoleon 1812 in Richtung Russland zog, nahmen 900 Ascherslebener Bürger am Feldzug teil, von ihnen kamen nur 40 lebend zurück. 1813 wurde Aschersleben wieder preußisch und nach der Völkerschlacht von Leipzig und dem Wiener Kongress 1815 der neu geschaffenen

Aschersleben, Rathaus (oben)
St. Stephani-Kirche (unten)

Aschersleben, Johannisturm

Athensleben, Schloss und historischer Wasserturm

preußischen Provinz Sachsen zugeordnet. Die Zeit Ascherslebens als Garnisonsstadt endete 1884. Im Wesentlichen hat Aschersleben die Zeitläufte unbeschadet überstanden.

Die Stadt verfügt über eine sehr gut erhaltene Stadtbefestigungsanlage aus dem Mittelalter (292a) und eine weitgehend intakte Innenstadt mit zahllosen vorzeigbaren Bauten, die hier aufzuzählen nicht möglich ist. Auf Ascherslebener Boden müssen drei Burgen gestanden haben, deren nur zum Teil noch sichtbaren Reste eine fotografische Darstellung nicht lohnen. Zwei Burgen (Altenburg und Stadtburg) sind sehr genau recherchiert (124). Ein stadtbildprägendes Erlebnis vermögen sie nicht mehr zu vermitteln. Die Reste der Stadtburg lagen bei Ausgrabungen 1895 schon 8,50 m unter der Erde. Von der Altenburg existieren nur noch Reste eines Bergfriedes. Viele andere Gebäude verlocken allerdings in überzeugender Weise zu einem Stadtbesuch. Für die Liebhaber Neo Rauchs befindet sich in Aschersleben sein gesamtes – nicht verkauftes – Lebenswerk, da er im Jahre 2012 seine Werke der Stadt geschenkt hat. Die Ergebnisse der Landesgartenschau 2012 runden das Bild einer Stadt ab, das vor allem diejenigen verinnerlichen sollten, die den Glauben an Sachsen-Anhalt nicht verloren haben.

Athensleben ④

Dieser Ortsteil von Staßfurt weist einen Gutshof von 1607 auf, der lange Zeit dem Magdeburger Domkapitel gehörte. Athensleben wurde 1174 erstmals urkundlich erwähnt. Damals gehörte es noch zum Kloster Hillersleben. Im Jahre 1735 übernahm Statz Heinrich Bennecke die preußische Domäne Athensleben, die später von seinen Nachfahren bis zum Ende des 2. Weltkrieges fortgeführt wurde. Die Bewirtschaftung führte zu wirtschaftlichen Erfolgen, die den Erwerb von kleineren Höfen im dicht benachbarten Staßfurt ermöglichten. In Staßfurt übernahm Carl Ludwig Bennecke 1791 das Erbpachtamt, woraus mit der Zeit ein größerer landwirtschaftlicher Betrieb entstand. Die ganz offenbar erfolgreiche Familie Bennecke verfügte bald auch über landwirtschaftlichen Besitz in Löbnitz. Die weitere Entwicklung hat ein Bennecke feinfühlig beschrieben (223). 1945 wurde die positive Entwicklung wie bei vielen anderen Latifundien unterbrochen, aber nach der Wende auf 900 ha Landwirtschaftsfläche fortgesetzt.

Ganz in der Nähe liegt der 36 ha große Löderburger See. Mit dem Bode-Hochwasser im April 1994 wurden mehrere Senken überflutet, so dass einige neue Seen, wie der 18 ha große Athenslebener See, entstanden.

Bad Salzelmen ⑤

Bad Salzelmen ist seit 1932 mit den benachbarten Städten Frohse, Groß Salze (seit 1926 Salzelmen) und Schönebeck zur Stadt Schönebeck an der Elbe südlich Magdeburgs vereinigt. In Elmen wurde bereits im 12. Jahrhundert ab 1170 Sole gefördert, das sich mit Schadeleben an der Stelle von Groß Salze befand. In Schadeleben erbaute Erzbischof Burchard III. von Magdeburg zwischen 1310 und 1313 eine Burg zur Erhebung des Salzzolles. Ungeachtet des verhältnismäßig geringen Salzgehaltes der Sole und des Fehlens von Brennholz in der Nähe brachte der Absatz des Salzes bis in die Niederlausitz und teilweise bis Schlesien Wohlstand nach Salzelmen (309). Die Produktion von Salz wurde allerdings 1967 eingestellt, was an der medizinischen Handhabung der Rehabilitation durch Solebehandlung nichts änderte. Die ehemalige Burg Schadeleben ist heute Pflegeheim der Diakonie, allerdings in Form eines um 1874 entstandenen Neubaus, da die vorherige Burg in diesem Jahr abgerissen wurde. Bad Salzelmen zeigt immer noch einiges von der alten Pracht, das ehemalige Solebad Elmen, ältestes Deutschlands, Kurhaus und Gradierwerk (43).

Bad Salzelmen: die Burg Schadeleben ist heute ein Pflegeheim der Diakonie

Barby ⑥

In einer Urkunde Kaiser Otto des Großen vom 23.04.961 wurde Barby erstmals urkundlich erwähnt. Mit dem Jahre 1064 erscheinen die Edlen von Barby. Im Jahre 1497 wurde die Grafschaft reichsfrei, die Familie von Barby starb 1659 allerdings aus und Barby fiel an den Administrator von Magdeburg. 1746 übernahm Graf Heinrich XXVI. von Reuss Schloss und Amtsvorwerk in Erbpacht

Schloss Barby

(rechts) „Prinzesschen", der Turm am noch erhaltenen Rest der Stadtmauer von Barby

Barby, Rathaus und St. Marien-Kirche

und überließ es der Herrnhuter Brüdergemeinde, die von hier aus 1766 Gnadau gründete und 1808 dorthin übersiedelte.

Im 19. Jahrhundert war das Schloss in wechselnden, öffentlichen Händen und daher entsprechend baulich saniert. Barby kann eine Reihe von Gebäuden vorweisen, wie mehrere Kirchen und das ehemalige Franziskaner-Kloster, sowie das ehemalige Gutshaus, das 1670 für den Leiter des herzoglichen Marstalls errichtet wurde (43, 215, 339).

Beesedau ⑦

Das Herrenhaus in Beesedau gehört zu den vielen reizvollen Objekten, über die die Familie von Krosigk verfügte, die etwa seit 1040 urkundlich belegt ist und die mit effizienter Landwirtschaft sowie kluger Heiratspolitik ein ausgedehntes Gebiet entlang der Saale bis zur Elbe in Besitz nahm (100) und als Familie noch heute existiert.

Herrenhaus Beesedau

Beesedau ist eine slawische Gründung. Die Gegend war bereits in frühgeschichtlicher Zeit besiedelt. Als Stammvater der Dynastie, die im 19. Jahrhundert noch 12 Linien aufführen konnte, darf man Dedo von Krosigk nennen, der um 1040 erstmals genannt wird. Er soll auch die im späten 11. Jahrhundert gebaute Burg Krosigk im Alten Saalekreis gebaut haben. Die Familienlinien erstreckten sich unter anderem nach Alsleben (bis 1790), Merbitz, Poplitz und Beesenlaublingen, aber auch nach Beesedau. Die Urkundslage ist bedauerlich schlecht, aber die Fotos von Peter Herrmann-Trost (100) lassen den Mangel vergessen. Das jetzige Gutshaus wurde im Barockstil zwischen 1707 und 1709 errichtet, wie noch heute erkennbar. Die Familie von Krosigk bewohnte den Hof bis 1818. Als 1845 der Hof an den Fabrikbesitzer Wilhelm Ernst aus Beesenlaublingen gelangte, erweiterte dieser den Barockbau umfänglich, wie er sich noch heute zeigt (100). Die Wirtschaftsgebäude sind allerdings vollständig abgetragen.

Beesenlaublingen ⑧

Die Gemeinde Beesenlaublingen liegt im östlichen Harzvorland, nämlich im Landschaftsgebiet des

Beesenlaublingen, Schloss Beesen (links), Evangelische Peter- und Paul-Kirche (rechts)

Unteren Saaletals. 961 wurde der Burgbezirk durch Kaiser Otto I. erstmals erwähnt. Im 12. Jahrhundert berichtete der Sachsenspiegel, dass die Grafschaft Alsleben, zu der auch Beesenlaublingen gehörte, an einen Burggrafen von Krosigk ging. Mit dem Geschlecht derer von Krosigk blieb Beesenlaublingen eng verbunden. 1522 vereinigte Lorenz von Krosigk einige Besitzungen, vor allem die Sattelhöfe in Laublingen und Poplitz sowie weitere in seiner Hand. Er starb bereits im Jahre 1534. Die Familie von Krosigk war jedoch ebenso verschwenderisch wie gastfrei und verlor die Güter wieder. 1720 und 1737 wurde Beesenlaublingen an König Wilhelm I. von Preußen für 110.000 Taler verkauft und unter Zusammenlegung aller ehemaligen Krosigkschen Güter das Amt Neu-Beesen geschaffen. Den Krosigks blieb damals nur Poplitz (345).

Besichtigenswert ist das ehemalige Pfarrhaus, vor allem aber das Schloss des Ritterguts Beesen, das heute Kindergarten und Heimatstube aufgenommen hat. Ein ausgedehnter Gutspark entstand nördlich vom Schloss ab 1880. Die Herrenhäuser in Beesedau und Poplitz sind heute Teile des Ortes Beesenlaublingen.

Bernburg ⑨

Das nicht ohne Grund vielgepriesene Bernburg steht auf einem Boden, der seit der Jungsteinzeit besiedelt war. Dies belegen Funde der „Trichterbecherkultur". Jüngere Berichte erwähnen bereits

Schlossensemble Bernburg

Im Alten Haus und Krummen Haus ist das Schlossmuseum untergebracht

Bernburg, Rathaus

Bernburg, Kurhaus

für das Jahr 806 n. Chr., dass Karl der Große seinen Sohn in den heutigen Ortsteil Waldau („Waladala“) schickte, um ein Heer zu sammeln, das dann von dort gegen die Slawen zu Felde zog. Dies setzte allerdings eine Burg voraus, die bisher nicht gefunden wurde (309). Nicht viel später, im Jahr 961, tauchte die „Brandanburg“ in der Geschichte auf, als Otto der Große Burg und Siedlung dem Moritzkloster in Magdeburg schenkte, wobei die Gleichstellung der Brandanburg mit Bernburg umstritten ist. Sicher ist nur, dass die Magdeburger Annalen und der Annalista Saxo übereinstimmend die „Berneburch“ auf das Jahr 1138 festlegen, wo sie allerdings in einer Adelsfehde wieder zerstört wird. Albrecht der Bär ließ sie um 1150 wieder aufbauen. Von dieser Zeit kündete der Bergfried, der ab 1180 seine heutige Gestalt erhielt und seit 1640 „Eulenspiegelturm“ hieß, weil der weltberühmte Schelm damals in den Diensten der Fürsten von Bernburg gestanden haben soll. 1213 fiel Bernburg in Folge einer Erbteilung an die neu gegründete Linie der anhaltischen Askanier. Nach einer erneuten Erbteilung unter den anhaltischen Fürsten wurde die Stadt Namensgeber und Residenz der Linie Anhalt-Bernburg. Seit 1538/39 begannen umfangreiche Umbauten zu einem Wohnschloss im Renaissancestil. Diese Baumaßnahme ist sehr gut recherchiert, wie man aus einem weiteren Teilungsvertrag vom 28.11.1497 weiß, der die damaligen Bestände genau auflistet. Wegen der Umfänglichkeit des Materials muss hier verwiesen werden (109, 159, 169, 271).

Bernburg wäre unvollkommen beschrieben ohne einige Hinweise auf die Stadt selbst, die voller prachtvoller Bauten ist und viele Wohnbauten aus dem 16. bis 19. Jahrhundert vorweisen kann (44). Sie hat nicht nur von ihrer fürstlichen und herzoglichen Geschichte, sondern auch von ihrer Unversehrtheit in den dramatischen Katastrophen der zurückliegenden 500 Jahre profitiert.

Biendorf ⑩

Biendorf ist seit 2010 ein Ortsteil der Stadt Bernburg und nur 9 km von der Stadt entfernt. Bereits im Jahre 974 verschenkte Kaiser Otto II. das Königsgut in Biendorf, das vier Jahre später bereits an das Erzbistum Magdeburg gelangte. 1203 hatte das Kloster Biendorf hier bereits Grundbesitz. Mehrere Adelsfamilien waren nacheinander Besitzer der Güter. Diese gelangten 1623 an den magdeburgischen Geheimrat von Hagen. Dieser errichtete ein Gutshaus, das Anfang des 18. Jahrhunderts zu einem Schloss umgestaltet wurde. Nach dem Aussterben der Familie von Hagen erwarb Fürst

Schloss Biendorf, Ansichten

Carl Georg Leberecht von Anhalt-Bernburg den Besitz und baute das Schloss mit seinem Park zur Sommerresidenz seines Fürstentums aus. 1760 bis 1763 wurden eine kleine Orangerie und 1789 eine Schlosskapelle errichtet. 1919 brannte das inzwischen in Privathand übergegangene Schloss ab und wurde nicht wieder aufgebaut. Nur der barocke Eingangsturm und die Orangerie blieben bis heute erhalten. 1927 wurde östlich des Vorgängerbaus das neue Schloss errichtet, das heute das Hauptgebäude der Fachschule für Agrar- und Hauswirtschaft aufgenommen hat. Die ehemalige Orangerie von 1760/63 existiert ebenso noch wie der Schlosspark und das ehemalige Alte Gutshaus der herzoglichen Domäne an der Nordseite des Wirtschaftshofes.

Calbe ⑪

Die Stadt Calbe liegt am linken Ufer der Saale, an der Straße Magdeburg-Halle. In Ottonischer Zeit war bereits dort ein Markt bezeugt, der sich wirtschaftlich derartig entwickelte, dass es zu einer Erweiterung in Form des Neuen Marktes durch Erzbischof Wichmann kam. Das 1363 als Residenz der Erzbischöfe von Magdeburg erbaute, im 15./16. Jahrhundert mehrfach umgebaute Schloss brannte nach 1945 aus und wurde 1951 bis auf geringe Reste abgetragen. Die Stadt war immer wirtschaftlich betucht, vor allem die Landwirtschaft florierte aufgrund des in der Gegend sehr fruchtbaren Bodens. Um den Markt findet man noch überwiegend zweigeschossige, zum Teil recht anspruchsvolle Wohnbauten des 17./18. Jahrhunderts. Die wirtschaftliche Entwicklung hatte schon 1179 Heinrich den Löwen veranlasst, den Ort und den erzbischöflichen Hof bei seinem Krieg gegen Erzbischof Wichmann zu zerstören. Bereits 1434 hatten die Magdeburger Burg und Stadt Calbe bei ihrem Krieg mit Erzbischof Günther erobert und bei dieser Gelegenheit auch die Burg weitgehend zerstört. Calbe hatte eine Kirchengeschichte, denn die Stadt war Nebenresidenz der Erzbischöfe von Magdeburg, als 1526 Kardinal Albrecht von Magdeburg seine Räte unter anderem nach Calbe versetzte, weil die Moritzburg zu eng geworden war (280a). Bereits 961 war Calbe Burgwardmittelpunkt und die Burg Calbe erzbischöfliche Festung, die das Spätmittelalter nicht mehr erlebte. Das Schloss wurde nach dem 2. Weltkrieg abgerissen (158a). Die Innenstadt ist noch bestückt mit Gebäuden

Biendorf, Turmhaus

Calbe, Rathaus und St.-Stephani-Kirche (rechts)

früherer Jahrhunderte (43, 96a). Die Erinnerung an die Nebenresidenz der Erzbischöfe von Wittenberg halten nur noch die Fotografien aus dem Jahr 1931 aufrecht (158a, 339).

Egeln ⑫

An der alten Heerstraße von Magdeburg nach Aschersleben, die in Egeln die Straße Halberstadt-Magdeburg aufnimmt, lagen auf dem linken und rechten Ufer der Bode im frühen Mittelalter die beiden Ortsteile Oster- und Westerregulum, die 941 (urkundliche Ersterwähnung!) von Otto dem Großen an einen Sohn des Markgrafen Gero vergeben wurden. Das ist jedoch nicht die früheste bisherige Erwähnung, denn für den Egelner Raum lässt sich eine über 30.000 Jahre alte Besiedlungsdichte nachweisen (82). Das Geschenk von 941 enthielt schon ein Kastell, das im 10. oder 11. Jahrhundert durch eine Verlagerung der Siedlung und eine neue Wasserburg ersetzt wurde, weil die ausgedehnten Verteidigungsanlagen einer weiteren Erweiterung der Siedlung im Weg gestanden haben. Die neue Wasserburg wurde 1206 erstmals erwähnt und 1250 von den Herren von Hadmersleben erobert, die ihren Sitz nach Egeln verlegten und sich von da an Herren von Egeln nannten. Über die 1416 ausgestorbene Linie und die Grafen von Barby kam der Besitz 1495 endgültig an das Erzbistum Magdeburg, das die Burg ab 1560 zum Schloss umbauen ließ und es als Sommerresidenz nutzte. Ab 1649 wurde das Schloss an brandenburgische, später an preußische Offiziere vergeben. 1945 bis 1990 diente die Anlage als landwirtschaftliches Gut, seit 1992 wurde sie

Egeln, (li.) Wasserburg und (re.) Wasserturm

Egeln, Marktplatz

baulich auf ihre künftige Rolle als Museum und kulturelles Zentrum vorbereitet (82).

Die kleine Stadt (3.500 Einwohner) enthält auch noch andere Sehenswürdigkeiten, vor allem das ehemalige Zisterzienserinnenkloster Marienstuhl, 1259 gegründet und zwischen 1690 und 1720 neu erbaut (43), sowie einige sehenswerte Wohnhäuser (357).

Freckleben ⑬

Ganz im Süden des Salzlandkreises, nordöstlich von Hettstedt, liegt der 762 erstmals urkundlich erwähnte kleine Ort, der Ende 2007 über rund 700 Einwohner verfügte und Anfang 2008 in die Stadt Aschersleben eingemeindet wurde. Freckleben liegt im Wippertal und nutzte schon im frühen Mittelalter die günstigen Verkehrswege. Die frühe Besiedelung führte zu frühen archäologischen Funden (800 – 500 v. Chr.), die Warnen siedelten schon in der Völkerwanderungszeit im Raum Freckleben.

Der Ort stand ursprünglich im Besitz der Abtei Fulda und kam 973 im Wege eines von Kaiser Otto II. bestätigten Gütertausches an das Erzbistum Magdeburg. Im 11. Jahrhundert erscheinen als Besitzer die Markgrafen der Nordmark aus dem Geschlecht der mächtigen Grafen von Stade. Die Geschichte vermeldet ferner, dass Udo Graf von Freckleben 1130 von den Mannen Albrechts des Bären erschlagen wurde. Die Folge war, dass Freckleben vom Kaiser als erledigtes Reichslehen eingezogen wurde. Vom daraufhin zuständigen Erzbistum Magdeburg ging Freckleben 1479 an die Fürsten von Anhalt und später – mit Sandersleben vereinigt – an das Fürstentum in Dessau. Die schon seit dem 16. Jahrhundert bestehende Domäne kam 1869 an den Staat. Berühmt wurde Freckleben durch aufsehenerregende Münzfunde. 1860 wurden insgesamt 4 Urnen mit je 1000 Brakteaten gefunden. Von hohem Reiz ist die Burganlage des Ortes, die in ottonischer Zeit bezeugt ist, aber von den

Burg Freckleben (links)
Freckleben, Kirche (unten)

Das ehemalige Kloster Frose, heute Evangelische Stiftskirche St. Cyriakus des Kanonissenstifts

Historikern als karolingisch eingestuft wird. Die noch außerordentlich gut erhaltene Anlage zeigt bis heute ein imponierendes Befestigungssystem. Hochromanisch ist der runde Bergfried. Im 15./16. Jahrhundert wurde die Burg weiter ausgebaut; ihr mittelalterliches Erscheinungsbild blieb erhalten. Erhalten blieb auch eine Nutzung in einer Zeit, in der dem Besucher derartige Anlagen oft nur als Ruinen begegnen. So ist eine solch lebende Burg eher eine Seltenheit.

Frose ⑭

Markgraf Gero gründete noch vor 950 in Frose, westlich von Aschersleben, ein Mönchskloster, das nach 10 Jahren in ein Kanonissenstift umgewandelt und dem Damenstift Gernrode unterstellt wurde. Hier lebten in der Regel 12 Töchter von Adligen in einer klosterähnlichen Gemeinschaft. Da dem Stift 24 Dörfer und zahlreicher Streubesitz in den umliegenden Dörfern gehörte, werden die wenigen Insassen des Stifts keine Not gelitten haben. 1532 wurde auch im Stift Frose die Reformation eingeführt. 1575 erhielt Anhalt daraufhin die volle Landeshoheit über das Kloster. Nach der Reformation verfiel der Bau. Das Nachbarkloster in Gernrode wurde im 19. Jahrhundert umfassend saniert, nicht so Frose, das gleichwohl seine Würde bewahrt hat (119).

Gänsefurth ⑮

Der Ortsteil Gänsefurth liegt ca. 5 km nordwestlich von Staßfurt am südlichen Ufer der Bode und gehört jetzt zur Stadt Hecklingen. Gänsefurth wurde 1159 erstmalig in Urkunden erwähnt, dann gingen zwei Jahrhunderte ins Land, aus denen keine Hinweise über eine bewohnte Burg überliefert sind. Der unzureichende Forschungsstand wurde erst durch Claudia Weinhauer (327) erhellt. Erst 1461 kam die Familie von Trotha in den Lehnsbesitz von Gänsefurth und besaß das Schloss fast fünf Jahrhunderte lang bis zu seinem Verkauf 1917/19 an die Gemeinde Hecklingen. Grund des Verkaufs war die hohe Verschuldung der Familie von Trotha. Das Schloss wurde in den letzten drei Jahrhunderten umgebaut und im 20. Jahrhundert umfänglich restauriert (327). Die Anlage ist damit in guter Verfassung und der gotische Bergfried thront seit Jahrhunder-

Schloss Gänsefurth

ten unangreifbar über dem Objekt. Seit der Übernahme durch einen Privatinvestor wird das Schloss denkmalgerecht saniert, ist aber für die Öffentlichkeit nicht zugänglich.

Gatersleben ⑯

Im nördlichen Harzvorland, im Salzlandkreis, ist die Selke der zentrale Fluss, der bei Gatersleben eine Furt bildet. Es existiert eine erstmals 964 benannte Burg, die zum Bistum Halberstadt gehörte, deren Bischof zwischen 1179 und 1183 eine viereckige Burg vom Kastelltyp an die Rundburg anbaute und die neue Burg zur Abhaltung der Sommersynoden verwendete. Eine Familie von Gatersleben war schon 1123 nachgewiesen, die aber nicht auf der Bischofsburg gewohnt zu haben scheint, sondern auf dem Edelhof im Ort. Gatersleben war eine Niederungsburg mit Wällen und Wassergräben. Im 17. Jahrhundert wurde die Burg durch das heute noch vorhandene Dach verändert. Im 18. Jahrhundert wurde die Doppelanlage der Burg dann zur preußischen Domäne. Das Herrenhaus der Domäne ist heute Gemeindeverwaltung.

Schon vor dem letzten Weltkrieg wurde ein Gräberfeld ausgegraben und wegen seiner Bedeutung später mit dem Titel „Gaterslebener Kultur“ versehen. Die Kultur und ihre Ausgrabungsergebnisse sind im Fachschrifttum erwähnt, jedoch wird nirgendwo mitgeteilt, wo man denn das Gräberfeld und die Ausstellungsstücke (Felssteingeräte und Querbeile, Feuersteingeräte, Knochengeräte und Schmuck) finden kann (43, 155).

Gröna ⑰

Das kleine Dorf Gröna, 2009 zum „schönsten Dorf“ im Salzlandkreis gewählt, ist ein Ortsteil Bernburgs. Dort steht ein Schloss der Familie von Krosigk. Die barocke Dreiflügelanlage wurde zwischen 1743 und 1805 am Saalehang errichtet, genauere Errichtungsdaten gibt das Fachschrifttum nicht her. Die Anlage wird ergänzt durch einen terrassierten Schlossgarten am Saalehang. Die Anlage war bis 1939 im Besitz der Familie von

Burg Gatersleben mit dem Wohnturm und St. Stephani-Kirche (re)

Schloss Gröna

Großmühlingen, Renaissance-Schloss

Krosigk und wurde im 2. Weltkrieg Landschulheim. Nach 1945 erfuhr das Schloss eine Nutzung als Tbc-Heilstätte, zuletzt als kinderpsychiatrische Abteilung des Krankenhauses Bernburg. Mit der Wende erfolgte ein zehnjähriger Leerstand mit entsprechenden Folgen für die Gebäudesubstanz. Es gibt einen privaten Besitzer, der die Anlage weiter verfallen lässt. Der Bürgermeister der Gemeinde versuchte mehrfach den Eigentümer zur Rede zu stellen, ohne dass dies weiterführte. Das durch das Denkmalgesetz Sachsen-Anhalts legitimierte Eingriffsrecht der Gemeinde ist offenbar nicht zur Anwendung gekommen. Diese Unterlassung ist sicherlich ursächlich für den weiteren Verfall des schönen kleinen Schlosses (100).

Großmühlingen ⑱

Großmühlingen liegt am nordwestlichen Ende des Salzlandkreises und am Rande der Magdeburger Börde, ca. 20 km von Magdeburg entfernt. Erstmals wird der Ort im Jahre 936 erwähnt. Er bildete schon frühzeitig den Mittelpunkt der Grafschaft Mühlingen und diese wiederum wurde repräsentiert durch das Renaissanceschloss. In den folgenden Jahrhunderten kam es immer wieder zu Umbauten, die allerdings überwiegend dokumentiert sind. Bauherr des Umbaus zum Renaissanceschloss war Wolfgang I. von Barby und Mühlingen. Der Umbau vom Barockschloss zum Renaissanceschloss beruhte auf den Plänen von Giovanni Simonetti (1697). Durch den Umbau Anfang des 18. Jahrhunderts der ursprünglich burgartigen Anlage mit umschließenden Wassergraben verlor das Schloss seine Verteidigungsfunktionen und mutierte zum Herrenhaus. Das Schloss erduldete im Dreißigjährigen Krieg die üblichen Verwüstungen. Die jüngste Sanierung fand 1981 – 1993 statt. 1994 ging es in Privatbesitz über und dient als Haus für die Freien Berufe. Das Bild entstand am 13.09.2013 und lässt in seinem Äußeren noch nicht die Erkenntnis der vollständigen Sanierung zu, aber die bisherigen Rettungsaktionen berechtigen zu den größten Hoffnungen. Konzerte und Ausstellungen werden für ein neues Leben des eindrucksvollen Gebäudes Sorge tragen. Heute liegt durch Katja Pürschel (190) eine umfassende Beschreibung des Schlosses vor.

Haus Zeitz ⑲

Die Vorstellung des Hauses Zeitz, bildlich vor allem, eignet sich schwerlich, um für Sachsen-Anhalt zu werben, da es die Jahrhunderte nicht gut überstanden hat. Es existiert eine urkundliche Erwähnung von 974, obgleich sich der damalige Bau nicht mehr an den Ruinen des heutigen Schlosses ablesen lässt. Die mittelalterliche Anlage, möglicherweise eine Wasserburg, wurde bei den Umbauarbeiten für einen Renaissancebau 1536 bis 1540 beseitigt. Diese neue Anlage wurde aber noch einmal zwischen 1620 und

Ruine des Hauses Zeitz

Haus Zeitz auf einem Gemälde von Theodor Albert (zw. 1857 und 1883)

1625 von den anhaltischen Fürsten umgebaut und nach Verwüstungen im Dreißigjährigen Krieg 1688 bis 1692 eine Instandsetzung und Modernisierung vorgenommen. Das Schloss befand sich ursprünglich in den Händen der Familien von Krosigk und von Lochau. Zwischen 1688 und 1692 wurde das Schloss von Herzog Viktor Amadeus von Anhalt-Bernburg aufwendig umgebaut. Zuletzt wurde es als Witwensitz des Hauses Anhalt-Bernburg genutzt. Ab 1918 wohnte die fürstliche Familie nicht mehr in dem Schloss, das von der Domänenverwaltung als Unterkunft und Lager benutzt wurde. Einquartierungen von Flüchtlingen und Umsiedlern nach 1945 setzten der Substanz sehr zu. Das Haus war bereits 1952 nicht mehr bewohnbar und damit dem Verfall ausgesetzt. Wenn man heute Bilder aus vergangenen Jahrzehnten sieht, begreift man erst, wie schnell ein Schloss verwahrlosen kann. Ein vorhandenes Bild aus dem Jahre 1975 zeigt immerhin noch ein Schloss in bester Verfassung. Heute ist das ganze Grundstück zugewachsen und verwildert, das Schloss besteht nur noch aus Ruinen, aus denen sich kein Nutzen für einen Neubau herausstellen dürfte (65a).

Hecklingen ⑳

Das im Nordwesten des Salzlandkreises zwischen Aschersleben und Staßfurt liegende Hecklingen beginnt seine erwähnenswerte Geschichte mit dem Augustinerinnenkloster, das ursprünglich von dem Kloster der Benediktinerinnen genutzt war. Das Kloster wurde um 1070 durch die Grafen zu Plötzkau in Kakelingen gegründet, einem Ort südöstlich von Hecklingen. Das Kloster wurde nach 1130 in ein Nonnenkloster umgewandelt und erfuhr 1140 einen teilweisen Neubau. Mit dem Aussterben der Plötzkauer Grafen um 1160 und dem Übergang an die Askanier erfolgte eine Verlegung nach Hecklingen; dies geschah vor 1176. Die Klostergebäude wurden 1496 durch Brand zerstört, 1559 erfolgte die Aufhebung des Klosters durch die anhaltischen Fürsten, 1571

Hecklingen, Basilika
St. Georg und St. Pancratius

Hecklingen, Rathaus

Das Stadtschloss Hecklingen beherbergt heute ein Hotel

ging die Anlage auf die Familie von Trotha über. Ursprünglich war das Schloss Wirtschaftshof des Klosters. Seine heutige Form erhielt das Schloss erst um 1720/21. Hecklingen selbst, dem seit 1890 Gänsefurth eingemeindet worden war, wurde 1928 zur Stadt erhoben. Heute ist das Schloss als Hotel mit 19 hochwertigen Zimmern ausgestattet und Bestandteil der „Straße der Romanik" (119).

In Hecklingen steht eine der am besten erhaltenen romanischen Kirchen am Harz, die ehemalige Klosterkirche St. Georg und St. Pancratius, spätestens 1220/30 vollendet. Der ehemalige Wirtschaftshof des 1559 säkularisierten Benediktinerinnen-Klosters Hecklingen wurde zum Schloss ausgebaut, das aus einer Zweiflügelanlage, aus älterem Renaissance-Seitenflügel und barocken Hauptflügel, bestand. Nach 1945 wurde das Schloss Wohnanlage und Pflegeheim (42).

Hohenerxleben ㉑

Zwischen Bernburg und Staßfurt liegt unmittelbar an der Bode auf einem Felsvorsprung das Schloss Hohenerxleben. Die 1205 erstmals erwähnte Burg wurde Anfang des 16. Jahrhunderts von der Familie von Krosigk erworben. 1560 erfolgte der Umbau zum Renaissanceschloss. Weitere Umbauten fanden Ende des 19. Jahrhunderts, unter anderem der stilgerechte fünfgeschossige Turm, statt. Von 1991 bis 1997 stand das Schloss leer,

Schloss Hohenerxleben

Hoym, Schlossanlage

es verfiel zusehends und wurde auch geplündert. 1997 wurde die gemeinnützige „Stiftung Schloss Hohenerxleben“ Eigentümerin und seitdem ist das Schloss saniert worden. Es beherbergt heute ein Theater und weist Übernachtungsmöglichkeiten sowie ein Restaurant auf. Entlang dem Bodehang führt eine sich nach Osten ausdehnende Parkanlage, die bereits ab 1800 entstanden war. Sie führt zum Schloss Neugattersleben und bildet damit eine schöne Wanderroute.

Hoym ㉒

Der westlich von Aschersleben gelegene Ort wird 961 erstmals in einer Urkunde von Otto dem Großen erwähnt, mit der er dem Stift Quedlinburg den Besitz der Villa Hoym bestätigt. Die in der Selkeniederung gelegene Burg wurde zwar erstmals 1301 erwähnt, war aber sicher älter. Sie sperrte den wichtigen Übergang der Heerstraße Braunschweig-Leipzig über die Selke und gelangte bereits 1317 an die Fürsten von Anhalt. 1714 bis 1721 entstand die einfache barocke Schlossanlage, erstellt im Auftrag der Fürsten von Anhalt-Bernburg. Außerhalb der Schlossanlage gruppieren sich drei barocke Kavaliershäuser, das Prinzenhaus von 1721, Justizamt und Amtshaus von 1718, sowie die ehemalige Hofmeisterei von 1767. Das Schloss war seit 1978 Pflegeheim, inzwischen ist die Anlage saniert und wird von der Schloss Hoym-Stiftung als Behindertenanlage betreut. Konzerte im Schloss und andere Veranstaltungen belegen das Wiederaufleben der damit geretteten Schlossanlage.

Ilberstedt ㉓

Der kleine Ort Ilberstedt nahe Bernburg hat einen Ortsteil Cölbigk und verfügt dort über ein ehemaliges Benediktinerpriorat von 1142, das anscheinend auf Königsgut gelegen war. Es wurde wohl vor 1016 von Kaiser Heinrich II. errichtet; 1037 gründete Kaiser Konrad II. in Cölbigk einen Markt, dessen Einkünfte der Kaiserin Gisela überlassen wurden. Im Bauern-

Schloss Ilberstedt

krieg wurde das Stift zerstört und bald danach aufgelöst. Aus den Gütern des Konvents wurde eine Domäne gebildet, die man heute noch vorfindet.

Cölbigk ist ausführlich in Wikipedia behandelt worden, wo die Rede ist von einem angeblichen Tanzwunder, das ein Fluch veranlasst haben soll. Die Mär über den Cölbigkertanz wird vielfach noch weiter erzählt, schließlich macht sie den kleinen Ort auch etwas bekannter (309). Ilberstedt enthält jedoch auch noch andere Altertümer, nämlich eine Gruppe von Sandsteinkreuzen aus einem vermutlich aufgegebenen Friedhof, das älteste wohl aus zweiter Hälfte des 13. Jahrhunderts und ein weiteres von 1363, außerdem das hier gezeigte ehemalige Gutshaus.

Neugattersleben ㉔

Das Schloss Neugattersleben, nördlich von Nienburg im Salzlandkreis gelegen, gehört nach den Erfahrungen des Autors mit seiner romantischen Parkanlage beiderseits der Bode zu den sehenswertesten Anlagen in Sachsen-Anhalt. Das Schloss dürfte Ende des 12. Jahrhunderts / Anfang des 13. Jahrhunderts entstanden sein. Die frühere Burg lag am Bode-Übergang an der Handelsstraße Leipzig-Magdeburg und war daher von besonderer Bedeutung. Die frühe Burg wird 1291 erstmals genannt; 1320 ging sie an die von Neindorf, die bereits 1350 an die Stadt Magdeburg weiterveräußerten; als Magdeburg 1548 in die Reichsacht geriet, bemächtigten sich die Grafen von Mansfeld der Burg und erlangten 1550 die kaiserliche Belehnung. Ab 1573 waren die von Alvensleben Eigentümer und behielten die Anlage bis 1945. Das jetzige Schloss, auf dem Gelände der ehemaligen Burg errichtet, wurde 1798 bis 1805 umgebaut und 1883/84 grundlegend erneuert. Nach der Bodenreform diente das Schloss unterschiedlichen Lehrzwecken. 1960 – 1992 existierte zum Beispiel eine Agraringenieurschule für Saatgutwirtschaft. Der Besucher findet heute ein vollständig saniertes Schloss mit Wohnungen und Büros.

Schloss Neugattersleben

Teile der Schlossanlage

Nienburg, Rathaus

Nienburg, Klosterkirche St. Marien und St. Cyprian, Westturm mit Portal

Nienburg ㉕

Nahe dem Platz, an dem die Bode in die Saale fließt, liegt Nienburg, 961 erstmals genannt. 975 wurde die Benediktiner-Klosterkirche St. Marien und St. Cyprian, wohl aus klimatischen Gründen, von Thankmarsfelde nach Nienburg verlegt, 1004 geweiht, 1024 aber niedergebrannt. Zwischen 1042 und 1060 erfolgte ein durch Kaiser Heinrich III. geförderter Nachfolgebau, der nach einem Brand im Jahre 1242 noch einmal zu einer Kirchenerneuerung führte. Das ehemalige Kloster nördlich der Kirche wurde 1552 säkularisiert und von da an als Domäne genutzt. 1680/90 wurde das Klostergebäude zum Schloss umgebaut, nach 1871 als Malzfabrik, ab 1887 als Saatgutspeicher verwendet. Zum Schlosskomplex gehört das ehemalige Amtsgericht am Goetheplatz sowie das ehemalige Kavaliershaus in der Schlossstraße, heute Wohnhaus (155).

Schloss Piesdorf

Piesdorf ㉖

Im Naturpark Unteres Saaletal liegt der kleine Ort Piesdorf, in dem ein 1868 gebautes Schloss des Wilhelm Magnus Carl von Wedell zu sehen ist, das unter Einbeziehung der Bausubstanz des um 1800 geschaffenen Vorgängerbaus entstand. Das Schloss hatte zwischen 1949 und 1991 als Kinderheim Verwendung gefunden, seine damalige Ausstattung ist verloren gegangen. Das Schloss ist eingebettet in repräsentative Gartenanlagen, die allerdings weitgehend verwildert sind. 1892 war eine Kapelle im Auftrag von Magnus Carl von Wedell (1837 bis 1915) seiner Familie geweiht worden. In Piesdorf befindet sich außerdem noch das ehemalige Alte Gutshaus, heute aus Wohnungen bestehend.

Plötzkau ㉗

Schloss Plötzkau liegt in der Saalelandschaft südlich von Bernburg. Es muss schon vorher, im 11. Jahrhundert, eine Burg auf demselben Platz gegeben haben, die vom Welfenherzog

Plötzkau, Schlossanlage

Heinrich dem Stolzen innerhalb der Kämpfe der Welfen und Askanier um die Vorherrschaft in Sachsen zerstört wurde. 1147 starb die kurzlebige Dynastie der Plötzkaus aus. Das Schloss, damals wohl eher eine Burg, kam in den Besitz der Askanier und war 1170 Eigentum der Grafen von Anhalt, danach 1170 – 1260 kam das Schloss an Anhalt-Bernburg. 1566 gehörte Plötzkau zur Linie Anhalt-Zerbst und deren Repräsentant Bernhard baute unter Einbehaltung der alten Bausubstanz ein Renaissanceschloss, wie heute noch zu sehen. Abgesehen von der Zerstörung im 11. Jahrhundert hat Schloss Plötzkau alles überstanden, zwei Fabrikgründungen 1741 und eine Besserungsanstalt 1841 – 1874. 1945 wurden Flüchtlingsfamilien untergebracht, 1996 – 2011 umfangreiche bauliche Sanierungen vorgenommen, um deren Fortsetzung der Verein Schloss Plötzkau und die Stiftung Dome und Schlösser bemüht sind (21). Von besonderer Bedeutung ist die schöne Umgebung des Schlosses. Wer Plötzkau besucht, sollte sich für entsprechende Wanderungen Zeit nehmen.

Poplitz ㉘

Die barocke Schlossanlage der Familie von Krosigk in Poplitz, jetzt Stadtteil von Könnern, ist heute Altersheim. Die Familie von Krosigk war seit dem 16. Jahrhundert Besitzerin des Gutes, das heute noch von einem barocken Gutspark östlich des Schlosses geschmückt ist, der im dritten Viertel des 17. Jahrhunderts entstand und im 19. Jahrhundert erweitert und landschaftlich überformt wurde. Die Anlagen erstrecken sich bis zum Park des Gutes Beesen. Nach 1945 wurden Umsiedler einquartiert, in den 50er Jahren erfolgte ein Umbau zum Alten- und Pflegeheim. 2004 wurde das Schloss verkauft. Der Besitzer gibt sich Mühe, das Schloss außen wie innen zu revitalisieren, um es später einmal zu bewohnen (345).

Rathmannsdorf ㉙

In Rathmannsdorf, südlich von Staßfurt gelegen, hat eine frühere Schlossanlage gestanden, die

Schloss Poplitz

Schloss Rathmannsdorf

Kirche St. Pauli, Rathmannsdorf

1522 in den Besitz derer von Krosigk gelangt ist und die folgenden Jahrhunderte auch bei dieser Familie blieb. Zu Beginn des 18. Jahrhunderts entstand westlich des Schlosses ein Kunstgarten nach französischem Vorbild, der zwischen 1790/95 nach englischem Vorbild erweitert wurde. Der Landschaftspark hat im 2. Weltkrieg und nach 1945 einige schädigende Veränderungen erfahren. Die meisten Gebäude dieser Anlage verschwanden bereits im Dreißigjährigen Krieg mit Ausnahme eines noch heute erhaltenen massiven Turms, der sämtliche Stürme überstanden hat.

Schneidlingen ㉚

In dem westlich von Staßfurt gelegenen Ort traten 1126 bis 1134 zum ersten Mal Adlige „von Snetlinge“ auf, deren Namen schon der Sachsenspiegel erwähnt. 1316 erwarb Bischof Albrecht I. von Halberstadt den Ort für sein Bistum. Seit 1325 diente die Burg häufig als Pfandobjekt. Da im Jahre 1386 viele Reparaturen anfielen, könnte man darauf schließen, dass die Burg schon eher als wie 1317 genannt entstanden ist. Das ist auch daraus zu folgern, dass die Familie „von Snetlinge“ schon 200 Jahre früher genannt wird, was auf gleichnamigen Grundbesitz deutet. Das Schicksal der Burg wird im Übrigen im 17. Jahrhundert durch das Tagebuch des Halberstädter Domdechanten Matthias von Oppen dokumentiert, der zwischen 1604 und 1619 umfangreiche Umbaumaßnahmen an der Burg beschreibt (293). Nach der Aufhebung des Domkapitels wurde Schneidlingen 1810 staatliche Domäne und in der DDR-Zeit Volks-

Burg Schneidlingen
Toreinfahrt zur Burg (unten)

Staßfurter Wehrturm mit Stadtmauer

Haus an der Bode

Staßfurt, Villa in der Hohenerxlebener Straße (unten)

eigenes Gut. Die Gemeinde hat nach der Wende erhebliche Sanierungsaufwendungen getragen, da große Grundwasserschwankungen, hervorgerufen durch den jahrzehntelangen Braunkohleabbau, aufgefangen werden mussten. 1997 war jedenfalls noch kein Investor gefunden worden, was sich wohl aus diesen baulichen Untergrundschwierigkeiten erklären lässt. Jetzt kümmert sich ein Burgverein um das Schloss. Die Burg Schneidlingen ist durch ihre schönen und interessanten baulichen Details, ihre Zugehörigkeit zu der in Deutschland außergewöhnlichen Gattung der Kastellanlagen ein wichtiges baugeschichtliches und zugleich denkmalpflegerisches Objekt (Heiner Schwarzberg, 293).

Staßfurt ㉛

Staßfurt ist 1851 Geburtsort und Wiege des weltweiten Kalibergbaus geworden und erlebte das erste Kalibergwerk der Erde. Damit allein wird man der Bedeutung dieser heute knapp 28.000 Einwohner-Stadt aber nicht gerecht. Allerdings ging zunächst einmal mit dieser Kali-Entwicklung der wirtschaftliche Aufschwung Staßfurts einher, auch wenn im 18. Jahrhundert ein Rückgang aufgrund der Konkurrenz der königlichen Saline in Halle eintrat. Da man in der zweiten Hälfte des 19. Jahrhunderts entdeckte, dass der Einsatz von Kalisalzen als Düngemittel in der Landwirtschaft eine Lösung darstellte, entstanden 1852 die weltweit ersten Kalischächte. Der Stadt sieht man zwar die Entwicklung zu einem wirtschaftlichen Mittelpunkt an, aber sie kann auch auf eine Kulturgeschichte verweisen. Karl der Große hielt 805 eine Volksversammlung der Ostsachsen an einem Bodeübergang ab. Eine Burg unbekannten Gründungsdatums wurde 1890 abgebrochen. Auch ein fränkischer Königshof wird vermutet. 1278 belagerte Otto von Brandenburg die erstmals urkundlich genannte Burg, die nicht mehr existiert.

Der Besucher findet gleichwohl Geschichtliches. Die frühere Stadtbefestigung, 1427–1467 verstärkt, ist eindrucksvoll wegen ihrer Gliederung durch Türme. Zu finden sind ferner die

Schloss Trebnitz

Blick auf das Schloss Trebnitz von der Parkseite

ehemalige Vogtei (Mitte des 16. Jahrhunderts), das Stadtpalais Hacke (1720), von Werdensleben (1570/90), von Schladen/Hackehorn (43, 309, 339).

Trebnitz ㉜

Trebnitz, seit 1997 als Ortsteil von Könnern im Salzlandkreis eingemeindet, wurde im Jahre 961 erstmals urkundlich erwähnt und war damals Teil der Grafschaft Wettin. Seit dieser Zeit war das Dorf fast 300 Jahre im Besitz des Klosters Hersfeld. Das Rittergut Trebnitz gehörte zwischen 1454 und 1838 den Rittern von Rauchhaupt und 1454 erwarb diese Familie auch die Festung Trebnitz mit Wasserschloss. Das Schloss wurde nach teilweiser Zerstörung im Dreißigjährigen Krieg umgebaut und erhielt sein heutiges Aussehen.

Warmsdorf ㉝

Warmsdorf war früher Ortsteil von Amersdorf. Beide Gemeinden wurden 2010 nach Güsten eingemeindet, gelegen zwischen Bernburg und Aschersleben. Der kleine Ort, im Dehio nicht einmal erwähnt, hatte eine kaum bekannte Bedeutung. 1018 wurde er in einer Urkunde genannt, als Bischof Burchard von Halberstadt dem Kloster Ilsenburg bei dessen Erneuerung

Burgruine Warmsdorf

Besitz in Warmsdorf übertrug. 1338 entstand im Ort ein Gericht, aus dem eine Hochgrafschaft erwuchs, später eine Hohe Grafschaft, die als ein besonderes Zeichen landesherrlicher Macht angesehen wurde. 1257 und 1259 nannte sich eine Ministerialfamilie nach dem Ort, an welchem etwa gleichzeitig eine Burg entstanden war. 1546 fiel im Wege einer Erbteilung u.a. Warmsdorf dem Fürsten Georg III. zu, der 1547 die Burg zu seiner Residenz machte und bis 1552 das heutige Schloss errichten ließ. 1552, während der Dessauer Pestepidemie, war Warmsdorf Residenz des anhalt-dessauischen Fürstenhofes. Am 27.03.1623 fand dort sogar eine Fürstenversammlung statt. Bei der erneuten anhaltischen Erbteilung 1606 wurde der Ort in eine Exklave des Fürstentums Anhalt-Köthen innerhalb des Fürstentums Anhalt-Bernburg umgewandelt. Von 1716 bis 1728 verbrachte Fürst August Ludwig 12 Jahre im Warmsdorfer Schloss, auch dies ein Hinweis auf die Güte der Unterkunft, die später als Gutsgebäude Verwendung fand. 1847 kam Warmsdorf an die Dessauer Fürsten-Linie.

Wilsleben ㉞

Die Ersterwähnung der seit 2006 zur Stadt Aschersleben gehörenden Ortschaft datiert in einer Besitzurkunde vom April 983. Zwischen 1205 und 1216 muss die bis dahin bestehende geistliche Herrschaft über Wilsleben in private Hände übergegangen sein. Die Ereignisse der folgenden Jahrhunderte lassen sich urkundlich nicht belegen. 1621 ist erstmals die Rede vom damaligen Rittergut, über das kein Text sonst etwas verlautet. Etwa um das Jahr 1720 begann Herr von Goné mit dem Bau seines späteren Gutshauses. In Wilsleben steht auch ein ehemaliges Landschloss, dessen Vorgänger 1213 erstmals erwähnt worden sein soll, was für eine Burg sprechen würde. Zwischen 1705 und 1707 lässt der königlich-preußische Kommisar David Friedrich von Guy zusammen mit seiner Frau Dorothea Sophia von Berndes ein neues barockes Landschloss errichten, dessen reiche Innenausstattung aus dem Jahre 1720 stammt, die heute noch vorhanden zu sein scheint.

Ehemaliges Landschloss Wilsleben

Mansfeld-Südharz

Allstedt
Bennungen
Beyernaumburg
Bornstedt
Breitungen
Brücken
Dederstedt
Drebsdorf
Ebersburg (Thür)
Eisleben
Freist
Friedeburg (Saale)
Gerbstedt
Grillenburg
Hackpfüffel
Heiligenthal
Helmsdorf
Hettstedt
Hettstedt-Burgörner
Hohnstein (Thür)
Kelbra
Klosterrode
Mansfeld
Morungen
Oberwiederstedt
Questenberg
Rammelburg
Roßla
Rottleberode
Röblingen am See
Sandersleben
Sangerhausen
Seeburg
Sittichenbach
Stolberg
Tilleda
Uftrungen
Volkmaritz
Walbeck (I.)
Wallhausen
Welfesholz
Wickerode
Willerode
Wippra
Zabenstedt
Zabitz

Die imposante Rammelburg nahe Mansfeld

Mansfeld-Südharz

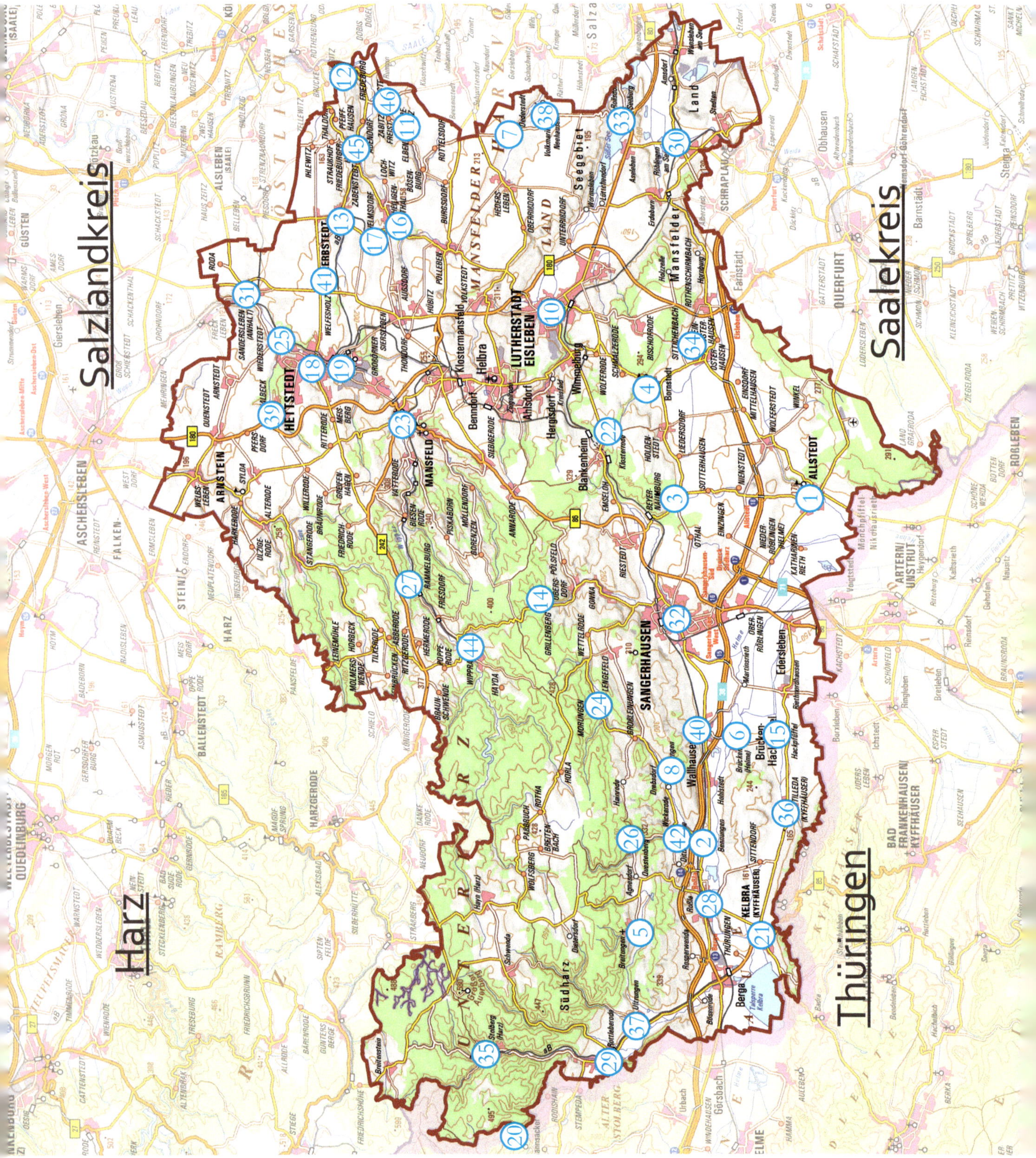

Allstedt ①

Am 13. Juli 1542 hielt Thomas Müntzer auf Schloss Allstedt seine Geschichte gewordene „Fürstenpredigt", die Fürsten waren allerdings bereits vorher von Luther zu einem Eingreifen gegen den „Satan von Allstedt" aufgefordert worden. Die Episode mit Müntzer mag Anlass für die DDR-Regierung gewesen sein, ab 1975 das Schloss wieder in eine ansprechende Verfassung zu setzen (126a, 221). Heute ist dieses Schloss lebendig zu nennen, es gibt eine Menge Programme von der Besichtigung der einzelnen Schlossteile bis zu der des Kräutergartens. Das Schloss scheint über die Runden zu kommen, wenngleich es von seiner Lage her dazu nicht prädestiniert scheint, denn für die Thüringer liegt es zu weit im Norden und für die Sachsen-Anhaltiner zu weit im Süden. Alles kein Grund, dort nicht einzukehren (75, 217).

Der letzte große Reichstag wurde von Kaiser Friedrich Barbarossa 1188 in der Pfalz Allstedt abgehalten. Allstedt war aber nicht nur über seine Pfalzeigenschaft ein gefragter Ort. Allstedt lag im Mittelalter im Schnittpunkt dreier wichtiger Verkehrsströme, nämlich von Hessen bzw. Niedersachsen nach Merseburg und Leipzig, von Erfurt in Richtung Magdeburg und über Sangerhausen mit den Pfalzen Quedlinburg und Goslar. 1180 ging die pfalzgräfliche Würde an die thüringischen Landgrafen und nach deren Aussterben 1247 an die Wettiner über. 1423 gerieten das sächsische Kurfürstentum sowie die Kurlande an die Wettiner. Auch das sächsische Pfalzgrafentum (Burg und Gebiet Allstedt) gelangte an dieses Fürstenhaus.
Ende des 17. Jahrhunderts wurde Allstedt Witwenhof, woraus bauliche und innenarchitektonische Veränderungen des Schlosses, aber auch politische Einbußen herrührten. Als 1741 der letzte Repräsentant des Hauses Sachsen-Eisenach starb, fiel seine Herrschaft und damit auch das Schloss Allstedt an den Weimarer Herzog Ernst August I. von Sachsen-Weimar, der sich weigerte, Allstedt heraus zu geben und umfängliche Pläne für einen Umbau des ihm gefallenden Schlosses Allstedt vorantrieb, die allerdings in Folge seines Todes 1748 nicht mehr verwirklicht werden konnten (217). Goethe verbrachte des öfteren Zeiten auf Schloss Allstedt, wo er auch drei Akte seiner „Iphigenie" schrieb. Allstedt liegt an der „Straße der Romanik" (119). Also auf nach Allstedt.

Bennungen ②

Mitten in der Goldenen Aue liegt der etwa 900 Einwohner große Ort Bennungen. Im Süden grenzt Bennungen an die Helme und im Norden an die Vorberge des Südharzes. Die erste urkundliche Erwähnung erfolgte im Jahre 1112. In Bennun-

Schloss Allstedt

Herrenhaus des ehemaligen Ritterguts in Bennungen (re.)

gen findet man neben mehreren hervorstechenden Fachwerkbauten noch das Herrenhaus des ehemaligen Ritterguts aus der ersten Hälfte des 18. Jahrhunderts, dessen Restaurierung 1994 begonnen hat und inzwischen abgeschlossen ist. Aus dem Herrenhaus wurde ein Freizeitheim.

Beyernaumburg ③

Der Besucher Beyernaumburgs (Ortsteil von Allstedt) stößt in diesem kleinen Ort auf eine spätromanische Kreuzkirche (St. Urban), die vermutlich aus dem zweiten Viertel des 13. Jahrhunderts stammt.

Prunkstück Beyernaumburgs allerdings ist ein heute als Pflegeheim dienendes Schloss, das in einer zum Teil noch erkennbaren Burg bereits in spätkarolingischer Zeit vorhanden gewesen ist. Die Reichsburg war bereits seit dem 8. Jahrhundert der Reichsabtei Hersfeld zehntpflichtig. 1182 gelangte sie durch Erbschaft an den Erzbischof Wichmann von Magdeburg, der sie 1184 an das Erzstift Magdeburg weitergab. Ab 1320 traten die Herren von Querfurt als Lehnsnehmer auf. Die 1349 verpfändete Burg kam nach Schuldverfall ganz an die Herren von Hakeborn. Auch danach wechselte die Burg immer wieder den Besitzer. Von 1653 – 1945 gehörte die Burg der Familie von Bülow, die 1945 enteignet wurde, woraufhin 1948 ein Alten- und Pflegeheim errichtet worden ist. Die Wohngebäude wurden 1865 historistisch umgestaltet, ein Bergfried aus dem 12. Jahrhundert hält die Erinnerung an die ehemalige Burg aufrecht. Auf dem 1864 von Eduard Petzold geplanten Schlosspark befindet sich die Grabstätte der Familie von Bülow.

Schloss Beyernaumburg, Frontansicht (li.), Rückansicht (re.), Spätromanische Kreuzkirche in Beyernaumburg (o.)

Bornstedt ④

Die alte Reichsburg Bornstedt, südöstlich von Eisleben, verfügt über eine mehr als 1200-jährige Geschichte, die man ihr nicht ansieht. Seit dem 8. Jahrhundert war sie durch Karl den Großen der Reichsabtei Hersfeld zehntpflichtig. Im Zehntregister des Klosters (881 bis 899) wird sie erstmals ausdrücklich genannt. 1115 legte Kaiser Heinrich V. in seinen Kämpfen mit den sächsischen Großen seine Truppen in die Reichsburg. Schon am 11. Februar desselben Jahres ging mit seiner Niederlage am Welfesholz auch die kaiserliche Macht ihrem Ende zu; zum gleichen Zeitpunkt erstarkten die regionalen Fürsten, ein Prozess, der niemals vollends rückgängig gemacht wurde. Ob die Burg zerstört wurde, ist ebenso unbekannt wie die Antwort auf die Frage, wer sie eigentlich erbaut hatte.

Im Jahre 1120 entstand auf der Burg ein eigener Burgadel. Nach wechselndem Besitz gelangte die Burg im Jahre 1301 in den Besitz der Grafen von Mansfeld, die dort bis 1780 herrschten. Zwischen 1502 und 1546 entstand unter Graf Philipp II. die Linie Mansfeld-Bornstedt und eine neue Glanzzeit, ohne dass von den Historikern die Gründe für diese Glanzzeit zu erfahren sind. Seit 1637 verfiel die Burg, ihre Steine waren bauliche Grundlage für die neuen Gutsbauten. Die Fachleute streiten heute darüber, ob die nebenan liegende frühmittelalterliche Burg Bestandteil des Hersfelder Zehntverzeichnisses gewesen sei. Die spätmittelalterliche Burg könnte aber, wie nicht selten, in die frühmittelalterliche hineingebaut sein. An dem ehrwürdigen Alter des Bauwerks ändert dies nichts. Die Burg wurde lange Zeit als „Schweinsburg" bezeichnet, zurückgehend auf eine Sage, nach der die Bewohner der Burg, durch Belagerung in Hungersnöte geraten, das letzte Schwein nicht schlachteten, sondern mehrfach tagtäglich zum Schreien brachten, was die Belagerer zu der Annahme brachte, dort würden täglich Schweine geschlachtet, weshalb sie abzogen (234).

Bergfried der „Schweinsburg"

Breitungen ⑤

Breitungen wurde erstmals 861 erwähnt, als Kaiser Otto II. den Ort dem Moritzkloster Magdeburg schenkte. Seit 2010 gehört es zur Gemeinde Südharz.

Erwähnenswert ist ferner das ca. 1800 gebaute Jagdschloss Schwiederschwende, über das im gängigen Fachschrifttum nichts verlautet ist, das jedoch die bildliche Wiedergabe voll rechtfertigt.

Brücken ⑥

Die Ortschaften Brücken und Hackpfüffel bilden seit dem 01.01.2009 eine gemeinsame Gemeinde, die ungeachtet einer geringen Einwohnerzahl

Jagdschloss Schwiederschwende in Breitungen

Brücken, ehemaliges Gutshaus

(zusammen knapp 1.000) über einige sehenswerte Gebäude verfügt. Brücken war ursprünglich anhaltinischer Besitz; im 13./14. Jahrhundert waren die Herren von Salza im gleichnamigen Ort bei Nordhausen nachgewiesen. Seit 1338 sind die Grafen von Beichlingen-Rothenburg als Besitzer der Ortschaft bekannt. Nach mehrfachem Besitzwechsel kam es 1501 von Christoph von Witzleben an den Ritter von Werthern auf Wiehe, der wohl auch die Wohngebäude der einstigen Wasserburg veranlasst hat. In Brücken befinden sich Hinweise auf zwei Burganlagen, an der Helme sowie an der Stelle des früheren Gutes der Herren von Salza (im Dorfteich). Befestigungsreste sind jedoch nicht mehr vorhanden. Das vorhandene Schloss ist ein ehemaliges Gutshaus anfangs des 16. Jahrhunderts.

Fotos der Kirche: © Karsten Hoerenz /Kirchenkreis Eisleben-Sommerda

Dederstedt ⑦

Nördlich vom Süßen See und oberhalb Neehausens liegt Dederstedt, in einer Landschaft, die schon vor unserer Zeitrechnung besiedelt war. Die Theorien zur Entstehungszeit reichen vom 4. Jahrhundert a. Chr. bis zum 6. Jahrhundert p. Chr. Die Qualität des Bodens, die klimatischen Bedingungen und frühe Funde lassen jedenfalls entsprechende Theorien zu. 1127 wird „Diderstidi" jedenfalls zum ersten Mal erwähnt. Zu dieser Zeit gab es bereits ein Rittergut, zwei Freigüter und einige bäuerlichen Kleinbetriebe. Von dieser Bebauung ist nicht mehr viel übrig. Die im Kern spätromanische Kirche St. Susanna, 1708 erneuert, gleicht dieses Manko aus (44).

Drebsdorf ⑧

Drebsdorf liegt im Leinetal, in dem seit langer Zeit die landwirtschaftliche Nutzung dominiert. Die Gemarkung liegt im Biosphärenreservat „Karstlandschaft Südharz". Der Ort wird beherrscht von mehreren Hofanlagen, die überwiegend aus dem 18. und 19. Jahrhundert stammen und bestens erhalten sind. Hervor sticht ein ehemaliger Gutshof, der aus dem 18. Jahrhundert stammt

Spätromanische Kirche St. Susanna in Dederstedt
Altarsicht der Empore (unten)

Gut Drebsdorf

und vollständig restauriert wurde. Gut Drebsdorf ist ein markantes Beispiel für eine besonders gelungene Sanierung. In Drebsdorf wird auch Pferdesport betrieben.

Ebersburg (Thüringen) ⑨

Der erste urkundliche Hinweis auf die Existenz der wahrscheinlich um 1184 erbauten Ebersburg stammt aus dem Jahre 1199, als der landgräfliche Dienstmann Heinrich von Ebersburg erwähnt wird. Die Burg selbst tritt erst 1216 in Erscheinung, als Landgraf Hermann I. dort urkundete. Die Bedeutung der Ebersburg ergab sich aus dem Umstand, dass dort Marschälle eingesetzt wurden, was im Normalfall nur bei Burgen der Landgrafen vorkam, die Residenzcharakter besaßen. Nach 1247 müssen im thüringischen Erbfolgekrieg heftige Kämpfe um den Besitz der Burg stattgefunden haben, denn in kürzester Entfernung errichtete man 5 Kleinstburgen, die „Allzunah-Burgen“, so genannt, weil sie ungewöhnlich dicht an die Ebersburg herangerückt waren. Von diesen Burgen ist heute kaum noch etwas vorhanden. Die Ebersburg muss von einer gewissen Bedeutung gewesen sein, denn zu Beginn des 16. Jahrhunderts vergleicht der Chronist Konrad Stolle die Landgrafschaft Thüringen mit einem menschlichen Körper. Die Wartburg sei das Haupt, die Elgersburg der rechte Arm, die Ebersburg der linke Arm, Weißensee das Herz und die Eckartsburg (273a) der Fuß des Landes. Die Ebersburg gelangte 1326 noch an die Grafen von Stolberg, die sie weiter belehnten, doch spielte sie kaum noch eine Rolle und wurde 1650 als wüst bezeichnet (163), was sie auch geblieben ist. Die Ebersburg liegt unmittelbar vor der Grenze zu Sachsen-Anhalt, also in Thüringen. Da sie jedoch Lehnsbesitz des Fürstentums Stolberg zwischen 1326 und 1587 war, danach wurde sie verlassen, rechtfertigt dies die Beschreibung in diesem Buch.

Ruine Ebersburg

Eisleben ⑩

Wer nach einer Besichtigung Quedlinburgs sein Interesse an einer fast intakten Stadt der Frühen Neuzeit entdeckt hat und nach weiteren Pretiosen dieser Art sucht, ist in der Lutherstadt Eisleben am richtigen Platz. Theoretisch könnte der Erinnerungsort der älteste in ganz Sachen-Anhalt sein, wenn aus dem 5./6. Jahrhundert am Hang zum Bahnhofsplatz gefundene Artefakte (thüringische Gräber) schon Eisleben zugeordnet werden dürfen. Die Gräber sind im Museum Eisleben ausgestellt. Ignoriert man diese umstrittene These von der Entstehung Eislebens, sind die urkundlichen Erwähnungen von 994 und 1045 sichere Belege. Im Übrigen stand Eisleben im

Marktplatz in Eisleben mit Rathaus und Turm der St. Andreaskirche (li.)

St. Andreaskirche

Hersfelder Zehntverzeichnis, muss also vor 900 schon existiert haben.

Eisleben war die größte Stadt der Grafschaft Mansfeld; sie nahm Anteil am Kupferschieferbergbau der Region, vor allem der wirtschaftlichen Entwicklung der ersten Hälfte des 16. Jahrhunderts. Erzbischof Wichmann von Magdeburg, der den gesamten Grund und Boden Eisleben besessen haben dürfte, ihn mit seinem übrigen Erbe später dem Erzbistum Magdeburg übertrug, hat für die Entwicklung der Stadt, vor allem der Vorstadt, viel getan. Er siedelte Einwanderer aus den Niederlanden, Flandern und Friesland an. Dies führte unter anderem zu einer fachlich

Eisleben, Stadtschloss Hinterort der Grafen von Mansfeld

korrekten Trockenlegung des Baulandes. Später kamen zwei weitere Vorstädte hinzu; der sich einwickelnde Bergbau schuf weitere Anreize für die wachsende Stadt. Die Bedeutung der Stadt ging im 17. Jahrhundert zurück. Im Jahre 1626 starben mehr als 3.000 Menschen an der Pest, 9.000 Personen 1681, was zu einer dramatischen Entvölkerung führte, von den zwischenzeitlichen Gräueln des Dreißigjährigen Krieges abgesehen.

Auf dem Schlossplatz steht seit Jahrhunderten ein altes Wasserschloss, das sich nur noch als Ruine um einen Bergfried darstellt. Es soll zwischen 1081 und 1088 von Graf Hermann von Luxemburg, dem Gegenkönig von Heinrich IV., bewohnt worden sein. Die heute nur noch vermindert sichtbare Anlage muss als „Königshof" ein großes Ausmaß besessen haben. Später (1601) brannte die Burg ab. 1881 ist sie dann bis auf den Bergfried abgetragen worden.

In Eisleben bauten die Mansfelder Grafen ihre Stadtresidenzen Vorderort, Mittelort und Hinterort, die der Besucher trotz zahlreicher baulicher Veränderungen noch heute findet (230a). Die großen Stadtbrände von 1498, 1601 und 1689 haben die alte Bausubstanz naturgemäß stark verändert, aber Bauten des Barock entstehen

Ehemaliges Pfarrhaus in Freist

lassen, die zu dem ungewöhnlich schönen Stadtbild beigetragen haben. Eislebens Kernstadt ist ein Gesamtkunstwerk, das der Dehio (44) ungewohnt breit schildert. Dass Martin Luther in Eisleben geboren wurde und dort auch gestorben ist, ergänzt das Bild (348).

Freist ⑪

992 wurde Freist, 14 km nordöstlich von Eisleben, erstmals urkundlich erwähnt, als König Otto III. dem Stift Quedlinburg unter anderem das Dorf Freist mit der Maßgabe schenkte, die Erträge des Dorfes der Stiftskirche Walbeck zufließen zu lassen. Das ehemalige Pfarrhaus, ein zweigeschossiger Barockbau (2. Hälfte des 17. Jahrhunderts) kündet noch ein wenig von der Geschichte. Daneben befindet sich das Pfarrwitwenhaus (erbaut 1520). Freist mit sechs eingepfarrten Dörfern soll im Dreißigjährigen Krieg derart zerstört worden sein, dass es längere Zeit weder Einwohner noch Pfarren gegeben haben muss (348).

Friedeburg (Saale) ⑫

Friedeburg, seit 2010 in die Stadt Gerbstedt eingemeindet, 18 km nordöstlich von Eisleben und 15 km östlich von Hettstedt gelegen – somit zum Landkreis Mansfeld-Südharz gehörend – wurde urkundlich erstmals 1183 erwähnt. Es finden sich dort Gräberfelder aus der jüngeren Bronzezeit sowie germanische Gräber aus dem 7. Jahrhundert. 1442 gelangte Friedeburg (zusammen mit Salzmünde) an die Grafen von Mansfeld und blieb bei dieser Dynastie bis 1780. 1443 fiel das Schloss. Es entstanden zwei – später vereinigte – Rittergüter, auf denen Friedrich Gottlieb Klopstock sieben Jugendjahre verbrachte. Friedeburg wurde preußisch und geriet nach seiner Plünderung 1630 in Verfall (309). Ab 1955 wurde das Schloss als Klubhaus genutzt. 1978 wurde das Schloss aufwändig saniert. Kurze Zeit diente das

Schloss Friedeburg

Ehemaliges Gutshaus in Friedeburg

Schloss als Verwaltungssitz der Stadt Gerbstedt. 2010 erwarb ein Privater das Gebäude. Heute wird es als Veranstaltungsort, unter anderem für Hochzeiten beworben (348).

Gerbstedt ⑬

Um 985 stifteten Rikdag, Markgraf von Meißen, und seine Schwester Eilsuit ein Damenstift, das später zum Benediktinerinnenkloster umgewidmet wurde und zur Grablege des Geschlechts eine entsprechende Bestimmung erhielt. Eilsuit wurde die erste Äbtissin. Das Kloster wurde die Begräbnisstätte der Wettiner bis 1124, dann ging diese Funktion auf die Kirche auf dem Petersberg über. Das Kloster wurde 1525 von den aufständischen Bauern geplündert, doch kehrten die geflüchteten Nonnen dorthin zurück. 1540 wurde das Kloster in eine Landschule für Mädchen umgewandelt. Die Stadt und das Kloster gingen 1442 mit dem Verkauf der Herrschaft an Friedeburg durch Erzbischof Günther von Magdeburg in das Obereigentun der Grafen von Mansfeld über. Gerbstedt wurde 1780 preußisch.

Ruine des Ritterguts Gerbstedt (oben)
Schloss Gerbstedt (unten)

Gerbstedt hatte über die Jahrhunderte eine gute wirtschaftliche Entwicklung genommen, denn nach einer Legende kamen im Jahre 1199 zwei Bergleute aus dem Harz in die Mansfelder Region und entdeckten das Kupfererz. Sie begründeten damit über Jahrhunderte einen Kupferbergbau, der erst Ende der 1960er Jahre eingestellt wurde. Danach dominierte die Landwirtschaft. Zahlreiche Hallen sind noch heute in der Landschaft um Gerbstedt sichtbar. 1905 wurde von den Grafen von der Schulenburg ein Schloss im Jugendstil aufgebaut, das lange Zeit eine Nutzung als Kulturhaus der Stadt erfuhr.

Gerbstedt zeigt des Weiteren ein ehemaliges Rittergut aus dem 16./17. Jahrhundert, ein Gutshaus

Ehemalige Kirche Herz Jesu in Gerbstedt

Burgruine Grillenburg

in Schlossform von 1904/05 sowie einen Park, angelegt um 1840 (263, 348).

Grillenburg ⑭

Auf dem Ausläufer eines Bergrückens am Südharzrand, an der Straße von Nordhausen nach Mansfeld, liegt die Burgruine Grillenburg; der Ort Grillenberg wurde bereits in der zweiten Hälfte des 9. Jahrhunderts im Hersfelder Zehnt-Verzeichnis genannt. Die äußerst ansehnlichen Reste der Burg, die um 1200 errichtet wurde, lassen nur noch für Fachleute die Ausmaße erkennen. Die dreigeteilte Anlage hat eine Länge von 170 m, geschützt durch ein gut erhaltenes Wall-Graben-System. Wie im Mittelalter üblich ging die Burg durch einige Hände. Burg und Dorf Grillenburg waren im 13. Jahrhundert Eigentum des Erzstifts Magdeburg. Markgraf Friedrich der Strenge von Meißen kaufte 1347 die Mark Landsberg und mit ihr auch Grillenburg. Es folgten – auch für spätmittelalterliche Verhältnisse – zahlreiche Besitz- und Eigentumswechsel. Ab 1486 verblieb die Burg als Lehen bei der Familie von Morungen, war allerdings 1567 schon dem Verfall preisgegeben, wenn auch ein Zweig der Morunger bis 1581 dort gelebt haben muss. Wann die Burg endgültig aufgegeben wurde, ist unbekannt, aber die Burgruine lohnt einen Besuch (234).

Hackpfüffel ⑮

Das Rittergut Hackpfüffel liegt im Rieth im Unteren Helmetal, nordöstlich des Kyffhäusers. Die Ersterwähnung erfolgte 899; der Ort befand sich zunächst im Besitz des Reichsritters Thomas von Wallhausen. Im Jahre 1231 hieß Hackpfüffel noch „Reichsgut Pfeffele". 1314 folgte die Familie von Hacke, die dem Gut den Namen mitgab: „Hackinpfeffelde". Das Gut erwarb 1846 ein Graf Arthur von Kalkreuth und in diesem Zeitraum entstand das Schloss Hackpfüffel, das sich in gutem – bewohnten – Zustand befindet. Der Graf starb 1908; 1945 wurde die Familie enteignet. 1997 wurde mit der Sanierung des Schlosses begonnen, das heute zehn Familien

Schloss Hackpfüffel (links)
Stallungen (unten)

beherbergt, während der neu gestaltete Park für kulturelle Zwecke Verwendung findet.

Beim Gut Hackpfüffel handelt es sich nicht, wie meist, um ein Schloss mit landwirtschaftlichen Nebengebäuden. Die Familie von Hacke war seit 1442 ansässig und verfügte über zwei Wohngebäude, den blauen und den roten Hof. Das Herrenhaus des blauen Hofes stammte aus dem 16. Jahrhundert und ist größtenteils erhalten; gleiches gilt für den roten Hof. Beide Herrenhäuser stehen parallel zueinander. 2007 stand einmal ein Sanierungsprojekt für die alten Gebäude an (333), aus denen jedenfalls noch nichts geworden ist, wenngleich einzelne Stallgebäude genutzt zu werden scheinen.

Heiligenthal ⑯

Das ehemalige Rittergut Heiligenthal, der sogenannte Sedelhof, früher preußische Staatsdomäne, ist trotz seiner eher nüchternen Bausubstanz eine prachtvolle Anlage aus dem frühen 14. Jahrhundert (1311). Die Anlage steht im Mansfelder Seenkreis nahe Hettstedt und sie besitzt auch noch ein Fürstengrab aus der frühen Bronzezeit, das 1907 bei der Anlage des Paulsschachtes ergraben wurde. Die frühe Geschichte des Dorfes ist wenig erforscht. Zu der Anlage gehören noch eine Schäferei in Form eines Dreiseitenhofes und ein Wirtschaftsgebäude, beide um 1800 entstanden (348).

Helmsdorf ⑰

Helmsdorf ist ein Ortsteil der Gemeinde Heiligenthal im Landkreis Mansfeld-Südharz, wurde 1149 erstmals urkundlich erwähnt und gehörte damals dem Kloster Gröningen. Wann der Ort an die Familie von Kerssenbrock kam, darüber findet sich im Schrifttum nichts. Feststeht hingegen, dass Ernst Friedrich Wilhelm von Kerssenbrock zwischen 1801 und 1805 das Schloss als sein Wohnhaus errichten ließ und sein Enkel Bodo Ludolf von Kerssenbrock 1877/78 umfangreiche Erweiterungen vornehmen ließ, während der bekannte Architekt Paul Schultze-Naumburg für weitere große Umbaumaßnahmen 1910 die Verantwortung übernahm. Der letzte Herr auf dem Schloss war Detlev von Krosigk. 1945 wurde die Familie von Krosigk enteignet. Nach einer kurzen Periode als Truppenstandort wurde das Schloss 1947 Alten- und Pflegeheim, 1999 fiel es an die Familie von Krosigk zurück, wartet aber nunmehr eine ganze Reihe von Jahren auf seine Wiederbelebung. Bereits die noch weitgehend vorhandene Inneneinrichtung würde diese Wiederbelebung rechtfertigen (88a).

Rittergut Sedelhof in Heiligenthal

Schloss Helmsdorf

© Hettstedt.de

Hettstedt, Reste der ehemaligen Wasserburg, heute Brauhaus

St. Jakobikirche in Hettstedt

Hettstedt ⑱

Hettstedt war einmal die bedeutendste Stadt des Mansfelder Gebirgskreises und angesichts des Bergbaus auch stetig gewachsen. Der im Jahre 1046 erstmals urkundlich erwähnte Ort wurde 1283 „... civitatem Hezstedt" (neugegründete Stadt) genannt. Um 1199 wurde auf dem Kupferberg bei Hettstedt durch die Bergknappen Nappian und Neucke mit Kupferschieferbergbau begonnen. Von der Förderung des Kupferschiefers profitierte die ganze Region. Zum Schutz der umliegenden Bergwerke und des Dorfes Hettstedt ließen die Arnsteiner Grafen in Hettstedt eine Wasserburg errichten, welche etwa von 1220 bis 1224 gebaut wurde. Sie wurde im 16. Jahrhundert von den Mansfelder Grafen aufgegeben und die Hettstedter Bürger nutzten bis in die 1960er-Jahre die Örtlichkeiten als Brauhaus. Die Burgreste mit Ausnahme des Bergfriedes und des Brauhauses wurden 1967 abgerissen. Auf dem Hettstedter Freimarkt befand sich seit 1451 ein Karmeliterkloster, welches in den Wirren des Bauernkriegs 1525 geplündert und zerstört wurde. Einige Reste der Klosterkirche und Nebengebäude sind noch zu sehen. Die Liegenschaften wurden dem Mansfelder Grafenhaus zurückgegeben. 1573 kamen Stadt, Schloss, Amt und Bergwerk durch die Separation mit drei Fünfteln der Grafschaft Mansfeld an das Kurfürstentum Sachsen. Mehrere Feuersbrünste in den Jahren 1655, 1665 und 1697 richteten große Schäden an. Bei dem großen Brand 1697 wurde fast die ganze Stadt vernichtet. 153 Häuser und die Kirche fielen dem Brand zum Opfer und nur 27 Häuser blieben stehen. (347).

Nach der Einnahme Preußens durch Napoleon und den Frieden von Tilsit 1807 kam Hettstedt am 27.03.1808 an das Königreich Westfalen bis 1813. Nach der Völkerschlacht bei Leipzig vom 16. bis 19. Oktober 1813 wurde Hettstedt preußisch. (235)

Hettstedt – Burgörner ⑲

In dem Ortsteil Burgörner liegt ein ehemaliges Gutshaus. 1721 wurde es neben einem mittel-

Hettstedt-Burgörner, Humboldt-Schlösschen

Burgruine Hohnstein

alterlichen Turm errichtet auf den Resten des ehemaligen Hofes zu Burgörner. 1856 und 1989 wurde das Gebäude restauriert. Es gehörte ursprünglich der Familie von Posadowski und kam 1726 in den Besitz der Familie von Dacheröden. Hier lebte Caroline von Humboldt, die spätere Ehefrau Wilhelm von Humboldts. Das einstige Gutshaus wird heutzutage als Humboldt-Schloss bezeichnet. Es beherbergt das Mansfeld-Museum. Die Familie von Humboldt ließ südlich des Gutshauses eine Parklandschaft im englischen Stil anlegen, den sogenanten Humboldthain, in dem Alexander von Humboldt gern verweilte.

Hohnstein ⑳

Die großartige Burganlage Hohnstein, bestehend aus Oberburg, Mittelburg und Unterburg, ist vermutlich Anfang des 12. Jahrhunderts als Reichslehen erbaut worden. 1413 fiel sie durch Kauf an den Grafen von Stolberg (233, 237). Die Ersterwähnung erfolgte 1202; 1145 starb die kleine Linie von Hohnstein schon wieder aus, die Burg fiel an den Schwiegersohn Graf Heske von Orlamünde. Auf leicht verschlungenen dynastischen Wegen entstand eine neue Dynastie von Hohnstein, der es gelang, im Südharz, bei Gotha, Arnstadt sowie im Thüringer Becken großen Grundbesitz zu erwerben. Nachdem 1413 die Burg von den Grafen von Stolberg gekauft worden war, bauten sie die Burg zu einer der größten Burganlagen der Harzregion aus. 1627 wurde die Anlage von kursächsischen Truppen verbrannt und somit ihr Ende herbeigeführt. Seit dem steht die höchst malerische Ruine jedoch im Mittelpunkt touristischen Interesses.

Kelbra ㉑

Am Nordostrand des Ortes Kelbra, einer der ältesten Siedlungen der Goldenen Aue, liegt die Ruine der Burg, vermutlich von den Grafen von Beichlingen errichtet. Sie wurde im Bauernkrieg zerstört, jedenfalls nimmt man das an. Die Herrschaft über den Ort Kelbra, erstmals 1093 erwähnt, lag zunächst in der Hand der Grafen von Beichlingen, später der Grafen von Hohnstein, die etwa ab 1394 auch auf ihr residierten. Viele der Teile der Burg sind inzwischen nicht mehr vorhanden, die Ruine ist jedoch ansehnlich (235). In Kelbra existierten mehrere Rittergüter, die nicht mehr auffindbar sind,

Burgruine Kelbra

da sie wohl aus Burgmannenbesitz hervorgegangen sind und die folgenden Jahrhunderte nicht mehr überstanden haben. Auch im Dehio (43) finden sie keine Erwähnung mehr (355).

Klosterrode ㉒

Klosterrode, Ortsteil von Blankenburg, erhielt um 1150 ein dem Heiligen Alban geweihtes Prämonstratenserstift, gegründet vermutlich von den Herren von Querfurt. Die Mönche kamen wahrscheinlich aus dem Kloster „Unser Lieben Frauen" in Magdeburg. Die Vogtei über Klosterrode gehörte zunächst den Querfurtern und ging dann aber von diesen an die ihnen verwandten Grafen von Mansfeld über. Zwischen dem 13. und 15. Jahrhundert erlebte das Kloster seine Blütezeit, bis es 1540 säkularisiert und im Anschluss daran in ein Rittergut umgewandelt wurde. Die Grafen von Mansfeld verkauften Klosterrode schon 1567 an die von Bodenhausen, auf die die Familien von Alvensleben und von der Schulenburg folgten, welche 1783 das Herrenhaus erbauten. Das Herrenhaus hatte Schlosscharakter und wurde zwischen 1779 und 1783 durch das sogenannte Neue Schloss ersetzt, das allerdings nach dem Zweiten Weltkrieg gesprengt wurde. Das „Alte Schloss" ist noch existent und eine Augenweide (355).

Mansfeld ㉓

Die Grafen von Mansfeld bieten eine komplizierte Geschichte, obgleich sie über ihr Herrschaftsgebiet hinaus keine größere politische Bedeutung erlangt haben. Dieses Herrschaftsgebiet weiteten sie jedoch kontinuierlich aus, was ihnen deshalb nicht schwer fiel, weil sie durch den Kupferschieferbergbau sehr reich wurden. Der erste Graf und Herr einer längst nicht mehr existenten Burg wird um 1060 dokumentiert (Graf Hoyer von Mansfeld). Damals waren Burg und Siedlung halberstädtisches Lehen. Diese Linie starb 1229 aus, von da an herrschten die übrigen Grafen von Mansfeld bis zum Ende ihrer Dynastie im Jahre 1780. Zwischenzeitlich nutzten sie ihr Vermögen, um zahlreiche Städte und Dörfer in ihren Familienbesitz zu bringen. In der ersten Hälfte des 16. Jahrhunderts umfasste die Grafschaft Mansfeld 184 Ortschaften, darunter die Städte Eisleben, Mansfeld, Hettstedt, Artern, Allstedt, Heldrungen, Gerbstedt und Leimbach sowie zahlreiche Burgen. Alle Herrschaftsobjekte unterwarfen sie einer baulichen Entwicklung zum Wohnschloss der Renaissance, die natürlich Unsummen verschlang. Die Familien waren über Kinder weit verzweigt, zahlreich und meistens zusammenhaltend. Ein Rückgang im Bergbau und die politischen Veränderungen des 16. Jahrhunderts, vor allem aber die unkontrol-

Altes Schloss Klosterrode (li.); Gut Klosterrode (unten)

Peter Ernst II. von Mansfeld (1580 - 1626),
Heerführer im Dreißigjährigen Krieg

Ansichten von Schloss Mansfeld (re. oben und unten)

lierte Bauwut des frühen 16. Jahrhunderts führten zu einem wirtschaftlichen Zusammenbruch, der 1570 zu einer Sequestration führte, von der sich die Dynastie nicht mehr erholte, da auch die herrschaftliche Konkurrenz in solchen Fällen nicht schlief, sondern die Beute zu verteilen begann (321).

Die erste Hälfte des 16. Jahrhunderts war die große Zeit der Grafen von Mansfeld. Nach einer Erbteilung 1501 entstanden in großem Rahmen die repräsentativen Renaissanceschlösser Vorderort, Mittelort und Hinterort. Dies geschah auf dem Gelände der bisherigen Burg (44), die selbst nicht mehr fortbestand. 1674 wurde die Festung auf Antrag der sächsischen Stände geschleift. Dies taten 430 Mann in der Zeit vom 01.06. bis 14.11.1674, ein seltener Sachbericht über den Umfang einer Schleifung, die in der geschichtlichen Darstellung ja häufig vorkam (237).

Aus Gründen, die hier nicht vertieft werden sollen, verfielen zwei der Schlösser durch Vernachlässigung, nur Schloss Vorderort blieb intakt. Man kann es heute noch besichtigen, wie auch die übrige vorhandene Anlage noch heute besticht (21).

Über die Geschichte der Schlösser Mansfeld und der vielen aus dem Geschlecht der Mansfelder

Schloss und Festung Mansfeld

sind wir gut informiert, weil es Cyriacus von Spangenberg gab (1528 bis 1604), Theologe, Historiker, Schriftsteller, der neben der „Mansfeldischen Chronica" auch eine Chronik über Erfurt (1590) und Henneberg (1599) verfasste und von 1553 bis 1574 in Mansfeld als Pfarrer, Hofprediger und Generaldekan wirkte. Er besaß somit erstklassige Kenntnisse der Entwicklung Mansfelds und schrieb über die Sanierung und Entwicklung der Burgen, eine Kenntnis, die er allen voraus hatte (198). Er konnte z.B. sanierte Burgen beschreiben, die heute längst nicht mehr existieren (44). Ohne ihn wäre Mansfeld nicht annähernd so gut dokumentiert (347).

Morungen ㉔

Der kleine Ort Morungen im Südharz, nordwestlich von Sangerhausen gelegen und dorthin 2005 eingemeindet, ist Bestandteil eines uralten Siedlungsgebietes schon seit der fränkischen frühmittelalterlichen Zeit. Vor dem Ort liegt, im Sommer unter dem Grün der das Schloss verdeckenden Bäume, eine Schlossanlage im Tudorstil, nach 1871 erbaut. Es muss einmal einen weitläufigen englischen Park gegeben haben, der unter dem Wildwuchs nicht mehr erkennbar ist und überhaupt nur in der blätterlosen Zeit im Spätherbst oder Winter eine Fotografie des Schlosses erlaubt. Das hier gezeigte Bild vom Schloss lässt Bedauern darüber aufkommen, dass mit ihm offenbar nichts mehr passiert.

Es gab in Morungen noch ein zweites Schloss, ebenfalls im Tudorstil und 1883 in die heutige Form gebracht. 1998 muss ihm ein schwerer Brandschaden widerfahren sein, die Schlossruine wurde abgerissen.

Von größerer Bedeutung sind die beiden Burgruinen Alt-Morungen und Neu-Morungen (329a). Alt-Morungen wurde vermutlich in der 1. Hälfte des 11. Jahrhunderts errichtet aber im

Neues Schloss Morungen

13. Jahrhundert zugunsten der neu errichteten Burg Neu-Morungen aufgegeben. Die Grafen von Mansfeld wurden 1408 alleinige Besitzer Morungens. Schon im 15. Jahrhundert wurde die Nutzung der Burg Neu-Morungen beendet. Es finden sich noch Überreste beider Burgen auf einem Höhenrücken 500 Meter westlich von Morungen.

Oberwiederstedt ㉕

Ein Bericht über Oberwiederstedt erfordert zunächst ein Eingehen auf den Hauptort Wiederstedt, aus dem nach 1945 die Orte Oberwiederstedt und Unterwiederstedt gebildet worden sind. 1250 entstand hier ein Dominikanerinnenkloster, das aus dem Gangolf-Hospital hervorging, aber noch gegen Ende der Bauzeit nach Oberwiederstedt verlegt wurde, weil der Lärm und die Hektik des Bergbauortes die für ein Kloster erforderliche weltliche Abgeschiedenheit nicht ermöglichten. Das Kloster war sehr reich, seine große Zeit ging mit dem Bauernkrieg aber auf das Ende zu. Die Reformation tat das Übrige; 1547 hörte das Kloster auf zu existieren und ging 1634 in den Besitz der Familie von Hardenberg über, die dann Wiederstedt bis zur Bodenreform 1945 besaß. 1772 wurde hier Friedrich Freiherr von Hardenberg geboren, der spätere Dichter Novalis; allerdings verlegte die Familie bereits 1787 aus beruflichen Gründen den Wohnsitz nach Weißenfels (309, 249a).

© Wikipedia_Franz Gareis

Friedrich Frhr. von Hardenberg, der spätere Dichter Novalis (1772-1801), geboren auf Schloss Oberwiederstedt

Das in einem schlichten Renaissancestil zwischen 1680 und 1683 errichtete Schloss wurde der Familie 1945 genommen und zunächst als Altersheim genutzt; diese Funktion endete 1981. Inzwischen gab es in der DDR Bestrebungen, das Schloss abzureißen, aus welchen Gründen auch immer. Es wurde aus der Denkmalliste gestrichen und für denkmalunwürdig erklärt, allerdings gründete sich Anfang 1988 eine Ortsgruppe zum Schutz des Schlosses vor Abriss. Im Mai 1989 wurden aus Anlass des Novalis-Geburtstages die ersten

Klosterkirche Oberwiederstedt

Schloss Oberwiederstedt

Räume im Erdgeschoss des Schlosses als Gedenkstätte wiedereröffnet. Schloss Oberwiederstedt bekam noch vor dem Eröffnungstermin auf dem Internationalen Denkmaltag eine Auszeichnung. Am 12.12.1992 erhielt das Kuratorium den Konrad-Adenauer-Preis für Kommunalpolitik, heute ist es Novalis-Museum und nicht mehr gefährdet (223).

Questenberg ㉖

Die Burgruine Questenberg, im Tal der Nasse (Südharz), tief im Wald oberhalb des kleinen gleichnamigen Ortes gelegen, ist eine von den zahllosen ehemaligen Burgen im Harz, von denen man ohne einen urkundlichen Beleg über Eigentumsverhältnisse oder Übertragungen des Eigentums nichts wüsste. Die Questenburg ist eine von vier Burgstellen um den Questenberg herum, von dem sie wahrscheinlich die Jüngste ist. Sie ist irgendwann zwischen 1200 und 1250 entstanden, wie man vermutet im Besitz des Grafen von Beichlingen, der 1275 erstmals in einer Urkunde genannt wird. Sie ging 1305 auf die Grafen von Hohnstein über, 1383 an den Landgrafen Balthasar von Thüringen. Die Landgrafschaft blieb bis 1429 Besitzerin von Burg und

Burgruine Questenberg

Herrschaft, die ununterbrochen als Verpfändungsobjekt diente. 1633 lag eine Kompanie Landvolk unter Kriegskommissar Valentin Rothmeier in der Burg zum Schutz gegen die berüchtigten Harzschützen. Danach wird von der Burg nicht mehr berichtet. Sie ist schon im Bauernkrieg 1525 wüst geworden und danach zerfallen, aber ihr baulicher Rest ist für Burgenromantiker immer noch sehr sehenswert (237), auch weil der Ort Questenberg auf die frühe Eisenzeit (500 a. Chr.) zurückgeht, wie archäologische Funde beweisen (233). Einer der Verfallsgründe dürfte auf das verwendete Baumaterial zurückgehen, nämlich ein „derber“ Gips, der von geringer Festigkeit ist.

Rammelburg ㉗

Die auf allen Seiten von der Wippra umschlossene Rammelburg hat undeutliche Entstehungsdaten, denn es ist nicht bekannt, wann und von wem sie erbaut wurde. Als spätere Besitzer werden um 1190 die Arnsteiner Grafen genannt; die Burg fiel noch später an die Grafen von Regenstein und danach an die Mansfelder, die ab 1430 alleinige Besitzer waren. Die Burg hatte noch mehrere alteingesessene Besitzer. Zur Herrschaft Rammelburg gehörten nach dem Lehnbrief von 1523 acht Dörfer, außerdem fünf später wüst gewordene Dörfer. Jetzt ist die Burg wieder in Privatbesitz und ohne von außen erkennbare Funktion. Reinhard Schmitt (257) hat im Jahr 2004 in seiner bewährten Art allerdings viel Licht in das Dunkel der Schlossgeschichte gebracht und eine Bildfolge des Schlosses veröffentlicht, die trotz verbliebener baugeschichtlicher Lücken die Rammelburg bekannter machen sollte. Den Bauernkrieg überstand die Burg unbeschadet, kein Wunder bei ihrer Lage. Eine Belagerung durch Herzog Heinrich von Braunschweig (1554) hatte mehr Erfolg; sie wurde jedoch bald wieder rückgängig gemacht. 1602 verkaufte Graf David von Mansfeld das Schloss an Kaspar von Berlepsch;

Die Rammelburg

1637 kam es an die Familie von Stammer, 1720 an Karl August Freiherr von Friesen. 1901/03 erfolgte ein Wiederaufbau des 1894 verbrannten Westflügels. Die Nutzung bis 1945 ist unbekannt. In der DDR diente das Schloss als Rehabilitationszentrum und Tbc-Heilstätte. Seit 1995 steht es leer, wenngleich im Privatbesitz (347).

Roßla ㉘

Die bereits 996 erstmals erwähnte Stadt befand sich bis 1140 im Besitz der Grafen von Northeim, seit 1208 der Grafen von Rothenburg. 1341 stand der Ort im alleinigen Besitz der Grafen von Stolberg. Damals bildete eine Wasserburg den Kern des Ortes. Jetzt befindet sich dort ein Schloss, ein klassizistischer Neubau, errichtet zwischen 1827 und 1831. Die Stadt weist eine ganze Rei-

Rentkammer, ursprünglich Bestandteil der Schlossanlage
Rückansicht der Rüstkammer (unten)

Schloss Roßla

he von Bauten aus dem 17. bis 19. Jahrhundert auf, darunter das Polizeiratsamt, das Zeughaus, das Rentamt und den Wittumshof, sowie eine der größten, unversehrt erhaltenen Hofanlagen Roßlas (237).

Das Schloss hatte auch eine „deutsche" Geschichte, denn Hermine Reuß ältere Linie, Witwe des letzten deutschen Kaisers, Wilhelm II., kam gegen Ende des 2. Weltkrieges auf Schloss Roßla, wo man sie im Oktober 1945 festnahm. Sie verstarb 1947 in sowjetischer Internierung in Frankfurt/Oder.

Rottleberode ㉙

Rottleberode liegt in der reizvollen Landschaft des Thyratales, nördlich von Nordhausen. Den Ort gibt es seit dem 10. Jahrhundert, was durch den Umstand belegt wird, dass Wilhelm, Erzbischof von Mainz, hier einen Hof besaß, auf dem er im Jahre 968 starb. Rottleberode verfügte bereits 994 über das Markt-, Münz- und Zollrecht. Später gelangte es in den Besitz der Grafen von Stolberg. Danach muss es den Stadtvätern leicht gewesen sein, den inneren Ortskern zu sanieren, der sich auch besonders Besuchern anbieten sollte. Die Herrschaftsbauten bewegen sich im Übrigen auf einem besonderen Niveau. Das zum Zeitpunkt der Herrschaft der Grafen von Stolberg entstandene Kammergut verdeutlicht den Eindruck gediegener Wohlhabenheit des Ortes.

Der Hüttenhof in Rottleberode

Gutshof in Röblingen am See

Röblingen am See ㉚

Röblingen am See hat eine bemerkenswert lange Geschichte. Der kleine Ort mit heutzutage immerhin fast 3.000 Einwohnern liegt 12 km südöstlich der Lutherstadt Eisleben und wurde zwischen 881 und 899 bereits im Zehntverzeichnis des Klosters Hersfeld genannt. Eine weitere Erwähnung Röblingens am See erfolgte 932 in einer Urkunde Heinrichs I. Sehenswert ist in Röblingen am See das in Oberröblingen auf einem frühgeschichtlichen Burgwall gelegene Freigut, das 1772 durch Kauf an Georg Philipp Wentzel aus Löderburg überging. Ab 1810 begann Röblingen eine industrielle Karriere. Außer zahlreichen Tage- und Tiefbauten entstanden auch Schwelereien, Paraffin- und Mineralölfabriken, Brikettpressen etc. Oberröblingen begann parallel dazu eine Entwicklung als Kurort, die unvermittelt beendet wurde, als der Salzige See durch Erdfälle in der Tiefe in die Eisleber Kupferschieferschächte abzufließen begann und trocken gelegt werden musste. Heute ist er nicht mehr vorhanden (348).

Sandersleben ㉛

Sandersleben (Anhalt) ist ein Ortsteil der Stadt Arnstein im Landkreis Mansfeld-Südharz und liegt in der Hügellandschaft der Wipper, deren

Sandersleben, Rathaus

Siedlungsgeschichte bis in die Jungsteinzeit zurückreicht. Da sich zwei Straßen von Halle nach Braunschweig und von Mansfeld nach Magdeburg kreuzten und im 14. und 15. Jahrhundert der Bergbau florierte, mag beides den Umstand erklären, dass Sandersleben ab 1340 Stadtrechte besaß. Spätestens seit 1386 gab es einen Bürgermeister, einen Rat und ein eigenes Stadtsiegel. Neben den fast üblichen Besitzwechseln am Schloss ist seit dem 16. Jahrhundert bis 1632 eine Wohnungsnutzung der Fürsten von Anhalt nachgewiesen. Heute wird das Schloss wieder bewohnt.

Das Rathaus im Renaissancestil entstand zwischen 1556 und 1559, ein ehemaliges Armenhaus 1410 (wiederaufgebaut nach Brand 1710). Die Stadtkirche St. Marien stammt aus dem Jahr 1519. Es gibt somit ersichtlich Gründe für eine Besichtigung.

Sangerhausen ㉜

Die lebhafte Kreisstadt (mit mehr als 30.000 Einwohnern) liegt in einem dicht besiedelten Gebiet mit Erinnerungsstätten, die auch Gegenstand dieses Buches sind. Der Ortsname könnte auf eine völkerwanderungszeitliche Siedlung des 6./7. Jahrhunderts zurückgehen, was Ausgrabungen bestätigen dürften. Eine große Zeit erlebte die Stadt nahe der Grenze zu Thüringen, als der erste Ludowinger, Ludwig der Bärtige, um 1040 Cäcilia von Sangerhausen ehelichte und damit einen riesigen Grundbesitz erwarb, der zum Aufstieg der Ludowinger erheblich beitrug (163). Ihr Sohn Ludwig der Springer setzte diese Entwicklung fort, allerdings nicht über Sangerhausen, sondern über die inzwischen von ihm geschaffene Wartburg. 1247 fiel Sangerhausen an den Wettiner Markgrafen, Heinrich den Erlauchten. Im Thüringischen Erbfolgekrieg (1247 bis 1264) wurde die Stadt zur Grenzfeste ausgebaut, das „Alte Schloss" 1260 als Teil der Grenzbefestigung. In seiner Lebenszeit war Burg Sangerhausen eher selten Herrschaftssitz, sondern Gerichtsstätte, Zeughaus, Gefängnis und Lagerhaus, seit 1961 auch Kreismusikschule.

Neues Schloss Sangerhausen

Hauptplatz in Sangerhausen

Schlossanlage Seeburg: Witwenturm und Schlosskirche im saniertem Zustand links, das obere Schloss rechts im Bild. Blick auf das Schloss von der Seeseite (unten)

Seeburg ㉝

Die unvergleichlich schöne Burg am Süßen See im Mansfelder Seenkreis ist nicht nur ein Publikumsmagnet, sondern sie verfügt auch über eine ungewöhnliche Geschichte, berücksichtigt man ihr Alter und den gegenwärtigen baulichen Zustand dieser großen Anlage. Es steht fest, dass die „Seeoburg“ bereits im Hersfelder Zehnt-Verzeichnis (881 bis 899) erwähnt wird und bereits von daher eine der ältesten existierenden Burgen des Landes ist. Ob die „Seeoburg“ mit der Mitte des 8. Jahrhunderts von dem fränkischen Hausmeier Karlmann eingenommenen „Hoohseburg“ identisch ist, wird zwar überwiegend von den Historikern angenommen, ist aber nach wie vor nicht eindeutig. Wenn man davon ausgeht, dass das Hersfelder Zehnt-Verzeichnis ja von tributpflichtigen, also existenten Burgen ausgeht, könnte auch die „Seeburg“ wesentlich älteren Datums sein,

Seit dem 19. Jahrhundert verkam die in den 60er Jahren des 13. Jahrhunderts gebaute „Alte Burg“, die nur noch in Fragmenten weiterbestand. Das „Neue Schloss“ im Spät-Renaissance-Stil liegt mit seiner Hauptfront zum Marktplatz und diente ursprünglich als Amtshaus, heute ist es Amtsgericht. Drei mittelalterliche Kirchen und das Rathaus von 1550 im Stadtzentrum runden das Bild der sehenswerten Stadt ab, die übrigens Sekundogenitur des Herzogtums Sachsen-Weißenfels zwischen 1656 und 1746 war und nach deren Ende an Sachsen .zurückfiel. Das berühmte Rosarium ist Teil der „Gartenträume Sachsen-Anhalt“ (288, 355).

was hier dahinstehen muss. Jedenfalls lag auf dem Burgberg eine sehr große Fluchtburg, die der umliegenden Bevölkerung im Ernstfall als Schutz zur Verfügung stand. Die bauliche Entwicklungsgeschichte der Burg wird ihrem Alter gerecht. Die Flucht- und Volksburg des frühen Mittelalters bestand nur aus Wällen, Gräben und Palisaden. Die späteren Besitzer machten daraus eine große, steinerne Anlage. Bedeutendster Bauherr des Geschlechts der Grafen von Seeburg war Wichmann von Seeburg-Querfurt (225), der allerdings eine kirchliche Karriere einschlug und 1192 als Erzbischof Wichmann von Magdeburg als letzter seines Geschlechtes starb. Die Seeburg lag von 1180 bis 1250 in Händen des Erzstiftes, 1287 ging sie an die Grafen von Mansfeld, denen die Seeburg bis 1574 gehörte.

Schon unter den Mansfelder Grafen hatte die Burg Schritt für Schritt den Charakter eines Schlosses erhalten, musste allerdings von ihnen 1574 an die Grafen von Hahn verkauft werden. 1780 ging die Anlage an den Grafen Ingenheim, Sohn Königs Wilhelm II. 1880 ging Seeburg an Wilhelm Wendenburg, nach 1945 wurde es volkseigenes Gut. Die Entwicklung der Burg zu einem Schloss ändert nichts an dem Umstand, dass der Burgcharakter in vielen Teilen erhalten blieb, denkt man an den Bergfried mit einem Durchmesser von 15 m und Mauerstärken von fast 6 m, bei einer Höhe von ursprünglich 33 m. Die Seeburg hat sich an den Außenmaßen der einstigen Volksburg orientiert, so dass man von einer der größten Burgen Sachsen-Anhalts sprechen darf (8). Der Besuch lohnt unbedingt, außerdem lässt sich am Süßen See oder in den Ferienwohnungen der Seeburg ein entspannender Urlaub verwirklichen (8, 169, 223, 235, 237, 348).

Sittichenbach ㉞

Das Dorf Sittichenbach, im Mansfelder Land, war 932 in königlichen Besitz übergegangen. Es hatte schon im Hersfelder Zehntverzeichnis gestanden, war somit im 9. Jahrhundert (oder früher) schon vorhanden. 12 Mönche gründeten das Zisterzienserkloster Sittichenbach im Jahre 1141, das 1540 säkularisiert und 1815 preußische Domäne wurde, deren Bauten heute das Bild der Anlage bestimmen, nachdem die kirchlichen Einrichtungen in Schritten abgebaut worden waren. Das Kloster hatte zuletzt keine besondere Bedeutung, vielleicht durch die geringe Zahl an Mönchen, die 1540 auf einen Abt und zwei Mönche zurückging. Das bedeutete das Ende einer großen Zeit und damit einen historischen Verlust der Zisterzienser Kunst, da das Kloster bis zu seiner Säkularisierung die alten Strukturen nicht

Sittichenbach, Teil der Klosteranlage

Ehemaliges Zisterzienserkloster Sittichenbach

hätte aufrechterhalten können. Die weitläufige Anlage ist sehenswert (309).

Stolberg ㉟

Die kleine Stadt Stolberg, mit nicht einmal 1.300 Einwohnern im Jahr 2009 eigentlich nur von Dorfgröße, hat eine erstaunlich lange Geschichte vorzuweisen. Wahrscheinlich schon im 10. Jahrhundert über eine Burg verfügend, existierte bereits seit 1210 eine Stolberger Grafenfamilie, die bis zu ihrer Enteignung 1945 am selben Platz gelebt und regiert hat; also mehr als 700 Jahre, ein seltenes Vorkommnis, da die meisten hochadeligen Familien spätestens im Hochmittelalter ausgestorben waren. Das Schloss Stolberg wurde niemals zerstört, was wohl auch auf seiner exponierten Lage, weit ab von den kriegerischen Ereignissen des Harzlandes, beruhte. Noch im 16./17. Jahrhundert wurde an der uralten Burg gebaut, ein Bergfried ist noch nach 1700 nachweisbar (93). Zwischen 1539 bis 1547 entstand allerdings schrittweise aus der Burg ein dreiflügeliges Schloss. Im 17. Jahrhundert wurde daraus vor allem durch die Gestaltung der Innenräume eine Barockresidenz. Gleichzeitig erlebte die Grafschaft eine Phase der wirtschaftlichen Prosperität, die heute noch an der Innenstadt mit zahlreichen Häusern zwischen dem 15. und 17. Jahrhundert ablesbar ist. Die von der Einwohnerzahl her immer klein gebliebene Stadt brachte manche geschichtlichen Personen hervor, z.B. Thomas Müntzer oder Philipp Phoebus, der das erste pharmakologische Institut Deutschlands in Gießen gründete und als Wegbereiter der Pharmakologie in Deutschland gilt.

Als 1806 das Alte Reich zerbrach, verloren die Stolberger Grafen fast alle Landesrechte an Preußen, allerdings wurde das Geschlecht seines hohen Ranges wegen in den etwa 80 Familien umfassenden Kreis der Standesherren im Deutschen Bund aufgenommen. Ein erblicher Sitz im Provinzial-Sächsischen Parlament und im Preußischen Herrenhaus war die Folge. Kaiser Wilhelm II. erhob Ende des 19. Jahrhunderts die drei Stolberger Linien in den Fürstenstand des Mittelalters. Nach 1945 erlitt das Schloss die üblichen Verfallserscheinungen, die erst 2002 mit dem Erwerb durch die Deutsche Stiftung Denkmalschutz gestoppt wurden. Das Schloss beginnt wieder zu leben, die kleine Stadt ohnehin, die man nur als Gesamtkunstwerk verstehen kann (21, 44).

Der Reichsfürst Graf Heinrich zu Stolberg-Werni-

Stolberg, Blick in die Innenstadt mit Fachwerkhäusern

Schloss Stolberg

Toreinfahrt zum Schloss

Innenhof des Schlosses

Graf Heinrich zu Stolberg-Wernigerode

gerode (1772-1854) führte mit neuen wirtschaftlichen Ideen die Dynastie und sein Volk in die Neuzeit (135, 355).

Tilleda ㊱

Die alte Königspfalz Tilleda gilt infolge ihrer Ausgrabungen zwischen 1935 und 1939, 1958 und 1979 sowie infolge von Nachbauten in Holz als die einzige vollständig ausgegrabene frühmittelalterliche Herrscherresidenz Deutschlands. Die Steinbauten lassen zwar, weil sie nur ca. 1 m aus der Erde ragen, an Aussagekraft zu wünschen übrig, aber das Gelände ist ein eindrucksvolles Anschauungsobjekt, obwohl man über die Geschichte dieser Königspfalz wenig weiß und auch die Beziehungen zu den naheliegenden Königspfalzen Wallhausen und Allstedt nicht kennt, die schon im frühen fränkischen Mittelalter bestanden haben dürften, wobei alle drei genannten Königspfalzen auch noch vom naheliegenden Kyffhäuser überragt wurden. Tilleda könnte durchaus schon in karolingischer Zeit entstanden sein. Genannt wurde sie erstmals 972, als Kaiser Otto II. seiner Gemahlin Theophanu als Morgengabe die Pfalz Tilleda überschrieb, die dann in den folgenden zwei Jahrhunderten immer wieder von Kaisern und Königen aufgesucht wurde, meistens zur Beurkundung oder als Zwischenstation auf Reisen. Königspfalzen waren im Gegensatz zu

Ruinen der Hauptburg Tilleda (oben)
Kammertor und Wall der Hauptburg (li.o.)
Rekonstruiertes Zangentor (links unten)

den meisten Burganlagen von weitaus größerer Ausdehnung, weil sie Anlaufpunkte von königlichen oder kaiserlichen Umzügen im Reich waren und diese Umzüge mit dem gesamten Hofstaat stattfanden, was entsprechenden Platzbedarf nach sich zog. Jedenfalls kann man Tilleda als ein Freilichtmuseum ansehen, obgleich die Anlage mit dem Ende des 12. Jahrhunderts ihre Bedeutung einbüßte, weil sich das staufische Interessengebiet nach Sizilien verlagerte. Bauliche Veränderungen hat die Pfalz kaum erlebt, sie blieb zunächst im Ursprungszustand, wurde später aufgegeben und zu großen Teilen abgebrochen (4, 50, 309).

Uftrungen ㊲

Uftrungen liegt im Tal der Thyra, umrandet von den bewaldeten Höhenzügen der Schabeleite, dem Alten Stolberg, den Seebergen, dem Königskopf und dem Siebengemeindewald. Schöne alte Fachwerkhäuser prägen das Dorfbild, sie stammen zum Teil aus dem 17. Jahrhundert. Uftrungen wurde bereits zwischen 802 bis 817 erstmals urkundlich genannt. Es unterstand einzig den Grafen von Stolberg, verblieb bis 1815 unter der Oberhoheit des Königreichs Sachsen und gelangte dann an den Regierungsbezirk Merseburg der preußischen Provinz Sachsen. Das Haupthaus des ehemaligen Ritterguts rundet mit seiner harmonischen Gliederung das Bild Uftrungens ab.

Volkmaritz ㊳

Volkmaritz, in Neehausen nördlich des Süßen Sees und 11 km östlich von Eisleben gelegen, gehört neben einer Reihe anderer Dörfer seit 2010 zur

Uftrungen, ehemaliges Rittergut, heute Altenheim

Gutshaus in Volkmaritz

Einheitsgemeinde „Seegebiet Mansfelder Land“. Über die Geschichte der Dorfanlage ist nichts bekannt. Ihr Haupthaus ist heute das 1903 erbaute Gutshaus Volkmaritz, ein Hotel, das während der DDR-Zeit als Kulturhaus diente. Aktuell steht es zum Verkauf. Das Fachschrifttum gibt über die Geschichte von Volkmaritz sonst nichts her.

Walbeck (I.) ㊴

Die Stadt Walbeck, heute ein Ortsteil der Stadt Hettstedt, liegt unmittelbar nordwestlich von Hettstedt am Rande des Mansfelder Berglandes im östlichen Harzvorland. Dieses Walbeck ist nicht zu verwechseln mit dem hier ebenfalls beschriebenen Walbeck im Bördekreis mit der dort auch dargestellten Ruine der Stiftskirche. Das Schloss Walbeck war ursprünglich ein Benediktinerinnenkloster, dessen Weihe am 7. Mai 997, dem Todestag Otto des Großen, stattgefunden hat. Das Kloster hatte ein wechselvolles Schicksal. In der Halberstädter Bischofsfehde wurde das Kloster von den Grafen von Regenstein verwüstet und damit der wirtschaftliche Niedergang eingeläutet. 1387 ging die Vogtei von den Regensteinern auf die Mansfelder über. Im Bauernkrieg wurde das Kloster geplündert und 1540 säkularisiert. 1745 wurde es zu einem amtssässigen Rittergut erhoben, das der Familie von dem Bussche gehörte. In dieser Zeit erfuhr das Kloster Umwandlungen. Es entstand das Herrenhaus, in das Teile des Klosters einbezogen wurden. Das 1750 vollendete Schloss war bis 1945 im Besitz der Herren von dem Bussche. Es ist danach noch saniert worden, heute allerdings durch eine unglaubliche Zahl von überhaupt nicht gebrauchten Solaranlagen entstellt, die der Denkmalbehörde offenbar nicht missfallen haben, aber dazu führen, dass man sich die sehr schöne Schlossanlage am besten von unten ansieht, ohne auf die Dächer blicken zu müssen (223). Im Jahre 1790 holte Wilhelm Christian von dem Bussche einen Planteur nach Walbeck und ließ ihn eine Baumschule anlegen.

Schloss Walbeck

Schloss Wallhausen

Im Jahre 1802 erbaute der Planteur auch das Planteurhaus, eine klassizistische Villa als Sitz des Planteurs zu Walbeck. Das Planteurhaus ist noch heute vorhanden, vollständig saniert und mit Mietwohnungen für Touristen versehen.

Wallhausen ㊵

Dem kleinen Ort Wallhausen im unteren Helmetal, nahe Sangerhausen, sieht man nicht an, auf welche glorreiche Geschichte dieser Ort mit knapp 2.500 Einwohnern verweisen kann.

Es könnte sein, dass in Wallhausen bereits in der Karolingischen Zeit eine Pfalz bestanden hat, wofür es allerdings keinen urkundlichen Beleg gibt. Fest steht jedoch, dass der spätere König Heinrich I. in seiner Pfalz Wallhausen im Jahr 909 die Ehe mit Mathilde einging. Sehr wahrscheinlich ist daher auch, dass 912 sein Sohn Otto, später Otto der Große, in Wallhausen geboren wurde. Mit dem Antritt des Königstums Heinrichs I. wurde Wallhausen Königspfalz, die im 10. und 11. Jahrhundert von allen ottonischen und salischen Königen und Kaisern besucht wurde. Gegen Ende des 13. Jahrhunderts dürfte die Pfalz allerdings ihre damalige Bedeutung verloren haben, was auch damit zusammenhängen könnte, dass andere Kaisergeschlechter ihren Lebensmittelpunkt in südlichere Teile des Alten Reiches verlegten. In Wallhausen versammelte Kaiser Heinrich V. sein Heer, um gegen Welfesholz zu ziehen, wo er 1115 eine wegweisende Schlacht verlor und Herzog Lothar von Sachsen den Sieg über den Kaiser zum Anlass nahm, Wallhausen zu zerstören. Ab 1606 entstand das neue Schloss, wie heute nachweisbar ist, auf den Resten einer Burg, die möglicherweise an Stelle der alten Pfalz gebaut worden war, deren wirklicher Standort aber bisher nicht feststellbar gewesen ist (262, 262a). Das stattliche Schloss beherbergt heute ein Hotel.

Welfesholz ㊶

Das heute zur Stadt Gerbstedt im Landkreis Mansfeld-Südharz gehörende Welfesholz (4 km östlich von Hettstedt und 14 km nördlich von Eisleben) war im Mittelalter Schauplatz einer geschichtlich bedeutsamen Situation. Es war die Zeit der salischen Kaiser, die als Rechtsnachfolger der Ottonen von 1024 bis 1125 regierten. Der Kaiser dieser Dynastie, Heinrich V., hatte 1112 die Grafschaft Weimar-Orlamünde seinem unmittelbaren königlichen Besitz einzuverleiben versucht und eine den sächsischen Fürsten stark missfallende Territorialpolitik betrieben, zum

Gut Welfesholz mit der ehemaligen Gutskapelle

Wickerode, Ortsansicht mit Blick zur Kirche St. Trinitatis

Beispiel sächsische Edelleute eigenmächtig abgesetzt. Daraus formierte sich ein Widerstand gegen den autokratischen Salier, der sich nach einer Niederlage der sächsischen Fürsten bei Warnstedt 1113, in einer Schlacht am Welfesholz 1115 entlud, die Heinrich V. verlor. Er musste fliehen und verlor für den Rest seiner Regierungszeit jeglichen Einfluss in Sachsen. Einer seiner Gegner, Lothar von Süpplingenburg, gewann im Frühjahr 1125 die Königswahl, nachdem Heinrich V. im gleichen Jahr verstorben war. Er bestieg den Thron und leitete die Dynastie der Staufer ein. Die Berichterstattung über die Schlacht hat alle Informationen über Welfesholz überlagert, so dass man nicht erfährt, was dort sonst noch statt gefunden haben könnte. Jedenfalls steht in Welfesholz ein sehr ansehnliches Rittergut, das die frühere Dominanz der Landwirtschaft bekundet.

Wickerode ㊷

Wickerode gehört zur Gemeinde Südharz im Landkreis Mansfeld-Südharz. Die erste urkundliche Erwähnung erfolgte im Jahre 1111. Wickerode gehörte zum Besitz der Grafen von Stolberg und war Teil des Amtes Questenberg in der Grafschaft Stolberg-Roßla. Bis 1815 stand Wickerode unter der Oberhoheit des Königreichs Sachsen und gelangte dann an den Regierungsbezirk Merseburg in der preußischen Provinz Sachsen. Wickerode ist wie die anderen Ortschaften der Goldenen Aue ein Wanderparadies. Der Ort ist von vielen ansehnlichen Häusern geprägt und war ein herausragendes Mühlenviertel.

Willerode ㊸

Das zur Gemeinde Bräunrode im Landkreis Mansfeld-Südharz (nahe Hettstedt) gehörende Willerode zeigt noch ein Herrenhaus des ehemaligen Gutshofs aus dem 19. Jahrhundert. Bräunrode wurde 1080 erstmals erwähnt, Willerode erst 1377. Der Ort war bis 1742 selbständige Gemeinde. Die Gemeinden, die sich zu Beginn des Jahres 2010 zur neuen Stadt Arnstein zusammenschlossen, waren über die Jahrhunderte der Aufenthaltsort von Klein- und Mittelbauern. 1952 wurden erste landwirtschaftliche Produktionsgenossenschaften gegründet. Von 1960 bis zur Wende gab es folgerichtig keine selbstständigen Bauern. Das scheint sich wieder geändert zu haben.

Wippra ㊹

Der ansehnliche Ort Wippra, der durch seine Fachwerkbauten besticht, ist einer der ältesten im Landkreis. Er wird erstmals im 8. Jahrhundert genannt (Uuipparacha); auch im Hersfelder

Gasthof Schieferhaus in Wippra, erbaut 1380 (oben).
Rechts: Fachwerkhaus mit Blickzur Ortskirche St. Marien

Zehntverzeichnis kommt der Ort namentlich vor. Das Wippraer Grafengeschlecht gehörte dementsprechend zu den ältesten Grundherrschaften im Harz, wobei gegenwärtig einiges dafür spricht, dass der Ort selbst viel älter ist als die Burgen. Auf einem steilen Felsen nördlich der Siedlung im Wippratal werden insgesamt drei Burganlagen genannt, von denen allerdings nicht mehr viel zu sehen ist (309). Das Grafengeschlecht von Wippra erlosch etwa um 1175 und der Besitz ging an die Edelherren von Hakeborn. 1328 ging der Besitz an das Erzbistum Magdeburg über, 1448 an die Mansfelder. Mit der mansfeldischen Erbteilung im Jahre 1501 verband Graf Albrecht Wippra mit seiner unmittelbaren Herrschaft auf der Rammelburg, die er künftig bewohnte. Dieser Umstand trug sicher zum Verfall der Burg Wippra bei, da sie nicht mehr bewohnt wurde. Wippra entwickelte sich erst im 20. Jahrhundert zu einem beliebten Luftkurort.

Gutshaus Zabenstedt

Zabenstedt (45)

Zabenstedt ist seit Anfang 2010 Teil von Gerbstedt und liegt im Norden des Landkreises Mansfeld-Südharz. Das Gutshaus ist um 1890 entstanden. Es ist inzwischen verkauft, die übrige Anlage wird gegenwärtig saniert. Die Anlage ist damit gerettet.

Zabitz (46)

Zabitz ist Ortsteil von Freist und dieses wiederum Teil der Stadt Gerbstedt im Landkreis Mansfeld-Südharz. In ihm befindet sich das Haus Dryander, etwa 1910/1911 von Hermann Muthesius errichtet. Dieses Zabitz ist nicht zu verwechseln mit dem gleichnamigen Ort im Osternienburger Land nahe Köthen. Die Ortsteile von Freist wurden 992 erstmals erwähnt, als König Otto III. dem Stift Quedlinburg u.a. das Dorf

Siabudisci (Zabitz) schenkte, verbunden mit der Auflage, die Erträge der Stiftskirche Walbeck zufließen zu lassen. Das Zabitzer Freigut kam aus dem Besitz der Familie Spielberg in den des Hallenser Kaufmanns Herrman Dryander, der den bekannten Architekten Hermann Muthesius mit dem Bau des Gutshauses beauftragte, was dieser von 1910 – 1911 realisierte. Mit der 1945 erfolgten Enteignung wurde das Gut auf 45 Neubauern aufgeteilt, Haus Dryander wurde ein Kinderheim. In den 1990er Jahren entstand im Gutshaus ein Aussiedlerheim. 1993 stand es leer. Ein neuer Besitzer renovierte ab 1997 die Anlage. Haus Dryander und die Gartenanlage sind heute Teil der „Gartenträume Sachsen-Anhalt“ (288).

Haus Dryander in Zabitz

Saalekreis

Bad Düben (Sn)
Bad Lauchstädt
Beesenstedt
Benkendorf
Blösien
Bölberg/Wörmlitz
Branderoda
Braunsbedra
Bündorf
Burgliebenau
Delitzsch (Sn)
Deutleben
Dieskau
Doberlug (Bbg)
Dobis
Döcklitz

Dölkau
Domnitz
Ermlitz
Etzdorf
Farnstädt
Finsterwalde (Bbg)
Frankleben
Gimritz
Gollma
Granau
Gröbers
Halle
Halle-Beesen
Halle-Franckesche Stiftungen
Halle-Lettin
Halle-Seeben

Giebichenstein
Hohenthurm
Holleben
Kreuzvorwerk
Krosigk
Landsberg
Leimbach
Lodersleben
Lübben (Bbg)
Merbitz
Merseburg
Mücheln (Geiseltal)
Mücheln (Wettin)
Neutz-Lettewitz
Ostrau
Peißen

Querfurt
Salzmünde
Schafstädt
Schkopau
Schnellroda
Schochwitz
Schotterey
Schraplau
Spremberg (Bbg)
Teutschenthal
Vitzenburg
Weißenschirmbach
Wettin
Zaschwitz
Zöberitz
Zöschen

Das Merseburger Ständehaus, gebaut Ende des 19. Jahrhunderts, nunmehr Kongress- und Kulturzentrum

Saalekreis

Salzlandkreis
Anhalt-Bitterfeld
Mansfeld-Südharz
Burgenlandkreis
Salzatal
Teutschenthal
HALLE (SAALE)
MERSEBURG
LEUNA
BAD DÜRRENBERG
BRAUNSBEDRA
QUERFURT
GOETHESTADT BAD LAUCHSTÄDT
WETTIN-LÖBEJÜN
Petersberg
LANDSBERG
Schkopau

Bad Düben ①

Düben wurde im Jahre 981 erstmals von dem zuverlässigen Chronisten Bischof Thietmar von Merseburg erwähnt, existierte aber vermutlich schon seit 928 in der Reihe der Muldeburgen. Im 11. bis 13. Jahrhundert war Düben ständig Streitobjekt zwischen Merseburg und Magdeburg. Die Burg wurde 1115, neun Wochen nach der Schlacht am Welfesholz, von Wiprecht von Groitzsch eingenommen und als Stützpunkt in seinem Kampf gegen Kaiser Heinrich V. verwendet. Von Düben aus eroberte Wiprecht 24 feste Herrensitze und gewann sein Herrschaftsgebiet im südöstlichen Niedersachsen zurück. 1276 wurde Düben meißnisch. Düben wurde während des Dreißigjährigen Krieges mehrmals Opfer von Zerstörungen und den damals üblichen Verwüstungen. Dem waren bereits Zerstörungen im Sächsischen Bruderkrieg 1450 vorausgegangen. Im Jahr 1813 weilte Napoleon mit seinem Hauptquartier in Düben, kurz bevor er seine Truppen zur Völkerschlacht bei Leipzig führte, wo er bekanntlich eine vernichtende Niederlage erlitt. 1948 wurde der Stadt Düben der Titel Bad verliehen, danach war sie aber vor allem Garnisonsstadt mit zwei Kasernen. Das Schloss hat eine umfassende Sanierung erfahren. Längst gehört Bad Düben zum Freistaat Sachsen, ohne seine anhaltinische Vergangenheit leugnen zu müssen.

Burg Düben mit dem Landschaftsmuseum Dübener Heide

Burghof und Burgwärterhaus

Bad Lauchstädt ②

Der Ort Lauchstädt wurde bereits im Hersfelder Zehntverzeichnis, also im 9. Jahrhundert, genannt, erlebte aber seine Glanzzeit mit dem Auffinden einer heilkräftigen Quelle um 1701. Die Quelle erhielt 1710 eine Einfassung und ein hölzernes Gebäude, in dem sich diejenigen aufhalten konnten, die sich des Brunnens be-

Schloss Bad Lauchstädt

Der Teich am Schloss von Bad Lauchstädt bildet den östlichen Abschluss der historischen Kuranlage

dienten. Da sich das neue Kurbad bald großer Beliebtheit erfreute, entstand sukzessive das heutige Heilbad während der Regentschaft des sächsischen Kurfürsten. Über das ganze 18. Jahrhundert hinweg entstanden die Kuranlagen. Mit der sommerlichen Anwesenheit des kurfürstlich-sächsischen Hofes in Lauchstädt ab 1775 begann die wesentlichste Periode eines großartigen Aufschwungs; mit dem Wiener Kongress 1815 fiel das Gebiet des ehemaligen Herzogtums Sachsen-Merseburg mit der Stadt Lauchstädt an Preußen. Ab 1803 erhielt Bad Lauchstädt auch einen literarischen Glanz, denn Goethe und Schiller fingen mit dem Theaterspielen an, was naturgemäß weitere Besucher dorthin zog. Das Theater verlor schließlich an Bedeutung, da die weimarische Schauspieltruppe Goethes nach Aufhebung des Halleschen Theaterverbotes die Lauchstädter Gastspiele aufgab. Damit war die Glanzzeit des Kurbades vorüber. Inzwischen findet – nach der Wiedervereinigung – wieder viel Kultur statt und Bad Lauchstädt ist ein geeigneter Gastgeber.

Die mittelalterliche Burg wurde zwischen 1528 und 1536 sowie um 1585 erneuert. In der Folgezeit entstand ein stattliches Schloss, das den Kurbereich glanzvoll abschließt. Bad Lauchstädt ist heute einer der 40 „Gartenträume Sachsen-Anhalts“ und wieder in etwa der alte Besuchermagnet (17).

Beesenstedt ③

Beesenstedt ist eine Gemeinde in der Saaleregion und seit 2010 zur Gemeinde Salzatal gehörig. Es existiert ein Schloss aus dem 19. Jahrhundert und eine bis auf das Herrenhaus zurückgebaute Burg aus dem 13. Jahrhundert, in der heute Pferdesport betrieben wird. Das Schloss war bis 1947 Wohnsitz der Familie Nette, deren Vorfahren auf den Dichter Friedrich Gottlieb Klopstock zurückgehen. 1915 wurde es durch den Architekten Paul Schultze-Naumburg ausgebaut. Nach dem

Schloss Beesenstedt

Schloss Benkendorf (Bilder links und oben) beherbergt eine Seniorenresidenz.

Kriege nutzte die FDGB-Schule „Otto Schlag" das Gebäude. Nach der Wende stand es bis 1996 leer. Nunmehr befindet es sich in Privatbesitz und wird für Privatveranstaltungen und als Drehort für Filmaufnahmen genutzt.

Benkendorf ④

Benkendorf, nicht zu verwechseln mit dem Grundbesitz der ebenfalls im Saalekreis gelegenen Gemeinde Salzmünde, sondern der Gemeinde Holleben zugehörig, weist ein Schloss auf, zu dem ein 1769 errichtetes Gutsgebäude gehört. Die Zahl der Einwohner dieses kleinen Dorfes betrug im Jahre 1890 183, jetzt sind es noch weniger. Benkendorf liegt an der Salza, 19 km östlich von Eisleben. Über seine undramatische Geschichte ist nichts Widersprüchliches bekannt, seine Zugehörigkeit zum Erzpriesterbezirk Holleben aber wahrscheinlich. Das Schloss ist heute Altenheim, die Wirtschaftsgebäude um den großen Hof stammen aus beiden Bauzeiten. Fast folgerichtig schließt sich an die Baugruppe ein großzügig angelegter Landschaftspark an.

Blösien ⑤

Blösien ist aus einer wendischen Niederlassung hervorgegangen und war Bestandteil des Hersfelder Zehntverzeichnisses, also vor 899 schon vorhanden. Heinrich II. schenkte den Ort im Jahr 1004 dem Merseburger Bischof Wigbert. Im 14. Jahrhundert sind die Grafen von Mansfeld mit dem Rittergut belehnt worden, später die Familie von Schönau. Nach weiteren Herrschaftsveränderungen gehörte das aus dem Jahre 1549 stammende, schriftsässige Rittergut ab 1713 Wolf Friedrich von Tümpling. Seit 1950 gehört Blösien zu Geusa und jetzt zur Stadt Merseburg (seit 2010).

Gutshaus Blösien

Gutshaus Wörmlitz

Gutshaus Branderoda

Böllberg/Wörmlitz ⑥

Wörmlitz, nicht zu verwechseln mit dem Dörfchen Wörmlitz östlich von Magdeburg und dem Ortsteil der Stadt Möckern, ist Teil des Ortes Böllberg und dieser wiederum Teil der Stadt Halle. Ungeachtet der Nähe zur Altstadt von Halle erfahren die Orte Böllberg und Wörmlitz eine Ersterwähnung erst im Hochmittelalter. 1121 wird Wörmlitz (Wurmelice) erwähnt, wurde aber eigentlich erst bekannt durch die Vorkommen des weißen Wörmlitzer Sandsteins, aus dem in Halle öffentliche und private Gebäude errichtet wurden (Wormenitzer Sandstein). Der im Fachschrifttum kaum erwähnte bzw. beschriebene Ort ist landschaftlich sehr reizvoll. Westlich von Böllberg findet der Besucher eine der größeren Saaleinseln, die Rabeninsel. Das Gutshaus Wörmlitz, ein bescheidener Bau, ist ebenso ansehenswert wie die Kirche St. Petrus.

Branderoda ⑦

Branderoda liegt westlich von Braunsbedra, zwischen Weißenfels und Querfurt, und wurde 1400 erstmals urkundlich in einem Zinsregister des Bistums Halberstadt erwähnt. Der Rittersitz gehörte 1589 der Familie Schlegel und ab 1630 der Familie Felgenhauer. 1815 gelangte Branderoda an Preußen, von 1952 bis 1994 an den Landkreis Nebra, seit 1994 an den Landkreis Merseburg-Querfurt. Seit dem 1. Januar 2006 ist Branderoda Teil der Stadt Mücheln. Das abgebildete Gutshaus stammt aus dem 18. Jahrhundert. Es ist offenbar umfassend genutzt.

Braunsbedra ⑧

Die kleine 12.000-Einwohner-Stadt Braunsbedra liegt 25 km südlich von Halle und ca. 35 km westlich von Leipzig. Der im April 2011 beendete See-Zufluss ließ den Geiseltalsee entstehen, den größten See Sachsen-Anhalts und den größten künstlichen See Deutschlands. Damit hat die wohlgestaltete Stadt bei einer derart exponierten Lage zwischen Halle und Leipzig eine neue Qualität erhalten,

Schloss Braunsbedra ist heute ein Altenpflegeheim

wobei der See mit einer Marina und anderen touristischen Reizen versehen ist. Im Hersfelder Zehntverzeichnis wurden die Ortsteile Braunsdorf, Bedra und Schortau schon im 9. Jahrhundert als zehntpflichtige Orte genannt und damit erstmals urkundlich erwähnt. Die einzelnen Ortsteile hatten bis zum Zusammenschluss unter dem Schirm Braunsbedras unterschiedliche „Dynastien" über sich, die hier namentlich dahinstehen mögen. Die letzte Familie war von 1794 bis 1945 die von Helldorf. Braunsbedra erhielt das Stadtrecht erst 1993. Zwischen 1962 und 2007 wurden Schortau, Neumark, Frankleben und Krumpa eingemeindet. Braunsbedra verfügt seit 1820/30 über ein großes, zweigeschossiges Dreiflügelbauwerk, das zunächst als Schloss diente und heute als schönes Altenpflegeheim geschätzt wird.

Bündorf ⑨

Das Dorf Bündorf, Ortsteil von Knapendorf, zwischen Merseburg und Bad Lauchstädt, ist von Isabella Scheffler im Rahmen einer Magisterarbeit näher untersucht worden (241), womit über die prächtige Schlossanlage Bündorf alle erdenkliche Information besteht. Damit ist auch klar geworden, dass die Entstehung des Schlossensembles früher als bisher angenommen, nämlich auf 1729 bis 1731 datiert werden kann. Wahrscheinlich ist auch, dass der Zimmermeister (!) Johann Samuel Löhntz aus Merseburg die Planung und die Realisierung des Bauvorhabens verantwortete. Bauherr war Ludwig Adolph d.Ä. von Zech, dessen Familie jedenfalls von dem Zeitpunkt der Errichtung an Eigentümerin der Anlage gewesen ist. Von Zech war Kursächsischer Gesandter am Kaiserhof in Wien und damit im Besitz eines der höchsten Ämter Kursachsens. Das Schloss bietet mit dem eigentlichen Gutshof eine sehr harmonische Situation. Es wurde nach 1948 als Altenheim verwendet und 1996 ohne Ergebnis an einen privaten Investor verkauft. Bis 2012 hatte sich kaum etwas getan. Nach einer erneuten Versteigerung im August 2012 ist Ende 2015 noch kein entscheidender Fortschritt zu verzeichnen. Die sehr moderne Rundbebauung, die 1999 (Dehio!) noch ruinös gewesen sein muss, ist auf erfrischende Weise seit mehreren Jahren saniert. Sie verdeckt zum Teil das eigentliche Schloss. Auf die künftige inhaltliche Konzeption der sehr großen Anlage darf man allerdings gespannt sein.

Burgliebenau ⑩

Burgliebenau ist sowohl im „Handbuch der historischen Stätten Deutschlands" wie im „Handbuch der deutschen Kunstdenkmäler" von Dehio auch nur erwähnt und die spärliche Geschichte von Burgliebenau, von Reinhard Schmitt so weit wie möglich aufbereitet (267), lässt auch für die vergangenen Jahrhunderte keine größere

Bündorf, im Vordergrund ein Teil der weitläufigen Schlossanlage

Schloss Burgliebenau

Kenntnis zu. Schmitt hat aber immerhin diese Lücke durch seine Veröffentlichung (267) mehr als geschlossen, wenngleich auch ihm nicht die erforderlichen Urkundenbeweise voll zur Verfügung gestanden haben. Heute ist Burgliebenau Bestandteil des Hauptortes Schkopau und liegt südlich der Weißen Elster, als 1356 erstmals erwähnte Burganlage. Burgliebenau unterfiel, als Bestandteil Merseburgs, auch der Sekundogenitur des Herzogtums Merseburg, wozu sich aber auch nur ein ganz knapper Hinweis darauf findet, dass Burgliebenau in das höfische Leben der Sekundogenitur einbezogen war, ohne dass deutlich wird, was man sich darunter vorzustellen hat. Im Übrigen erscheint seit dem 13. Jahrhundert Burgliebenau in den Quellen nahezu ausschließlich im Zusammenhang mit Rechtsgeschäften, Verpfändungen und Einlösungen. Dass sich über die Jahrhunderte zahlreiche bauliche Veränderungen nachweisen lassen, sei hier nur erwähnt. Welche Funktion das Schloss heute hat, wird von niemandem beschrieben. Im Jahre 2011 äußerte der überaus gründliche Berichterstatter die Hoffnung, „dass es der Gemeinde Schkopau gelingen wird, in absehbarer Zeit einen ernsthaft am Erhalt und einer sinnvollen, denkmalverträglichen Nutzung des Schlosses interessierten Bauherren zu finden.“

Delitzsch ⑪

Das im Freistaat Sachsen liegende Barockschloss Delitzsch wird deshalb behandelt, weil es von 1657 bis 1738 der Sekundogenitur Sachsen-Merseburg zugehörig war und damit in das Thema dieses Buches gehört. Folgerichtig wird überwiegend auch nur auf diese Zeit und die folgenden Jahrhunderte eingegangen. Im 9./10. Jahrhundert hatten slawische Sorben eine Burg auf dem Gelände des heutigen Schlossgartens errichtet; bereits zwischen 1387 und 1391 ließ der Wettiner Markgraf Wilhelm I. am heutigen Standort des Schlosses eine wehrhafte Wasserburg erbauen, die künftig Reiseresidenz wurde. 1540 bis 1558 wurde die gotische Wasserburg zum Renaissanceschloss des Kurfürsten von Sachsen umgebaut. 1689 bis 1696 erfolgte ein Umbau zum barocken Wohnschloss für die Witwen der Herzöge, diente aber vor allem den Fürsten von Sachsen-Merseburg in der Zeit der Sekundogenitur. Zwischen 1785 und 1815 wurde das Schloss nach kleineren Umbau- und Abbrucharbeiten als Justiz- und Verwaltungsgebäude genutzt. Der Glanz des Schlosses schwand zunächst, als 1806 bis 1926 das Gebäude als Königlich-Preußisches Frauenzuchthaus für Schwerverbrecherinnen aus der Provinz Sachsen genutzt wurde. 1929 kaufte die Stadt Delitzsch das Schloss und das umgebende Gelände von der Regierung in Merseburg. 1996 bis 2005 erfolgte die Rekonstruktion des heruntergekommenen Schlosses. Heute befinden sich in diesem Barockschloss Touristikinformation, Standesamt, Musikschule sowie ein Veranstaltungskeller. Delitzsch hatte das seltene Glück, den Dreißigjährigen Krieg unbeschadet zu überstehen. Es glänzt heute in aller Pracht und ist ein Juwel des Freistaates, der aber wahrscheinlich ohne die Bildung der Sekundogenitur in Merseburg über eine derartige Kostbarkeit nicht in der vorliegenden Form verfügen würde (330, 331).

Barockschloss Delitzsch

Gutshaus in Deutleben (oben)
Evangelische Dorfkirche St. Moritz (rechts)

Deutleben ⑫

Das 19 km nordwestlich von Halle gelegene Kirchdorf erlangte eine gewisse Bedeutung, weil seine Kirche nach der Reformation vom Magdeburger Domkapitel zum Filial der Wettiner Kirche erhoben wurde, der auch die Gerichtsbarkeit über das Dorf zustand. Das ehemalige Gutshaus, ein stattlicher zweigeschossiger Bau, stammt im Kern aus dem 18. Jahrhundert, überformt im 19. Jahrhundert.

Dieskau ⑬

8 km südöstlich von Halle liegt das Schloss Dieskau in einem 62 ha großen Park, der sich an den Gestaltungen der Wörlitzer Parklandschaft orientiert hat. Das Schloss erhebt sich am Rande des Dorfes in einer Auenlandschaft am Ostufer der Reide. Es hatte einen Vorgänger in Gestalt einer mittelalterlichen Wasserburg, die von den Herren von Dieskau errichtet wurde. Diese hatten – vermutlich seit 1200 – im Saalekreis reichen Lehensbesitz erworben und standen im Dienst der Erzbischöfe von Magdeburg, der Bischöfe von Merseburg und der sächsischen Kurfürsten. Im letzten Viertel des 16. und dem ersten Viertel des 17. Jahrhunderts errichtete Hieronymus von Dieskau d.J. (1556 - 1625) das heute bestehende Renaissanceschloss. Bis 1853 stand das Schloss im Besitz der Familie von Hoffmann, von 1854 bis zur Enteignung im Jahre 1945 in der Botmäßigkeit der Familie von Bülow.

1998 gelangte das Schloss wieder an einen privaten Eigentümer, der natürlich mit seiner Sanierung des Schlosses noch längst nicht fertig ist, aber alles Erforderliche zu tun scheint.

Schloss Dieskau

Doberlug, Schloss

Doberlug, Klosterkirche

1993 wurde hinsichtlich des Parks berichtet, dass man etwas tun werde. Inzwischen ist der Schlosspark Teil der „Gartenträume Sachsen-Anhalt" (199, 288).

Doberlug ⑭

Doberlug, am östlichen Ufer der Kleinen Elster in Brandenburg gelegen, wurde bereits 1005 als slawische Siedlung erwähnt und bedeutungsvoll 1165 durch die Gründung eines Zisterzienserklosters durch Dietrich von Landsberg. Das Schloss bestand seit 1550, der Ort war seit 1541 kursächsisch; zum gleichen Zeitpunkt wurde das Kloster säkularisiert. Das Schloss ist eine große vierflügelige Renaissance-Anlage, während der Sekundogenitur in Merseburg Fürstenhof und Jagdschloss. In der preußischen Zeit (nach 1815) war es Oberförsterei, Gericht und Gefängnis sowie Steueramt. Nach 1945 besetzte es die Sowjetarmee, von 1950-1988 die NVA. Die Sanierung der Außenhaut war 2011 abgeschlossen, das Schloss ist jetzt Kultur- und Ausstellungszentrum. Die Klosterkirche vom Ende des 12. Jahrhunderts ist saniert und das älteste Bauwerk der Stadt, die in der 2. Hälfte des Jahres 2014 Sitz der Landesausstellung Brandenburg gewesen ist, was für ihre Bedeutung spricht (44a, 212).

Dobis ⑮

Das ehemalige Herrenhaus, gelegen im Saaletal bei Wettin, stammt wohl aus dem 18. Jahrhundert, heute ist es eine Galerie. Die Umgebung ist für Wanderungen sehr geeignet. Die Saalehänge sind ein Naturschutzgebiet der Stadt Wettin-Löbejün, das zahlreiche Besonderheiten des Naturparks aufweist, zu dem das Naturschutzgebiet gehört. Fauna und Flora brillieren. Nebenbei, nur wenige kleine Ortschaften stellen sich in Wikipedia so übersichtlich dar.

Dobis, ehemaliges Herrenhaus

Gutshof Hagenguth in Döcklitz

Neues Schloss in Dölkau

Döcklitz ⑯

Döcklitz in Obhausen, nördlich von Querfurt, weist den ehemaligen Gutshof Hagenguth auf, ein stattliches Herrenhaus im Neorenaissancestil der Jahre 1887/88, das als Produkt der Gründerzeit allerdings nicht zwingend zu einem Gutshof passte, aber den Geist dieser Jahre widerspiegelt (300). Zwischen 1400 und 1524 ist Döcklitz wüst gewesen. Der lange Zeitraum lässt erkennen, wie bedeutungslos der Landstrich gewesen sein muss. Erst ab 1714 erfolgte eine Neubesiedlung.

Dölkau ⑰

Dölkau, Ortsteil der Ortschaft Zweimen in der Stadt Leuna, verfügt noch über ein altes Schloss von 1751 im barocken Stil (hier nicht abgebildet) und über das im besten klassizistischen Stil des frühen 19. Jahrhunderts (1803) erbaute neue Schloss, errichtet von Karl Ludwig August von Hohenthal (1769 - 1826). Das Schloss liegt jetzt in einer vernachlässigten großen Parkanlage und besitzt ein durch den klaren Klassizismus ungewöhnliches Äußeres. Die Familie von Hohenthal besaß das Schloss bis 1945. Es wird noch genutzt, in der DDR-Zeit war es Jugendheim.

Domnitz ⑱

Domnitz liegt nordwestlich von Halle und ist ein Ortsteil der Stadt Wettin-Löbejün. Er wurde bereits im frühen Mittelalter erwähnt. Der in Domnitz zu besichtigende Gutshof ist der ehemalige Hof des Klosters Gerbstedt, ein zweigeschossiges Gutshaus von 1848/49 mit Stall- und Scheunenbauten aus der zweiten Hälfte des 19. Jahrhunderts.

Ermlitz ⑲

Ermlitz liegt östlich des Hauptortes Schkopau und nördlich der Weißen Elster. In Ermlitz steht

Stallungen des Gutshauses Domnitz

Schloss Ermlitz und Nebengebäude des Schlosses

Dr. Heinrich Friedrich Apel (1732 - 1802)

Johann August Apel (1771 - 1816)

das ehemalige Gutshaus der Leipziger Kaufmannsfamilie Apel aus dem 3. Viertel des 18. Jahrhunderts (1771). Verkäufer war ein Mitglied der uralten Familie von Bose, die über umfangreichen Grundbesitz verfügte und im 13. Jahrhundert schon urkundlich genannt wurde. Dem heutigen Schloss Ermlitz ging ein Vorgängerbau in einfachem Renaissancestil voraus; Mitglieder dieser begüterten Familie waren mit Ermlitz seit 1484 belehnt. Über mehrere Generationen hinweg übernahm Carl Ludwig von Bose das Gut Ermlitz im Jahre 1710. Von ihm stammt auch das heutige Herrenhaus, das etwa 1715/16 entstanden sein dürfte, wie dendrologische Untersuchungen belegt haben. Der auf Ermlitz geborene Carl Hieronymus von Bose hatte sich wohl mit dem Bau übernommen, die Zeiten waren schlecht geworden und das Gehalt eines Obrist-Wachtmeisters war keine ausreichende Finanzierungsgrundlage. 1771 wurde daher das Schloss mit Grundbesitz für 49.000 Taler an die Familie Apel verkauft. Das 18. Jahrhundert hatte aus Leipzig eine Weltstadt gemacht, ihre verlegerische Tradition ist noch heute ein unbestrittenes kulturelles Glanzlicht. Eine hervorstechende Persönlichkeit war Johann August Apel, der zur Zeit des Herrenhauserwerbs, am 17. September 1771, geboren wurde. Sein hochangesehener Vater, Dr. Heinrich Friedrich Innozenz Apel (1732 bis 1802) war ein Wegbereiter der sächsischen Romantik, auf die sein Vater größten Wert legte. Schon als Kind begeisterte sich Johann August Apel für historische und naturgeschichtliche Fragestellungen sowie physikalische Experimente, lernte Klavier spielen und war in den ersten Jahrzehnten seines Lebens ein belesener Intellektueller. Literatur und Musik blieben lebenslang seine Elixiere. Mit seinem „düster-verschlossenen und strengen Vater“ hatte er tiefgreifende Auseinandersetzungen, dieser wollte aus seinem Sohn einen Theologen machen, erhielt aber einen promovierten Rechtsanwalt. Er hat sich davon nicht beirren lassen (18 a).

August Apel hatte die Novelle „Der Freischütz“ geschrieben, die dem Librettisten den Stoff für die gleichnamige Oper von Carl Maria von Weber lieferte. Im Musiksalon des Herrenhauses steht noch immer der Flügel, auf dem Weber die Ouvertüre zu dieser Oper komponierte. Augusts Sohn Theodor, Schriftsteller, war mit Richard Wagner befreundet, der sich mehrmals in Ermlitz aufhielt. Die musikalische Vergangenheit des Platzes hat dazu beigetragen, dass dort regelmäßig Konzerte veranstaltet werden.

Die Familie Apel besaß Ermlitz bis 1945, danach wurde sie enteignet. Die folgende Verwendung als Kinderheim bekam dem Gutshaus und seinen wertvollen Wandtapeten nicht besonders. Der letzte Träger des Namens Apel, Carl-Heinrich, erwarb das Schloss mit Nebengebäuden und Park von zuletzt vier Eigentümern zurück. Er starb 2012. Die Sanierung war von höchster Qualität. Das Kulturgut Ermlitz ist heute ein öffentlicher Bau und lohnt jeden Besuch. Allzu viele Beispiele dieser Qualität gibt es nicht (201a).

Etzdorf ⑳

In Etzdorf, Saalekreis-Gemeinde Steuden, liegt das ehemalige Schrödersche Gut, eine stattliche Villa von 1906 mit Jugendstilfassade und nahezu geschlossen erhaltener Ausstattung. Im Westen des Gutes befinden sich Park, Teich und Grotte. Der älteste Teil des Gutes wurde 1732 auf Befehl Königs Friedrich Wilhelm I. errichtet und blieb bis 1847 königlich-preußisches Gut. Im 19. und 20. Jahrhundert gehörte das Gut der Familie Schröder, die 1906 auch das heutige Haupthaus errichtete.1945 erfolgte die damals übliche Enteignung. Nach der Wende fand das Gebäude wieder zu Wohnzwecken Verwendung. Das alte Waschhaus wird als Jugendclub der Gemeinde genutzt. Die Mastställe betreibt die Agrargenossenschaft Barnstädt. Damit ist dem Gutshof Etzdorf das Weiterleben gesichert.

Farnstädt ㉑

Farnstädt, der Verbandsgemeinde Weida-Land angehörig, erscheint zweimal im Hersfelder Zehntverzeichnis, was eine Existenz vor dem Jahr 900 belegt, und erscheint 1144 im sogenannten Tafelgüter-Verzeichnis des Deutschen Königs. Farnstädt weist ein Wasserschloss auf, eine Vierflügelanlage, deren heutige Gestalt aus dem frühen 17. Jahrhundert herrührt. 1615 findet sich ein Wappenbeleg der Familie von Geusau, in deren Besitz sich damals das Wasserschloss befand. Farnstädt ist vermutlich viel älter, als die Eintragung im Hersfelder Zehntverzeichnis vermuten lässt. Allerdings nicht bewiesene Vermutungen gehen dahin, Farnstädt schon zu Zeiten des Königreichs Thüringen eine Existenz zuzubilligen, das 531 untergegangen ist.

Finsterwalde ㉒

Wahrscheinlich ist schon nach 1200 eine Sumpfburg an der Salzstraße Torgau-Breslau entstan-

Etzdorf, ehemaliges Schrödersches Gut

Wasserschloss Farnstädt

Schloss Finsterwalde (li.), St. Trinitatiskirche (re.)
Das ehemalige Hinterschloss (Bild li. unten) dient jetzt als Rathaus

den, in deren Schutz sich eine Marktsiedlung bildete. Schloss und Stadt waren zunächst in wechselndem adeligen Besitz, ab 1425 sächsisch, seit 1625 im kurfürstlichen Besitz und ab 1815 preußisch. Dazwischen lag die Sekundogenitur Sachsen-Merseburg von 1657 bis 1738. Finsterwalde wurde im Dreißigjährigen Krieg fast völlig zerstört. Am Ende des 18. Jahrhunderts gab es einen lebhaften Aufschwung durch das Tuchgewerbe. Das heutige Schloss beherbergt Stadtverwaltung und Museum. Die seit 1531 im Besitz des Schlosses befindlichen Herren von Dieskau veranlassten zwischen 1559 und 1597 einen großzügigen Neubau im Renaissancestil. Das Schloss besteht aus einem Vorderschloss und einem Hinterschloss. Das im 19. Jahrhundert zur Tuchfabrik umgebaute Hinterschloss kam 1919 an die Stadt und wurde bis 1929 umfassend saniert. 1991 bis 2011 erfuhr es eine endgültige Restaurierung. Finsterwalde ist heute dem Bundesland Brandenburg zugehörig (44a, 212, 215).

Frankleben ㉓

Frankleben, seit 2004 Ortsteil von Braunsbedra (Geiseltal), wird im Hersfelder Zehntverzeichnis bereits genannt, ist also vor 900 schon vorhanden gewesen. Erstmals 1289 bis 1354 traten bischöfliche Ministeriale aus dem Bistum Merseburg auf, die sich nach Frankleben benannten. Ihnen folgte die in der Region sehr begüterte Familie von Bose, die 26 Generationen, von 1326 bis 1945, in Frankleben ansässig war. Die Familie von Bose spielte in der Öffentlichkeit eine große Rolle, ihre Angehörigen waren zum Teil Bischöfe. In Frankleben bestanden ein Unterhof und ein Oberhof, wobei der Oberhof schon längere Zeit Ruine war und 1858 wegen des Braunkohletagebaus beseitigt wurde. Der Unterhof lässt mit seiner bescheidenen Bezeichnung nicht erkennen, um welch wunderschönes Schloss es sich handelt. Die dreigeschossige Vierflügelanlage der Spätrenaissance, 1597 bis 1603 errichtet, wurde gründlich saniert und restauriert. Das Schloss ist ein ausgesprochener Blickfang. Es hat eine

Schloss Frankleben Evangelische Kirche St. Martin in Frankleben (re.)

Funktion als komfortable Herberge; in seiner Nachbarschaft sind Gebäude entstanden, die 2013 nicht existiert hatten.

Gimritz ㉔

Gimritz, ein winziges Slawendorf westlich vom Petersberg, ging von den Grafen von Stade 1134 an das Kloster Neuwerk, das einen Klosterhof und eine Wassermühle anlegte. Nach Aufhebung der halleschen Klöster ging Gimritz an Halle über. Nach vielen Brandschatzungen und Plünderungen im Dreißigjährigen Krieg wurde die Gutsanlage erst 1730/40 von Grund auf neu errichtet. Halle musste sich nach den Napoleonischen Kriegen vom Stadtgut Gimritz trennen, das 1853 an die betuchte Familie Bartels überging. Ein altes Herrenhaus stand noch lange, wurde aber später durch ein neues ersetzt. Anfang des 20. Jahrhunderts fand ein Umdenken statt. Unter Einbeziehung des städtischen Kunstgewerbevereins und der Leitung durch Professor Martin Dülfer (Dresden) entstand ein völlig neues Stadtgut, dessen Betrieb allerdings 1933 endete. Zu NS-Zeiten und in der DDR-Zeit wurden die Gebäude zweckentfremdet. Elisabeth Schwarze-Neuß beschrieb 1999 noch eine trostlose Situation des alten Gutes. Das abgebildete Gebäude, im Herbst 2013 fotografiert, zeigt fast 15 Jahre später ein Bild, das Hoffnung ausstrahlt.

Gutsanlage Gimritz

Gollma ㉕

Gollma, heute Bestandteil der Stadt Landsberg, nördlich von Halle gelegen, bestand möglicherweise in seinem Ursprung schon im 10. Jahrhundert, da es in einer Schenkungsurkunde König Ottos I. vorkommt. Jedenfalls war Gollma und nicht Landsberg Erzpriestersitz (309). Im 16. Jahrhundert war Gollma Sitz eines niederen Adelsgeschlechtes, genannt die Schicke zu Gollma. Auch bestanden ein Edelhof (das spätere Rittergut), eine Schäferei und ein Hirtenhaus. 1790 erwarb ein Spross der Familie von Thermann, bis Ende des 18. Jahrhunderts in Zörbig

Gollma, ehemaliges Rittergut (li.) mit Reitanlage (re.)

ansässig, das Rittergut Gollma, das um 1500 errichtet worden sein dürfte. Auf dem Rittergut befinden sich ein Atelier und eine dekorative Reitanlage. Das Gut wurde 1947 enteignet, die Familie vertrieben. Als 1998 das inzwischen heruntergekommene Gut von der Treuhand wieder angeboten wurde, erwarben es Familienangehörige, das Architektenehepaar Edmund und Filiz von Thermann, zurück und machten aus der Anlage ein Juwel, in dem inzwischen noch ein Künstler dazugekommen ist. Die Anlage dient auch als Reitanlage. Die vorbildliche Anlage zeigt, wie naheliegend es ist, solche baulichen Zeugnisse früherer Jahrhunderte wieder herzustellen.

Granau ㉖

Granau war ursprünglich ein kleiner Slawenort nahe Halle, der zu seinem Nachteil in die Fehde des Erzbischofs Bernhard von Magdeburg mit dem Markgrafen Dietrich von Meißen (1279/80) geriet und im Dreißigjährigen Krieg zerstört wurde. Das Kloster Neuwerk besaß in Granau ein Vorwerk, das viel später an das Amt Giebichenstein überging. Mitte des 18. Jahrhunderts war das Amtsvorwerk nach Dreyhaupt (48) noch sehr sehenswert. Das alte Gut hat auch noch den Kohletagebau 1882 überstanden, das 20. Jahrhundert jedoch äußerst mühsam. Ansehnlich ist das Gebäude jedoch immer noch (299).

Die Zerstörung des Ortes Granau (1637), der niemals wieder aufgebaut wurde, hatte auch die Kirche erfasst, die 1654 wieder aufgebaut wurde, aber seit 1886 mit der Folge eines Zerfalls aufgegeben wurde. Heute steht dort eine eindrucksvolle kleine Kirchenruine, die den Eindruck erweckt, als liege die Zerstörung durch die schwedischen Truppen nicht lange zurück. Auf dem denkmalgeschützten umliegenden Friedhof finden sich die Gräber des Heimatforschers Siegmar Baron von Schultze-Galléra und des Historikers Erich Neuß. Die Anlage ist sehr beeindruckend.

Gut Granau

Kirchenruine Granau

Gröbers, Villa Knauer im Stadtteil Schwoitsch

Gröbers ㉗

Gröbers gehört zur Gemeinde Kabelsketal im Saalekreis. Die von den nahegelegenen Ballungsräumen Halle (Saale) und Leipzig geprägte Kleinstadt mit ca. 2.650 Einwohnern liegt nahe dem Freistaat Sachsen und noch näher an der B6 sowie der A8. Der 1182 erstmals erwähnte Ort gehörte zunächst zum Amt Giebichenstein und damit zum Erzstift Magdeburg, 1807 bis 1813 dem Königreich Westfalen. Als der Wiener Kongress das Land neu ordnete, kam Gröbers unter die Verwaltung des Regierungsbezirkes Merseburg. Anders als bei den meisten Orten Sachsen-Anhalts erwähnt das Fachschrifttum nicht die Botmäßigkeit durch eine adelige Familie. Es existierte allerdings in Gröbers der Landwirt, Agrarwissenschaftler und Rübenzuckerfabrikant Ferdinand Knauer (1824 – 1889), der sich 1857 die ungewöhnliche Villa nach dem Vorbild italienischer Renaissance-Palazzi errichten ließ. Die Villa, heute Schloss Gröbers genannt, ist ein ungewöhnlicher Bau, der allerdings heute leer steht und über seine Geschichte nichts verrät.

Halle ㉘

Eine faszinierende und geschichtsträchtige Stadt wie Halle, die einwohnerstärkste Sachsen-Anhalts (knapp vor der Landeshauptstadt Magdeburg), auf dem vorgesehenen knappen Raum zu beschreiben, wäre vermessen. Der Leser möge an den Bildern einen Gefallen finden, im Übrigen aber den Textnachweisen nachgehen (44, 63, 296, 297, 309).

Die Gründungszeit Halles ist nicht sonderlich genau dokumentiert. Feststeht, dass Halle zur Stadt geworden ist, weil die Salzlauge (Sole) sie reich gemacht hatte, dies übrigens seit vorgeschichtlichen Zeiten. 806, offizielles Gründungsdatum, befahl König Karl, Sohn Karls des Großen, den unterworfenen Sorben, zwei Burgen zu bauen, eine am nördlichen Ufer der Elbe gegenüber Magdeburg, die andere an der östlichen Saale, die damals schon „Halle“ hieß. So bekam die längst bestehende Siedlung einen Namen. 961 wurde sie noch einmal genannt. 937 hatte Otto der Große das Moritzkloster in Magdeburg gegründet. Am 29. Juli 961 stellte er in Ohrdruf

Dom zu Halle

Die Moritzburg (Bilder links)

Der Marktplatz in Halle

zwei Urkunden aus. In der ersten übertrug er dem Kloster in Magdeburg alle von den Christen zu entrichtenden Zehnten in verschiedenen Gauen und Orten, also auch aus dem Gau Neletici, Zentrum Giebichenstein. In der zweiten Urkunde erhielt das Kloster den Gau Neletici neben allem Zubehör, also auch der Salzquellen. Otto der II. bestätigte 973 diese Schenkung mit der Maßgabe, dass das 968 errichtete Erzbistum Magdeburg nicht mehr verfügungsberechtigt sein sollte.

Seit dem 12. Jahrhundert bildete sich in Halle der Stand der Ministerialen heraus, die Rittersitze im Stadtgebiet errichteten und zur Eigenbefestigung machten (111). Diese wurden in das Stadtbild integriert, bis sie – sehr viel später – der baulichen Entwicklung wichen, aber jahrhundertelang baulicher Ausdruck stetiger Macht blieben. Auf einige eindrucksvolle Fotos dieser untergegangenen Baulichkeiten sei verwiesen (296).

Eine andere Führungsschicht bestand aus den Pfännern, einer Innung des Salzgewerbes, die sich zu einer straff organisierten Oberschicht entwickelten, die unter sich blieben und die Geschicke Halles dominierten, bis sie ab 1475 von den städtischen Organen verjagt, zum Teil in Gefängnisse verbracht wurden. Das Ergebnis war eine Vergrößerung städtischer Macht, was an der Macht der Kirche in einer Zeit der fast uneingeschränkten Frömmigkeit nichts änderte. Zu dieser Zeit war der Giebichenstein Hauptresidenz. Kardinal Albrecht von Brandenburg, Fürst und Erzbischof, suchte jedoch nach einer wirksamen Gelegenheit, das aufsässige Halle im Griff zu behalten. Er gab daher mitten in der Stadt eine neue Burg in Auftrag, die Moritzburg, die zwischen 1484 und 1514 entstand und seit 1503 seinem Nachfolger Erzbischof Ernst zur prachtvollen Residenz diente, bis die Reformation und später die Zerstörungen des Dreißigjährigen Krieges dem allen ein Ende bereiteten. Die Moritzburg war der letzte Burgenbau in Mitteldeutschland und auch heute noch ein überwältigendes Ergebnis (47, 141, 174a, 280).

Residenzstadt der Administratoren des Erzstifts blieb Halle bis zum Tode Herzog Augusts von Sachsen 1680, um dann, wie im Westfälischen Frieden festgelegt, an Kurbrandenburg zu gelangen. Im Verlaufe der folgenden Jahrhunderte hat Halle eine lebhafte, recht unterschiedliche, Entwicklung genommen. Von den Bomben im Zweiten Weltkrieg wurde Halle nicht so nachdrücklich zerstört wie beispielsweise Dresden. Das Ergebnis ist eine Phalanx von schönen Bauten des 16. bis 20. Jahrhunderts, die die Stadt in Teilen zu einer sehenswerten städtischen Landschaft machen (44). Vier Gartenanlagen (von 40) sind „Gartenträume in Sachsen-Anhalt" geworden, nämlich Solbad Wittekind, Richardt's Garten, Amtsgarten und Botanischer Garten (288). Außerdem ist Halle Teil der „Straße der Romanik" (199).

Halle-Beesen ㉙

Das Rittergut Beesen, nahe dem Rittergut Ammendorf an der Elster gelegen, hat mit letzterem meist ein gemeinsames Schicksal erlebt, vor allem, da beide Rittergüter mehrfach gemeinsam an den selben Rechtsnachfolger übertragen wurden. Da Ammendorf nicht mehr über Burg, Schloss und Vorwerk verfügt, wird nur noch Beesen vorgestellt, das sich in all seinen Bauphasen vom 16. Jahrhundert bis heute erhalten hat.

1387 wurde der Ritter Hermann von Kotze vom Erzbischof Albrecht IV. wegen seiner Verdienste mit dem Dorf Beesen belehnt, das im Verlaufe der Zeit immer wieder in Fehden verwickelt war. Beesen kam 1445 an die einflussreiche Familie von Bose, die sich im späteren Verlauf der Auseinandersetzung soweit verschuldete, dass die Stadt Halle die Güter, also auch Beesen, in ihre Gewalt bekam. Der älteste Besitz ist verschwunden, seine Geschichte nicht bekannt. Die ältesten noch vorhandenen Gutsgebäude stammen aus der Zeit der Herrschaft Christoph von Boses (2. Hälfte 16. Jahrhundert). Die Wirtschaftsgebäude stammen meistens aus dem 19. Jahrhundert. Die denkmalgeschützte Anlage wird heute vom Waldorf-Schulverein genutzt (299).

Halle-Franckesche Stiftungen ㉚

Eine der eindrucksvollsten Bautengruppen Halles ist das von August Hermann Francke ab 1698 errichtete Waisenhaus mit einer erheblichen Zahl komplementärer Gebäude für pflegerische und lehrende Zwecke. Francke, dessen 350. Geburtstag die Stiftungen im Jahre 2013 feierten, war ein beispielhafter Sozialreformer, der die wesentlichen Bildungseinrichtungen 1745 vollendet hatte, wofür

Halle-Beesen, Rittergut

Historisches Waisenhaus der Franckeschen Stiftungen (links) und Neubau Kulturstiftung des Bundes (rechts)

er sicherlich wohl weitere 350 Jahre gefeiert werden wird. Die ursprünglichen Stiftungsgebäude waren den Bombenangriffen zum Opfer gefallen und vor der Wende nicht wieder aufgebaut worden. Dies unternahm – gestalterisch – seit 1992 der Hannoveraner Architekt Wilfried Ziegemeier, der in achtzehnjähriger Arbeit bis zu seinem Tode 2013 den vielen Bauten seine Handschrift aufprägte. Heute wirken in den Stiftungen, deren bauliche Zusammenhänge Stadtteilgröße erreicht haben dürften, Teile der Universität Halle-Wittenberg, Schulen, Kindergärten und Alteneinrichtungen. Diese und ihre kulturellen Aktivitäten hier aufzuführen, würde den verfügbaren Platz sprengen. Irgendwann werden die Stiftungen Weltkulturerbe sein.

Halle-Lettin ㉛

Lettin war Pfarrkirchdorf und königliche Domäne. Das Geschlecht derer von Lettin lebte bis zum Anfang des 15. Jahrhunderts, danach geboten die von Mardal, ab 1608 das Magdeburger Domkapitel. Geschichtliches vermelden die Historiker eher weniger (345). Die Kirche St. Wenzel ist allerdings eingehend als bemerkenswertes Kunstdenkmal beschrieben.

Halle-Seeben ㉜

In dem Hallenser Stadtteil Seeben existierten ursprünglich drei Sattelhöfe in den Händen verschiedener Besitzer. Die Bewohnerschaft Seebens würde man heute als „gehobenen Mittelstand“ einschätzen, mit Tendenzen „nach oben“, wie die von Trotha, von Kotze, von Dieskau und die erzbischöflichen Ministerialen wie die Gebrüder vom Tore und die von Giebichenstein, sie alle auch schon im frühen 13. Jahrhundert. Ende des 15. Jahrhunderts wurden die drei Sattelhöfe zu einem Rittergut vereinigt und an Heinrich von Bülow verkauft. Später kaufte König Friedrich Wilhelm I. – wie in vielen anderen Fällen auch – das Gut als Vorwerk zum Amt Giebichenstein. 1904 erwarb ein hoher Offizier, Rudolf von Bagenski, das Gut und schuf ihm das noch heute gültige Aussehen. Die späteren wirtschaftlichen Entwicklungen sind auch sein Verdienst. Aus dem Universitäts- und Volksgut der DDR wurde nach der Wende der „Öko-Hof Seeben“ (299).

Halle-Lettin, St. Wenzel

Rittergut Seeben, in saniertem Zustand

Seeben, Taubenturm

Halle-Giebichenstein ㉝

Ein Bericht über die Burg Giebichenstein muss genau genommen drei Burgen darstellen, die Alte Burg, die Oberburg und die Unterburg.

Die Alte Burg: Um der historischen Vollständigkeit willen könnte man auch mit einem fränkischen Castell beginnen, denn das Gebiet um Halle und den Giebichenstein hat seit der Steinzeit eine nahezu kontinuierliche Besiedlung aufzuweisen. Die Archäologie hat dies durch Ausgrabungen festgestellt und sogar Münzen aus der Römerzeit gefunden (298). Gesichert ist vor allem die Erkenntnis, dass es seit der Bronzezeit eine umfangreiche Salzproduktion um Giebichenstein gab. Spätestens 800 n. Chr. soll es ein Castell gegeben haben, von dem keinerlei Spuren mehr vorhanden sind und dessen ehemalige Lage daher umstritten ist (251). Allerdings setzt sich unter den Historikern die Überzeugung durch, dass die Alte Burg in dem Bereich des Amtsgartens gestanden haben muss.

Die Oberburg: Das Verhältnis der Alten Burg zur Oberburg, das die glanzvolle Geschichte des Giebichensteins widerspiegelt, ist weiterhin ungeklärt. Die Oberburg war im 12. Jahrhundert unter Erzbischof Wichmann von Magdeburg (224) ein kulturelles Zentrum, das weit über die Burg hinaus strahlte, auch wenn die Einzelheiten weiterhin umstritten sind, wie auch die Entstehung von Halle selbst. Die Oberburg gibt Einzelheiten nicht mehr her. Sie war seit 1382 Hauptresidenz der Erzbischöfe von Magdeburg und sie blieb dies bis 1503, als die Moritzburg erbaut war und der erzbischöfliche Hof dorthin übersiedelte.

Burg Giebichenstein (Oberburg)

Blick auf die Reste der Oberburg

Burg Giebichenstein, Außenfront der Unterburg

Die Oberburg verlor ihre Bedeutung und während des Dreißigjährigen Krieges (1636) in einer verheerenden Feuersbrunst (1637) auch noch ihre Gebäude. Sie wurde seitdem nicht mehr genutzt und die Bilder von ihr zeigen über die gesamte Fläche nur noch die ehemaligen Grundrisse der alten Baulichkeiten (132).

Die Unterburg: Sie ist bis zum heutigen Tage genutzt und bewohnt. Seit 1921 residiert dort die Hochschule für Kunst und Design und bot Platz für etwa 1.000 Studenten. In den letzten drei Jahren ist nahe des Giebichenstein ein umfangreicher Ergänzungsbau der Hochschule erfolgt, der bisherige Bau nimmt aber weiterhin einen Teil der Hochschule auf. Damit bleibt der Giebichenstein das, was er über Jahrhunderte immer gewesen ist, ein Wahrzeichen der Stadt Halle (48, 298).

Hohenthurm ㉞

Hohenthurm, 10 km östlich von Halle gelegen, weist in seinem Burgbereich einen großen hohen Turm auf, der dem Ort auch seinen Namen gegeben haben dürfte und der auf wettinische Zeiten zurückzuführen ist. Die an der Grenze des Osterlandes zum Erzbistum Magdeburg gelegene Burg sicherte die Heerstraße Halle-Wittenberg. Hohenthurm kam nach unterschiedlichen Abläufen 1347 endgültig an Magdeburg. Auf der Burg saß ein Landsberger Burgmannengeschlecht, das allerdings 1398 ausgestorben ist. Ihre frühe Geschichte ist eine Ansammlung von kriegerischen Auseinandersetzungen mit endlosen Besitzübertragungen. Die Streitigkeiten zwischen den Wettinern und dem Erzstift Magdeburg führten um 1200 zur Zerstörung der Burganlage, abgesehen von der Kirche und dem Turm, die beide auch die Zerstörungen im Schmalkaldischen Krieg überstanden haben. 1736 allerdings wurde eine neue Schlossanlage auf den Fundamenten einer Brauerei aus dem 13. Jahrhundert errichtet. Dieses Schloss steht noch immer, allerdings verändert durch An- und Umbauten. Von 1438 an gaben adlige Familien das Schloss unablässig weiter: an die Familien von Rauchhaupt, von Lüdecke, von Rüling und die von Wuthenau. Letztere unterfielen 1945 der Enteignung (87). 1946 zog die Martin-Luther-Universität Halle-Wittenberg ein, 2008 das Institut für Pflanzenzüchtung. In der DDR-Zeit war die Anlage Lehr- und Versuchsgut der Deutschen Akademie der Landwirtschaftswissenschaften und der LPG, danach landwirtschaftliche Fakultät der Martin-Luther-Universität in

Schloss Hohenthurm

Schloss Beuchlitz in Holleben

Holleben, Getreidespeicher und Königliche Mühle

Halle-Wittenberg. Seit 2005 hat die Burg wieder einen privaten Eigentümer (87).

Holleben ㉟

Holleben, unmittelbar südlich von Halle, wurde bereits im Hersfelder Zehntverzeichnis erwähnt, hat also vor 899 schon bestanden und es gab zu diesem Zeitpunkt bereits eine karolingische Burg sowie 1091 einen Burgward. Seit 1267 existierte ein Rittergeschlecht, benannt nach dem Ort. Die alte Burg ist nicht mehr vorhanden, der Besucher findet nur noch das Schloss Beuchlitz, das heute Wohnungen beinhaltet und im zweiten Viertel des 18. Jahrhunderts entstanden sein muss, wahrscheinlich geplant von dem renommierten Architekten David Schatz.

In der Gemeinde Holleben liegt auch das Schloss Benkendorf, das heute als Altenheim geführt wird. Es ist nach einer Inschrift 1769 errichtet worden, wurde im 19. Jahrhundert erweitert und im Neorenaissance-Stil geformt. Umrahmt wird dieses Schloss von einem großzügig angelegten Landschaftspark. Die Anlage birgt seit 1996 einen Reiterhof. (Siehe auf Seite 167 Benkendorf)

Kreuzvorwerk ㊱

In Halle-Kröllwitz liegt eine ehemalige Gestütsanlage, die 1888 gegründet wurde und in ihrer Geschichte jeweils über 95 bis 200 Pferde, vorwiegend Zuchthengste, verfügte. 1960 wurde das Landesgestüt aufgelöst und bis zur Aufgabe der Tierhaltung Ende 1990 teilweise zur Zuchtbullenhaltung genutzt. Bedeutend war die Anlage auch als Zuchtstätte für belgische Kaltblüter, deren Bedeutung angesichts der zunehmenden Technisierung der Landwirtschaft wuchs. Die denkmalgeschützte Anlage wurde

Königliches Landgestüt Kreuzvorwerk

Krosigk: nur der Bergfried hat die Zerstörung der Burg im Jahr 1644 überstanden (li.); Alte Brennerei (re.)

saniert, es entstanden Eigentumswohnungen, die dem ursprünglichen Eindruck der Anlage nicht geschadet haben.

Krosigk ㊲

Die Geschichte Krosigks ist vor allem die Geschichte eines ursprünglich edelfreien obersächsischen Uradelsgeschlechts mit dem gleichnamigen Stammhaus, von dem hier die Rede ist.

Der Name dieser Familie erscheint erstmals mit Dedo von Krosigk, dies in einer Urkunde des Bischofs Walram von Naumburg (1103). Die Familie war sehr begütert, offenbar mit einem Lebens-Schwerpunkt in Sachsen-Anhalt. Das Stammschloss war die Burg Krosigk, die 1451 an die Familie von Trotha verkauft wurde (und bis 1813 dort verblieb). 1945 verfielen die Besitztümer der Enteignung, z.B. Schloss Hohenerxleben, Schloss Merbitz, Schloss Eichenbarleben. Einige Besitztümer, darunter Schloss Merbitz, wurden nach der Wende zurückerworben. Die große Zeit der Familie war aber mit dem Ende des 2. Weltkrieges vorbei. Die Familie, die bis dahin eine große Zahl von Persönlichkeiten vorweisen konnte (mehr als 40 Namen bei Wikipedia), hat allerdings über 900 Jahre existiert, ein seltenes Jubiläum über Jahrhunderte, in denen die meisten hochadeligen Familien ausgestorben waren. Die namensgebende Burg kehrte niemals an ihre Begründer zurück. Sie wurde nach der Zerstörung 1644 nicht mehr aufgebaut. Der prachtvolle Bergfried hat aber die Zeiten überstanden (345).

Landsberg ㊳

In Landsberg stand eine Burg der Markgrafen von Landsberg, zwischen 1156 und etwa 1175 durch Markgraf Dietrich III. von Wettin erbaut. Da sie nach 1291 kaum noch genutzt wurde, verfiel sie allmählich und ist heute weitgehend verschwunden. Sie soll zerstört worden sein, ohne dass dieses Ereignis konkretisiert werden könnte. Im 17. Jahrhundert sollen noch Ruinen gestanden haben, die eine Beschreibung der Ausmaße der Burg zuließen (150 x 75 m). Die Erwähnung Landsbergs lohnt sich aber wegen des Hinweises auf die Doppelkapelle St. Crucis, die um 1170 entstanden sein dürfte. Die Kapelle

Doppelkapelle St. Crucis – Rest der Burg Landsberg. (Vorder- und Seitenansicht). Die Doppelkapelle hat übereinander liegende Sakralräume.

war ursprünglich zweigeschossig, in spätgotischer Zeit wurde zu Wohnzwecken ein drittes Geschoss hinzugefügt (256). Doppelkapellen sind ein seltener Bautypus und finden sich u.a. noch auf der Kaiserburg in Nürnberg sowie in Goslar und Eger/Cheb. Die Doppelkapelle steht an der „Straße der Romanik" (119, 340).

Leimbach ㊴

Leimbach (Saalekreis) stand schon im Hersfelder Zehntverzeichnis und scheint frühzeitig zu den Allodien der Grafen von Mansfeld gehört zu haben, denn es gelangte bei der Erbteilung 1501 an die Vorderortische Linie der Mansfelder Dynastie. Ein im 16. Jahrhundert begonnenes Schloss wurde nur für kurze Zeit fertiggestellt und bewohnt. 1565 wurde noch ein „Hofprediger von Leimbach" erwähnt, danach nicht mehr. Seit 1582 verfiel das Schloss wieder. Aus dem wüsten Schloss entstanden Wohnungen. Um 1571 erfolgte eine Sequestration des völlig überschuldeten Leimbach und einige Adelige (u.a. von Bodenhausen, von Dieskau, von Krosigk, von der Schulenburg) wurden Gläubiger Leimbachs, bis Ernst Hans von der Asseburg das Amt für 25.000 Taler erwarb (347). Mit dem Aussterben der Mansfelder Grafen wurde Leimbach 1780 preußisch und in der DDR-Zeit Kurhaus. Über sein weiteres Geschick verlautet das Schriftentum nichts. Das ehemalige Gutshaus stammte von 1793.

Lodersleben ㊵

Lodersleben, seit 1995 Ortsteil der Stadt Querfurt, hat eine interessante Geschichte. Am Höhenrand östlich des Ortes liegt ein Hügelgräberfeld, das vermutlich während der Jungsteinzeit entstanden ist. Lodersleben taucht bereits im zwischen 881 und 899 entstandenen Hersfelder Zehntverzeichnis auf, wahrscheinlich im Zusammenhang mit der nahegelegenen Lutisburg im Ziegelrodaer Forst. Die Lutisburg ist nach 1273 wüst geworden, sie wird in den einschlägigen Büchern nicht mehr erwähnt. Lodersleben muss wirtschaftlich gesund gewesen sein, was vermutlich auf das bis ins 19. Jahrhundert blühende Steinhauergewerbe in den Sand- und Kalksteinbrüchen zurückzuführen ist, die inzwischen längst aufgegeben sind. 1818 bestanden jedenfalls in Lodersleben 3 Rittergüter.

Lodersleben prunkt heute mit einem höchst ansehnlichen Schloss, das Mitte des 18. Jahrhunderts von Karl Rudolph von Danckelmann nach Entwürfen von David Schatz erbaut worden ist und für Wohnzwecke und Tagungen genutzt wird. Westlich davon liegt ein Landschaftspark aus der Zeit Ende des 18./ Anfang des 19. Jahrhunderts.

Schloss Leimbach

Schloss Lodersleben

Museum Schloss Lübben mit Turm (links), Ständisches Landhaus in Lübben, heute Landratsamt (oben)

Lübben ㊶

Lübben, nordwestlich von Cottbus in Brandenburg gelegen, wurde erstmals um 1150 in einer Bestandsaufnahme der Besitztümer des Klosters Nienburg erwähnt. Um 1300 ging Lübben in das Eigentum des Klosters Doberlug über und verblieb dort bis 1329. Dann wurde Lübben Sitz eines um 1200 im Dienste eines der Lausitzer Markgrafen stehenden Burggrafen, der der Stadt um 1220 das Magdeburger Stadtrecht verlieh. 1241 wurde die Burggrafschaft aufgehoben, danach wurde Lübben Teil der Niederlausitz. Mit der Niederlausitz ging der Übergang an Kursachsen 1623/35 einher. 1656 bis 1738 war Lübben Teil der Sekundogenitur Sachsen-Merseburg (und daher Teil dieses Buches, obgleich heute nicht mehr zu Sachsen-Anhalt gehörig). Das Stadtzentrum wurde im Zweiten Weltkrieg weitgehend zerstört, aber stadtbildprägend 1950 und 1990 wieder aufgebaut. Heute ist Lübben Zentrum des Fremdenverkehrs im Spreewald, das Schloss ein Museum. Die Innenstadt weist eine erhebliche Anzahl von sehenswerten Häusern des 19. Jahrhunderts auf. Das Schloss ist in seinen ältesten Teilen (Turm) vermutlich spätmittelalterlich. 1561 erfolgten weitgehende Erneuerungsmaßnahmen, die nach 1666 – mit der vorübergehenden Zugehörigkeit zum Herzogtum Sachsen-Merseburg – in eine entscheidende Phase traten. 1899 und 1914-17, sowie 1998-2008 wurde Lübben aufwendig saniert. Das ebenfalls (1994-98) restaurierte Land- oder Ständehaus (1717-22) ist jetzt Landratsamt (44a, 212, 215).

Merbitz ㊷

Merbitz ist eine Ortschaft der Stadt Wettin-Löbejün, ca. 50 km nördlich von Halle am Fuße des Petersberges gelegen. Bei dem ehemaligen Rittergut Merbitz handelt es sich um eine große Gutsanlage mit Wohnhaus, Kirche, Beamtenhaus, Stall- und Wirtschaftsgebäuden sowie einem Park. Die Gutsanlage war seit 1594 im Besitz der Herren von Krosigk. Dem Gesamtbau ist anzusehen, dass die unterschiedlichen Baustile

Rittergut Merbitz

auf verschiedene Bauphasen zurückgehen. Ein florierender landwirtschaftlicher Betrieb der immer noch existierenden Familie von Krosigk ist ein nicht häufiges, positives Zeichen. Merbitz wurde 1950 nach Nauendorf eingemeindet.

Merseburg ㊸

Merseburg war schon im Hersfelder Zehntverzeichnis als „Civitas" verzeichnet, was den Schluss zulässt, dass das langsam entstehende Gemeinwesen bereits in karolingischer Zeit ein regionales Zentrum war, wahrscheinlich Sitz eines Grafen. Der langgestreckte Domhügel war aber bereits seit dem Neolithikum besiedelt und wahrscheinlich teilweise befestigt. Ein uralter Handelsweg durchquerte in einer Furt die Saale, die bis weit in das 10. Jahrhundert hinein auch eine Grenze zwischen germanischen und slawischen Stämmen bildete (44, 193, 309). Thietmar von Merseburg, ebenso berühmter wie von den Historikern anerkannter Chronist der sächsischen Kaiserzeit, berichtet ausführlich, wie der spätere König Heinrich I. (919 bis 936) in den Besitz Merseburgs und seiner Umgebung gekommen ist (312). Merseburg war angesichts seiner Lage östlich der Saale und der immer weiter fortschreitenden Christianisierung ein Bollwerk dieser Ost-Bemühungen. Die Residenz Heinrich I. wurde eine der bedeutendsten deutschen Königspfalzen des 10. bis 12. Jahrhunderts, Ort zahlreicher Hoftage, zum Teil mit Königskrönungen verbunden. Sowohl Heinrich I. wie Heinrich II. hielten sich des öfteren in Merseburg auf. Bis zum Jahr 1252 sind für Merseburg 69 Königsaufenthalte belegt und nicht weniger als 26 Hoftage wurden hier abgehalten. Das Pfalzgebäude ist nicht mehr vorhanden und sein früherer Platz auch nicht bekannt; er wird an der Stelle des Bischofsschlosses vermutet (215).

Zwischen 1009 und 1018 war Thietmar, wahrscheinlich aus Walbeck an der Aller stammend, Bischof von Merseburg und auf ihn geht auch im Mai des Jahres 1015 die Grundsteinlegung zum heutigen Dom zurück, gefördert von Heinrich II., der Merseburg so ungemein schätzte. Der Dom ist, wie üblich, im Laufe der folgenden Jahrhunderte weiterentwickelt worden, so dass Unklarheiten

Das Merseburger Schloss, heute Sitz der Kreisverwaltung des Saalekreises

Merseburger Dom

über seine ursprüngliche Gestalt bestehen. Die Einzelheiten der gut dokumentierten Entstehung dieses Doms müssen hier dahinstehen.
Das Merseburger Schloss erweckt den Eindruck eines Bauwerks der Spätrenaissance, aber große Teile der Bausubstanz stammen aus dem spätgotischen Schlossbau des Bischofs Thilo von Trotha. Unter seiner Leitung entstand das heute noch sichtbare Spätrenaissanceschloss, von dem ebenfalls viele Bauteile nicht mehr existieren. Die Baukosten haben jedenfalls den ursprünglichen Anschlag um das Doppelte überschritten.
Das Stift Merseburg bildete den Kern des Sekundogeniturfürstentums Sachsen-Merseburg, das wie andere Regionen Mitteldeutschlands noch lange unter den furchtbaren Kriegsfolgen des Dreißigjährigen Krieges zu leiden hatte. Auch dieses Geniturfürstentum bot kein einheitliches Bild im Sinne einer aneinanderstoßenden Landschaft. Die Erfüllung des Brüderlichen Hauptvergleiches von 1657 musste sich zwangsläufig über unterschiedliche Herrschaftsformen und Besitzrechte hinwegsetzen und im Falle des Stifts Merseburg auch noch die kirchlichen Belange des Bistums berücksichtigen, um die Sekundogenitur nicht zu gefährden. Die Geschichte des nur drei Generationen währenden Sekundogeniturfürstentums Merseburg ist sehr gut dokumentiert (36, 212). Das Stift Merseburg setzte sich aus den vier Ämtern Merseburg, Lauchstädt, Schkeuditz und Lützen zusammen und war damit Teil des Sekundogeniturfürstentums. Dazu kamen die „Erblande“, bestehend aus Brehna und Zörbig.

Nach dem Aussterben der Merseburger Herzogslinie fiel das Fürstentum wieder an das Kurfürstentum Sachsen zurück (1738). Die Geschichte dieser Sekundogenitur ist kompliziert verlaufen und hier im Detail nicht darstellbar. Auseinandersetzungen mit Kursachsen, um die seit 1561 weltliche Administration des Hochstiftes Merseburg, Streitigkeiten innerhalb der Familie und Probleme mit der Bautätigkeit für diese fast einmalige Kombination von Dom und Schloss, beherrschten das Schicksal dieser Sekundogenitur ebenso wie der Umstand, dass ihre größten Teile außerhalb, nämlich im heutigen Brandenburg lagen und die Kommunikation behinderten. 1815 wurde Merseburg preußisch und 1944 durch Bomben stark in Mitleidenschaft gezogen; in der DDR sank Merseburg zur Kreisstadt herab. Die grandiose Anlage von Dom und Schloss ist geblieben und ein Besuchermagnet (4, 44).

Wasserschloss St. Ulrich in Mücheln/Geiseltal (li.), re. das Rathaus in Mücheln/Geiseltal

Mücheln (Geiseltal) ㊹

Das kleine Städtchen Mücheln, am Rande des Braunkohleindustriegebietes Geiseltal gelegen, (und nicht zu verwechseln mit dem gleichnamigen Ortsteil von Wettin) findet eine Ersterwähnung bereits im Hersfelder Zehntverzeichnis. Jahrhunderte lang war Mücheln mit dem Bistum Bamberg verbunden und es deutet alles darauf hin, dass Mücheln den „Zehnten" an das Bistum Bamberg und nicht an das Kloster Hersfeld leisten musste.

Im Ortsteil St. Ulrich ist eine Burgengründung aus dem 12. Jahrhundert zu vermuten, wobei die Burg bereits im 14. Jahrhundert ihre Bedeutung wieder verloren haben muss. Der bestehende Bau wurde in seinen alten Teilen vornehmlich im 17. Jahrhundert von einem Umbau betroffen, der 1624 stattfand und 1887 noch einmal zu einer weiteren Erneuerung führte. 1921 bis 1925 erfolgte ein durchgreifender Um- und Erweiterungsbau durch den Architekten Paul Salinger. Die vollständig von einem Wassergraben umgebene Anlage gruppiert sich um einen im Kern noch mittelalterlichen Turm. In den 60er Jahren des letzten Jahrhunderts, also zur DDR-Zeit, wurde noch ein Plattenbau hinzugefügt, der jetzt nicht mehr vorhanden ist. Gegenüber der Schlossanlage liegt ein barocker Park von 1720. Ein privater Besitzer versucht seit rund zehn Jahren, das Wasserschloss in einen komfortablen Wohnsitz umzuwandeln, was im Jahre 2012 noch nicht gelungen zu sein scheint. Immerhin aber wird das Wasserschloss nicht dem schleichenden Verfall überlassen.

Mücheln (Wettin) ㊺

Der nicht mit der Ortschaft im Geiseltal zu verwechselnde Ortsteil von Wettin war der ehemalige Hof der Grafen von Wettin, der Gründer des Wettiner Staates, der nie so geheißen hat, jedoch die heutigen Bundesländer Sachsen, Thüringen und das südliche Sachsen-Anhalt umfasste. 1240 wurde der Ort dem Templerorden übertragen.

Ein außerordentlich seltenes Gebäude aus dem alten Sachsen-Anhalt ist die Templerkapelle in Mücheln-Wettin. Die Templerkapelle, errichtet um 1270/80 und abgesehen von Restaurierungen seit 1989, unverändert, ist ein fast einmaliges Zeugnis der Frühgotik, das seit der Nutzbarkeit des Kapellenraumes ein Ort zahlreicher Symposien ist, die immer noch versuchen, das Gebäude und sein Inneres zu deuten. Das Innere gibt viele Rätsel auf, weil sie zehn verschiedene Pflanzenarten in Stein dargestellt aufweist, die zuletzt 2006 in einem Symposion „vom Geheimnis des steinernen Herbarium" wissenschaftlich/kultur-

Templerkapelle in Mücheln/Wettin (Bilder links und oben)

geschichtlich gedeutet wurden, ohne allerdings ihre Geheimnisse preiszugeben.

Der Templerhof in Mücheln fand seine erstmalige Erwähnung 1270 als Kommende des Templerordens. Bis zum Konzil von Vienne 1312 blieb die Funktion als Kommende bestehen, dann wurde der Templerorden endgültig aufgehoben. Die Templer durften als Mönche weiterleben. Ein Teil wurde in den Johanniterorden aufgenommen, allerdings ist nicht belegt, ob dies auch für das Gebäude gilt. Jahrhunderte lang wurde die Kapelle zweckentfremdet. Sie diente als Speicher und Scheune, erstaunlicherweise verschonte das ihre Architektur. 1946 und 1956 erfolgten Sicherungsmaßnahmen, 1984 wurde ein denkmalpflegerisches Konzept erarbeitet. Jetzt kann man in ursprünglicher Gotik Ausstellungen und Konzerte erleben.

Mücheln kann auch auf ein Gut verweisen, das seine Entstehungszeit nicht hergibt; aber im 16. Jahrhundert kam es (1520) an das Augustiner-Stift in Halle, aber schon 1534 an den erzbischöflichen Kanzler Christoph Türck, der bereits 1547 starb. Was danach aus dem Gut wurde, ließ sich dem Schrifttum nur teilweise entnehmen. Wohn- und Wirtschaftsbauten aus dem 17. bis 19. Jahrhundert sind dokumentiert. Was nach der Wende an Nutzungen der immer noch existenten Bausubstanz erfolgte, steht nirgends geschrieben (34).

Neutz-Lettewitz ㊻

Das Bild unten zeigt ein stattliches Wohnhaus einer großen Hofanlage in Neutz-Lettewitz, nördlich von Halle, Entstehungsjahr 1742. Neutz wurde 961 erstmals erwähnt. Der im Schrifttum nur sehr kursorisch behandelte Ort enthält noch eine ehemalige Schmiede von 1765 und den Gasthof „Sattel“, erbaut 1720, eine geschlossene Hofan-

Neutz-Lettewitz, Herrenhaus

Schloss Ostrau, umgeben von einem breiten Wassergraben

lage mit Gasthaus und zahlreichen Wirtschaftsgebäuden, heute Hotel. Eine Anekdote könnte stimmen. Auf den im „Sattelhof" nächtigenden Kaiser Napoleon soll dort ein Angriff auf ihn stattgefunden haben, wobei man ihm „den Sattel unter dem Hintern" weggeschossen habe (daher „Sattelhof").

Ostrau ㊼

17 km nördlich von Halle liegt das Dorf Ostrau, das über ein nicht alltägliches Barockschloss verfügt. Da die Deutung des slawischen Ortsnamens als „Insel" sich nur auf das Gelände des heutigen, von einem breiten Wassergraben umgebenen Schlosses beziehen kann, wird hier eine frühere slawische Wallburg vermutet, die wahrscheinlich in der ersten Hälfte des 12. Jahrhunderts innerhalb eines slawischen Ringwalls erbaut worden ist. Das weitere Schicksal der Wasserburg ist unklar, aber es ist sicher, dass die Burg mehrere Male verkauft oder belehnt worden ist. 1585 erwarb Achaz von Veltheim die „Insel" und errichtete ein regelmäßiges, rechteckiges Kastell mit weitem Wirtschaftshof; die Familie von Veltheim besaß das Anwesen bis 1713; bis 1718 erfolgte ein Neubau des Schlosses, nach einem 1708 entstandenen Entwurf von Louis Remy de la Fosse. Das Ergebnis ist ein Barockschloss mit französischen Gestaltungsdetails, somit selten in der Region. Hans Hasso von Veltheim (1885 bis 1956) wurde der Eigentümer des Schlosses und des Parks. Er machte beides mitsamt der wertvollen Bibliothek bis 1945 zu einem Sammelpunkt für Geistesschaffende jeglicher Qualität. Heute dient das Schloss als Schule, teilweise Wohnzwecken, teilweise steht es leer (44, 309). Nach den umfassenden Untersuchungen von Reinhard Schmitt (273c) kann die Baugeschichte des Schlosses als endgültig beschrieben gelten.

Gutshaus Zöberitz in Landsberg-Peißen

Peißen ㊽

Die Ortschaft Peißen grenzt im Südwesten direkt an Halle und gehört damit zum Saalekreis. Das Gutshaus in Peißen, Teil der Stadt Landsberg, stammt aus dem Jahr 1856, wurde aber 1898 umgebaut. Die Konzentration der Gehöfte um einen Platz deutet auf wendischen Ursprung. Der Ort samt Kirche ist im Dreißigjährigen Krieg stark zerstört, aber wieder aufgebaut worden.

Querfurt ㊾

Erster urkundlich nachweisbarer Querfurter Edelherr war Brun I., Vater des Heiligen Brun, der am 9. März 1009 bei der Missionierung der Pruzzen mit 18 Gefährten den Märtyrertod erlitt. Die Querfurter Edelherren regierten bis 1496, dann starben sie in männlicher Linie aus. In dieser Zeit entwickelten sie die Burg weiter, die einen Umfang des 6- bis 7-fachen des Wartburg-Areals aufweist. Die Burg hat eine weitgehend dokumentierte bauliche Entwicklung genommen (250, 273), die auch spätere Katastrophen wie den Dreißigjährigen Krieg überlebte. Querfurt war ab 1663 Bestandteil der Sekundogenitur Weißenfels (213) und fiel nach deren Erlöschen an Preußen, das aus der glanzvollen Burg eine landwirtschaftliche Domäne machte, ein Ergebnis, das erst nach der Wende revidiert wurde. Eine besser erhaltene Burganlage dieser Größe lässt sich in Sachsen-Anhalt schwerlich finden (4, 21, 169).

Salzmünde ㊿

Salzmünde, 7 km westlich von Halle, erstmals 979 erwähnt, verfügt über ein ehemaliges Gutshaus, einen zweigeschossigen Putzbau mit Eckerker aus der Mitte des 19. Jahrhunderts. Erbauer war Johann Gottfried Boltz. Salzmünde ist Fundort

Ansichten der Burg Querfurt – eine der ältesten und größten, gut erhaltenen Burganlagen in Sachsen-Anhalt, mit dem „Dicken Heinrich“ (Bild re. oben)

Salzmünde, Gutshaus (oben) und Rathaus (rechts)

der neolithischen Trichterbecherkultur, die seit 2006 auf einer Fläche von 3,5 ha wieder auferstanden ist.

Die erste Siedlung Salzmünde stand neben einer mittelalterlichen, heute nicht mehr auffindbaren Burg. Spätestens seit dem 12. Jahrhundert stand Salzmünde im Besitz der Wettiner, seit etwa 1290 des Erzstifts Magdeburg und ab 1442 der Grafen von Mansfeld.

Schafstädt ⑤①

Schafstädt, westlich von Merseburg an der alten Straße nach Querfurt gelegen, stand bereits in der zweiten Hälfte des 9. Jahrhunderts im Hersfelder Zehntverzeichnis. Schon im 12. Jahrhundert existierte ein Gut als Sitz der Herren von Schafstädt, Mitte des 18. Jahrhunderts ein weiteres Gutshaus, das sich heute wieder in saniertem Zustand zeigt. Im Jahre 2002 wurden die Nebengebäude des Gutshofes abgebrochen und im Schloss ein modernes Alten- und Pflegeheim untergebracht, dessen neuer Aufzugsturm allerdings gewöhnungsbedürftig ist. Vorzeigbar in Schaftstädt sind das Alte Rathaus und einige Häuser aus dem 17. und 18. Jahrhundert. Seit Anfang 2008 ist Schafstädt in Bad Lauchstädt eingemeindet. Der Ort trug im Dreißigjährigen Krieg schwere Schäden davon, die natürlich längst behoben sind.

Schkopau ⑤②

Der Besitz in Schkopau, 6 km nördlich von Merseburg gelegen, wird im Hersfelder Zehntverzeichnis noch nicht genannt; allerdings wird davon ausgegangen, dass die Burg nicht viel später als Reichsgut angelegt worden sein dürfte. Um 1477 erwarb Claus

Gutshaus Schafstädt, nun als Ärztehaus genutzt (li.) und Schloss Schafstädt mit modernem Zubau (re.)

Schloss Schkopau (li.) mit Bergfried (re.)

ersten industriellen Großproduktion von synthetischem Kautschuk und zu Zeiten der DDR Sitz der chemischen Buna-Werke mit zeitweise 18.000 Beschäftigten. Schkopau verfügt heute über die größte Kunststoffproduktion in den neuen Bundesländern.

von Trotha, Bruder des Merseburger Bischofs Thilo von Trotha (1466 – 1517), Schkopau, das mit kurzen Unterbrechungen bis 1945 im Besitz dieser Familie blieb, die über einen weitverzweigten Grundbesitz verfügte und bei der Abhandlung der Schlösser im Saalekreis immer wieder begegnet. Von dem im 16. Jahrhundert umgebauten Schloss sticht der Bergfried ab, der romanischen Charakters ist und die Zeiten überdauert hat. Er hat zwar den oberen Teil seines Gebäudes verloren, verfügt aber immer noch über eine eindrucksvolle Gestalt. Die Familie von Trotha baute zwischen 1554 und 1558 die südlichen Burgteile zu einem Wohnschloss um. 1876 wurde das Schloss noch einmal im Neorenaissance-Stil umgebaut. Die Anlage ist inzwischen in ein repräsentatives Schlosshotel verwandelt worden, seine Klasse sieht man ihm an (308). Die Familie von Trotha, die nach Kriegsende noch über mehr als 200 Familienangehörige gleichen Namens verfügte, hat sich um den Schlossbau in der Region sicher verdient gemacht, allerdings über verschwendungsbedingte Zusammenbrüche und Schäden im Dreißigjährigen Krieg eine Menge Lehrgeld bezahlt. Schkopau ist nicht nur das „alte“ Sachsen-Anhalt, sondern war seit 1937 Wiege der

Schnellroda ㊿

Der Ort, zu Albersroda gehörend und westlich Braunsbedra liegend, wurde 1142 erstmals urkundlich erwähnt. In ihm existierte der ehemalige Gutshof der Herren von Kannawurf. Das Gutshaus stammt wahrscheinlich aus der ersten Hälfte des 17. Jahrhunderts.

Schochwitz (54)

Im Mansfelder Seekreis liegt Schochwitz, 15 km östlich von Eisleben, als Teil der seit 2010 beste-

Schnellroda, Gutshaus

Schloss Schochwitz (links)
Evangelische Kirche St. Benedikt (oben)

henden Einheitsgemeinde Salzatal. Am Platz des heutigen mächtigen Schlosses stand spätestens seit dem 12. Jahrhundert eine Wasserburg der Herren von Schochwitz. Der Besitz der Edlen von Schochwitz muss an die Edlen von Friedeberg übergegangen sein, weil diese den Besitz 1267 an Bischof Friedrich von Merseburg übertragen haben. Diese frühen Baulichkeiten sind nicht mehr erhalten. Dem Renaissancebau muss ein zwischen den Jahren 1601 – 1606 entstandenes, von Levin VII. von der Schulenburg errichtetes Schloss nachgefolgt sein. Jetzt ist ein mächtiger Renaissancebau der Herren von der Schulenburg aus dem Jahre 1575 zu sehen. Spätestens seit Anfang des 19. Jahrhunderts gehörte das Schloss der Familie von Alvensleben, die es jedenfalls 1895 noch besaß. 1970 scheint die Familie ausgestorben zu sein. Wem das Schloss jetzt gehört, wird in den Veröffentlichungen nicht klar, jedenfalls wird inzwischen in dem Schloss gewohnt.

Schotterey ⑤⑤

Schotterey ist seit 1950 ein Ortsteil der Stadt Bad Lauchstädt und bereits im Hersfelder Zehntverzeichnis genannt, so dass der Ort vor 899 entstanden sein muss.

Am 7. Oktober 1753 brach in einer Schmiede ein Feuer aus, das 38 Höfe des Ortes einäscherte

Schotterey, ehem. Biener'sches Gut (links),
Eingangstor (unten)

Schraplau, die „Alte Burg" und Kirche St. Johannes

und nur fünf Wohnhäuser und eine Scheune verschonte. Der Ort unterstand bis 1815 dem Amt Lauchstädt, das seit 1561 unter kursächsischer Hoheit stand und zwischen 1656/57 und 1738 zur Sekundogenitur Sachsen-Merseburg gehörte, durch den Wiener Kongress Preußen und später der Provinz Sachsen zugeteilt wurde. Seit 1950 gehört Schotterey zu Bad Lauchstädt. Das ehemalige Biener'sche Gut in der Gestalt eines Schlosses ist in der Gründerzeit entstanden und wurde nach 1995 saniert. Heute wird das schöne Gebäude als Bürogebäude genutzt.

Schraplau ㊿

Schraplau, zwischen Eisleben und Querfurt gelegen, ist ottonischen „Geblüts", denn der Ort wird bereits im Hersfelder Zehntverzeichnis erwähnt (881-899). Es muss dort jedoch schon im 8. Jahrhundert eine befestigte Siedlung gestanden haben. Die hier vorrangig behandelte „Alte Burg" war ungewöhnlich groß (550 x 200 m) und stand im 11. und 12. Jahrhundert im Besitz der Herren von Schraplau, bis um 1200 das Erzstift Magdeburg Herrschaft und Burg Schraplau erwarb. An der äußersten Westspitze der „Alten Burg" wurde um diese Zeit eine mittelalterliche Burg eingebaut, die seit dem 18. Jahrhundert gänzlich verwüstet ist. Die Nähe zu Mansfeld hatte übrigens die Folge, dass das Mansfelder Grafenhaus auch Schraplau in seine Gewalt zu bringen vermochte. Nach 1647 blieb das Schloss unbewohnt und verfiel langsam. Das ehemalige von Könitz'sche sowie das von Stockhausen'sche Freigut wurden auch in die hochadeligen Grundstücksgeschäfte einbezogen. Die Kirche St. Johannes stammt

Schloss Spremberg

aus dem 4. Quartal des 12. Jahrhunderts. Die gezeigten Burgreste sind durch den Bewuchs ein romantischer Beleg für den Zauber einer Vergänglichkeit, die ihren Reiz nicht verfehlt.

Spremberg ⑰

Die im Durchbruchstal der Spree gelegene Burg Spremberg war im 12. Jahrhundert eine später zur Wasser- oder Sumpfburg erweiterte deutsche Turmburg, seit 1272 Stammsitz der Herren von Spremberg. Die Stadt stand wechselnd unter brandenburgischer, böhmischer und sächsischer Herrschaft. Von 1680 bis 1738 gehörte sie zur Sekundogenitur Sachsen-Merseburg, seit 1815 war sie preußisch. Das Schloss ist eine dreiflügelige, barock ausgebaute Anlage mit einem älteren Burgkern und dient jetzt als Niederlausitzer Heimatmuseum. Die Restaurierung wurde 1991 begonnen, ist aber noch nicht abgeschlossen. Spremberg gehört heute zum Bundesland Brandenburg (44a, 215).

Teutschenthal ㊳

Teutschenthal, nur wenige Kilometer südwestlich von Halle gelegen, ist auch die Geschichte der Familie (von) Wentzel, die unter anderem 1860 großen Grundbesitz erwarb. Teutschenthal, ursprünglich aus zwei Ortsteilen (Ober- und Unterteutschenthal) bestehend, war von rein slawischer „Geburt", stand schon im 8. Jahrhundert im Hersfelder Zehntverzeichnis und hat eine lange Geschichte, die man dem Hotelbau nicht mehr ansieht. Auf dem Platz des späteren Schlosses stand ursprünglich das Wohngebäude eines Freihofes, der mit dem von dem Architekten Karl Franz Hugo Wrede geschaffenen Bauplan des neuen Schlosses kollidierte und daher abgerissen werden musste. Diese Baumaßnahme erfolgte zwischen 1883 und 1885. 1912 ließen Nachfolger der Familie Wentzel durch den Architekten Kleesattel (1852 bis 1926) das Schloss umbauen und an den sich damals entwickelnden Baustil anpassen, wie er durch Schultze-Naumburg, Muthesius, Bongardt, Tessenow und Kreis sowie andere Architekten propagiert worden war. In den folgenden Jahrzehnten entstand auch ein ca. 19 ha großer Park, ausführlich und einfühlsam wie die Schlossgebäude beschrieben von Steffi Breuer (30). 1945 erlitt die Familie Wentzel ein für die damalige Zeit typisches, aber gleichwohl widernatürliches Unglück. Das damalige Familienoberhaupt Carl Wentzel war 1944 von den Nazis

Schloss Teutschenthal wird heute als Hotel geführt

wegen Hochverrates im Zusammenhang mit dem Attentat auf Adolf Hitler hingerichtet worden. Der gesamte Familienbesitz wurde beschlagnahmt. Anfang Mai 1945 gaben die Besatzungsmächte der Familie ihr Eigentum zurück, um es kein halbes Jahr später durch die Bodenreform wieder zu enteignen. Inzwischen ist die Familie Wentzel über ein Rückerstattungsverfahren wieder in das Eigentum des Schlosses mit Park eingesetzt worden. Das langgestreckte Gebäude scheint seine Größe durch Erweiterungsmaßnahmen im Zusammenhang mit den Hotelbauabsichten bekommen zu haben. Ob damit die Qualität des alten Schlossbaus erhalten wurde, mag der Betrachter für sich entscheiden (348).

Vitzenburg ⑲

Die Vitzenburg wird mit dem dazugehörigen Ort im Ende des 9. Jahrhunderts entstandenen Hersfelder Zehntverzeichnis erwähnt, ohne dass man über diese Burg Näheres weiß. 991 stiftete der Edle Brun von Querfurt hier ein Nonnenkloster, das 1108 zusammen mit der Burg in den Besitz Wiprechts von Groitzsch gelangte. Wenig später wurde das ursprüngliche Nonnenkloster wegen einiger menschlicher Unzulänglichkeiten in ein Mönchskloster umgewandelt. Wiprecht musste die Burg an den Kaiser abtreten, der das Kloster dem Bistum Bamberg unterstellte.

Die Anlage der zweiteiligen mittelalterlichen Burg ist im Grundriss der heutigen Bebauung noch erkennbar. Wann seinerzeit die alte Burg abgerissen wurde, lässt sich den gängigen Erläuterungsbüchern nicht entnehmen. 1521 ging der Besitz von den Herren von Querfurt auf die Familie von Lichtenhain über. 1586/87 wurde die Anlage zu einem zweiflügeligen Renaissanceschloss umgebaut; 1650 wurde durch die

Schloss Vitzenburg (Bilder links oben und unten)

Ehemalige Schlosskirche Vitzenburg (oben)

Familie von Häseler eine barocke Erweiterung des Nordflügels und 1803 ein Eigentumsübergang auf die Grafen von der Schulenburg veranlasst; 1840 erfolgte ein Umbau durch den Hamburger Architekten Max Wallenstein, 1880 gab es weitere bauliche Veränderungen. In der Zeit nach dem Zweiten Weltkrieg wurde das Schloss zum Schulgut umfunktioniert und ein Jugendheim eingerichtet. Nachdem die dort residierende Fachschule für Landwirtschaft von Vitzenburg nach Naumburg umgezogen war, wurde das Schloss zum Fachkrankenhaus für Kinder- und Jugendpsychiatrie umgebaut und am 11. Dezember 1969 feierlich übergeben, 1996 jedoch bereits geschlossen. Mit dem späteren Investor, einem Architekten, kam es nicht zu einer Revitalisierung der Anlage, wohl aber wurden von ihm die nötigen Erhaltungs- und Pflegeleistungen in Eigenleistung erbracht. Wegen Insolvenz wurde das Schloss Ende Juni 2004 für 395.000 EUR zwangsversteigert. Der Pavillon am Schlossberg samt Weinberg wurde 2016 von der Familie von Münchhausen erworben und wird mit öffentlichen Fördermitteln restauriert.

Weißenschirmbach ⑥⓪

Weißenschirmbach war ursprünglich eigenständige Gemeinde, wurde jedoch zum 1. Januar 2004 in die Stadt Querfurt eingemeindet. Der Ort stand

Weißenschirmbach, Herrenhaus

bereits im Hersfelder Zehntverzeichnis, hat also im Jahre 899 schon existiert. Möglicherweise haben Wenden den Ort gegründet, die neuere Geschichte des Gutes ist jedenfalls untrennbar mit der Geschichte der Eigentümer des Schlosses Vitzenburg verbunden. Das ehemalige Gutshaus enthält im Kern bauliche Bestandteile des späten Mittelalters.

Wettin ⑥①

Das Städtchen Wettin liegt nördlich von Halle und östlich der Saale in einer von Tälern zerschnittenen, reizvollen Porphyrlandschaft des östlichen Harzvorlandes. Diese Region ist schon viele Jahre vorher von Langobarden, Angeln und Warnen besiedelt worden. Sie wurden 595 n. Chr. durch die Franken besiegt. Danach zogen die Sorben in mehreren Etappen bis an die Elbe und die Saale, die sie teilweise überschritten. Die vielen slawischen Namen der umliegenden Dörfer beweisen diesen Tatbestand. Als 961 die Burg Wettin urkundlich erstmals erwähnt wurde, gehörte sie wahrscheinlich Rikdag, dem Markgrafen von Merseburg, Zeitz und Meißen. Als dieser 985 starb, fiel die Besitzung an den Grafen Dedo, dessen Enkel Thimo I. sich als Erster Graf von Wettin nannte und damit die Namensgebung eines großen Geschlechtes auslöste. Ihre größte Zeit als Residenz hatte die Burg Wettin unter Konrad dem Großen, der zwischen 1098 und 1124 regierte, nachdem alle anderen wettinischen Linien ausgestorben waren. 1288 wurde die Burg an das Erzbistum Magdeburg verkauft. Bereits Konrad der Große hatte die Schwerpunkte seiner Herrschaft nach Meißen verlegt, welche den Ausgangspunkt des weitverzweigten Hauses Wettin bildete. Die letzten Grafen von Wettin starben 1217 aus. Ihre Erben waren die Grafen von Brehna, die ihren Sitz nach Herzberg an der Schwarzen Elster verlegten.

Burg Wettin, Unterburg (Bilder oben und links unten)

Oberburg (Bild rechts unten)

Die Burg Wettin besteht aus Oberburg mit Vorburg sowie Unterburg mit Vorburg, die im Laufe der Jahrhunderte auch unterschiedliche Entwicklungen nahmen. Seit 1701 war Wettin preußische Domäne. 1840 wurden die kombinierten Güter der Ober- und Unterburg als königlich-preußische Domäne verpachtet. Nach der Wende (1991) wurden die Räumlichkeiten für ein Gymnasium hergerichtet, welches dort heute noch existiert (44, 48).

Zaschwitz ⑥②

Der kleine Ort, von dem laut Wikipedia am 14. April 2016 100 Grundstücksverkaufsofferten genannt wurden, was nicht für einen allzu kleinen Ort spricht, findet im Fachschrifttum kaum Erwähnung, obgleich die gezeigten Bilder eine Geschichte verraten.

Ursprünglich gehörte Zaschwitz zum Amt Wettin im Saalkreis des Erzstiftes Magdeburg. Mit der Angliederung an Preußen gehörte der Ort ab 1680 zum brandenburg-preußischen Herzogtum Magdeburg. Mit dem Frieden von Tilsit geriet Zaschwitz unter die Hoheit des kurzlebigen Königreiches von Westfalen. Mit dem Scheitern Napoleons wurde 1813 der Saalkreis frei. Die politische Neuordnung durch den Wiener Kongress 1815 verschaffte Zaschwitz eine neue Oberhoheit durch den Regierungsbezirk Merseburg und eine Zuordnung zum Mansfelder Seekreis. 1950 wurde Zaschwitz in den Saalkreis eingemeindet und 2011 zur neuen Stadt Wettin-Löbejün geschla-

Herrenhaus Zaschwitz

Gutshaus Zöberitz

gen. Zaschwitz ist etwa 18 km nordwestlich von Halle gelegen, am linken Ufer der Saale gegenüber der Stadt Wettin. Das Fachschrifttum gibt keine Auskunft über sehenswerte Gebäude. Das abgebildete Herrenhaus, privat genutzt, ist das einzige, das erwähnenswert gewesen ist.

Zöberitz ⑥③

Zöberitz gehört ebenso wie Peißen zur Stadt Landsberg im Saalekreis. Das ehemalige Gutshaus ist im Kern barock, wurde aber im 19. Jahrhundert den damaligen Bedürfnissen entsprechend umgestaltet. Einzelheiten sind nicht bekannt bzw. haben sich nicht finden lassen.

Zöschen ⑥④

Der kleine Ort (1.000 Einwohner) liegt zwischen Merseburg und Leipzig. In Zöschen steht die Diecksche Villa, die um 1880 im Stil italienischer Renaissancevillen gebaut wurde. Sie muss ursprünglich ein Backsteinbau gewesen sein, jetzt ist sie mit einer neuen Außenhaut versehen.

Zöschen, Diecksche Villa

Rittergut Oberhof in Zöschen – „Brandensteiner Hof"

Burgenlandkreis

Altenroda
Balgstädt
Baumersroda
Bonau
Breitenbach
Bucha
Burgheßler
Burgholzhausen
Burgscheidungen
Burgwerben
Dehlitz
Droyßig
Etzoldshain
Gleina
Goseck
Gößnitz
Gröbitz
Großgestewitz
Haynsburg
Heldrungen (Thür.)
Herrengosserstedt
Heuckewalde
Kirchscheidungen
Klosterhäseler
Lützen
Marienthal
Memleben
Naumburg
Nebra
Neuenburg
Osterfeld
Profen
Rehmsdorf
Rudelsburg
Runneburg (Thür.)
Saaleck
Salsitz
Schönburg
Schulpforte
Steinburg
Teuchern
Webau
Weißenfels
Weischütz
Wendelstein
Zangenberg
Zeitz
Zingst
Zscheiplitz

Schloss Neuenburg bei Freyburg

Burgenlandkreis

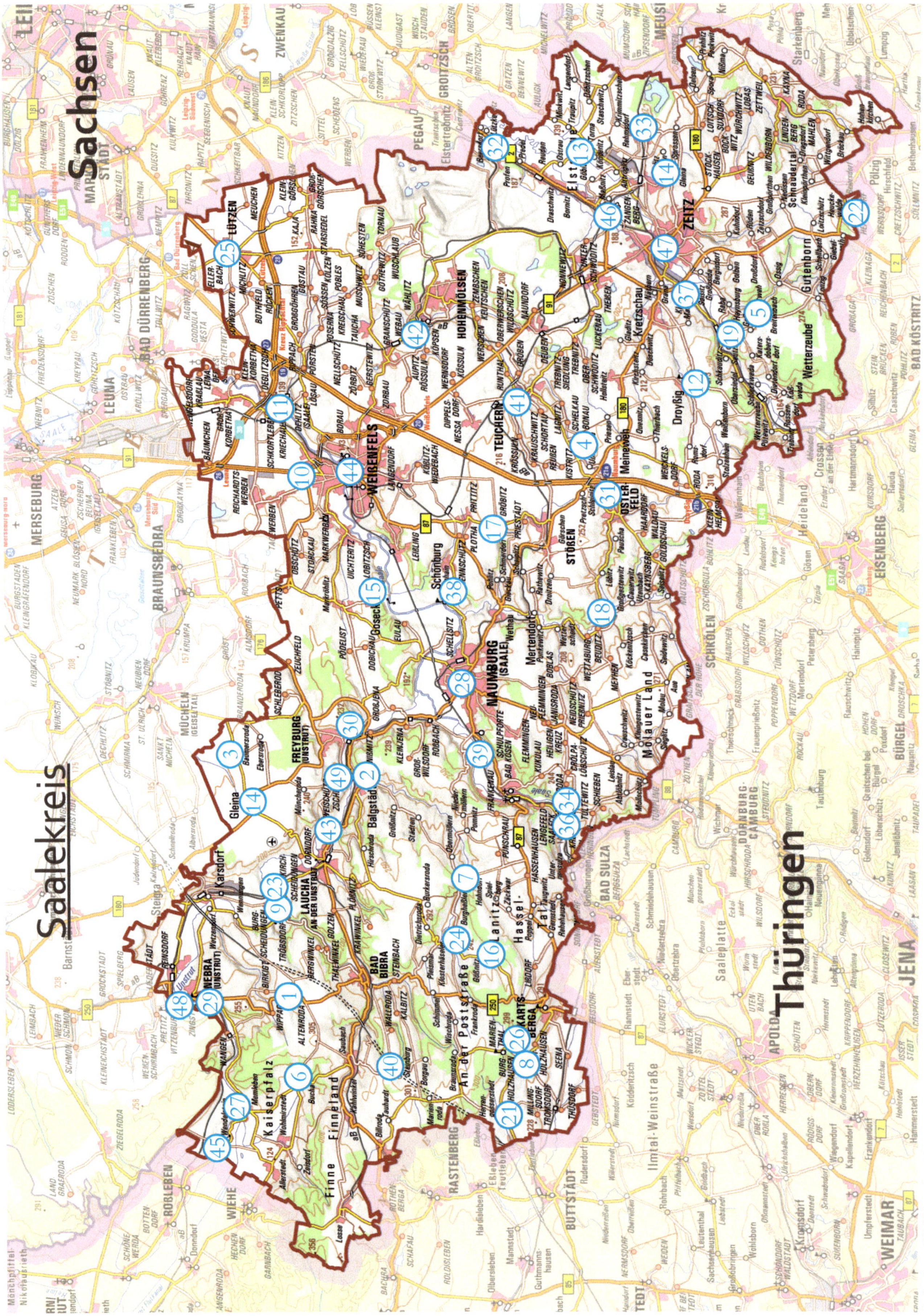

Altenroda ①

Altenroda ist ein Ortsteil der Stadt Bad Bibra im Burgenlandkreis. Der Ort wurde 1177 erstmals urkundlich erwähnt. Das Dorf und die Gerichtsbarkeit gehörten dem Besitzer des schriftsässigen Rittergutes Nebra, der wiederum dem sächsischen Amt Freyburg unterstand. Im 16. Jahrhundert war der Ort der Familie von Nissan untertänig. Altenroda bildete bis gegen die Mitte des 17. Jahrhunderts einen besonderen adeligen Gutsbezirk, der sich seit alter Zeit in der Hand eines nach dem Orte genannten gräflichen Dienstmannengeschlechts befand, das schon seit dem Ende des 12. Jahrhunderts bezeugt ist. Der eher unscheinbare Ort zeigt eine Dorfkirche, eine Errungenschaft des offenkundig baukundigen Pfarrers Zineke, der auch noch in Groß-Wangen und Wippach Kirchenbauten als Bauherr betreut hat. Der Ort hat eine Reihe von landwirtschaftlichen Bauten vorzuweisen, darunter das ehemalige Gutshaus der Familie von Schulze und ein Herrenhaus in sparsamer Barockform mit abgewalmtem Mansarddach von 1790.

Altenroda, Herrenhaus (oben)
Gutshaus der Familie von Schulze (unten)

Balgstädt ②

Das von der Größe her schlossartige ehemalige Gutshaus, von im Übrigen dezentem Äußeren, stammt aus der Mitte des 17. Jahrhunderts und wird, wie das Bild zeigt, auch erkennbar genutzt. Balgstädt liegt im Tal des Unterlaufs der Unstrut, 8 km vor deren Mündung in die Saale. Der Ort ist Mittelpunkt des Naturparks Saale-Unstrut-Triasland. Der Ort selbst gehört zu den frühest bezeugten Siedlungen im Unstruttal (877). Es ist denkbar, dass man Balgstädt altthüringischem Königsgut zuordnen kann, was bedeuten würde, dass der Ort schon vor 531, dem Ende des thüringischen Königreiches, bestanden haben müsste. Die Burg wurde 1397 von den meißnisch-thüringischen Landgrafen gebrochen und abgetragen. Im frühen Mittelalter hat die Anlage immer wieder den Besitzer gewechselt. Auch eine zweite Burg ist völlig verschwunden,

Die Dorfkirche in Altenroda erhielt 1718 ihre heutige Gestalt (unten)

Schloss Balgstädt

Herrenhaus in Baumersroda

an ihrer Stelle erheben sich heute die Gebäude des ehemaligen Rittergutes, das den Charakter als Wasserschloss noch erkennen lässt. Im Siebenjährigen Krieg muss Balgstädt sehr gelitten haben, was seinen Niederschlag in dem Geschichtswerk des J. W. von Archenholz (5. Aufl. Band I) gefunden hat. Bis 1815 war Balgstädt ein Amtsdorf im sächsischen Amt Freyburg und gelangte dann über den Wiener Kongress an Preußen. 1816 wurde Balgstädt dem Landkreis Erfurt in der Provinz Sachsen zugeteilt, was bis 1944 Bestand hatte. Das Schloss beherbergt jetzt das Gemeindebüro, eine Kindereinrichtung sowie Übernachtungsgelegenheiten.

Baumersroda ③

Zwischen Mücheln im Geiseltal und Freyburg an der Unstrut liegt die winzige Landgemeinde (6,62 km^2) auf der Querfurter Platte, einem der größten Löß-Schwarzerdegebiete Sachen-Anhalts, und damit prädestiniert für eine ertragreiche Landwirtschaft. Sie reichte über das Jahr 1990 hinaus, litt aber unter dem allgemeinen Rückgang der ohnehin nur 150 Einwohner und dem Bedeutungsverlust der Landwirtschaft. Die Besiedlung des Gemeindegebietes begann Ende des 11. Jahrhunderts, was umfangreiche Rodungsarbeiten erforderte, denn die Region war noch seit dem frühen Mittelalter fast völlig von Wald bedeckt, die Bevölkerung noch geringer an Zahl und schutzlos allen zeitbedingten Kriegshandlungen ausgeliefert.

Das heute noch vorhandene Herrenhaus wurde 1704 bis 1708 errichtet, ging dann über die Jahre an mehrere adelige Familien, bis Heinrich Ferdinand von Helldorff 1828 das Rittergut erwarb. Bis 1945 hat die Familie von Helldorff das dörfliche Leben der Region Baumersroda bestimmt, dann kam die Enteignung. Am 01.07.2009 verlor Baumersroda seine Selbstständigkeit an die Gemeinde Gleina. Baumersroda gehört damit zur Verbandsgemeinde Unstruttal, Verwaltungssitz Freyburg.

Bonau ④

Das Wasserschloss Bonau, zwischen Zeitz und Naumburg gelegen, wurde 1627 auf den baulichen Resten einer mittelalterlichen Wasserburg errichtet. Das Haus gehörte bis zur Enteignung 1945 der Familie von Ziedwitz. Sie hatte einen berühmten Gast, Christian Fürchtegott Gellert, der des Öfteren im Schloss weilte. Das Haus musste in der DDR-Zeit nach einem Dachstuhlbrand von den Mietern geräumt werden. In den 90er

Wasserschloss Bonau (links)
Gedenktafel für Christian Fürchtegott Gellert (oben)

Jahren fand sich ein Käufer, der das Haus als Hotel umbaute, aber von dem letzten Pächter 2005 in die Insolvenz getrieben wurde. Das Haus wurde abermals verkauft; es dient jetzt einem privaten Besitzer als Urlaubsdomizil.

Breitenbach ⑤

Der Ort, ganz im Südosten des Burgenlandkreises gelegen, enthält zwei historische Kleinodien, die einen Besuch rechtfertigen.

Jahrhunderte lang verdeckte der dichte Wald eine früher einmal gewaltig gewesene Wallanlage, die erstmals Anfang des 20. Jahrhunderts (1905 und 1908) durch Ausgrabungen und dann in den 20er Jahren durch archäologische Nachuntersuchungen deutlicher wurde. Zwischen diesen Wallanlagen befand sich eine längst nicht mehr vorhandene Reichsburg, die 1130 auf Geheiß des hohen staufischen Kaisers Konrad III. als Teil einer Grenzbefestigung und mit der Bestimmung als Jagdburg errichtet wurde. Da Konrad III. schon 1137 starb (76), wird er Jagdfreuden dort nicht mehr genossen haben. Die Burg verbrannte wahrscheinlich zwischen 1260 und 1270, weshalb sie aufgegeben wurde (49).

In Sichtweite der Reichsburg errichtete man um 1288 eine weitere Befestigungsanlage, die Burg Kempe, die schon länger bekannt ist. Sie wurde vermutlich aus den Steinen der Reichsburg errichtet. Die Kempe bestand wahrscheinlich aus einem fünfgeschossigen, rechteckigen Rundturm. Es stehen immer noch eindrucksvolle Reste, ebenfalls verborgen im dichten Wald. Wege führen nicht dorthin, sind jedenfalls

Burgruine Kempe in Breitenbach

Gedenkstein in Breitenbach (rechts)

kaum sichtbar. Umso mehr wirkt hier der Zauber einer Vergänglichkeit. Bischof Philipp kaufte 1536 die im tiefen Schlaf versunkene Burg zurück und übergab sie der nahegelegen Haynsburg als Vorwerk. Darüber berichtet keine Geschichte mehr.

Bucha ⑥

Der im Fachschrifttum kaum beschriebene Ort Bucha weist neben einem Kirchenbau von 1691 und einem ehemaligen Pfarrhaus aus dem 17. Jahrhundert vor allem ein sehenswertes kleines Schloss auf, das 1714 bis 1718 anstelle einer Burg der Grafen von Bucha entstanden ist. Um 1985 wurden ein runder Bergfried und die Ringmauer teilweise ergraben. Der Besucher trifft auf eine zweigeschossige Zweiflügelanlage, die sich von ihrer überschaubaren Größe für eine Revitalisierung anbot, die auch eingetreten ist.

Burgheßler ⑦

Burgheßler liegt 8 km nordöstlich von Eckartsberga. Das kleine Dorf wurde 1153 erstmals urkundlich genannt. Eine Burg aus dem 12. bis 14. Jahrhundert, über die man wenig weiß, ist seit langem verschwunden. Das ehemalige Rittergut ist der alte Stammsitz des schon im 12. Jahrhundert existenten Ministerialengeschlechts de Heslere oder de Hesellere. Heute

Schloss Bucha

finden sich noch Restgebäude des Rittergutes der Familie von Burkersroda, das 1692 neu errichtet wurde. Wichtigste Baulichkeit ist das Gotische Haus, 1493 erbaut und immer noch äußerst ansehnlich, wobei Häuser dieses Alters in der Region selten sind. (Bilder unten) Seine ursprüngliche Funktion ist unbekannt.

Burgholzhausen ⑧

Das ehemalige Gutshaus ist kein Prachtbau, zeigt aber noch sehr deutlich die Nutzungen landwirtschaftlicher Art in der Frühen Neuzeit. Die Gemeinde wurde am 27. Januar 993 erstmals in einer Urkunde Königs Otto III. erwähnt, kam aber auch schon im Hersfelder Zehntverzeichnis vor, also vor 900. Die Bauten stammten aus dem

Burgheßler mit seiner romanischen Bonifatius Kirche (links) und dem gotischen Haus (unten)

Herrenhaus in Burgholzhausen

Spätmittelalter, wurden aber im 17./18. Jahrhundert überformt. Das Rittergut gehörte von 1638 bis ca. 1900 der Familie von Marschall (Linie von Holzhausen). Seit 2009 gehört der Ort zu Eckartsberga. Das benachbarte Kirchdorf Nieder-Holzhausen wurde im Dreißigjährigen Krieg völlig zerstört; die Wiederherstellung dauerte wegen fehlender Geldmittel bis 1661.

Burgscheidungen ⑨

Das Schloss Burgscheidungen hat eines der eindrucksvollsten Lebensschicksale hinter sich, die sich in Sachsen-Anhalt finden lassen. Bereits 515 und 520 wird eine dortige Burg als Königsburg bezeichnet. Sicher dokumentiert ist sie ferner im Hersfelder Zehntverzeichnis. Bis zum 10. Jahrhundert war sie Reichsburg und gelangte 1069 in bischöflich/bambergischen Besitz. In den folgenden Jahrhunderten haben die Besitzer immer wieder gewechselt. Die große Stunde der Burg kam, als 1722 der venezianische Feldmarschall Levin von der Schulenburg sie erwarb, der seine militärische Karriere buchstäblich ohne Einkünfte begonnen hatte und nach Jahren durch seine am Mittelmeer erworbenen „Kriegskontributionen“ derart wohlhabend geworden war, dass er die Burg erwerben konnte. 1727 waren die Umbaumaßnahmen beendet, die Levin von der Schulenburg nicht lange überlebte. Erst im 19. Jahrhundert wurden unter Werner von der Schulenburg Schloss und Park umfassend auf der Grundlage der Originalpläne instandgesetzt. Elisabeth Schwarze-Neuß, eine profunde Kennerin der Burgen- und Schlösserlandschaft an Saale und Unstrut, hat – nach Auffassung des Autors zutreffend – über Burgscheidungen Folgendes geschrieben: „Es gibt wohl kein Schloss in unserer Region, das in seinem beziehungsreichen Bauschmuck so unverhohlen ruhmredig die Persönlichkeiten und die Verdienste des Bauherren in Szene setzt“ (306). Burgscheidungen ist gleichwohl ein bildschönes Schloss, das auch über die vergangenen Jahrzehnte nicht so heruntergekommen ist wie andere Schlösser, weil es Schulungsstätte der Ost-CDU war und nach der Wende einen Investor gefunden hatte, der sich im Rahmen der finanziellen Möglichkeiten sehr um Schloss und Park kümmerte, was bereits jetzt viele Touristen honorieren. Es scheint allerdings, als sei dem Investor nun doch die Luft ausge-

Schloss Burgscheidungen und Detail der Parkanlage

Schloss Burgwerben

Evang. Kirche Burgwerben

gangen. Dann sollte die öffentliche Hand sich dieses Juwels annehmen. Burgscheidungen wurde lange als Ort des Schauplatzes des Untergangs des Thüringischen Reiches im Jahre 531 genannt. Bis heute ist dies nicht bestätigt, weil Urkunden darüber fehlen und der vermutete Kampfplatz keinerlei Wissen über die üblichen Kriegsrelikte hergegeben hat (281). Die Streitfrage ähnelt der über die Schlacht am Teutoburger Wald, die ja auch in der jüngeren Vergangenheit eine neue Erkenntnis über den wirklichen Schlachtort erbracht hat (342).

Burgwerben ⑩

Die kleine Gemeinde Burgwerben ist seit 2010 in die Stadt Weißenfels eingemeindet und liegt auch unmittelbar nördlich dieser Stadt. Burgwerben war schon im Hersfelder Zehntverzeichnis erwähnt, hat also zwischen 881 und 899 bereits bestanden. Als gesichert kann gelten, dass der Ort schon frühzeitig (Genaueres ist nicht bekannt) über eine Burg verfügte. Es könnte die Burg gewesen sein, die im Hersfelder Zehntverzeichnis Erwähnung gefunden hat. Von Bedeutung ist der Umstand, dass in Burgwerben Eilica, die Tochter des Herzogs Magnus von Sachsen und Mutter Albrecht des Bären, residierte. Später existierte jedenfalls ein Rittergut. Seit dem 16. Jahrhundert stand das Rittergut im Besitz verschiedener Familien. Ob das heute noch vorhandene Rittergut Schlosscharakter aufwies, sagen die Quellen nicht. In Burgwerben jedenfalls ist die Rede von einem Schloss, das in der Schlacht beim nahegelegenen Roßbach im Siebenjährigen Krieg eine Rolle spielte, weil der Befehlshaber der deutschen Reichsarmee dort residierte, in welcher Funktion er nach der Schlacht bei Roßbach von Friedrich dem Großen abgelöst wurde, der auf dem Schloss Nachtquartier nahm. Dies lässt sich der Inschrift eines heute noch in Burgwerben stehenden Gedenksteins entnehmen.

Dehlitz ⑪

Dehlitz an der Saale verfügt über ein ehemaliges Rittergut, bestehend aus einer den Ortsgrundriss prägenden Vierflügelanlage, einem Alten Herrenhaus (1700) und einem Neuen Herrenhaus (1900). Dahinter erstreckt sich ein weitläufiger

Altes Rittergut in Dehlitz

Gutspark. Die Anlage gelangte wegen einer alchemistischen Marotte eines Besitzers in den Besitz derer von der Schulenburg. Seine Manie, Gold machen zu wollen, teilte er mit dem Gutsherrn Georg Wilhelm von Heßler auf Dehlitz. Bei einem drohenden Konkurs half die Familie aus. Das Gut war bis 1790 gemeinschaftlicher Besitz des Hauses Beetzendorf, 1792 erbte es Achatz Wilhelm von der Schulenburg, der eine Familienlinie auf Dehlitz gründete (271). Über das weitere rechtliche Schicksal des Rittergutes verlauten die Quellen nichts.

Droyßig ⑫

Schloss Droyßig, 8 km westlich von Zeitz liegend, wurde im Mai 1170 erstmals erwähnt. Es stand in Besitz der Familie gleichen Namens, die vermutlich 1221 ausstarb. Der wohl um 1181 bis 1223 aus einer Wasserburg entstandene Bau wurde unter Christian Julius von Hoyen (1617 bis 1656) neu gestaltet und erfuhr Anfang des 19. Jahrhunderts und nach 1863 weitere Veränderungen. 1847 gründeten die Fürsten von Schönburg-Waldenburg eine Haushaltungsschule und ein Lehrerinnenseminar mit Lyzeum. Heute ist nur ein allerdings repräsentativer Teil der großen Burganlage restauriert. Ein Museum und eine Verwaltungseinheit sind untergekommen. Im Bärenzwinger tummeln sich zwei riesige Braunbären, allerdings ohne größere Eile, wie schon die seit Jahrhunderten dort vorhanden gewesenen Artgenossen (223). Es sind nur lebendige Bestandteile einer höchst ansehnlichen Baulichkeit. Sie wird ergänzt durch einige Komplementärbauten zum Schloss und einen vorzeigbaren Schulbau, das Christopherus-Gymnasium, hervorgegangen aus den 1852 eröffneten Droyßiger Anstalten, die Fürst Otto Victor von Schönburg-Waldenburg zu Zwecken der Ausbildung von evangelischen Frauen zu Elementarschullehrerinnen, Lehrerinnen für höhere Töchterschulen und Gouvernanten gestiftet hatte.

Schloss Droyßig

Etzoldshain ⑬

Tief versteckt in einer Waldlandschaft des Burgenlandkreises in Elsteraue, nordöstlich von Zeitz, und teilweise umringt von ehemaligen Gutsgebäuden des 19. Jahrhunderts, befindet sich für Kundige eine mittelalterliche Burg, von der allerdings nur noch der Bergfried erhalten ist. Die Fachliteratur macht hierzu keine ausführlicheren Angaben. Bekannt ist nur die erstmalige Erwähnung der ehemaligen Wasserburg im Jahre 1415. Der Bergfried ist fünfgeschossig und quadratisch, bei einer Seitenlänge von 7,20 m und einer Wandstärke von 2 m. Ein solcher Baustil hat den Bergfried über die Jahrhunderte gerettet.

Bergfried der Burgruine Etzoldshain

Schloss Gleina (oben); St. Trinitatiskirche in Gleina (rechts)

Gleina ⑭

Gleina liegt zwischen Querfurt und Freyburg-Unstrut. Der Ort wurde 1144 urkundlich erstmals erwähnt und war Stammsitz der Ritter von Gleina, die allerdings erst 1245 namentlich auftauchten. Zu ihrer Zeit muss es fünf Rittergüter und mehrere Sattelhöfe gegeben haben. Das Schloss Gleina wurde erst ab 1689 errichtet. 1830 kaufte der preußische Kammerherr Bernhard von Helldorff Schloss und Gut. 1945 wurden seine Nachkommen enteignet. Das Schloss wurde bis 1996 als Altenheim, Kindergrippe und Landambulatorium genutzt. 2007 begannen Sanierungsarbeiten. Das Schloss ist ein hufeisenförmiger, zweigeschossiger Bruchsteinbau mit unterschiedlichen Lebensdaten. Nach Dehio (44) wurde mit dem Bau erst im zweiten Drittel des 18. Jahrhunderts begonnen. Jedenfalls ist das Schloss ein noch heute funktionierendes Gebäude. Gleina enthält auch noch eine ehemalige Fronfeste, eine zweigeschossige Zweiflügelanlage, die im Kern vermutlich spätes 16. Jahrhundert darstellt (342).

Goseck ⑮

Im Hersfelder Zehntverzeichnis des 9. Jahrhunderts war Goseck (Gozacha civitas) eine Grenzburg an der Saale. Die Stammburg der Pfalzgrafen von Sachsen muss ihre Bedeutung als Grenzsicherung angesichts der Osterweiterung der deutschen Gebiete verloren haben, jedenfalls wurde sie 1041 von Erzbischof Adalbert von Bremen in ein Benediktinerkloster umgewandelt. Dessen Geschichte

Schloss Goseck

Herrenhaus Gößnitz mit Dorfkirche im Vordergrund

Klosterkirche (re.)

war wenig glanzvoll, mit der Reformation endete sie gänzlich. 1540 beendeten ein Abt und sechs Mönche die Geschichte des Klosters. Im 16./17. Jahrhundert, genauer ist selbst der Dehio nicht (44), entstand das Schloss als schlichte Dreiflügelanlage der Renaissance, angelehnt an das Klostergebäude, das seit einigen Jahren wieder einer umfassenden Sanierung unterzogen wird (269). Das bedarf hier keiner Vertiefung, aber es sei darauf hingewiesen, dass die Herren von Goseck die Ahnherren der späteren Wettiner waren (223). Seine Kreisgrabenanlage ist ein 7000 Jahre alter und damit weltweit einziger Beleg für eine damals systematische Himmelsbeobachtung (342).

Gößnitz ⑯

Nördlich von Eckartsberga und damit im Südwesten des Burgenlandes, unmittelbar nördlich der thüringischen Grenze, liegt Gößnitz. 1183 - 1320 erscheinen die Herren von Gößnitz mehrmals in Urkunden des Zisterzienserinnenklosters Pforta, in dessen Besitz das Rittergut 1528 auch gelangte, wo es bis zur Auflösung des Klosters Pforta 1543 verblieb. In den folgenden Jahrhunderten wechselten – wie üblich – die besitzenden Familien. Ab 1646 - 1945 gehörte das Gut der Familie Häseler (Heßler), in der Zeit nach der Bodenreform einigen unterschiedlichen Nutzern, was den Zustand des Gebäudes nicht verbesserte, aber auch nicht ruinös machte, da es sich um ein die ganze Zeit bewohntes Haus handelte. Das An fang des 18. Jahrhunderts erbaute Herrenhaus (der Baubeginn ist streitig) ist fotografisch genau erfasst und aus vorliegenden Inventarverzeichnissen lässt sich ein rudimentäres Bild der Einrichtung des Herrenhauses gewinnen (265). Über seine Zukunft ist nichts bekannt. Es scheint sich jedoch ein neuer Eigentümer zu kümmern.

Gröbitz ⑰

Das schlossartige Gebäude des westlich der A9 und südöstlich Naumburgs gelegenen Ortes (erstmals erwähnt 1135) ist ein ehemaliges Gutshaus aus dem 16. Jahrhundert. Das Gebäude wurde

Rittergut Gröbitz

Gutshaus Großgestewitz

vermutlich um 1780 völlig umgebaut. Die Wirtschaftsgebäude könnten aus dem 17. Jahrhundert oder aus noch früherer Zeit stammen. Das Bild zeigt den letztlich ruinenhaften Charakter des Gutshauses, gegenwärtig sicherlich nicht nutzbar, aber durchaus noch ansehnlich. Seit 2011 ist Gröbitz Teil der Stadt Teuchern.

Großgestewitz ⑱

Das ehemalige Gutshaus, im 19. Jahrhundert bereits weitgehend erneuert und heute noch genutzt, stammt in seinem Äußeren wohl aus dem dritten Viertel des 18. Jahrhunderts und weist in seiner Umgebung im Westen Reste eines englischen Landschaftsparks auf. Das Rittergut geht auf eine alte slawische Wallanlage zurück, die zwischen dem 8. und 10. Jahrhundert entstanden sein muss. Das Rittergut wurde im Dreißigjährigen Krieg durch Brand zerstört, aber bis 1660 wieder aufgebaut. Die Familie von Barby, die 1840 das Gut von der Familie von Landwurst übernommen hatte, baute um 1900 das Haus zeitgemäß aus, es unterfiel aber 1945 der sowjetischen Enteignung. Nach 1990 wurde das Rittergut durch die Gemeinde saniert und 1998 durch Versteigerung in private Hände gegeben. Heute befinden sich im Rittergut Ferienwohnungen, regelmäßig umfangreiche Veranstaltungen sichern den Bestand.

Haynsburg ⑲

Die Haynsburg, nahe der Residenzstadt Zeitz gelegen, hat ihr Geburtsjahr bis heute für sich behalten. Wahrscheinlich ist sie im 12. Jahrhundert als Burg der Naumburger Bischöfe errichtet und von deren Ministerialen bewohnt worden. Nur zwischen 1295 und 1305 war sie an die Markgrafen von Meißen veräußert. 300 Jahre blieben die Naumburger Bischöfe im stärksten Bollwerk an der mittleren Weißen Elster die Hausherren. Die

Die im 12. Jahrhundert errichtete Haynsburg mit dem Bergfried (rechts)

heutige Haynsburg verrät nichts von ihrer damaligen Unbesiegbarkeit. Heute befindet sie sich in Bestform, verfügt über ein Heimatmuseum, das Gemeindeamt, den Kindergarten, natürlich eine Burgschenke und einen Winzerkeller, zudem noch einen Reiterhof mit großer Reiterhalle. Dies alles macht die Haynsburg zu einer lebendigen Anlage, auf die der Bergfried herabschaut, der wie immer in solchen Fällen schon seit den Gründungsjahren seine ihm zugedachte Aufgabe wahrnimmt. Die Historiker vermuten, dass er im 14. Jahrhundert in seiner Höhe reduziert und durch einen schmalen Aufsatz verändert wurde (169).

In Nachbarschaft der Haynsburg befinden sich unübersehbar drei repräsentative Wirtschaftsgebäude, die verlassen scheinen und wohl dem dortigen ehemaligen Volksgut zugeordnet werden müssen, vorher aber zur Haynsburg gehörten (362).

Heldrungen ⑳

Heldrungen mit seiner einzigartigen Festung gehörte während der Weißenfelsischen Sekundogenitur ursprünglich zum Kurfürstentum Sachsen und ging dann für die Sekundogenitur-Jahre 1657 bis 1746 auf das Herzogtum Sachsen-Weißenfels über, was eine Erwähnung in diesem Buch rechtfertigt. Das gilt auch, obwohl erst wieder nach 1746 eine Zugehörigkeit zum Kurfürstentum Sachsen begründet wurde. Eine ursprünglich im Besitz der Herren von Heldrungen befindliche Wasserburg befand sich bis zum frühen 15. Jahrhundert im Besitz dieser Dynastie, lag aber seit 1479 in der Hand der Grafen von Mansfeld, wobei die Burg als wichtiger Stützpunkt des Adels im Bauernkrieg 1525 diente. Thomas Müntzer wurde nach dem Zusammenbruch der Bauernheere bei Frankenhausen in der Festung gefangen gehalten und gefoltert, bis es zu seiner Hinrichtung kam. 1512 war unter Graf Ernst I. von Mansfeld das Schloss umgebaut worden und hatte seit 1519 eine moderne Befestigung. Sie wurde seit 1623 modernisiert, 1645 aber von den Schweden eingenommen und geschleift. 1664 bis 1668 wurde sie wieder hergestellt, allerdings 1860 aufgegeben. Zwischen 1974 und 1977 wurde die Anlage des 16. Jahrhunderts restauriert und die barocken Festungswerke freigelegt. Das ehemalige Schlossgut ist seit 1796 ein schriftsässiges Rittergut. Während des Dreißigjährigen Krieges wurde der umliegende Ort verwüstet; viele Einwohner starben am Hunger. Die Anlage kann sich wieder sehen lassen (218). Sie gehört jetzt zum Freistaat Thüringen.

Herrengosserstedt ㉑

Um Herrengosserstedt, nordöstlich von Eckartsberga, finden sich Relikte frühgeschichtlicher Siedlungen aus dem Neolithikum. 874 wird der Ort erstmals urkundlich erwähnt. Bereits im

Wasserschloss Heldrungen

Herrenhaus des Rittergutes Herrengosserstedt

10. Jahrhundert wurde der Ort im Rahmen einer Erbauseinandersetzung zweigeteilt. Das entstandene Oberdorf mit einer Wasserburg, dem späteren Rittergut, befand sich im 13. Jahrhundert im Besitz der Ministerialen von Gosserstedt, ein Jahrhundert später der Marschälle gleichen Namens. Der Ort stand lange Zeit unter der Lehnshoheit der Grafen von Weimar-Orlamünde. Im Dreißigjährigen Krieg wurde Herrengosserstedt stark zerstört. Diese Zerstörungen und nachfolgende Pestepidemien töteten 231 Einwohner, so dass die vorhandenen beiden Friedhöfe nicht mehr ausreichten. 1715 wurde der Ort an den Oberamtmann Conrad Werner Wedemeyer verkauft, von ihm ging das Besitztum weiter an die Familie von Münchhausen (1730), die bis zur Bodenreform 1945 das Gut in ununterbrochenem Besitz hatte. Aus dieser Zeit, die eine Galerie erfolgreicher Lebensabschnitte ausweist, sind noch die Leiden Herrengosserstedts in den napoleonischen Kriegen zu erwähnen. Nach der Schlacht von Auerstedt 1806 wurde Herrengosserstedt von biwakierenden französischen Soldaten geplündert, ein sich bis zur Völkerschlacht bei Leipzig wiederholender Vorgang, allerdings durch Truppen unterschiedlicher Armeen. Herrengosserstedt wurde nach 1945 enteignet; 1990 erfolgte ein teilweiser Rückkauf. Das Herrenhaus scheint wieder funktionsfähig.

Heuckewalde ㉒

Die Wasserburg Heuckewalde (Ortsteil der Gemeinde Gutenborn), an der Grenze zu Thüringen, könnte ab 1152 dem Kloster Posa gehört haben; möglicherweise ist sie seit diesem Zeitraum errichtet wurden. Ab 1153 nannte sich nach Heuckewalde erstmals ein Ministerialer des Stifts Naumburg, dessen Familie aber nur bis 1273 nachweisbar ist. Bis 1435 blieb es – unterbrochen durch Verpfändungen – in bischöflichem Besitz. 1720 entstand ein neues Schloss, wobei ein mittelalterlicher Bergfried in den Neubau einbezogen wurde (214a).

Schloss Heuckewalde (unten) mit dem 41 m hohen Bergfried (rechts)

Nach der Enteignung der Familie von Herzenberg im Jahre 1945 nutzte die Gemeinde das Schloss als Schule, Kindergarten, Gemeindeamt und Wohnanlage. Nach der Wende stand das Schloss leer, seit 2011 ist es wieder in Privatbesitz. Die Bilder lassen allerdings einen gewissen Sanierungsrückstand erkennen (362).

Kirchscheidungen ㉓

Kirchscheidungen liegt zwischen Freyburg und Nebra an der Weinstraße Saale-Unstrut, nördlich von Laucha. Der Ort wurde erstmals im Hersfelder Zehntverzeichnis, also zwischen 880 und 899, erwähnt. Über den Ort findet sich im Schrifttum kaum Näheres. Der Dehio (44) schreibt lediglich in einem Satz von zwei ehemaligen Gutshäusern, dem Oberhof und dem Unterhof.

Es hat in Kirchscheidungen neben dem Rittergut ein ehemaliges Gutshaus im Oberhof aus dem 18. Jahrhundert und ein Gutshaus im Unterhof von 1595 gegeben. Von 1492 bis 1748 waren Gutsherren die von Rockhausen, von da an bis 1945 die von der Schulenburg auf Schloss Burgscheidungen. Der Ort Kirchscheidungen gehörte bis 1815 zum wettinischen Amt Freyburg, danach zu Preußen, zuletzt zur Provinz Preußen bis 1944. Es scheint, dass Kirchscheidungen keine wesentliche Politik betrieben hat und insbesondere in den zwei Jahrhunderten bis zum Ende des Zweiten Weltkrieges im Schatten der Burgscheidungen gestanden hat, da anderenfalls das Schrifttum ausführlicher gewesen wäre (342).

Rittergut Kirchscheidungen

Klosterhäseler ㉔

Der Ort Klosterhäseler, Ortsteil der Gemeinde „An der Poststraße“ im Burgenlandkreis, ist nach einem ehemaligen Zisterziensernonnenkloster benannt, das nach 1239 gegründet, mit der Reformation aber 1540 wieder aufgelöst wurde. 1543 verkaufte Herzog Moritz das Kloster an Curt von Heßler mit der Vorgabe, die beiden letzten Nonnen bis an ihr Lebensende zu unterhalten. Die Klosterbaulichkeiten gingen in dem bereits vorhandenen Rittergutsgehöft auf. Das Ministerialengeschlecht von Heßler wurde 1197 erstmals genannt. 1732 erhielt das Rittergut den Namen Klosterhäseler und wechselte für 50.100 Taler den Besitzer. 1855 gründete Wilhelm Heerwagen die gleichnamige Orgelbau-Werkstatt, die allerdings nur bis 1892 bestand. Obgleich das Alter des Klosters beträchtlich ist und es bereits erstmals 1318 erwähnt wurde, hat es trotz reicher Schenkungen im 14. Jahrhundert und eines umfangreichen geistlichen Versorgungsgebietes keine erkennbare Wirksamkeit entfaltet.

Rittergut Klosterhäseler

Lützen ㉕

Lützen, 1269 Lucien geheißen, entstand aus einer slawischen Siedlung an der wichtigen Straße Frankfurt-Leipzig. Bischof Friedrich von Merseburg (1266 - 1282) gab den Bau eines festen Schlosses in Auftrag, den Bischof Gebhard (1323 - 1343) vollendete (273b). Es soll angeblich mit den Steinen des zerstörten Raubschlosses Teuditz aufgebaut worden sein. Über die frühere Gestalt des Schlosses existiert in den Archivalien eine schlichte, aber aussagefähige Zeichnung von 1652. Von 1657 bis 1738 gehörten Stadt und Amt Lützen zur Sekundogenitur Sachsen-Merseburg. 1538 wurde das Schloss noch von Bischof Sigismund von Lichtenau zum Wasserschloss umgebaut und in der Folgezeit immer wieder verändert. Eine entscheidende Restaurierung erfolgte zwischen 1990 und 1995. Heute ist das Schloss Heimatmuseum.

Im Jahre 1430 wurde die Stadt von den Hussiten geplündert, 1445 im Bruderkrieg verwüstet. Der Merseburger Bischof Johannes von Bose baute die Stadt wieder auf, ihre Mauern wurden um 1530 von Bischof Vincentius wieder hergestellt.

Lützen ist bekannt geworden durch den Tod Gustav Adolfs II. von Schweden im November 1632. Danach begann die Flucht der kaiserlichen Truppen. In dieser desolaten Situation griff Herzog Bernhard von Weimar, der berühmteste Soldat der Weimarer Geschichte, ein. Ihm gelang es, die Schlacht zu Gunsten des schwedischen Heeres zu wenden. Auf dieses Ereignis wird in Lützen naturgemäß touristisch Rücksicht genommen. Eine Gedenkkapelle ist Erinnerungsmal für dieses einschneidende Ereignis, das für den Fortgang des Dreißigjährigen Krieges nicht ohne Auswirkungen geblieben ist (309).

Marienthal ㉖

Das Kloster Marienthal der gleichnamigen Gemeinde, die zur Stadt Eckartsberga gehört, aber etwas getrennt im Norden liegt, wurde 1291/92 von Bischof Bruno von Naumburg gegründet und unter der von Erzbischof Gerhard von Mainz ge-

Schloss Lützen (links)
Detailansichten des Schlosses (unten)

Gutsanlage Marienthal, gebaut nach Plänen von Paul Schultze-Naumburg

gebenen Versicherung dauernder Unterstellung mit Zisterzienserinnen besetzt. In der darauffolgenden Zeit wurde nur noch berichtet, dass das Kloster 1294 von Truppen Adolfs von Nassau geplündert wurde. Die Wohlhabenheit des Klosters mag solche Taten ausgelöst haben. Ansonsten ist über das Wirken des Klosters mangels aussagefähiger Urkunden nichts bekannt. 1525 wurde das Kloster säkularisiert. Nach mehrfachem Besitzerwechsel kam die Familie von Wilmowsky durch Heirat in den Besitz von Marienthal, der ihr bis 1945 verblieb. Ein zwischenzeitlicher Besitzer, Christian Wilhelm von Münchhausen, hatte 1732 den Versuch unternommen, ein adliges Fräuleinstift zu gründen, was ihm jedoch misslang. Im 18. Jahrhundert erfolgte die Abtragung des Klosters. Erst 1913 entwarf der renommierte Architekt Paul Schultze-Naumburg für die Familie von Wilmowsky nach barockem Vorbild die jetzige Schlossanlage, umgeben von einem Park, ein eindrucksvolles Ambiente für die jetzt bestehende Hotellerie.

Memleben ㉗

Die Ruine des Benediktinerklosters St. Marien in Memleben an der Unstrut ist wegen ihrer immer noch eindrucksvollen Ausmaße, aber auch in Folge ihrer Geschichte ein unverzichtbarer Bestandteil

Das Abthaus – Reste der zweiten Klosteranlage Memleben

Blick auf die Ruine der Klosterkirche (oben)
Krypta der Klosterruine Memleben (unten)

jedes Besuchsprogramms des Burgenlandkreises. Es muss in Memleben schon im 10. Jahrhundert einen Königshof gegeben haben, der von den sächsischen Herrschern häufig aufgesucht wurde. Hier starben 936 König Heinrich I. und 973 sein Sohn, Kaiser Otto der Große. Dessen Sohn Otto II. errichtete wohl aus diesem Grund zwischen 976 und 979 das reichsunmittelbare Kloster, stattete es mit reichem Besitz aus und später stellte es Heinrich II. den vornehmsten Klöstern des Reichs in Fulda, Corvey und Reichenau gleich. Das Privileg annullierte er allerdings bald durch die Unterordnung unter das Kloster Hersfeld. Die alte Kirche wurde im 13. Jahrhundert durch eine neue ersetzt. Die Suche nach der vermuteten Kaiserpfalz blieb allerdings erfolglos. Die Ausgrabungen von 1936 erbrachten stattdessen bauliche Erkenntnisse der gewaltigen ersten Kirche aus dem 10. Jahrhundert, die bei einer Länge von 82 m und einer Breite von 39,5 m heute noch erkennbar ist. Auch die bis ins 18. Jahrhundert erhaltene Kirche des 13. Jahrhunderts verfiel langsam. Was sich aus der Gesamtanlage revitalisieren ließ, wurde im letzten Jahrhundert entsprechend erhalten (4). Dem Eindruck eines unvergänglichen, geschichtlichen Juwels wird sich niemand entziehen (263). Das Kloster liegt zudem an der „Straße der Romanik" (119, 341).

Naumburg ㉘

Naumburg verfügt weder über eine Burg noch – strenggenommen – über ein Schloss, aber es

Der Marktplatz von Naumburg mit der Stadtkirche St. Wenzel (oben), Bürgerhäuser am Marktplatz (unten)

Das Naumburger Rathaus mit dem Renaissance-Portal (o.) Nietzsche-Denkmal auf dem Holzmarkt (unten)

Naumburger Dom

Marientor in Naumburg

schließt diese Lücken durch ein bezauberndes Stadtbild, das in einer beispielhaften Sanierung binnen zehn Jahren seit 1999 entstanden ist. Die Geschichte Naumburgs begann allerdings mittelalter-typisch, denn Markgraf Ekkehard I. von Meißen errichtete um 1000 n. Chr. eine Burg, exakt auf dem Standort, auf dem von 1914 bis 1917 das Oberlandesgericht gebaut wurde, das sich heute auf eindrucksvolle Weise darbietet. Damals war der neue ekkehardinische Herrschaftssitz Anlass für die Stadtgründung, verbunden mit der etwa gleichzeitigen Verlegung des Bischofssitzes von Zeitz nach Naumburg. 1286 wurde dieser Schritt zwar wieder rückgängig gemacht, der Dompropst erhielt jedoch die Burg in Naumburg als Wohnsitz, der Bischof ein Quartier südlich der Marienpfarrkirche am Dom (37). Die gesamte mittelalterliche Geschichte Naumburgs war geprägt von Auseinandersetzungen zwischen der Geistlichkeit und den Bürgern, die nur langsam erstarkten und erst nach der Reformation eine ernsthafte Größe wurden. Allerdings geriet Naumburg nach der Reformation stark unter den Einfluss der Sächsischen Kurfürsten.

Im frühen 16. Jahrhundert legten verheerende Stadtbrände die gesamte Stadt in Schutt und Asche. Das Ergebnis des Wiederaufbaus prägt – gewissermaßen als kleinen Ausgleich – noch heute das Stadtbild. 1542 wurde die Stadt protestantisch, 1547 verlor allerdings Johann Friedrich im Schmalkaldischen Krieg Freiheit und kurfürstliche Würde. Der Dreißigjährige Krieg brachte auch Naumburg schwere Schäden und unzählige Menschenopfer. Die Weltkriege hat Naumburg weitgehend überstanden, was man der Stadt ansieht. Ansehen kann man der Stadt auch ihre kirchliche Vergangenheit durch die zahlreichen Kirchengebäude. Dominant ist der Dom, der allein einen Besuch Naumburgs rechtfertigen würde. Er wurde etwa 1210 begonnen und nach kontinuierlichen Veränderungen und Anbauten bis in das späte 19. Jahrhundert „fertiggestellt", aber die Jahre über meistens genutzt (44, 286). Die „Straße der Romanik" (119) führt an Naumburg vorbei (350).

Schloss Nebra

Burgruine in Nebra, unmittelbar neben dem Schloss

Nebra ㉙

An einer großen Unstrutschleife liegt die kleine Stadt Nebra, die zwei Sehenswürdigkeiten enthält, auf die man wohl erst durch das Fachschrifttum hingewiesen werden muss. Das ist zunächst die eindrucksvolle Ruine einer Burg über dem rechten Unstrutufer, die 1259 im Besitz der Herren von Lobdeburg bei Jena, dann der Edelherren von Querfurt, seit 1264 der Grafen von Mansfeld stand, die jedoch 1341 teilweise zerstört worden ist. Unmittelbar daneben liegt das Schloss, heute Tagungshotel, das 1874 unter Einbeziehung eines barocken Vorgängers aus der Mitte des 18. Jahrhunderts entstanden ist. Seit 1830 geboten Angehörige der Familien von Nißmitz und von Helldorf über das Schloss. Die umgebenden Bürgerhäuser bilden ein passendes Ambiente zu Burgruine und Schloss, zumeist aus dem 17. und 18. Jahrhundert. Gegenüber steht ein kleines Wohnhaus, in dem 1867 Hedwig Courths-Mahler, die bekannte Verfasserin von Trivialromanen, geboren wurde. Sie starb 1950 In Rottach-Egern; da sie von 1905 bis 1935 ihre Jahre in Berlin verbrachte und danach an den Tegernsee zog, kann Nebra sie schwerlich für das Leben an der Unstrut reklamieren. Nebra wurde zwar während des Siebenjährigen Krieges und der napoleonischen Feldzüge hart mitgenommen, erlebte jedoch einen gewissen wirtschaftlichen Aufschwung dank der großartigen Sandsteinbrüche und der 1794/95 eröffneten Unstrut-Schifffahrt von Artern bis Werdenfels. Den damaligen Wohlstand sieht man dem kleinen Städtchen auch heute noch an (203a, 342).

Neuenburg ㉚

Die Neuenburg ist nicht nur ein baulicher und politischer Glanzpunkt des Burgenlandkreises, sondern ganz Sachsen-Anhalts. Wer diese über Freyburg und die Unstrut sich im wahrsten Sinne des Wortes erhebende Schlossanlage nur von der unter ihr lang führenden Straße erblickt, wird diesen Eindruck teilen. Er sollte jedoch seinen Weg unterbrechen und die ca. 3 ha große Schlossanlage besichtigen, die alles bietet, was man an einer Burg lernen kann.

Errichtet wurde die Anlage von Landgraf Ludwig dem Springer, Sohn Ludwigs des Bärtigen. Beide haben das spätere Reichsfürstengeschlecht der Ludowinger aus einfachsten Verhältnissen zu ihrer späteren Größe geführt. Regiert wurde erst von der Wartburg aus, die jedoch mit der kontinuierlichen Osterweiterung des Alten Reiches immer stärker an dessen westlichen Rand geriet und das Regieren schwieriger machte. Die Neuenburg sollte dieses Manko jedenfalls mindern und die Gründung der Runneburg auf halber Strecke zwischen Wartburg

Schlossanlage Neuenburg über dem Ufer der Unstrut

Bergfried Dicker Wilhelm

Innenhof des Schlosses

und Neuenburg die Verkehrsverbindungen der Landgrafschaft deutlich verbessern (163). 1247 starben die Ludowinger aus und im Ergebnis des sich anschließenden Erbfolgekrieges fiel die Neuenburg an die Markgrafen von Meißen. Die Bedeutung der Neuenburg, die kulturell durchaus mit der der Wartburg gleichziehen konnte, ging daraufhin zurück. In den folgenden Jahrhunderten diente die Anlage als Jagdschloss und für andere Freizeitbeschäftigungen. Zwischen 1657 und 1746 war sie Nebenresidenz der Primogenitur Sachsen-Weißenfels (108). Über die Jahrhunderte bis zur Neuzeit hat die Neuenburg eine bestens dokumentierte Baugeschichte (3a, 254, 258, 261), die hier nicht ausgebreitet werden kann. In der DDR-Zeit lag die Burg in Folge ihrer inzwischen eingetretenen Baufälligkeit rund 20 Jahre darnieder. Sie ist jetzt wieder restauriert und insgesamt überaus ansehnlich.

Osterfeld ㉛

Die Entstehungsgeschichte der Burg Osterfeld, 20 km südlich von Weißenfels, und der dazugehörigen kleinen Stadt im Burgenlandkreis ist ungeklärt; erstmals wird sie 1232 genannt. Im Bereich der heutigen Burg lag eine slawische Wallburg sowie eine deutsche Burg des 12. bis 13. Jahrhunderts. Seit dem Ende des 13. Jahrhunderts befanden sich Burg und Gemeinde im Besitz des Naum-

Burg Osterfeld (links)
Herrenhaus (unten)

Fachwerkhaus in Profen

burger Bischofs. 1679 verbrannte die Kirche mit dem größten Teil der Stadt, nach einem weiteren Brand erfolgte der Neubau 1730 bis 1735. Die Burgreste mit dem mächtigen Bergfried lassen die alte Burg noch gut erkennen, da die alten Umfassungsmauern den Umfang aufzeigen. Eine Seite ist durch ein barockes Herrenhaus geschlossen.

Profen ㉜

Das kleine Dorf Profen, 10 km nordöstlich von Zeitz, enthält eine Anzahl von Fachwerkbauten, vor allem Umgebindehäuser mit Doppelständern und Fachwerkobergeschossen. Das abgebildete Objekt zeigt den Verwahrlosungszustand solcher Bauten, die allerdings immer noch eine gewisse Wirkung hervorrufen.

Rehmsdorf ㉝

Bei Rehmsdorf handelt es sich um eine Ortsgründung im Burgenlandkreis, am südwestlichen Rand der Leipziger Tieflandschaft gelegen, die höchstwahrscheinlich von Slawen geschaffen worden ist; Ersterwähnung 1121. Das Rittergut mit dem 1750 errichteten Herrenhaus war für den Ort bestimmender Mittelpunkt. 1820 wurde in geringer Tiefe Braunkohle gefunden, die das Dorf in einen Industriestandort verwandelte. Die beiden Ortsteile Rehmsdorf und Rumsdorf schlossen sich 1928 zusammen. Die schon vor mehr als 250 Jahren entstandenen Ortskerne mit Fachwerkbauten sind noch heute vorhanden. Das ehemalige Gutshaus ist heute Gemeindeamt und optisch eindrucksvoll.

Rudelsburg ㉞

Die Rudelsburg kann ebenso wenig wie die benachbarte Burg Saaleck auf ein sicheres Gründungsjahr verweisen, obwohl es an Versuchen ihrer zeitlichen Einordnung nie gefehlt hat. Mitte des 12. Jahrhunderts gründeten, wie heute angenommen wird, die Bi-

Ehemaliges Herrenhaus des Rittergutes in Rehmsdorf

Rehmsdorfer Kirche

Rudelsburg

schöfe von Naumburg die Rudelsburg, was sich zur Sicherung der vorbeiführenden Handelswege geradezu anbot. 1238 gelangte die Rudelsburg als Stiftdarlehen an die Wettiner, die sie wiederum an verschiedene kleine Adelshäuser weiter verlehnten. Bei einer Fehde wurde die Rudelsburg 1348 stark in Mitleidenschaft gezogen. Um 1400 erneut ausgebaut, geriet sie 1450 in den Sächsischen Bruderkrieg, wobei sie belagert und teilweise zerstört wurde. Im Dreißigjährigen Krieg wurde sie von vorbeiziehenden schwedischen Truppen gebrandschatzt; sie war seitdem nicht mehr bewohnbar und verfiel. Die ehemalige Vorburg, heute nicht mehr vorhanden, wurde als Steinbruch benutzt und abgetragen.

Im beginnenden 19. Jahrhundert wurde sie von Wanderern neu entdeckt und war später Zentrum der organisierten Studentenschaft, bei der günstigen Lage zwischen den Universitäten Jena, Leipzig, Dresden und letztlich Prag nicht weiter erstaunlich. Die folgenden Reparaturleistungen an der Rudelsburg, die in einer besseren Verfassung ist als die Ruine Saaleck, sind von Reinhard Schmitt im Detail dokumentiert (260). Eine zwischenzeitliche intensive Wiederherstellung der Burg im Jahre 1990/91 ist von Reinhard Rüger beschrieben (202). Beide Autoren haben die Reparatur- und Sanierungsarbeiten der vergangenen Zeit durch zahlreiche Fotos untermalt, die den Vorgang daher bestens erhellen (352).

Die Rudelsburg ist auch der Entstehungsort des berühmten Liedtextes „An der Saale hellem Strande“. Autor war der damalige Student Franz Kogler, der bei einer Rast auf der Rudelsburg das Gedicht schrieb. Er wird nicht daran gedacht haben, wie lange dieses Lied noch von vielen gesungen werden würde. Kogler lebte von 1808 bis 1858; sein Lied wurde von Friedrich Ernst Fesca (1789 – 1826) vertont. Kogler war Kunsthistoriker und Schriftsteller sowie Professor für Kunstgeschichte in Berlin. 1837 verfasste er ein zweibändiges „Handbuch der Geschichte der Malerei“, „Kleine Schriften zum Studium der Kunstgeschichte“ 1853/54 (drei Bände) und, weithin bekannt, 1842 seine Geschichte „Friedrichs des Großen“.

Dass eines Tages auch die Nationalsozialisten für die beiden Mörder Walther von Rathenaus auf der Burg ein Denkmal schufen, war vielleicht „folgerichtig“, ändert aber nichts an den früheren Absichten der Studentenschaft und an der heutigen Betrachtung der Rudelsburg, die ein lebendig gebliebenes Erinnerungszeichen längst vergangener Zeiten darstellt und zusammen mit der Burg Saaleck jeden Besuch Bad Kösens lohnt (133).

Runneburg ㉟

Die Runneburg in Weißensee (Freistaat Thüringen) gehörte zur Sekundogenitur Sachsen-Weißenfels. Sie war immer ein herausragendes Denkmal mittelalterlicher Adelskultur, obgleich noch ein weiter Weg sein wird bis zu ihrer vollständigen Restaurierung (218). Die Runneburg entstand, als Wartburg und Neuenburg, die beiden Hauptburgen der Ludowinger, gleichermaßen Herrschaftssitz wurden und wegen der Entfernung voneinander etwa in der Mitte eine Unterkunft zu schaffen war. Da die Burg auf einem dem Grafen von Beichlingen gehörenden Grundstück gebaut wurde, führte dieser Klage beim Kaiser, die eher nicht erfolgreich war, weil der Kaiser mit dem Rechtsbrecher Ludwig II. verwandt war. Der Graf von Beichlingen wurde später materiell abgefunden. Die Burg wurde zwischen 1447 (bis 1454) und 1554 (bis 1581) umfangreich befestigt und umgebaut. Mit dem Ende der Ludowinger ging sie auf die Wettiner über und gehörte zwischen 1656 und 1746 zum Herzogtum Sachsen-Weißenfels. 1815 wurden Burg und Stadt preußisch. Von 1952 bis Mitte der siebziger Jahre wurde der Palas als Schule genutzt. Es wird unter der Ägide des Freistaates Thüringen unablässig weiter saniert (163).

Rathaus in Weißensee

Saaleck ㊱

Die Burg Saaleck ist neben der in Sichtweite liegenden Rudelsburg ebenso wie diese über 200 Jahre

Die Runneburg

Eingang zur Runneburg

Burg Saaleck, Blick von der Rudelsburg (li.)

„vaterländischer Erinnerungsort" und jedenfalls Beleg für die im 19. Jahrhundert aufflammende Burgenromantik. Sie liegt auf einem Höhenzug, der auf drei Seiten von der Saale umflossen ist. Gründer und Entstehungszeit sind unbekannt. 1140 erfolgte eine Ersterwähnung der Edelfreien von Saaleck, im Dienste entweder der Landgrafen von Thüringen oder der Markgrafen von Meißen. Die Burg dürfte daher früher entstanden sein. Man nimmt an, dass auf dem selben Platz schon eine Vorgängerburg gestanden hat, bei der exponierten Lage naheliegend (259). Nach 1215 gelangte die Burg Saaleck an die landgräflichen Schenken von Vagula, die die Burg 1344 an den Bischof von Naumburg veräußerten, wo sie bis 1396 von bischöflichen Amtsleuten verwaltet wurde. Als zu Ende des 16. Jahrhunderts die Verwaltung nicht mehr von der Burg aus stattfand, verfiel sie. Über die Sanierungsbemühungen des 19. und 20. Jahrhunderts vgl. Reinhard Schmitt (259). Burg Saaleck ist weit mehr als die klassische Burgruine und mit Recht ein touristischer Anlaufspunkt. Um sie und die Rudelsburg entstand ein Erinnerungsort der Kösener Corpsstudenten. 1922 starben im Ostturm die beiden Mörder des damaligen Reichsaußenministers Walter von Rathenau, die dort nach ihrer Flucht gestellt wurden (352).

Salsitz ㊲

Salsitz, Ortsteil der 700-Einwohner-Gemeinde Grana, verfügt nur über ein sehenswertes Gebäude, das nach dem Kriege als Berufsschule genutzt wurde und jetzt im Privatbesitz steht. Es ist gegenwärtig ohne Nutzung. Nach Auskunft der Kreisverwaltung handelt es sich wahrscheinlich um das Herrenhaus des Gutshofes mit großem parkartigen Garten, 1904 durch den damaligen Landrat des Kreises Zeitz in neobarocken Formen errichtet. Gesindehaus und Heizhaus gehören noch zum originären baulichen Bestand. Das Objekt wird weder im Dehio noch in anderen

Ehemaliges Herrenhaus des Ritterguts Neuhaus in Salsitz

verfügbaren Erläuterungsbüchern erwähnt. Es macht den Eindruck, als könnte es zu vertretbaren Kosten wieder zum Leben erweckt werden.

Schönburg ㊳

Die Schönburg war, wie Radierungen aus dem späten 18. Jahrhundert von Benjamin Schwarz zeigen (255), schon immer eine „schöne Burg". Entstanden ist sie wahrscheinlich vor 1137, dem – umstrittenen – Zeitpunkt ihrer Ersterwähnung. Die Burg gehörte einer edelfreien Familie gleichen Namens. Später wurden die Herren von Schönburg Ministeriale der Bischöfe von Zeitz-Naumburg, die bereits 1235 (mit dem Aussterben der Ministerialfamilie) die Burg erwarben und sie als Sommersitz nutzten, bis die Burg im Sächsischen Bürgerkrieg 1446 zerstört wurde, vom Bergfried und den Ringmauern abgesehen. Nach der Reformation und Auflösung des Bistums regierte der Sächsische Kurfürst. 1668 wurden die umliegenden Grundstücke an die Gemeinden Schönburg und Possenhain verkauft; die Bauern räumten die Steinbauten ab, ließen jedoch die Wehrbauten unversehrt. Das war auch der Beginn eines Verfalls, wenn man die im 16. Jahrhundert einsetzenden Reparaturen und Umbauten einbezieht, über die Reinhard Schmitt (255) in gewohnter Weise berichtet. Der grandiose Bergfried (Höhe 32 m, Umfang 32 m, Mauerdicke 3,6 m) bedurfte keiner größeren baulichen Überarbeitung. 1924 wurde die Gemeinde Schönburg Eigentümerin der Burg, die daraus, besonders nach der Wende, veranlassten Veränderungen können sich sehen lassen, auch wenn die Auguren den modernen Glaspavillon im Burghof vielleicht missbilligen werden. In der Burg ist baulich so viel geschehen, dass die Zahl der Besucher nicht verwundert (169, 352).

Schulpforte ㊴

Die heutige Landesschule Pforta ist zu beschreiben als ein Schulgebäude von intellektuellem Glanz, das sich gesichert in die Geschichte Sachsen-Anhalts einordnen lässt. Bischof Udo I. von Naumburg verlegte 1140 das 1137 in Schmölln gestiftete, mit Mönchen aus Walkenried besetzte Zisterzienserkloster an seinen Platz in Schulpforte und stattete es aufs reichste aus. Im Anschluss an die Reformation wurde 1540 das Kloster aufgehoben; an seine Stelle trat eine Schule, die der Ausbildung der Pfarrer und des Beamtennachwuchses diente und später Fürstenschule genannt wurde. Sie hatte bald einen großen Ruf, wobei die Schule auch hinsichtlich seiner Schülerzahlen die beiden anderen Fürstenschulen in Grimma und Meißen übertraf. Die Liste der berühmtesten Schüler ist

Die Schönburg

Die ehemalige Klosteranlage Schulpforte, nunmehr Landesschule Pforta, mit sieben Internatsgebäuden

beachtlich, um nur wenige zu nennen, waren dies Bertuch, die Brüder Schlegel, Fichte, Nietzsche (Liste bei Wikipedia).

Da die Schule, abgesehen von der Nazizeit, ihren Charakter niemals verlor, blieben auch die meisten Klosterbauten erhalten, so dass bis heute der Eindruck bestehen bleibt, dass man ein Klostergelände besichtigt (5), das zu Recht an der „Straße der Romanik" liegt (119, 352).

Wer die ungezählten Einzelheiten der Bauten Schulpfortas, die hier gar nicht dargestellt werden können, auf sich beruhen lassen möchte, der genieße die Darstellung von Bergner (102a) über 120 Seiten aus dem Jahr 1905.

Steinburg ㊵

Die wahrscheinlich vor 1300 entstandene Burg (214), 5 km südwestlich des kleinen Städtchens Bad Bibra gelegen, hat die Bauhistoriker vor dem zu Ende gehenden 17. Jahrhundert nicht allzu sehr mit Literatur verwöhnt. Erst danach lieferten die Archive bessere Informationen. Gleichwohl war vorrangig auf die Familiengeschichte zurückzugreifen, unter denen vor allem die Familie von Münchhausen glänzte, die von 1683 bis 1945 das Schloss besaß. Eine schon 1306 bestehende Befestigung wurde möglicherweise als Ergebnis des

Schloss Steinburg

Sächsischen Grafenkrieges 1345 geschleift. Vorübergehend waren auch die Herren von Querfurt, danach von 1438 bis 1570 die Ministerialfamilie von Koller zuständig, die die Steinburg gründlich umbauten, was im 18. Jahrhundert Philipp Adolph Friedrich von Münchhausen teilweise wieder rückgängig machte. Nach einem 120-jährigen „Intermezzo“ der Familien von Miltitz und von Wellnitz traten die von Münchhausen 1683 die Nachfolge an, die das Schloss wieder belebten, das im Dreißigjährigen Krieg schwere Schäden davon getragen hatte. 1846 entstand der großartige Landschaftspark des Landschaftsgärtners Eduard Petzold (1815-1891), der noch heute Schloss und Gemeinde umfasst und entsprechende Bewunderung erregt.

1945 wurden die Angehörigen der Familie von Münchhausen vertrieben, das Rittergut enteignet und das Land verteilt. Im September 1945 wurde Schloss Steinburg Volkseigentum. 1946 erhielt der Caritasverband das gesamte Schloss mit Park. Es entstand ein etwa 60 - 70 Betten umfassendes Kinderheim für elternlos gewordene Kinder und Vollwaisen. 1950 ging das Gebäude aber an das Land zurück und das Schloss diente nun vorrangig anderen politischen und sozialen Zwecken und Einrichtungen der DDR. Das Schloss wurde als Kinderferienheim, als Ferienlager und um 1955 als Schulungsheim der Gesellschaft für Sport und Technik genutzt. Seit 1997 befindet sich das Schloss Steinburg wieder in privater Hand. Inzwischen laufen Sicherungs- und Restaurierungsmaßnahmen, ohne dass schon ein Nutzer des geschichtsträchtigen Bauwerkes bekannt wäre, der jedenfalls bei der Umrundung der Burg im April 2013 nicht festzustellen war (214).

Teuchern ㊶

Teuchern liegt zwischen Saale und Elster im Tal der Rippach, an der Straße Zeitz-Weißenfels. Der Ort wird 933 erstmals erwähnt, 1042 wird er auch als Burgwardbezirk bezeugt. Auch dort stand eine Burg, die nicht mehr vorhanden und wohl im Untergrund des auf den Glockenberg aufgesetzten Burghügels zu suchen ist. Infolge der Lage an der Straße nach Weißenfels bekam der Ort eine leichte, von den Marktsituationen geprägte überlokale Bedeutung. In Teuchern wurde der Komponist Reinhard Keiser (1674 bis 1739) geboren, seinerzeit als einer der größten Opernkomponisten gepriesen. Das ehemalige Gutshaus wird heute als Ärztehaus genutzt. Ursprünglich erbaut wurde es 1712/13, aber naturgemäß mit

Herrenhaus des Ritterguts Teuchern

Rathaus in Teuchern

Rittergut Webau

fortschreitender Zeit auch verändert. Das Rathaus dominiert in seiner Größe den Marktplatz. Daran schließen sich Erweiterungsbauten in spätklassizistischen Formen von 1896/97 an.

Webau ㊷

Webau ist seit 2003 Ortsteil von Hohenmölsen im Burgenlandkreis, südöstlich von Weißenfels. Das ehemalige Gutshaus aus der 2. Hälfte des 17. Jahrhunderts, 1999 vom Dehio noch als „im Verfall begriffen" bezeichnet, ist längst saniert und dient medizinischen Zwecken. Es gehörte im 16. und 17. Jahrhundert der Familie von Waren. Ursprünglich war es ein Bau des Frühbarock mit Rückgriffen auf das Formengut der Renaissance. Weiteres geben die Quellen nicht her.

Weischütz ㊸

Das Rittergut Weischütz ist hinsichtlich seiner Entstehungszeit undeutlich geblieben. Der Ort kann allerdings slawischer Herkunft sein, was auf

Herrenhaus des Ritterguts Weischütz

ein hohes Alter schließen ließe. Die Ersterwähnung des Rittergutes stammt aus dem Lehnsbuch des Markgrafen Friedrich von 1349/50, als Rechtsübertragungen von Weischütz an den Ritter Rülko von Kannawurf erfolgten. Ihm folgten die Herren von Rockhausen, die dann etwa um 1383 über ein Gutshaus in Weischütz verfügten. Von da an wechselte der Besitz des Öfteren, wie von Joachim Säckl präzise dokumentiert (210). Über das frühere Aussehen des Rittergutes (Wasserschlösschen?) lässt sich nur spekulieren. 1601 ließ Hans III. von Thüna ein neues Herrenhaus errichten. Zu ihm gehörte eine Vielzahl weiterer Gebäude. 1913 wurden die letzten Erweiterungsbauten am Herrenhaus vorgenommen. Nach dem Zweiten Weltkrieg diente das leerstehende Herrenhaus als Umsiedlerwohnung, später als Gemeindeverwaltung und Kindergarten. Jetzt wird das Herrenhaus wieder privat genutzt (342).

Weißenfels ㊹

Weißenfels wurde wahrscheinlich um 1185 durch Markgraf Dietrich gegründet. Genaueres über diese frühere Zeit ist nicht bekannt, weil das Quellenmaterial durch Stadtbrände vernichtet worden ist. Die Stadt entwickelte sich im Gebiet

Schloss Weißenfels

der mittleren Saale wie andere Neugründungen auch. Es bildeten sich im gleichen Zeitraum die Pfalzgrafschaft Sachsen, die Landgrafschaft Thüringen sowie die Markgrafschaft Meißen. Die daraus resultierenden politischen Abläufe sind aus Platzgründen hier nicht darstellbar (209, 309). Die Stadtgeschichte von Weißenfels ist auf beispielhafte Art fotografiert und verbal dargestellt (15).

Schloss Weißenfels, Innenhof

Die hier interessierende Geschichte der Stadt Weißenfels beginnt mit dem Tod des Kurfürsten Georg I., der entgegen der Üblichkeit in seinem Testament verfügt hatte, dass der Älteste seiner vier Söhne seine kurfürstliche Nachfolge anzutreten habe, die anderen drei Söhne aber mit Sekundogenitur-Fürstentümern abzufinden seien. Infolgedessen erhielt August, der bereits als Administrator des

Rathaus in Weißenfels

St. Marienkirche

Fürstenhaus Weißenfels

Erzstifts Magdeburg in Halle residierte (welches er auch nicht verlassen hat), das Herzogtum Sachsen-Weißenfels. Wenngleich Herzog August bis zu seinem Tod 1680 an der traditionellen Residenz auf der Moritzburg in Halle festhielt, war ihm klar, dass sein Nachfolger einen standesgemäßen Schlossbau fordern könne. So begann er bereits im Jahre 1660 den Bau eines gewaltigen repräsentativen Residenzschlosses an der Stelle der im Dreißigjährigen Krieg zerstörten Burganlage auf dem Weißenfels. Schon der Bau des Schlosses hatte die Finanzen des kleinen Herzogtums überstrapaziert, eine außerordentliche prunkvolle Hofhaltung in den darauffolgenden Jahrzehnten führte fast zum wirtschaftlichen Zusammenbruch der Dynastie, der aber verhindert werden konnte. Es entstand eine höfisch-musikalische Kultur mit der Aufführung einer großen Zahl von deutschsprachigen Opern, die jedenfalls in Mitteldeutschland ihresgleichen suchte. Es wäre ungehörig, diese glanzvolle Zeit in wenigen Sätzen zu strukturieren; hierzu wird auf die Darstellung von Roswitha Jacobsen (113) aufmerksam gemacht. Die Sekundogenitur in Weißenfels erlebte nur wenige Generationen. Das Testament hatte von vornherein vorgesehen, dass mit dem erbenlosen Tod des letzten Dynasten das Herzogtum Weißenfels wieder an das sächsische Kurfürstentum zurückfallen musste. Dies war 1746 der Fall. 1815 wurde das ehemalige Herzogtum ohnehin preußisch, damit war die große Zeit von Weißenfels zu Ende. Weißenfels hatte in der vergleichsweisen kurzen Zeit eine bis heute erkennbare Kulturgeschichte geschrieben (44, 113, 209, 211, 216a). Zahllose prächtige Gebäude aus vergangenen Zeiten machen die Stadt in besonderem Maße zur Sehenswürdigkeit (Ballhaus, Hoffischerei, Jägerhof, Marstall, Orangerie, Fürstenhaus als Beispiele) (44, 358).

Wendelstein ㊺

Der erste Blick auf den Wendelstein von der Unstrut in die Höhe ist eher befremdlich. Man ist im Burgenland eher an dekorative Burgruinen und stattliche Schlösser gewöhnt. Der erste Ein-

Burg Wendelstein

Wendelstein, Mittleres Schloss

druck täuscht jedoch, man betritt die weiträumige Anlage; im „Dehio" (44) unterteilt in Alte Burg, Niederburg, Oberburg, Mittleres Schloss, Neues Schloss und Oberes Schloss. Für die sich daraus ergebenen Unterschiede der Bau- und Nutzungsgeschichte muss auf die umfängliche Darstellung von Reinhard Schmitt verwiesen werden (268). Nimmt man die Entwicklung der immer noch eindrucksvollen Anlage als eine einheitliche, so ist davon auszugehen, dass die Ersterwähnung 1322 nichts über die bauliche Entstehungszeit sagt, da der Wendelstein mit großer Wahrscheinlichkeit wesentlich älter ist. Nach den 1322 ausgestorbenen Grafen von Rabenswalde kamen die Grafen von Orlamünde nebst den Grafen von Witzleben an die Herrschaft, wobei letztere sich Jahrhunderte auf dem Wendelstein festsetzten. In früher Neuzeit bauten sie die Alte Burg zu einem Wohnschloss aus, ohne eine weitere Befestigung zu vergessen. 1525 zahlte sich diese Vorsicht aus, denn der Adel der Region flüchtete 1525 vor den Bauernheeren dorthin, die den Wendelstein nicht einnehmen konnten. Danach wurde die Anlage überwiegend als Jagdschloss verwendet, bis der damals wertvolle Besitz – nach 1616 – aus finanziellen Gründen an Kurfürst Johann Georg I. von Sachsen fiel. Der geradezu riesige Bau ist zum Teil Ruine, zum Teil lebendiges Anwesen. Die über die Jahrhunderte immer wieder aufflammenden Diskussionen darüber, ob nicht ein totaler Abriss wirtschaftlicher gewesen wäre, ist heute ausgestanden. Man bleibt dabei, Teile zu restaurieren, andere vielleicht verkommen zu lassen. Wer die Schwarz-weiß-Fotos von Reinhard Schmitt sieht und die spannende Anlage besichtigt, wird ihre Erneuerung gutheißen (169, 342).

Zangenberg ㊻

Der weder im Dehio (44) noch im Handbuch der historischen Stätten Deutschlands von Schwineköper (309) behandelte Ort, Teil der Stadt Zeitz, ist erst durch Christian Pönitz (182) mit einer verdienten Aufmerksamkeit belohnt worden. Die Gemeinde Zangenberg ist 1994 in die Stadt Zeitz eingemeindet worden. Es muss in Zangenberg auch einen Burgward gegeben haben, den Kaiser Heinrich IV. an das Zeitzer Domstift übertragen hat. Im 13. Jahrhundert war jedenfalls Zangenberg urkundlich wieder aktuell. Im 17. Jahrhundert

Rittergut in Zangenberg

Evangelische Barockkirche in Zangenberg

befand sich das Rittergut im Besitz der Familie von Kayn. Im September 1681 brannte der größte Teil des Ortes Zangenberg nieder. Ob davon auch das Rittergut betroffen war, ist unbekannt. Feststeht jedoch, dass am 23.05.1709 Herzogin Maria Amalia von Sachsen-Zeitz ein Rittergut in Zangenberg kaufte und zahlreiche bauliche Veränderungen an ihm vornahm. So ließ sie bis 1715 ein eigenes Wohnhaus den bisherigen Bauten anfügen, „Amalienhaus" genannt. Eine Zeichnung von 1717 zeigt, dass Zangenberg von seiner baulichen Optik her schlossartigen Charakter annahm und die bekannten Inventarverzeichnisse des Rittergutes diese Annahme untermauerten. Die von Pönitz verwendete schwarz-weiß Fotografie von 1999 zeigt jedenfalls eine sehr große Anlage, aus der das „Amalienhaus" jedoch die neue Zeit nicht mehr erlebte.

Zeitz ㊼

Auf dem rechten Ufer der Weißen Elster an der Kreuzung der Salzstraße von Nürnberg nach Halle/Leipzig mit der hier den Fluss überquerenden Straße von Altenburg nach Naumburg und Weißenfels liegt die 967 urkundlich erstmals erwähnte Stadt Zeitz, in der bereits 968 Kaiser Otto der Große das Bistum Zeitz gründete, das in den Jahren 1028 bis 1030 nach Naumburg verlegt wurde. Seit 1285 war Zeitz ständige Residenz der Bischöfe und zwischen 1657 und 1718 Hauptort des wettinischen Sekundogenitur des Fürstentums Sachsen-Zeitz.

An der Stelle der heutigen Moritzburg hatte König Heinrich I. eine Burg errichtet, die der Kontrolle und Überwachung der slawischen Bevölkerung diente. Im Dreißigjährigen Krieg wurde die Burganlage mehrfach belagert und die Bischofsburg schließlich Ende 1644 durch schwedische Truppen zerstört. Auf den Grundmauern der zerstörten Bischofsburg wurde die barocke Residenz Moritzburg an der Elster erbaut, die 1678 dann als herzogliche Residenz bezogen wurde. Als 1718 der letzte männliche Dynast, Herzog Moritz Wilhelm, starb, fiel das Herzogtum Sachsen-Zeitz entsprechend dem Testament Johann Georg I. an das kurfürstliche Haus Dresden zurück. Nach den Napoleonischen Kriegen fiel auf Beschluss des Wiener Kongresses 1814/15 das Stiftsgebiet an Preußen und Zeitz wurde Sitz eines preußischen Landkreises (216, 309).

Schloss Moritzburg in Zeitz

Evangelische Michaeliskirche in Zeitz (links), Hauptplatz mit Rathaus in Zeitz (oben)

Die Zeit der Sekundogenitur war die größte der Zeitzer Region, denn den Erblanden gehörte nicht nur das alte Zeitz an, sondern auch die Bertholdsburg in Schleusingen und aufgrund einer besonderen Abmachung auch das Hochstift Naumburg-Zeitz, für das die Herzöge von Zeitz als Administratoren agierten. Nach einer nur sehr kurzen Zeit, wie erwähnt von 1657 bis 1718, war diese glanzvolle Zeit schon wieder zu Ende. Der Stadt ist bis heute dieser ehemalige Glanz noch anzusehen, wenngleich Zeitz anders als die anderen Sekundogenituren Weißenfels und Merseburg nur einen Teil dieses Glanzes aufrechterhalten konnte, weil die wirtschaftliche Situation dieser Randlage derartige Rückschritte erzwang. In der Oberstadt Zeitz findet der interessierte Besucher immer noch zahllose Bauten von geschichtlichem Rang und äußerlicher Schönheit. Das Schloss ist im Übrigen der glanzvollste Teil dieser Geschichte (44). Der Rossnerpark ist Teil der Gartenträume Sachsen-Anhalt (288).

Die Geschichte der Sekundogenitur in Zeitz lässt ein helles Licht auf die kurze Dynastie fallen. Kritiker könnten sagen, dass das Fehlen jeglicher außenpolitischer und militärischer Kompetenz die Kultur des Landes wahrhaft gefördert hat. Die Lebensläufe der Fürsten sind dafür ein Beleg. Zu Beginn der Zeitzer Sekundogenitur 1657 war der 1619 geborene Prinz Moritz geprägt von einer geistig anspruchsvollen Ausbildung. Der zwischen 1646 und 1664 am Gothaer Hof wenig erfolgreiche Ludwig von Seckendorf, reichsweit bekannt durch den 1656 erschienenen „Teutschen Fürsten = Stat" ging nach Aufgabe seiner Amtstätigkeit in Gotha nach Zeitz. Am 13.12.1664 trat er als Kanzler und Konsistorialpräsident in die Dienste des Fürsten Moritz. In von Seckendorfs Gesellschaftsbild hatte ein hochgebildeter Regent unermüdlich geschäftig, gütig, gerecht, weise, kritikfähig zu sein. Diese Eigenschaften übertrug er an dessen Sohn Moritz Wilhelm, der seit seinem 5. Lebensjahr eine intensive Ausbildung erhielt. Des Weiteren geistesbildend war der 1638 geborene Christoph Cellarius, Rektor der alten Zeitzer Stiftsschule und größter Philologe sowie Pädagoge in Deutschland der 2. Hälfte des 17. Jahrhunderts. Von Seckendorf und Cellarius waren ein fast einmaliges Gespann und begründeten eine Kultur, die wenige Fürstenhäuser erreichten (44b, 362).

Zingst ㊽

Unterhalb der Vitzenburg liegt das ehemalige Gutshaus Zingst, das jetzt in seinem Haupthaus zu einer psychiatrischen Klinik ausgebaut worden ist. Der Bau stammt von 1663, der große dreiseitige Wirtschaftshof von 1876. Das Haupthaus dürfte nach umfassender

Gutshaus Zingst

Erneuerung von 1934 in der damaligen Form zu sehen sein.

Zscheiplitz ㊾

Die ansehnliche Anlage liegt, von weitem sichtbar, in einer für den Tourismus geradezu geschaffenen Landschaft. Die Stadt Freyburg, zu der Zscheiplitz heute gehört, liegt nur 2 km entfernt und erlaubt den Blick auf die Neuenburg, desgleichen auf das im Tal liegende Schloss Balgstädt.

Zwei Vorgänge befassen die Historiker seit vielen Jahren. Die Pfalzgrafen von Sachsen verlegten um 1041 ihre Stammburg Goseck, um sie in ein Benediktinerkloster umzuwandeln, und damit ihren Lebensmittelpunkt nach Zscheiplitz. Daraus entbrannte später ein bis heute nicht geklärter Streit um die Frage, ob in Zscheiplitz eine Burg oder ein Schloss gestanden hat (272, 310), von dem heute keine oberirdischen Spuren mehr vorhanden wären. Deshalb sei der Streit nicht weiter vertieft. Einerseits werden die Sächsischen Pfalzgrafen nicht auf eine angemessene Unterkunft verzichtet haben, andererseits hätte die nahe gelegene Neuenburg (2 - 3 km Entfernung) sich als Herrschaftsmittelpunkt angeboten.

Die andere – legendäre – Geschichte betrifft die Vorgänge um die behauptete Ermordung des

Rittergut Zscheiplitz

Pfalzgrafen Friedrich III. im Jahr 1085 durch Ludwig den Springer, die nie aufgeklärt worden ist (163, 310). Jedenfalls entstand um 1089 ein Benediktinerinnenkloster auf dem Platz, auf dem eine Burg vermutet wurde, das 1540, lange nach der Reformation, in ein Rittergut umgewandelt wurde. Nach dem Zweiten Weltkrieg entstand die übliche LPG, was immerhin den Abriss der Anlage verhinderte. Heute ist das Areal weitgehend saniert. Das in Zscheiplitz ansässige Weingut Pawis dürfte den Bestand auf lange Zeit sicherstellen (342).

Wasserturm in Zscheiplitz

Anhalt-Bitterfeld

Aken
Altjeßnitz
Bärenthoren
Bitterfeld
Burgkemnitz
Dessau
Diebzig
Georgium
Großkühnau
Großpaschleben
Haideburg
Jever (Nds)
Köthen
Lindau
Luisium
Mosigkau
Pouch
Quetzdölsdorf
Roßlau
Walternienburg
Weißandt
Zerbst
Zörbig

Schloss Johannbau in Dessau

Anhalt-Bitterfeld

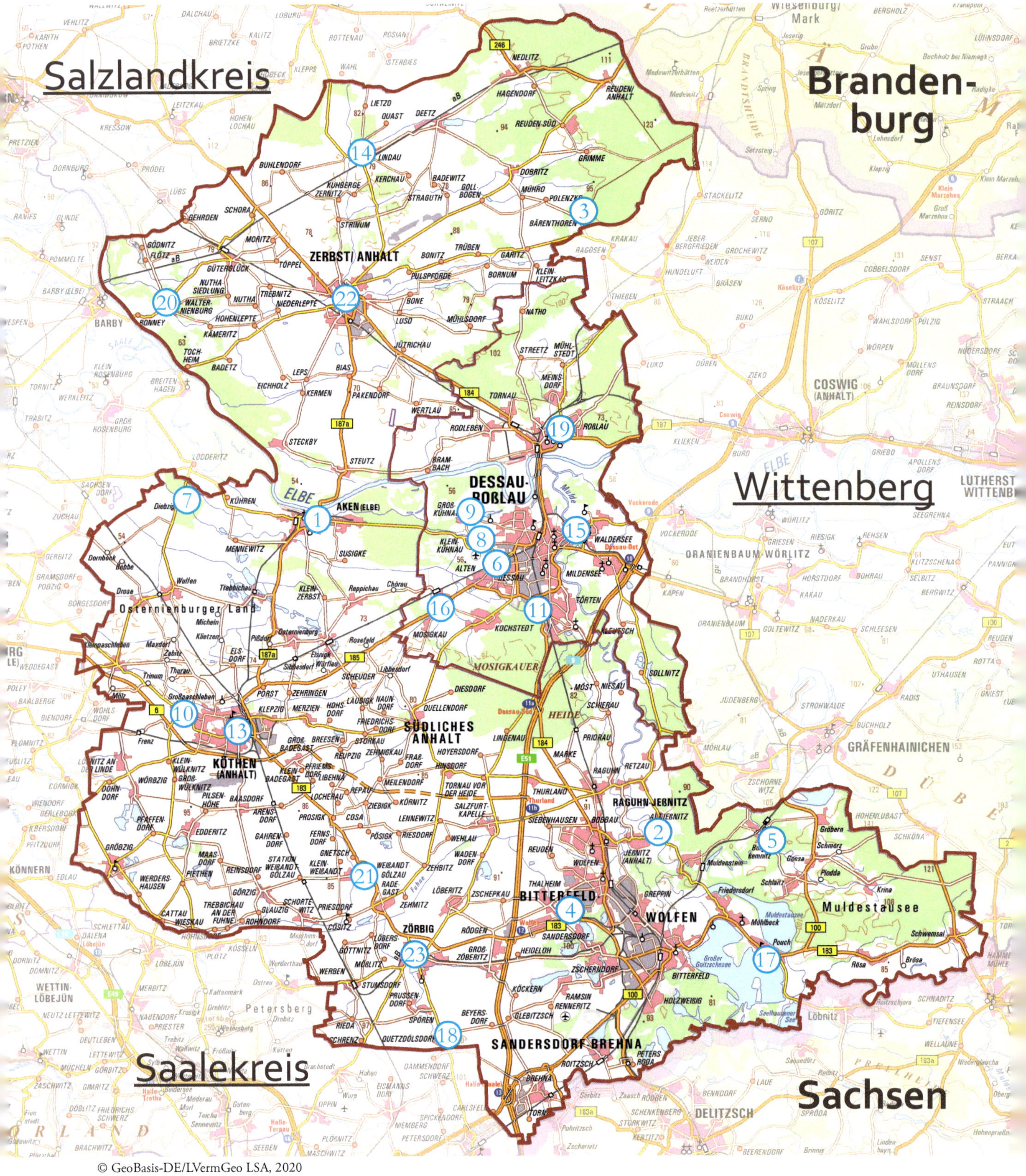

Aken ①

Die an einer verkehrstechnisch wichtigen Furt über die Elbe gelegene Stadt, 6 km östlich von Dessau, hat bis zum Ende des Mittelalters auch einen Schiffsbauplatz aufgewiesen. Details sind wenig bekannt, weil bei einem Brand der Stadt 1485 das Stadtarchiv verloren gegangen ist. Außerhalb der Innenstadt lag die Burg Gloworp. Sie existiert heute nicht mehr, war aber ein slawischer Kristallisationspunkt, der 1194 als Sitz einer danach benannten Adelsfamilie erwähnt wird. Die Burg muss als Reichslehen gegolten haben, sie ist 1394 allerdings endgültig zerstört worden. 1395 ging Aken an das Erzbistum Magdeburg über, dessen Erzbischöfe wahrscheinlich erst nach der Zerstörung der Burg Gloworp 1392 ein neues burgartiges Schloss anlegten (309). Die in der Elblandschaft liegende Stadt wird von den fast identischen Doppelturmfassaden der Kirchen St. Nikolai und St. Marien beherrscht. Das ehemalige Erzbischöfliche Schloss ist heute eine Schule und stammt aus dem Jahre 1560. Das Rathaus wurde 1490 errichtet und ist ebenso wie die heutige Schule erstklassig restauriert (44).

Rathaus Aken (oben)
St. Marien-Kirche mit Pfarrhaus in Aken (unten)

Altjeßnitz ②

Altjeßnitz, heute ein Stadtteil der Stadt Raguhn-Jeßnitz, liegt in der Auenlandschaft am östlichen Ufer der Mulde, ca. 10 km nördlich von Bitterfeld-Wolfen und 20 km südlich von Dessau-Roßlau. Auf einem Burghügel liegt ein kleiner Herrensitz des 12. Jahrhunderts, der noch 1612 im Besitz der Herren von Reppichau stand. An der Stelle einer älteren im 17. Jahrhundert abgebrannten Anlage erwarb Hans Adam von Ende 1694 das neue Schloss, das 1732 vollendet wurde. Adam von Ende legte 1737 auch den berühmten Irrgarten an, der heute zur Sammlung „Gartenträume Sachsen-Anhalt" gehört (288).

Das Schloss wurde 1946 durch Brand zerstört, danach mit starken Veränderungen wieder aufgebaut. Im April 1975 erfolgten zwar Abrissarbeiten, allerdings wurden Teile deutlich verändert wieder

Schloss Altjeßnitz

Schloss Bärenthoren

aufgebaut. Beim preisgekrönten Gutspark Altjeßnitz lassen sich andere Besichtigungen ergänzen, nämlich der moderne Landschaftspark Goitzsche in Pouch, Schloss und Schlosspark Reinharz, Schloss und Schlosspark Pretzsch sowie das als UNESCO-Weltkulturerbe geführte Gartenreich Dessau-Wörlitz. Das ist ein reizvolles Programm für Tage, am besten per Fahrrad, notfalls zu Fuß.

Bärenthoren ③

Das kleine Dorf Bärenthoren war bis 2009 Bestandteil der ebenfalls kleinen Gemeinde Polenzko. Am 31. Dezember 2008 verfügte Polenzko über 296 Einwohner. Anfang 2010 erfolgte die Eingemeindung nach Zerbst/Anhalt. Unmittelbar östlich liegt Coswig an der Grenze zu Brandenburg. Bärenthoren kommt im Fachschriftum kaum vor. Der Ort Bärenthoren besteht aus einem ehemaligen Rittergut, das 1572 erstmals erwähnt wurde und 1843 in den Besitz der Familie von Kalitsch gelangte. 1884 erwarb ein Enkel dieser Familie, der sich hohes Ansehen als Forstwissenschaftler erwarb (1858 – 1938), dieses Objekt. Die Bärenthorener Forstwirtschaft, die den bis dahin üblichen Kahlschlag verhinderte, schuf einen Wald, der nach 1922 den Ort bekannt machte. 193 Hektar Wald sind als Waldkulturdenkmal ausgewiesen. Dies und Schloss Bärenthoren, das inzwischen dem DRK-Betreuungszentrum „Marie von Kalitsch" eine Heimat bietet, lohnen einen Besuch, der auf Zerbst und Coswig ausgedehnt werden sollte.

Bitterfeld ④

Die Umgebung der Stadt Bitterfeld gehört seit dem 6./7. Jahrhundert zu einem frühslawischen

Rathaus in Bitterfeld

Evangelische Herz-Jesu-Kirche

Bitterfeld, Villa am Bernsteinsee

Siedlungsgebiet. Im Stadtgebiet selbst existierten aus dem 8./9. Jahrhundert fünf mittelslawische Siedlungen. Wahrscheinlich wurde am Anfang des 13. Jahrhunderts von deutschen Bauern ein Dorf errichtet. Das im 12. Jahrhundert entstandene Bitterfeld wurde 1224 erstmals urkundlich erwähnt. Eine im 13. Jahrhundert errichtete und 1564 abgebrochene Burg lag südlich des Ortskerns. Als 1839 die Stadt, inmitten eines großen Braunkohlereviers gelegen, die industrielle Entwicklung vorantrieb, hatte dies ab 1848 großen Einfluss auf das alte Stadtbild. Dies änderte sich nur dadurch, dass die durch die Förderung von Braunkohle entstandenen „Löcher" teilweise geflutet wurden.

Schloss Burgkemnitz

Ein schönes Beispiel ist der Bernsteinsee und die an seinem Ufer errichtete Villa, hier im Bild zu sehen. 1990 wurde der größte Teil der Industrie stillgelegt, aber die von der Industrie geschlagenen Wunden in der Region blieben, da die IG Farben auch in das Fadenkreuz der alliierten Bomberverbände geriet.

Burgkemnitz ⑤

Der aus einer mittelalterlichen Wasserburg entstandene Schlosskomplex ging 1665 aus dem Besitz derer von Koseritz an Bodo von Bodenhausen über. Das Schloss wurde in seiner ursprünglichen Fassung im Dreißigjährigen Krieg zerstört. Die heutige Dreiflügelanlage wurde erst 1869 unter Einbeziehung älterer Teile erbaut. Das meiste im heutigen Aussehen lässt einen Pseudorenaissancestil des 19. Jahrhunderts erkennen. Das Rittergut verfügte ursprünglich über 2.080 ha, davon 1.477 ha Wald. Seit 1990 bewirtschaftet die Caritas den Bau.

Dessau ⑥

Die Geschichte Dessaus bis in die Gründungszeit Ende des 12. Jahrhunderts detailliert zurückzuverfolgen, erlaubt der begrenzte Platz dieses Buches nicht (289, 309). Die große Zeit Dessaus begann in der Frührenaissance Anfang des 16. Jahrhunderts und die baulichen Kostbarkeiten dieser Zeit lassen sich sehen, weil die Schlösser überwiegend außerhalb des Stadtzentrums lagen und daher verschont worden sind. Die Innenstadt von Dessau ist im Übrigen im 2. Weltkrieg fast gänzlich zerstört worden, seitdem aber wieder entstanden, auch wenn solche Zerstörungen naturgemäß nicht zur völligen Revitalisierung führen können

Betroffen von den Zerstörungen war das Stadtschloss mitten im Stadtgebiet, welches das schwere

Das wieder erstandenene Schloss Johannbau in Dessau

© Wikipedia_M_H.DE

Palais Dietrich, Dessau

Bombardement der alliierten Flieger zum größten Teil nicht überstanden hat. Der heute in ähnlicher Pracht wieder erstandene Johannbau, genannt nach seinem Bauherrn, dem Fürsten Johann IV. von Anhalt († 04.02.1551) hat schon vor seiner Zerstörung erhebliche Veränderungen erfahren, denn 1708 wurde der Nordflügel abgebrochen, allerdings sofort wieder hergestellt. Das ursprüngliche Schloss stand auf dem Platz, auf dem sich früher eine Burg befunden hat und war eines der ersten Bauten der Frührenaissance (112, 154). Unter Fürst Leopold II. Maximilian (1748 bis 1751) begannen die Umbauten der Renaissanceanlage zu einer dreiflügeligen Barockanlage nach den Entwürfen von Georg Wenzeslaus von Knobelsdorff (1699 bis 1753); infolge des Todes des Fürsten wurden die Arbeiten allerdings nicht vollendet. In den Jahren 1812/13 und 1835/36 erfolgten umfangreiche, zunächst nicht beendete, Instandsetzungsarbeiten. Das Schloss blieb als Ruine stehen, bis im Jahre 2003 die Außenfront und 2005 auch das Innere wiederhergestellt worden sind. Der Bau hat damit eine eindrucksvolle Auferstehung erleben können. Dessau hat seit 1945 viel zu seiner Wiedergeburt getan und ist wieder sehenswert. Allein die Schlossgärten in Mosigkau, Großkühnau, Georgium und Luisium, sämtlich „Gartenträume in Sachen-Anhalt", lohnen den Weg nach Dessau (288).

Rathaus Dessau

Denkmal des Fürsten Leopold I. vor der Kirche St. Marien am Schlossplatz in Dessau

Diebzig ⑦

Der Diebziger Raum, im Osternienburger Land, wurde schon seit der jüngeren Steinzeit besiedelt. Aus der Zeit 800 v. Chr. wurde ein Gräberfeld gefunden. Der Name ist slawischen Ursprungs. Im Jahre 1739 wurde der Grundstein für die jetzige kleine Kirche

Jagdschloss in Diebzig

Diebzig, evangelische Kirche

gelegt. Das spätbarocke Schloss stammt aus der ersten Hälfte des 18. Jahrhunderts, der Umbau aus dem Jahre 1792. Im Schloss lebte der Förster in der jagdfreien Zeit. 1919 wurde allerdings die Einrichtung des Jagdschlosses in das Zerbster Schloss verbracht, wo es 1945 wie alles andere zugrunde ging. Die Revierförsterei verblieb noch bis 1971 im Schloss; bis 1993 war in ihm die Gemeindeverwaltung untergebracht. Danach stattfindende Renovierungsversuche hatten teilweise Erfolg, aber es geschieht nun seit Jahren nichts mehr. Das Äußere des Schlösschens kann sich allerdings noch sehen lassen.

Georgium ⑧

1780 ließ Prinz Johann Georg von Anhalt-Dessau durch den „Familien-Architekten" Friedrich Wilhelm von Erdmannsdorff ein Schloss (44) und einen englischen Landschaftspark errichten, der vielen als der wichtigste deutsche Landschaftspark galt und noch heute als „traumhaft" eingestuft wird. Er ist heute Teil des Dessau-Wörlitzer Gartenreichs, ein sehenswerter Bestandteil der „Gartenträume Sachsen-Anhalt" (288) und seit 2000 „Welterbe". Im Schloss befindet sich die Anhaltische Gemäldegalerie, wo die Gemälde nach der Sanierung des Gebäudes wieder ein angemessenes Ambiente finden.

Großkühnau ⑨

Großkühnau war schon zu Zeiten des Fürsten Franz I. dazu ausersehen, Ausgangspunkt der Parkschöpfung des Gartenreiches Dessau-Wörlitz zu werden, jedoch bekam Wörlitz den Vorzug.

Schloss Georgium

Schloss Großkühnau

Schloss Großpaschleben, jetzt als Altersheim genutzt

Zunächst überließ 1769 Fürst Franz I. das Kühnauer Pächterhaus seinem jüngeren Bruder Albert von Anhalt-Dessau (1750 bis 1811). Unterstützt von dem Architekten von Erdmannsdorff und dessen Nachfolger Pozzi, ersetzte Fürst Albert das abrissreife Pächterhaus auf dessen Grundmauern durch einen Neubau. Der schlichte, aber schöne Bau ist heute Sitz der Hauptverwaltung der Kulturstiftung Dessau-Wörlitz. Den Schlossgarten legte der berühmte Gärtner Johann Leopold Ludwig Schoch d.Ä. (1718 bis 1793) an, dessen Verdienste für das Gartenreich Dessau-Wörlitz noch weitere Erwähnung erfahren werden. Heute ist der Schlossgarten Teil der „Gartenträume Sachsen-Anhalt“ (288). Wichtiger Bestandteil des Großkühnauer Gartens sind die einbezogenen Obstplantagen, die noch aus der Zeit des Fürsten Franz I. stammen.

Großpaschleben ⑩

In Großpaschleben, Ortsteil der Gemeinde Osternienburger Land, 3 km nordwestlich von Köthen, wurde 1706/07 für Heinrich von Wuthenau an der Stelle einer älteren Wasserburg das jetzige Wasserschloss erbaut. Es ist malerisch an einem Teich gelegen. Nichts lag näher als die Umwidmung dieser Schlossanlage in ein Altersheim. Ein nach dem Ort genanntes Geschlecht ist im 15. Jahrhundert erloschen. Im Mai 1594 gelangte das Schloss käuflich an Heinrich von Wuthenau, dessen Familie bis zur „Bodenreform“ nach dem Ende des Zweiten Weltkrieges dort lebte. Danach gelangte das Schloss, längst als Altersheim genutzt, an neue private Eigentümer.

Großpaschleben ist der Geburtsort des Archivars und anhaltinischen Landeshistorikers Hermann Wäschke (1850 – 1926), Autor der „Paschlewwer Geschichten“ und vieler anderer geschichtlicher Werke, sowie Ehrenbürger der Stadt Zerbst.

Haideburg ⑪

Haideburg ist Teil der Stadt Dessau und erwähnenswert wegen des Jagdhauses Haideburg, heute

Jagdschloss Haideburg (links) mit Nebengebäude (rechts)

Forstamt, das Fürst Leopold III. Friedrich Franz von Anhalt-Dessau 1782/83 von dem Architekten Friedrich Wilhelm von Erdmannsdorff errichten ließ. Die Zusammenarbeit des Fürsten mit dem Architekten von Erdmannsdorff hat ohnehin eine lange Geschichte (102). Das am Rand der Dessauer Haide errichtete Jagddomizil gilt als bedeutendes Beispiel anhaltischer Neugotik und frühes Zeugnis romantischer deutscher Ruinenarchitektur, orientiert vor allem an der englisch-gotischen Architektur des 18. Jahrhunderts. Das Gebäude besitzt noch seine bisherige Funktion als Jagdschloss.

Jever ⑫

Im 17. Jahrhundert passierte ein Kuriosum, das selbst in diesem Staatsgebiet mit seinen zahllosen Gebietsveränderungen nicht oft vorgekommen ist. Die Herrschaft Jever lag bis 1575 zwischen den Grafschaften Ostfriesland und Oldenburg. In Folge einer veränderten Testamentsregelung wurde auf die männliche Erbfolge vorübergehend verzichtet. Die jüngste Schwester Anton Günther von Oldenburgs, Magdalena, hatte 1612 den Fürsten Rudolf von Anhalt geehelicht. Über einige familiäre Veränderungen fiel die Linie Jever 1667 an Anhalt-Zerbst und 1793 an Katharina die Große, eine geborene Zerbster Prinzessin. 1813 war Jever wieder mit dem Großherzogtum Oldenburg vereinigt. Von 1667 bis 1813, also beinah 145 Jahre, hatten die Fürsten von Anhalt also einen Landstrich in Besitz, den sie nicht kannten und dessen Bewohnermentalität eine ganz andere war. Zerbst und Jever lagen nach heutigen Straßenverhältnissen fast 400 km auseinander. Außerdem waren im Berichtszeitraum die Straßen drastisch schlechter. Wenn die Zerbster Fürstenfamilie sich zum – gelegentlichen – Regieren nach Jever aufmachte, dauerte die unbequeme Fahrt 10 Stunden. Jever war winzig, verfügte aber immerhin seit dem 16. Jahrhundert über ein angemessenes Schloss. Die Zusammenarbeit zwischen Zerbst und Jever war für beide Seiten vorteilhaft, Jever überstand ohne größere Vorbehalte der einheimischen Bevölkerung das ferne und ihm letztlich fremde System (206, 207).

Schloss Jever in Friesland

Köthen ⑬

Unter den Städten des Landes kann Köthen auf eine besonders frühe Herkunft zurückblicken. In der Prähistorischen Sammlung im Schloss Köthen wird ein rund 250.000 Jahre alter Faustkeil eines altsteinzeitlichen Jägers aufbewahrt. Stielspitzen von Rentierjägern weisen ein Alter von ungefähr 10.000 Jahren auf. Die ungewöhnliche Zahl archäologischer Fundorte nahe Köthen deutet auf eine relativ dichte Besiedlung schon Jahrtausende vor der Völkerwanderung hin. Etwa im 6. Jahrhundert drangen erstmals slawische Stämme bis in die Köthener Gegend vor, allerdings ab 800 n. Chr. blockiert durch die karolingische Landnahme. Der Gau Serimunt zwischen Saale, Mulde, Elbe und Fuhne entwickelte sich in der sächsischen Kaiserzeit des 11. Jahrhunderts zum Herrschaftszentrum der Askanier, deren wechselvolle Geschichte aus

Der Magdeburger Turm in Köthen

Stadtkirche St. Jakob

Platzgründen hier nicht aufgezeigt werden kann (6, 27, 62, 64, 309).

Zwischen 1597 und 1611 entstand unter den Fürsten Johann Georg und Ludwig von Anhalt-Köthen die neue dreigeschossige Dreiflügelanlage nach Entwürfen der Brüder Peter und Franz Niuron. Kursachsen war das zweite Land der Welt, das die lutherische Lehre als Landesregion einführte. 1533 unternahm der Fürst trotz der Proteste des Magdeburger Erzbischofs Albrecht die Kirchenvisitation, eines der frühesten Beispiele für den Beginn der landesfürstlichen Aufsicht über die Kirche. 1603 übernahm Fürst Ludwig I. die Regierung. Er hatte sich auf sie schon in jungen Jahren über jahrelange Studienaufenthalte in Italien vorbereitet. Er gründete 1617 die „Fruchtbringende Gesellschaft zur Pflege der deutschen Sprache" (Rechtsnachfolger wurde später Weimar) und holte den Pädagogen Wolfgang Ratke nach Köthen, der die Herstellung neuer Schulbücher und die Fürstliche Druckerei betrieb und damit für den ersten deutschen Schulbuchverlag sorgte. Fürst Leopold, der von 1715 bis 1728 regierte, holte 1717 Johann Sebastian Bach als Hofkapellmeister nach Köthen. Dieser verblieb dort bis 1723, wo er die Hofkapelle dirigierte und u.a. die sechs Brandenburgischen Konzerte und den 1. Teil des „Wohltemperierten Klaviers" komponierte. Bach nannte später die Köthener Jahre die schönsten seines Lebens. Herzog Ferdinand, der Köthen von 1818 bis 1830 regierte, bot Samuel Hahnemann 1821 für 14 Jahre die Gelegenheit, die Homöopathie weltberühmt zu machen. Seine Tätigkeit nutzte Köthen selbstverständlich ebenfalls. 1821 holte Ferdinand für 2000 Reichstaler in Gold die Vogelsammlung des Ornithologen Johann Friedrich

Schloss Köthen, (re.) Blick auf den Innenhof

© Stadt Köthen (Anhalt)

Prinzessinhaus Schloss Köthen

Naumann (1780 bis 1857) nach Köthen, die einen weltweit einmaligen Bestand an Vögeln, Bälgen und Skeletten zeigt und heute das Naumann-Museum füllt. Wenn man berücksichtigt, dass schon Ludwig I. die Gartenkultur der italienischen Spätrenaissance nach Deutschland geholt und einen herrlichen Landschaftspark geschaffen hatte, der leider nur noch in Teilen erhalten ist, wird klar: für diese Fürsten von Köthen, in denen sich eine umfassende Bildung und die Verantwortung für ihre Untertanen widerspiegelte, ist durchaus ein Vergleich mit Franz I. von Anhalt-Dessau angemessen.

Köthen war immer eine kulturell lebendige, manchmal unterschätzte Stadt. Liest man in Wikipedia die Liste der dort genannten Personen, die mit ihren Namen die Stadt geprägt haben, versteht man das. Köthen ist von den schlimmsten Grausamkeiten des Dreißigjährigen Krieges verschont geblieben und hat auch nur einmal einen Stadtbrand überlebt. Das Ergebnis ist eine große Zahl von Gebäuden seit dem 16. Jahrhundert, die einen Besuch Köthens sehr lohnen (21, 44).

Lindau ⑭

Die eindrucksvolle Burgruine Lindau, 6 km nördlich von Zerbst gelegen, geht wahrscheinlich auf eine slawische Restsiedlung zurück. Kleinere archäologische Funde lassen den Schluss zu, dass die Burg schon im 12. Jahrhundert, vielleicht sogar früher, errichtet worden sein könnte. 1211 wurden die Herren von Arnstein Vögte über Leitzkau und ab 1179 nannten sie sich auch Grafen von Lindow. 1370 war Lindau mit Unterstützung der Stadt Zerbst in die Pfandschaft der Fürsten von Anhalt geraten, in deren Auftrag Zerbst von 1387 bis 1440 die Burg innehatte. Als 1524 die Grafen von Lindow-Ruppin aus dem Hause Arnstein ausstarben, ging Lindau gegen die Lehnsansprüche des Kurfürsten von Brandenburg endgültig als Amt an die Fürsten von Anhalt über. Die Burg hat eine lange Lehnsgeschichte (104), sie

Burgruine Lindau

Umfassungsmauer der Burg Lindau, Innenansicht

wurde bereits ab 1585 beschrieben. Aus diesen und anderen Quellen weiß man, dass die Burg 1710 erhebliche Substanzverluste zu verzeichnen hatte. Nach der Mitte des 19. Jahrhunderts begannen umfangreiche Sanierungen, die präzise dokumentiert sind, obgleich die Denkmalpflege noch ganz am Anfang stand. Das Ergebnis dieser Maßnahmen sieht man der Burg an.

Luisium ⑮

Friedrich Franz von Anhalt-Dessau schenkte das Gelände seiner Gemahlin Luise zum Ausbau als privates Refugium, nach ihr 1780 auch benannt. Der Entwurf stammte von Friedrich Wilhelm von Erdmannsdorff. Die bis ins Detail einheitlich durchgestalteten Innenräume gehören zu den künstlerisch bedeutendsten klassizistischen Raumschöpfungen Erdmannsdorffs. Friedrich der Große, der Eheschließungen aus Liebe zwischen Hochadligen für indiskutabel hielt und als Motiv lediglich politische Gründe anerkannte, „zwang" Fürst Franz I. zur Ehe mit der preußischen Prinzessin Luise von Brandenburg-Schwedt, was dieser nicht zurückweisen konnte (66, 329). Die langwierige Ehe zwischen Franz I. und Luise hat die Wunden der Zwangsheirat nicht zu schließen vermocht. Fürst Franz orientierte sich hinsichtlich seiner sexuellen Interessen anders, die Fürstin zog sich auf ihr kleines Schloss zurück, empfing dort ihre Gäste und pflegte den geistigen Austausch in die verschiedensten Richtungen. Das Meisterwerk des Architekten von Erdmannsdorff und die unglaubliche Landschaft werden sicher weder auf sie noch auf die Nachwelt ihre Wirkung verfehlt haben. Die umwerfend schöne Anlage ist Teil der „Gartenträume Sachen-Anhalt" (288).

Mosigkau ⑯

Im September 1742 schenkte Fürst Leopold I. von Anhalt-Dessau, der „Alte Dessauer", seiner Tochter Anna Wilhelmine das von ihm kurz vorher erworbene Gut Mosigkau mit allen Privilegien.

Später fügte er dem Geschenk den größten Teil der an den Besitz der Prinzessin angrenzenden Ländereien hinzu. Die Fürstin errichtete zwischen 1752 und 1757 das Schloss, das bis heute als ein Höhepunkt der Renaissance gilt und trotz man-

Schloss Luisium

Schlangenhaus im Park Luisium

Schloss Mosigkau

cher baulicher Veränderungen noch sein schönes Gesicht der Gründerzeit zeigt. Der Architekt ist nicht bekannt, weil die vorhandenen Pläne keine Zeichnung seines Namens enthalten. Seitdem fallen „Vermutungen" auf von Knobelsdorff und Christian Friedrich Damm. Geblieben ist das Bild einer Bauherrin, die mit größter Sorgfalt Einfluss auf den Bau genommen hat, so dass – mit welchem Architekten auch immer – eines der schönsten Beispiele der Frührenaissance in Mitteldeutschland entstehen konnte. Sie hatte vor ihrem Tode (1780) noch verfügt, dass das Schloss als adliges Fräuleinstift gehalten werden solle, was auch bis 1945 der Fall gewesen ist. Seit 1951 wurde das Schloss zum Museum (328, 329).

Pouch ⑰

Pouch, östlich der Mulde nahe Bitterfeld gelegen, wird erstmals 981 erwähnt. Damals existierte dort schon eine Burg. Nach der zeitweiligen Auflösung des Bistums Merseburg kam Pouch an das Erzbistum Magdeburg, danach an das Bistum Meißen. Pouch entwickelte sich zu einem stadtähnlichen Gemeinwesen, nannte sich 1696 noch Stadt, 1697 Städtlein und 1707 Flecken, also ein deutlicher Abstieg. Bis zum Anfang des 19. Jahrhunderts existierte allerdings noch ein ansehnliches Tuchmachergewerbe in Pouch. Die rechtlichen Wege Pouchs gingen weiter vom Kollegiatsstift Wurzen bis zum Herzog Rudolf I. Bis 1815 verblieb Pouch bei Sachsen. 1865 erwarben die Grafen Solms Neu-Pouch als Alterssitz und verblieben dort bis 1945. Heute ist das Schloss ein Pflegeheim.

Wichtigster touristischer Bestandteil ist der Landschaftspark Goitzsche, einer der wenigen modernen Parks im Netzwerk „Gartenträume". Der Park liegt eingebettet in die neu entstandene, immerhin 6.200 ha große Seenlandschaft, die mit der Flutung des Tagebaurestloches Goitzsche geschaffen wurde. Im Zuge der Weltausstellung

Schloss Pouch

Roter Turm, Wahrzeichen von Pouch

EXPO 2000 in Hannover entstand das weltweit größte Landschaftskunstwerk, eine moderne Kulturlandschaft mit einem Amphitheater als kommunikativem Mittelpunkt. Erwähnt sei nur statt vieler anderer Hinweise das Werk der Franzosen Marc Babarit und Gilles Bruni, die auf 15 ha mit bis zu 12 m hohen Hügeln und Kegeln ein Erinnerungsmal der Bergbaulandschaft mit ihren typischen Abraumflächen erstellten. Der Muldental-Radwanderweg führt durch den Landschaftspark Goitzsche. In der Nähe liegt das erste Buchdorf Mühlbeck-Friedersdorf. Der kleine und sonst eher unbekannte Ort hat sich herausgemacht (288).

Quetzdölsdorf ⑱

Quetzdölsdorf bildet mit 17 weiteren Orten die Einheitsgemeinde Stadt Zörbig. Der Ort liegt im Süden Sachsen-Anhalts zwischen Bitterfeld und Köthen und hatte im Jahre 2008 nur 407 Einwohner. Steinzeitliche Funde beweisen, dass der Ort bereits sehr früh besiedelt war. Das alte Dorf Quetz wurde am 25.06.1232 erstmals in einer Urkunde des Markgrafen von Meißen erwähnt. Bis 1815 die Provinz Sachsen gebildet wurde, gehörten Quetz und Dölsdorf zu verschiedenen sächsischen Ämtern. Das Quetzer Schloss wurde 1788/1790 von Helmut Moritz Erdmann von Graevenitz im klassizistischen Stil errichtet. Mit seiner Einheit von Park und Teich ist es ein Anziehungspunkt für Besucher aller Art geblieben. Das Schloss ist ein elfachsiger Bau und vergleichbar mit dem Schloss Mosigkau sowie dem Palais Dietrich in Dessau. Die Innenarchitektur schuf im Stil des Klassizismus der Architekt Friedrich Wilhelm von Erdmannsdorff, berühmt geworden durch das Dessauer-Wörlitzer Gartenreich. Die Familie von Graevenitz behielt das Schloss und den Rittergutsbesitz über sechs Generationen. 1945 wurde die Familie durch die Bodenreform enteignet. Danach diente das Schloss als Kindergarten,

Schloß Quetz

Arztpraxis und Verwaltungsgebäude einer landwirtschaftlichen Produktionsgenossenschaft. 1997 erwarb Georg Riedmeier das Schloss zusammen mit 360 ha Ackerland, dem Schlosspark und dem Quetzer Berg. Seit dieser Zeit sind umfangreiche Maßnahmen gegen den Verfall des Schlosses Quetz vorgenommen wurden; ein großer Teil des Gutshofes wurde denkmalgerecht hergerichtet und somit erhalten. Seit Oktober 2005 hat der Verein Land.Leben.Kunst.Werk e.V. seinen Sitz im Quetzer Schloss. Der historische Park steht noch zur Sanierung an (223).

Roßlau ⑲

Das 1935 nach Dessau eingemeindete Roßlau liegt an der Mündung der Rossel in die Elbe, nur wenig

Burg Roßlau

entfernt von der Stadt Dessau und nahe bei den Muldemündungen in die Elbe. Seit dem Erwerb von Zerbst 1308 entwickelte sich Roßlau in der Hand der anhaltischen Fürsten zum wichtigsten Elbübergang. Eine Schiffswerft und im Übrigen sich ständig verbessernde Verkehrsverbindungen zogen einen wirtschaftlichen Aufschwung Roßlaus nach sich. Die gerade in der Restaurierung befindliche Burg war ursprünglich eine mittelalterliche Wasserburg. Das Stadtbild weist eine große Anzahl spätklassizistischer Bürgerhäuser auf, entstanden meistens zwischen 1825 und 1835, denen man die wirtschaftliche Entwicklung der Stadt ansehen kann (44).

Walternienburg ⑳

Die Gegend um Walternienburg an der Nuthe nahe Zerbst ist sehr geschichtsträchtig. 1906 wurde ein Bestattungsplatz aus der Jungsteinzeit mit 20 Flachgräbern ausgegraben. Was die Burg Walternienburg anbelangt, so ist allerdings nicht klar geworden, ob es sich um eine deutsche Befestigung oder um eine ältere slawische Burg handelt. Nachdem die Anlage ihre strategische Bedeutung als Grenzburg verloren hatte, diente sie als Verwaltungssitz. Der noch heute erhaltene Bergfried stammt aus dem 14. Jahrhundert. Walternienburg wurde 1359 an die Herzöge von Sachsen, 1423 dann an die Grafen von Barby verlehnt. Nach dem Aussterben dieser Dynastie 1659 fiel das Amt Walternienburg als Domäne an Sachsen-Zerbst, aber unter kursächsischer Landeshoheit. Das Schloss wurde in der zweiten Hälfte des 18. Jahrhunderts umfänglich umgebaut, zeigt aber noch heute in etwa die ehemalige Struktur.

Die Walternienburg

Weißandt ㉑

Weißandt-Gölzau, seit 2010 Bestandteil der Stadt Südliches Anhalt, bietet außer einer wechselvollen Wirtschaftsgeschichte einige bemerkenswerte Bauwerke. Gezeigt werden soll hier jedoch – gewissermaßen kontraproduktiv – der Rest des Schlosses Weißandt, als Gutshaus offenkundig seit langem dem Verfall ausgesetzt. Großweißandt, Ortsteil von Weißandt-Gölzau, trägt den Namen seit 1259 über eine adlige Familie. Das Dorf wird aber erst 1344 benannt; es kam 1751 an August von Veltheim-Harbke. Es soll

Weißandt, Ruine des Schlosses Weißandt-Gölzau

Weißandt, St. Germanus-Kirche

noch aus dem 16. Jahrhundert stammen (nach dem „Dehio" jedoch 1828 verbrannt). Seine Tage dürften gezählt sein, wenn nichts geschieht, was dem Bau Leben einhauchen könnte.

Zerbst ㉒

Zerbst, die größte Stadt Anhalts, früher wegen ihrer (heute unwiederbringlich teilweise verlorenen) Stadtgestalt das „Rothenburg Anhalts" genannt, hat mehr erlebt, als die höchstens 900 km² des politisch eher unbedeutenden Fürstentums Veranlassung hierzu gegeben zu haben schienen. Das Land haben im 6. Jahrhundert slawische Stammesverbände in Besitz genommen, ein Prozess, der sich im 10. Jahrhundert durch Heinrich I. und Otto den Großen umkehrte, aber 983 durch den großen Slawenaufstand zunächst zum Stillstand kam.

Erst im 12. Jahrhundert wurde das Gebiet unter dem Askanier Albrecht dem Bären wieder germanisiert und in der Folgezeit zog eine ausgefeilte Siedlungspolitik unzählige Zuwanderer in den Osten und diese kultivierten die Region vom Osten her. 1109 wurde Zerbst als Stadt bezeichnet. Graf Albrecht I. von Anhalt-Köthen erwarb 1307 die Stadt von den Herren von Barby. An der Stelle der Schlossfläche stand damals die Burg. Man kann daher die Auffassung vertreten, dass von 1307 bis 1793 Zerbst Residenz war. Da Fürst Wolfgang, ein Freund Luthers, die schnelle Einführung in die Reformation betrieb, war Zerbst 1522 als erste Stadt in Anhalt „lutherisch". Die seit 1430 von einer noch heute erhaltenen Stadtmauer umschlossene Stadt hatte im 15./16. Jahrhundert ihre größte Zeit. Es siedelten sich drei Klöster an, die Wirtschaft blühte und Zerbst war zu dieser Zeit einer der Mittelpunkte Anhalts. Zwei Ereignisse

Schlossruine in Zerbst

Kirche St. Trinitatis in Zerbst

Zerbst, Denkmal Katharinas der Großen (links) und Kavaliershaus (oben)

der Frühen Neuzeit warfen allerdings Schatten auf die Landschaft. Im Vorfeld der Reformation herrschte in Zerbst ein übler Ablasshandel, den Martin Luther in seiner Schrift „Wider Hanswurst" in seiner harschen Sprache brandmarkte. Der letzte Fürst von Zerbst, Friedrich August, beteiligte sich am verwerflichen Soldatenhandel und verkaufte 1760 Landeskinder an England für dessen Kolonialkrieg in Nordamerika. Die meisten Opfer dieses Menschenhandels starben schon auf der Seefahrt nach Amerika, die Übrigen verließen überwiegend durch Flucht das Land, in das sie nicht gewollt hatten.

Eine ganz andere Geschichte ist die von Katharina II., Kaiserin von Russland und über rund drei Jahrzehnte die mächtigste Frau der damaligen Weltgeschichte. Was es in der damaligen Zeit hieß, das Großreich Russland mit überwiegend positiven Maßnahmen zu regieren, belegt die imposante Erscheinung der bis dahin weitgehend unbekannten Prinzessin Sophie Auguste Friederike von Anhalt-Zerbst, in Stettin am 2. Mai 1729 geboren, die mit ihren vielseitigen Leistungen auf den Gebieten der russischen Literatur, Erziehung und Bildung bis heute Spuren hinterlassen hat. Wer weiß schon, dass Katharina II. in Moskau Werke von Shakespeare in die russische Sprache übersetzt hat? Die Regierungszeit Katharinas II. von Russland dauerte vom 09.07.1762 bis zum 17.11.1796. Dieser deutsch-russische Kontakt ist in Russland bis heute nicht vergessen, obgleich

Ruine von St. Nikolai

Zerbst, Stadthalle

die Zarin sich in ihrer gesamten Regierungszeit vor allem auf den Adel gestützt hat, dem sie nur zum Teil europäische Lebensart beizubringen vermochte. 1797 übernahm „Vater Franz" aus Dessau die Herrschaft in Zerbst.

Das seinerzeit größte und vielleicht dekorativste Schloss Anhalts erlebte ein furchtbares Schicksal. Im April 1945 hatte die Russische Armee Wittenberg eingenommen und befand sich auf dem Vormarsch in Richtung Wiesenburg. Die Amerikaner lagen bereits vor Zerbst und forderten mehrfach die friedliche Übergabe der Stadt. Der fanatische Stadtkommandant der Wehrmacht, Oberst Paul Könsgen, lehnte wiederholt und gegen jede Vernunft ab, weil er den Befehl hatte, Zerbst zu verteidigen. Die Innenstadt wurde daraufhin zu 80 % dem Erdboden gleichgemacht. Vor allem das Zerbster Schloss ist heute nur noch Ruine (97). Es gibt gleichwohl allen Grund, Zerbst einen Besuch abzustatten, das seine Wunden aus dem Krieg jedenfalls zum Teil geschlossen hat (21, 44, 89a, 98, 112).

Zörbig ㉓

An der Stelle des Schlosses Zörbig (westlich von Bitterfeld) lag ursprünglich eine mittelslawische Wallburg, die wohl im 12. Jahrhundert einen steinernen Ausbau durch die Grafen von Brehna erfahren hat. Nach Spangenbergs Mansfeldischer Chronik hat Karl der Große 801 die Gesandten der Kaiserin Irene von Konstantinopel empfangen und 802 dort einen Landtag abgehalten. Seit dem späten Mittelalter war Zörbig sächsischer Amtssitz. Unter den Herzögen von Sachsen-Merseburg fanden seit 1656 Ausbauten und Modernisierungen statt. Die Linie Sachsen-Zörbig benutzte das Gebäude als Residenz- und Witwensitz, generell gehörte Zörbig von 1657 bis 1746 zur Sekundogenitur Sachsen-Merseburg. Zörbig war neben Delitzsch und Bitterfeld eines der drei erbländischen Ämter, die der Sekundogenitur Merseburg unterstellt wurden. Prinz August und seine Frau Hedwig bezogen 1662 das Zörbiger Schloss und begannen es ab 1664 umzubauen, bis die Bauarbeiten 1711, lange vor Fertigstellung, eingestellt wurden. Als der Herzog 1715 erbenlos starb, hinterließ er eine Ruine, die seine Frau und Tochter noch bis 1747 nutzten. Bereits in der zweiten Hälfte des 18. Jahrhunderts wurden Teile der Schlossbauten abgebrochen. Das Schloss ist heute Heimatmuseum (338).

Schloss Zörbig ist heute Teil eines Kultur- und Begegnungszentrums und beherbergt das Heimatmuseum. Der Schlossturm kann bestiegen werden

Landkreis Wittenberg

Annaburg
Buro
Coswig
Dabrun
Glücksburg
Gräfenhainichen
Hemsendorf
Hundeluft
Jahmo
Jessen
Klöden
Kropstädt
Lichtenburg
Nudersdorf
Oranienbaum
Pretzsch
Rackith
Radis
Reinharz
Seegrehna
Seyda
Schköna
Schweinitz
Trebitz
Wartenburg
Wittenberg
Wörlitz

Rathaus Wittenberg

Landkreis Wittenberg

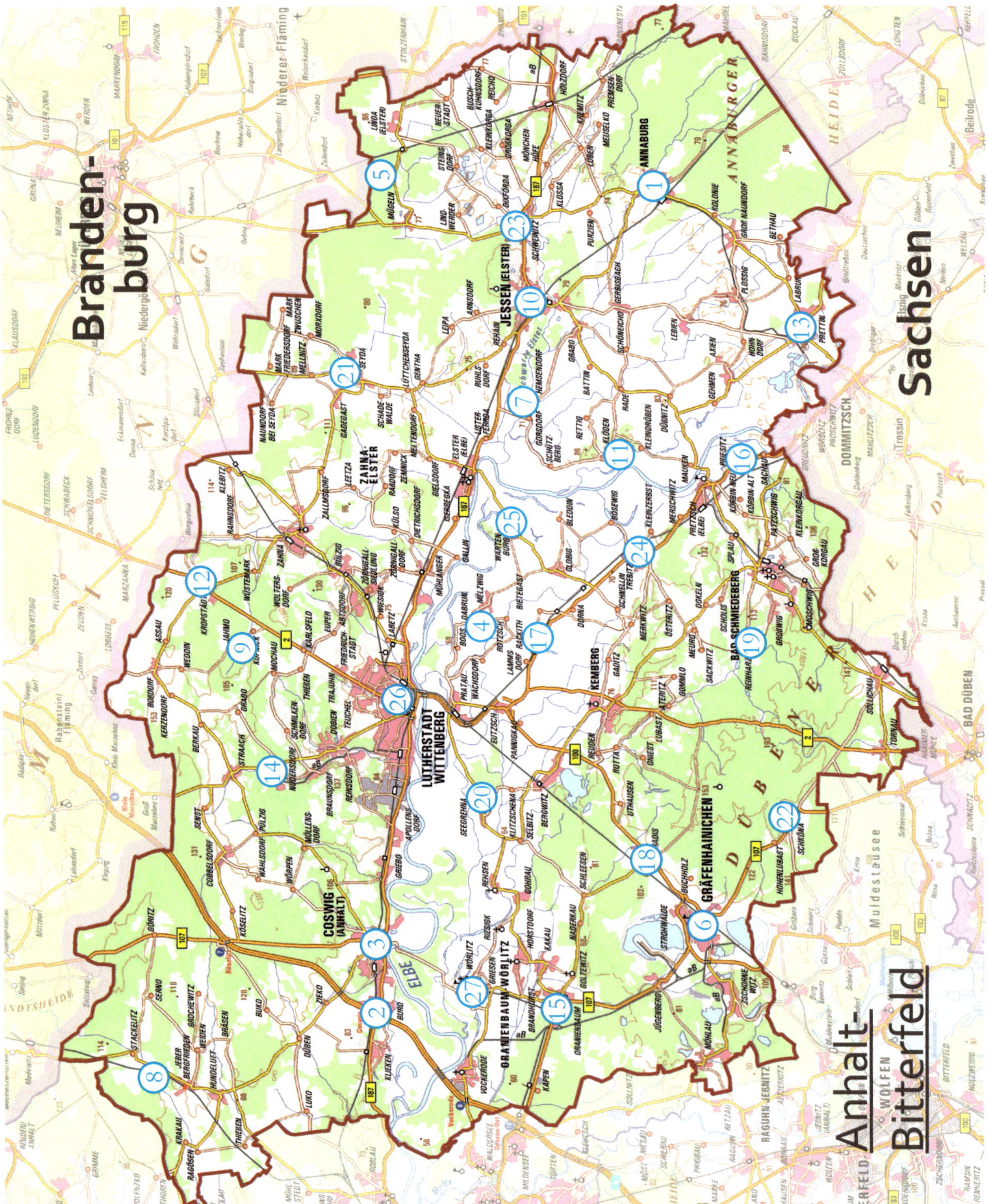

Annaburg ①

Schloss Annaburg, Hinterschloss

Im Osten Sachsen-Anhalts liegt die östlichste Residenz des Landes. Der Ort, der bis 1572 den Namen Lochau trug, lag in einem großen wildreichen Waldgebiet, der Lochauer oder Annaburger Heide. August der Starke soll bei einer einzigen Jagd im Jahre 1730 an die 400 Stück Schwarzwild und 900 Stück Rotwild erlegt haben, bei diesem Mann vielleicht nicht einmal eine übertriebene Sage. Die Wittenberger Askanier legten schon im 13. Jahrhundert ein Jagdschloss an, das 1422 einem Brand zum Opfer fiel, bei dem zahlreiche Mitglieder des Hofstaates verbrannten und wenig später Kurfürst Albrecht III. von Sachsen-Wittenberg seinen Brandverletzungen erlag. Das Schloss wurde wieder aufgebaut, am 5. Mai.1525 starb hier Kurfürst Friedrich der Weise, der sich immer gern in Annaburg aufgehalten haben soll. Da mit Kurfürst Albrecht III. die askanische Dynastie erlosch, übertrug Kaiser Sigismund aus politischen Erwägungen das Wittenberger Gebiet und die hiermit verbundene Kurwürde 1423 an den Wettiner Friedrich den Streitbaren. Die heutige Schlossanlage, ein Traumergebnis der Renaissance, war allerdings noch von Friedrich dem Weisen zu Beginn des 16. Jahrhunderts in Auftrag gegeben worden. Die Anlage bestand aus Vorder- und Hinterschloss, bei der künstlerischen Gestaltung des Schlosses wirkte unter anderem Lucas Cranach der Ältere mit, der zu dieser Zeit als Hofmaler in den Diensten des sächsischen Kurfürsten stand und außerdem ganz in der Nähe in Wittenberg eine Werkstatt unterhielt. Als Kurfürst Johann Friedrich I. in der Wittenberger Kapitulation die Lochauer Heide einschließlich der Kurwürde an Moritz von Sachsen abtreten musste, ließ dessen Bruder und Nachfolger Kurfürst August von Sachsen das nur wenige Jahrzehnte alte Jagdschloss Friedrichs des Weisen abreißen und an gleicher Stelle ein neues bauen, das noch heute zu besichtigen ist. Es behielt sein Aussehen, wobei das Schloss

Annaburg, Vorderschloss, Torbereich (unten li.) und Innenhof (re.)

Amtshaus in Annaburg

Die ehemalige Kaserne in Annaburg ist heute ein Altenpflegeheim

nur noch selten zur Jagd aufgesucht wurde. Im Verlauf des Dreißigjährigen Krieges wurde die Innenausstattung zu großen Teilen geplündert. 1762 entstand eine neue Nutzung, denn das 1738 in Dresden gegründete Militär-Knaben-Erziehungsinstitut zog in die Räumlichkeiten des Annaburger Schlosses ein. Da 1881 zusätzlich noch eine Unteroffiziersschule eröffnet wurde, die bis 1920 existierte, war ein Verfall des Schlosses vermieden. Heute befindet sich das Schloss wieder in einem erfreulichen baulichen Zustand, was die Bilder auch bekunden, denn es sind Wohnungen und ein kleines Museum untergebracht worden (186). Die politische Vergangenheit der Schlossanlage hat dazu geführt, dass Annaburg auch noch weitere ehemalige Prachtbauten vorweisen kann, nämlich die Kaserne, das Alte Lazarett, das Jägerhaus, das Gestüt und vor allem das Amtshaus, das heute als Sparkasse Verwendung findet. Die älteren Wohnbauten stammen meistens aus dem 18. Jahrhundert (44).

Buro ②

Ein ganz seltenes bauliches Juwel ist die Deutschordenskommende St. Elisabeth in Buro, südöstlich von Rosslau, zwischen der Elbe und der A9 gelegen. Im Jahre 1253 übertrugen die fürstlichen Herren des Hauses Anhalt das Dorf Buro dem Deutschen Ritterorden. Die Kommende gehörte zur Ordensprovinz (Ballei) Ober-Niedersachsen. Trotz der wohlgemeinten Schenkung gab es mit dem anhaltinischen Fürstenhaus auch Konflikte. 1320 drang Fürst Albrecht II. von Anhalt mit einem militärischen Aufgebot gewaltsam in die Kommende ein, die er plünderte. Insgesamt aber war die Entwicklung positiv. Durch Schenkungen und Zukäufe gehörten der Kommende Buro am Ausgang des 14. Jahrhunderts etwa 1.100 ha Acker- und Forstflächen. Die Kommende wurde zwar als ein Ergebnis der Napoleonischen Kriege 1809 aufgelöst, ihre Wirkung war jedoch schon früher deutlich geschwunden. Die Kommende hatte längst nur noch wenige Bewohner. Nach 1809 erlebte Buro auch noch eine landesherrliche Domäne und war für knapp 30 Jahre auch anhaltisch-bernburgisches Landesgestüt für Pferdezucht. Die Domäne hatte bis 1945 Bestand. 1948 wurden bedeutende Gebäudeteile der Komturei abgerissen, nämlich das „Neue Haus“ von 1595

Deutschordens-Comturei in Buro mit Fachwerkturm der evangelischen Kirche

und der Ostflügel. Das Bild zeigt, dass aus der Komturei keine Ruine geworden ist, sondern ein für sich sprechendes Kunstwerk (186). Der Fachwerkturm der Kirche zeigt immer noch einen Kirchenbau, der sich auf die Modernisierung des Jahres 1697 bezog, aber die Ursprungskirche von 1258/59 betraf (44). Der Park war einmal ein barocker Lustgarten, er wurde jedoch im ersten Viertel des 19. Jahrhunderts zum Landschaftspark nach englischem Vorbild umgestaltet. Nach der Wende wurde der Park privatisiert, er soll seitdem für Besucher nicht zugänglich sein, ein Verstoß gegen das Denkmalrecht, denn der Inhaber eines Denkmals, hier eines Gartendenkmals, ist wie andere Denkmaleigentümer verpflichtet, sein Denkmal der Öffentlichkeit zur Verfügung zu stellen, sicher nicht ganztägig, aber zu bekannt gemachten einzelnen Zeitpunkten (169).

Coswig ③

1187 wird Coswig erstmals erwähnt. Die Lage des Schlosses und der Stadt war begründet durch die alte Handelsstraße Magdeburg-Leipzig zwischen Wittenberg und Roßlau. 1187 war Coswig „Burgward“, was begrifflich das Vorhandensein einer Burg voraussetzte. Der Ort gelangte während des 13. Jahrhunderts in den Herrschaftsbereich Albrechts des Bären und war während dieser Zeit die wichtigste ostelbische Ansiedlung für die neu gebildete Dynastie der anhaltischen Askanier. 1508 kam Coswig an den Fürsten Wolfgang von Anhalt-Köthen, einen der eifrigsten Förderer Luthers. Dies war möglicherweise einer der Gründe, warum 1547 kaiserlich-katholische Truppen die Stadt einnahmen, die Burg belagerten und sie niederbrannten. 1555 setzte unter Fürst Wolfgang die Arbeit zur Errichtung eines nicht mehr erhaltenen Renaissancebaus ein, die Person des dort tätig gewesenen Architekten ist bis heute umstritten. Nach der Erbteilung 1603 kam Coswig an die Linie Anhalt-Zerbst und dies war der Beginn einer vieljährigen Witwenschaft in diesem Fürstenhaus. Die Fürstinwitwe Sophia Augusta von Anhalt-Zerbst gab 1667 nach dem Tod ihres Gemahls einen Neubau des Schlosses in Auftrag und Mario Titze spricht in diesem Zusammenhang von der Geburt des Barock (313). Architekt war hier der längst in Europa bekannte Architekt Cornelis Ryckwaert. Coswigs glanzvolle Zeit als fürstlicher Witwensitz endete mit dem Tod der Fürstinwitwe Friederike von Anhalt-Zerbst 1827. Danach hat das Schloss eine eher unwürdige Nutzung erhalten. 1866 war es Militärlazarett, 1870/71 Kriegsgefangenenlager und danach Zuchthaus. Das Zuchthaus wurde Ende 1957 geschlossen, der Bau geriet zum Zentralarchiv der DDR. Ab 2005 versuchte eine Coswiger Bürgerinitiative im Rahmen ihrer Möglichkeiten, den Verfall aufzuhalten, 2006

Schloss Coswig (links)
Kavaliershaus in Coswig (unten)

kam es zu einem neuen Eigentümerwechsel und seitdem wird das Schloss umfangreich restauriert, um als „Zentrum für transnationale Kooperation und Austausch auf dem Gebiet der Kultur“ dem Schloss ein hoffentlich langes Leben zu ermöglichen (42, 169, 186, 313).

Das Schloss ist nicht die einzige bauliche Kostbarkeit Coswigs. Ihm gegenüber steht das ehemalige Kavaliershaus. Nach dem Tod des Fürsten Friedrich August von Anhalt-Zerbst wurde es erst städtisches Armenhaus und später Zigarrenfabrik. Gegenwärtig wird der selbst in seinem Alter wunderschöne Bau saniert.

Dabrun ④

Um 1500 übertrug Kurfürst Friedrich der Weise das Dorf Dabrun dem Augustinereremitenkloster in Wittenberg. Zuständig war ein Angehöriger der Familie von Staupitz, von dem der Kurfürst Dabrun später zurückerwarb und die Belehnung Günther I. von Staupitz im August 1518 erneuerte. Von Staupitz stellte nicht lange danach die Zahlungen an die Augustiner ein und seine Schulden häuften sich. Er verärgerte damit sehr den jungen Martin Luther, der als Superior der Wittenberger Augustiner für die klösterlichen Finanzen zuständig war. Für ihn war dies nicht unproblematisch, denn der Bruder des Schuldners war sein Ordensgeneral, Johann von Staupitz. Mitte des 18. Jahrhunderts kam es dann zu der kuriosen Situation, dass fünf Brüder der Familie Oberkampf sich einen erbitterten Erbschaftsstreit lieferten, der zu einem Verkauf des väterlichen Erbes führte. Der Wittenberger Rat erwarb das Dabruner Gut im Jahre 1786 für 43.000 Taler. Bereits 1830 ging das Rittergut an Dabruner Bauern über. Die Bodenreform nach der Machtübernahme durch die SED ging ohne Enteignung vorbei, weil der Grundbesitz weniger als 100 ha umfasste. An der LPG war jedoch kein Vorbeikommen. Nach der politischen Wende machte sich die Familie Oberkampf mit einem Landwirtschaftsbetrieb selbständig, eine sehr eigene Entwicklung, da die Landwirtschaft in der Nachwendezeit nicht mehr überall die selbe Bedeutung erlangte wie in den Jahrhunderten davor (186).

Gutshaus Dabrun

Glücksburg ⑤

Die heute noch vorhandenen, im Wald versteckten Überreste des ehemaligen kurfürstlichen Schlosses Glücksburg, nordöstlich von Jessen und damit nahe der Grenze zu Brandenburg gelegen, sind mit dem Signum „Jagdhaus“ präzise bewertet. Kurfürst August I. ließ das Schloss Glücksburg von 1576 bis 1580 für Jagdaufenthalte in der Seydaer Heide errichten, für die es auch intensiv genutzt wurde. Als Kurfürst Christian II. starb, nutzte seine Witwe, Hedwig von Dänemark, das Schloss als Witwensitz, seit 1677 als alchemistisches Labor. Der Dreißigjährige und der Siebenjährige Krieg müssen dem Schloss große Schäden zugefügt haben, es wurde nach 1808 abgerissen. Ein schlichtes Jagdhaus, das heutige, entstand. Es wurde nach der Wende verkauft und wird heute privat genutzt (186).

Gräfenhainichen ⑥

Gräfenhainichen liegt an der Straße Halle-Wittenberg am Rande der Dübener Heide und entstand in Anlehnung an eine mittelalterliche Burg. Die Burg wurde etwa Mitte des 13. Jahrhunderts errichtet. Sie muss den Fürsten von Anhalt gehört haben, die sie an die Gebrüder Schlichting verlehnt hatten. 1377 endete der Einfluss Anhalts. 1397 erwarb Herzog Rudolf III. von Sachsen-Wittenberg Burg und Amt, doch wurde der Vertrag umgehend gekündigt. Gräfenhainichen blieb im Besitz der Markgrafen von Meißen. Das Amt wurde des öfteren verpfändet, die Besitzverhältnisse werden im Schrifttum nicht geklärt. 1554 erwarb Heinrich von Gleißenthal das Vorwerk für 8.000 Taler, im 17. Jahrhundert war Gräfenhainichen im Besitz derer von Mücheln, denen das Schloss im Dreißigjährigen Krieg völlig vernichtet wurde. Seit 1750 gehört die Ruine der Gemeinde (186). Die Reste des Schlosses kann man an dem im Ort entstandenen Freilichtmuseum noch erkennen. Vorhanden ist noch aus der Stadtbefestigung der Turm der Unterstadt, ein Rundturm aus Backstein vom Ende des 14. Jahrhunderts, im Südwesten der Turm der Oberstadt, entstanden 1488, ein rechteckiger Unterbau aus Bruchsteinen.

Hemsendorf ⑦

Der kleine, seit 1994 zur Stadt Jessen gehörende Ort Hemsendorf verfügt über eine außerordentlich schöne Schlossanlage, der man nicht ansieht, dass sie „nur“ ein Rittergut darstellte. Über die bauliche Entwicklung Hemsendorfs selbst weiß man insgesamt wenig, mehr dagegen, dass das Wasserschloss an der Schwarzen Elster aus einer kleinen Burg hervorgegangen sein muss, die Stammsitz der gleichnamigen Adelsfamilie von Hemsendorf gewesen ist. Das Schloss wechselte

Die Reste des Schlosses Gräfenhainichen sind Teil eines Freilichtmuseums (o.)
Gräfenhainichen, Oberer Stadtturm (li. unten), Stadtkirche St. Marien (Mitte) und Rathaus (rechts)

Wasserschloss Hemsendorf

wie üblich einige Male den Besitzer oder auch nur den Lehnspflichtigen. Der Herrensitz gehörte unter anderem der Familie Löser, ab 1573 der Familie von Rauchbar. Man holte seinen Vetter, den Prediger und Professor Johann Gerhard als Hauslehrer nach Hemsendorf, der von dort theologische Schriften herausgab, die ihn berühmt machten. Nach dem Tode Rauchbars kam das Schloss an den Kommandanten der Festung Wittenberg, Wolff Otto von Thümmel. Ab der Mitte des 18. Jahrhunderts bis Kriegsende 1945 wechselten die Besitzer wieder häufig; seit Kriegsende diente das Schloss Wohn- und Lagerzwecken. Ein rühriger Förderverein suchte nach 1998, nachdem er selbst erste Sanierungsschritte unternommen hatte, nach einem Erwerber, der sich nach einem Hochwasser 2002 fand, das Schloss erwarb und seitdem diese erkennbar große Aufgabe auf sich nimmt, das Schloss wieder zu einem funktionsfähigen Kulturmittelpunkt zu machen (186).

Hundeluft ⑧

Hundeluft ist heute ein Ortsteil von Coswig. Die Burgreste mit dem ungewöhnlichen Namen scheinen auf eine frühe Nutzung des Geländes als Auslaufstelle für Jagdhunde zu deuten. 1735 wird die erstmals 1280 erwähnte Burg Hundeluft an Johann August von Zerbst verkauft. 1850 wird der Domänenacker an Bauern aus dem Dorf verpachtet. 300 Jahre lang blieben die Herren von Zerbst im Besitz von Hundeluft. Mitte des 19. Jahrhunderts wurde die Domäne aufgeteilt, der Wirtschaftshof diente dem Förster. Danach lag die Anlage viele Jahre unentdeckt im Walde. Das Areal der Gesamtburg erstreckte sich, was man heute nur schwer erkennen kann, über etwa 12.000 m². Die „Kernburg" nimmt eine markant fünfeckige Fläche von etwa 800 m² ein und wird von den Resten einer Findlingsmauer gestützt. Die Anlage hat immer noch ihren Reiz, auch wenn von ihr nicht mehr viel übrig ist, von der inzwischen sanierten Vorburg abgesehen (186).

Jahmo ⑨

Jahmo wird als „Iheme" 1361 erstmals erwähnt. Es diente über Jahrhunderte als Vorwerk zum Rittergut Kropstädt. Nach 1720 wurde das Gutshaus als Wohn- und Amtshaus des Verwalters errichtet. Es hat sich bis heute erhalten, obgleich es 1813 durch napoleonische Truppen schwer in

Modell der Burg Hundeluft (links)
Burgreste (unten)

Verwalterhaus Jahmo

Mitleidenschaft gezogen wurde und erhebliche Schäden davontrug. Nach der Wende ist das Haus saniert worden und dient heute als privates Wohnhaus, angesichts seiner überschaubaren Proportionen einleuchtend (186).

Jessen ⑩

Das höchst ansehnliche ehemalige Schloss Jessen, heute von der Stadtverwaltung genutzt, war ursprünglich eine mittelalterliche, ringförmig angelegte Wasserburg. Der an der Schwarzen Elster entstandene Ort gehörte ursprünglich zur Grafschaft Brehna, seit 1317 den askanischen Herzögen von Sachsen-Wittenberg. Gegen Ende des 14. Jahrhunderts dürfte die Burg im Zuge von Kampfhandlungen verbrannt sein. Am Ende seines Lebens erwarb Kurfürst Friedrich III. 1525 das Jessener Schloss zurück, das er im gleichen Zeitraum seinen unehelichen Kindern testamentarisch vermachte. 1637 wurde das Schloss durch die Schweden gebrandschatzt. Seit 1777 war der einstige Adelssitz bürgerliches Eigentum. Das zu dem Schloss ursprünglich gehörende Rittergut wurde vom Schloss getrennt, was im 19. Jahrhundert Verfallswirkungen nach sich zog. Im 18. Jahrhundert wurde zunächst der Nordflügel um ein Geschoss erhöht, der achteckige Turm entstand im 19. Jahrhundert. Die sehr pfleglichen Umbaumaßnahmen sind auf dem dargestellten Bild nicht erkennbar, weil sie die Rückseite des Schlosses betreffen, vom Turm einmal abgesehen. Aktuell ist nunmehr die Stadt Eigentümerin des Bauwerkes und durch die Funktion als Verwaltungssitz ist der Schlossbau gerettet (186).

Zur Stadt Jessen gehört auch Glücksburg mit einem Überrest des ehemaligen Kurfürstlichen Schlosses Glücksburg. Der Bau wurde 1576 bis 1580 errichtet, aber im Laufe der Jahrhunderte deutlich reduziert, obwohl er in der gesamten Zeit Jagdschloss gewesen ist. Die Glücksburg ist immer noch ein sehr repräsentatives Gebäude.

Klöden ⑪

981 und 1004 wird Klöden (nahe der Elbe) als Burgward bezeugt, als dieser durch Kaiser Otto II. an das Kloster Memleben geschenkt worden war. Der Ort lag landschaftlich reizvoll an einem vertrockneten Nebenarm der Elbe. Als 1290 der

Schloss Jessen (li.), heute Sitz der Stadtverwaltung
Stadtbild Jessen (unten)

Schloss Klöden, Einfahrt an der Südseite (links) und Ostflügel (rechts)

Besitz der Grafschaft Brehna endete, gehörte die Burg später verschiedenen Adelsgeschlechtern, darunter ab Anfang des 14. Jahrhunderts der regional bedeutsamen Familie Löser. Das Schloss Klöden entstand um 1566. Im sich dem Ende nahenden 17. Jahrhundert gehörten Gut und Burg wieder den Lösern, nunmehr der Reinharzer Linie. Unter Margaretha Sybilla Löser wurde die Anlage um 1684 barock überformt. Das kurfürstliche Haus erwarb 1781 Klöden von den Lösern. Bis zum Wiener Kongress 1815 war Klöden sächsisches Kammergut, danach preußische Domäne.

Es entstanden unterschiedliche Nutzungen durch Wohnungen, eine Zahnarztpraxis, eine Schule und einen Kindergarten. Klöden beherbergt die Gemeindeverwaltung und ein Polizeibüro. Nachdem eine zweite Privatisierung durch einen überforderten Investor gescheitert war, übertrug die Gemeinde das Anwesen 2005 dem neugegründeten Förderverein, der um die Restaurierung der Anlage bemüht ist. Sie wird inzwischen für Veranstaltungen genutzt.

Kropstädt ⑫

1855/56 wurde das Schloss Kropstädt (nordwestlich Wittenbergs an der Grenze zu Brandenburg) in seiner heutigen Form als Beispiel neogotischer Architektur errichtet. Die Vorgeschichte der Anlage reicht natürlich weiter zurück, nämlich bis in das 12. Jahrhundert, denn bereits 1150 wurde an der Stelle des heutigen Schlosses ein Burgward erwähnt. Seit dem 14. Jahrhundert war die Burg Sitz herzoglich-sächsischer Ministerialer. In der Frühen Neuzeit erwarb der sächsische Kurfürst August für stattliche 38.427 Taler den Besitz von den Herren von Thümen, um ihn wenig später an seinen Kammerherrn

Schloss Kropstädt

Löser weiterzugeben. Im 18. Jahrhundert erwarb Eugenius von Krosigk den Besitz, der seiner Familie bis 1945 verbleiben sollte. An der Wende zum 20. Jahrhundert ging Kropstädt durch Heirat auf die Familie von Arnim über, die allerdings 1945 aufgrund der Bodenreform enteignet wurde.

Lichtenburg ⑬

Prettin, in der Ebene des Urstromtals der Elbe an einem Flussübergang gelegen, wurde 965 in einer Urkunde Otto I. bereits als Burgwardhauptort genannt, der 1012 an das Erzbistum Magdeburg kam. Seit Ende des 12. Jahrhunderts gehörte der Ort den Grafen von Brehna, seit 1290 den askanischen Herzögen von Sachsen-Wittenberg. Diese erbauten um 1335 ein Jagdschloss, das 1574 unter Kurfürst August von Sachsen abgebrochen wurde, wobei seine Steine zur Errichtung des Schlosses Lichtenburg Verwendung fanden. Seit 1315 existierte bei Prettin das Antoniter-Präzeptorat Lichtenberg. Die Antoniter wurden europaweit hoch angesehen wegen ihres erfolgreichen Kampfes gegen das Antonius-Feuer, einen epidemieartigen Anfall mit tödlichen Folgen. Die Krankheit ist inzwischen erkannt und wird erfolgreich bekämpft. Mit dieser Entwicklung schwand die Bedeutung der Antoniter, woraus sich nach der Reformation eine Auflösung des Ordenkonvents und eine Übergabe des Klosters an den Landesherrn ergab. Ab 1565 entstand in Prettin eine mächtige Renaissance-Anlage, das heutige Schloss Lichtenburg, als eine kurfürstliche Residenz. August der Starke verbrachte auf ihr einige Zeit seiner Jugend, später ließ er von 1706 bis 1712 dort seinen Sohn von der Großmutter aufziehen. Die Hauptfunktion der Lichtenburg bestand in der äußerst komfortablen Aufnahme von Kurfürstenwitwen bis zu deren Tode. 1812 bis 1928 diente das inzwischen umgebaute Schloss als Zuchthaus, von 1933 bis 1936 war es Konzentrationslager. Auf der Lichtenburg waren vor allem Häftlinge untergebracht, die sich nach Auffassung der damaligen Machthaber strafbar gemacht hatten. Vor der Wende diente das Schloss von 1959 bis 1965 als LPG, seit der Wende als Museum, auch wegen seiner KZ-Vergangenheit. Im Übrigen ist die funktionelle Lösung des riesigen Schlosses noch in großen Teilen ungeklärt, weil sowohl das Land wie der Kreis eine Übernahme der Liegenschaft bisher ablehnen. Ungeachtet seiner vielfältigen geschichtlichen Lebensstufen ist das Renaissance-Schloss Lichtenburg eine höchst bemerkenswerte Anlage (44, 186).

Schloss Lichtenburg

Glockenturm des Schlosses

Nudersdorf ⑭

Nudersdorf ist heute ein Ortsteil der Lutherstadt Wittenberg und liegt ca. 9 km nordwestlich des Stadtzentrums im Naturpark Fläming. Das Vorgängerschloss, über das im Schrifttum wenig verlautet, tritt Mitte des 16. Jahrhunderts über die üblichen Eigentumswechsel an das Licht der Öffentlichkeit. Der kursächsische Kanzler Brück erwarb das vorherige Herrenhaus unbekannter Lage. Einem Erwerb von 1592 durch die Familie von Leipziger folgte bereits 1622 ein Weiterverkauf an Wilhelm Löser auf Kropstädt. Das Gebäude wurde im Dreißigjährigen Krieg zerstört; 1703/04 entstand das heutige Schloss unter Wilhelm Heinrich Löser. Sein Bruder erweiterte in den folgenden Jahren das Gut durch umfangreiche Wirtschaftsgebäude. Da die Erben, Offiziere in der kurfürstlich-sächsischen Armee, ihr Amt im Jahre des Erbfalls, 1732, nicht aufgeben wollten, kam es 1738 zu einem Verkauf an Hofrat Augustin von Leyser. Dessen Erben blieben Eigentümer bis Anfang des 19. Jahrhunderts, bis das Bekanntwerden zahlreicher Heilquellen die Brüder Gustav und Karl Wilhelm Luther veranlasste, mit großem Aufwand die Anlage eines Kurortes zu realisieren, was später durch den Tod der Brüder ins Stocken geriet. 1873 beendete ein Konkurs die Heilbadpläne, wozu auch die Industrialisierungen beitrugen. Seit 1894 und in den folgenden Jahrzehnten wechselten die Eigentümer häufig. 1936 mutierte das Schloss zur Dorfschule und zum Kindergarten. Der Abriss der Wirtschaftsgebäude 1945 und 1992 machten den Blick frei auf das Schloss und dies bekommt der schönen Anlage außerordentlich. Der Park befindet sich heute in Bundeshand. Das Schloss dient jetzt als Schule und Verwaltungsgebäude (186).

Oranienbaum ⑮

1659 heiratete die Prinzessin Henriette Catharina von Nassau-Oranien (1637 bis 1708) den Fürsten Johann Georg II. von Anhalt-Dessau, der ihr 1660 den Ort Nischwitz schenkte, auf dem sie ab 1683 ein prächtiges Schloss errichten ließ. 1673 wurde Nischwitz in Oranienbaum umbenannt, um das Geschlecht der Oranier auch äußerlich zu dokumentieren. Da die holländische Fürstin eine reiche Aussteuer in die Ehe brachte, wurde Schloss Oranienbaum nicht nur hochansehnlich gebaut, sondern über die folgenden Jahrzehnte mit großer Kunst ausgestattet. Schloss, Park und Stadt Oranienbaum sind Teil eines planvollen, wohldurchdachten Bauprogramms, wobei dahingestellt bleiben kann, ob Henriette Catharina die entscheidenden Impulse für das Entstehen

Schloss Nudersdorf dient heute als Schule und Verwaltungsgebäude

Schloss Oranienbaum

des Gebäudes gegeben hat oder ihre oranische Familie. Die Fürstin hat jedenfalls dafür gesorgt, dass die Stadt Oranienbaum einiges von dem Glanz des Schlosses abbekam. Sie und ihre Nachkommenschaft haben die Beziehungen zwischen Deutschland und Holland vertieft und aufrecht erhalten. Dies wurde besonders deutlich, als sich die Königin der Niederlande, Beatrix, im Jahre 2004 in Oranienbaum aufgehalten hat (11, 12).

Pretzsch ⑯

Bereits 981 gab es in Pretzsch einen Burgward, was begrifflich die Existenz einer Burg voraussetzte, die eine Elbüberquerung schützte und zur Grenzsicherung diente. 1325 erfolgte die Belehnung der Familie Löser, die 322 Jahre im Besitz des Schlosses und einer Reihe anderer Schlösser blieb. Mit dem Besitz von Pretzsch war das Amt des sächsischen Erbmarschalls verbunden, was die Bedeutung dieser Familie noch deutlicher macht. Die Familie errichtete durch ihren Vertreter Hans IV. Löser in den Jahren 1571 bis 1575 das Schloss Pretzsch. Die sächsische Kurfürstin Christiane Eberhardine lebte getrennt von ihrem Ehemann, August dem Starken, nachdem dieser zum Katholizismus konvertiert war, um die polnische Königskrone annehmen zu können. Sie war der Garant dafür, dass Schloss Pretzsch ihre neue Heimat wurde und sie sich große soziale und kulturelle Verdienste erwarb, wozu gehörte, dass sie das Schloss als Mädchenwaisenhaus des Gro-

Schloss Pretzsch (li.) und das ehemalige Mädchenwaisenhaus im Schloss Pretzsch (unten re.)

ßen Militärwaisenhauses Potsdam betrieb. Heute gehört das Schloss dem Land Sachsen-Anhalt und dient als Schule, in Nebengebäuden auch als Kinder- und Jugendheim (186). Der Schlosspark Pretzsch gehört zu den preisgekrönten 40 „Gartenträumen Sachsen-Anhalt“ (288).

Rackith ⑰

Rackith ist ein Rittergut, über dessen geschichtliche Entwicklung man wenig weiß. Es muss nahe Rackith schon im 10./11. Jahrhundert einen Burgward gegeben haben. Im Laufe der Jahrhunderte hat Rackith wie üblich mehrere Male die Besitzer gewechselt. Es war ab 1668 auch jahrelanger Gerichtsplatz zweier Hexenprozesse. Nach 1671 erwarb Hartmann Ludwig von Witzleben auf Wartenburg das Rittergut Rackith. Das jetzige, eher unansehnliche Gutshaus stammt aus der Zeit nach 1707. 1766 wechselte Rackith erneut den Eigentümer. Das Gut verblieb im Besitz der Familie von Schlieben bis 1945. Im Jahre 2010 wurde die Gemeinde Rackith mit einigen anderen Gemeinden in die Stadt Kemberg eingemeindet. Abgesehen von dem Gutshaus liegt auch noch ein Freigut in Rackith, das vermutlich als Witwensitz für die Ehefrau des Rittergutsbesitzers dienen sollte. Es ging 1735 an den Erwerber des Rittergutes, Heinrich Friedrich von Platen. Um 1830 wurde der Adelssitz erweitert. 1993 war er noch in einwandfreiem Zustand. Seit dem Jahre 2010 ließ sich diese optimistische Einschätzung leider nicht mehr halten. Das Herrenhaus ist vom Einsturz bedroht (186).

Rittergut Rackith

Radis ⑱

Radis, heute Teil der Stadt Kemberg, wird 1373 erstmals erwähnt. 1499 lebten hier Edle von List, denen der Besitz über mehrere Generationen gehörte. 1623 gelangten die von Bodenhausen in den Besitz des Herrenhauses. Die Literaturgeschichte profitierte beim Herrenhaus von der Verbindung der Helene von Bodenhausen mit dem Dichter Detlev von Liliencron. Der sich über 13 Jahre hinziehende Schriftwechsel wurde seit 1905 mehrfach veröffentlicht. Das Herrenhaus war auch Schauplatz einer eher zweifelhaften Figur. Der österreichische Esoteriker und Schriftsteller Guido List galt als Begründer der okkultisch-rassistischen Ariosophie und ist bis heute für rechtsextreme Esoteriker ein Begriff. Er starb 1919 (186). Das Herrenhaus, nach 1945 erst sowjetisches Lazarett, dann Landesjugendheim und Schule, wird seit 1987 als Jugendherberge genutzt. Nach dem Willen der Gemeinde soll Radis damit ein neues Dorfzentrum erhalten,

Herrenhaus Radis

allerdings sind die Entscheidungen hierfür noch nicht gefallen, von notwendigen baulichen Veränderungen ganz abgesehen.

Reinharz ⑲

Schloss Reinharz, nahe Bad Schmiedeberg in der Dübener Heide, wird im Schrifttum als „Juwel des Barocks" bezeichnet und wer das Schloss innerhalb eines früher künstlich angelegten Sees erblickt, wird dem zustimmen. Die waldreiche Landschaft muss schon früh ihren Reiz auf Menschen ausgeübt haben, denn westlich des Heidemühlen-Teiches befindet sich ein Hügelgräberfeld der Lausitzer Kultur, bestehend aus einem großen und vielen kleinen Hügeln. Heinrich von Löser, Angehöriger einer die Region beherrschenden Familie, ließ 1690 bis 1701 das Barockschloss errichten, das der Besucher noch heute vor sich sieht. 1703 wurde der Bau der Reinharzer Kirche beendet. Das Schloss erlebte Mitte des 18. Jahrhunderts noch einmal einen Aufschwung. Der königlich-polnische, kurfürstlich-sächsische Konferenzminister Hans Löser, seit 1742 sächsischer Erbmarschall und ab 1745 Reichsgraf, verspürte den Wunsch, diese eindrucksvolle Titelsammlung auch noch baulich zu untermauern. Um 1748 stattete er das Erdgeschoss des Schlosses nicht nur auf überzeugende Art aus, sondern er erhöhte auch den Schlossturm auf 68 m, um ihn als Observatorium zur Sternenbeobachtung zu nutzen. Einige der besten Mechaniker jener Zeit arbeiteten in seinen Reinharzer Werkstätten. Das letzte Familienmitglied der Löser auf Reinharz, Erbmarschall Graf Carl August, starb 1801, Christian von Röder übernahm im Jahre 1824 das Rittergut und verkaufte es 1837 für 130.000 Taler an den Bürgerlichen Friedrich Wilhelm Hertwig. Die Familie Hertwig blieb bis 1945 in Besitz des Schlosses, dann wurde sie enteignet, weil das Rittergut das größte des Kreises Wittenberg war. Die Anlage scheint auf unabsehbare Zeit gesichert, nicht zuletzt wegen ihrer landschaftlichen Reize, aber auch wegen der baulichen, noch nicht verwirklichten, Absicht einer Hotelgründung (21, 186, 307).

Seegrehna ⑳

Seegrehna, unmittelbar südlich von Wittenberg gelegen, kann auf eine reiche Geschichte zurückblicken. Drei bauliche Anlagen prägen

Die 1703 erbaute Kirche von Reinharz (li. u.)
Schloss Reinharz, Rückansicht (rechts)

die Dorflandschaft. Zum einen ist dies das rotfarbene Rittergut, es stand ab 1540 mehr als zweihundert Jahre im Besitz der Wittenberger Gelehrtenfamilie von Brück, wurde aber 1750 nach Erbschaftsstreitigkeiten veräußert und wechselte in den folgenden Jahrzehnten mehrfach den Besitzer. 1818 trat das Rittergut aus dem Licht der Geschichte zurück, als es von Franz Adolph von Behringer erworben wurde, einem natürlichen unehelichen Sohn des Fürsten Franz von Anhalt-Dessau. Das Rittergut ist heute zwar saniert, lässt aber „fürstliches Gepränge" nicht mehr erkennen.

Seegrehna zeigt aber auch ein Stadtgut, das zu Luthers Zeiten der Familie von Mochau gehörte, dessen Prinzipal Christoph von Mochau – als leidenschaftlicher Anhänger der Reformation – seine drei Töchter an Wittenberger Reformatoren „zwangsverheiratet" hat, eine davon mit 15 Jahren 1522 an Luthers Doktorvater, Andreas Bodenstein, genannt Karlstadt. 1604 gelangte das Stadtgut an den Magistrat der Stadt Wittenberg, womit die Versorgungslage der Wittenberger eine Verbesserung erfuhr. Nach der Wende wurden die umfangreichen landwirtschaftlichen Flächen durch die Stadt verpachtet, die nunmehr nicht mehr benötigten Wirtschaftsgebäude sollten soweit für Veranstaltungen und örtliche Vereine zur Verfügung gestellt werden.

Seinen wirtschaftlichen Ruf erwarb sich Seegrehna allerdings durch das kurfürstliche Pferdegestüt Bleesern, geprägt durch einen schlossartigen Bau des bekannten Baumeisters Wolf Caspar von Klengel, allerdings schon zu Zeiten Friedrichs des Weisen herrschaftliches Gestüt, damit das älteste Deutschlands. Die heute längst nicht mehr ansehnliche Anlage (eben deshalb als Erinnerungsort gezeigt) wurde im Dreißigjährigen Krieg geplündert und durch die Flutkatastrophe von 1655 zerstört. Der Wiederaufbau durch von Klengel war Vorbild für andere Gestüte und schuf einen äußerst wohnlichen Platz. August der Starke verbrachte hier den Weihnachtsabend 1699. Bis 1791 blieb Bleesern landesherrliches Gestüt, danach Maultiergestüt und Pferdezuchtstation des Amtes Wittenberg. Die weitere Geschichte: 1816 Preußische Domäne, 1948 volkseigenes Gut bis zur Wende. Seit 2010 kümmert sich der Förderverein Hofgestüt Bleesern e.V. erfolgreich um die Erhaltung des Baudenkmals. Die Kirche stammt im Kern aus der 1. Hälfte des 13. Jahrhunderts.

Reste des Hofgestüts Bleesern in Seegrehna (links) und Kriegerdenkmal vor der Stadtkirche (rechts)

Seyda ㉑

Die mittelalterliche Burganlage, die etwa um 1150 entstanden war, um das Gebiet östlich der Elbe zu befrieden, existiert nicht mehr. An ihrer Stelle steht das Amtshaus, denn das Schloss selbst begann seine Bedeutung zu verlieren, als in naher Entfernung das Jagdschloss Glücksburg entstand. Als im Schloss die Wohnverhältnisse immer ungünstiger wurden, erhielt der damalige Amtsschösser Rudolf von Schelinsky von Kurfürst Christian II. die Genehmigung, ein geeignetes Wohnhaus bauen zu dürfen, das gleichzeitig Verwaltungsräume beinhalten sollte. Baujahr war das Jahr 1605; für dieses Amtshaus wurde die Burg endgültig zum Abbruch freigegeben und lieferte die Steine. Ab 1815 Teil Preußens, wurde das Amtshaus in der Mitte des 19. Jahrhunderts an Privatpersonen verkauft und diente von da an unterschiedlichen Zwecken. Vor allem war es von 1912 bis 1975 Sitz des Seydaer Heimatmuseums. Nach dem Krieg war das Haus Heim für zahlreiche Familien. Es ist jetzt in Folge seiner zeitbedingten Verschlechterung der Bausubstanz mit erheblichen Mitteln modernisiert worden.

Amtshaus in Seyda

Schloss Schköna

Schköna ㉒

Schloss Schköna, der Ort gleichen Namens, heute Ortsteil von Gräfenhainichen, war viele Jahre an den Besitz der nahen Burg Pouch gebunden. Die Ursprünge des Ritterguts gehen bis in das 16. Jahrhundert zurück. In dieser Zeit wurde Schköna Residenz einer Nebenlinie der Grafen zu Solms. Wie das damalige Herrenhaus ausgesehen hat, ist unbekannt. Als der anhaltische Minister Wilhelm Graf zu Solms-Schköna nacheinander zwei Schwestern aus der Familie von Bodenhausen heiratete, ging Schköna letztlich in den Besitz der Familie von Bodenhausen über, die 1883 den heutigen Bau, der den älteren Vorgänger ersetzte, errichtete. Das Schloss wurde nach der Bodenreform bis 1989 als Kinderheim genutzt und ist seit einigen Jahren, nach einer aufwendigen beispielhaften Sanierung, in Privatbesitz (186).

Schweinitz ㉓

Schweinitz liegt an der Schwarzen Elster östlich von Jessen und wurde 1182 erstmals genannt, als ein Augustinerkloster gestiftet wurde, das heute nicht mehr vorhanden ist. Im Schutz einer Burg des 12. Jahrhunderts entstand östlich von ihr im

Schweinitz, Kirche St. Marien (links), Amtshaus (rechts)

späten 13. Jahrhundert eine Siedlung mit Kirche und Markt. Anfang des 13. Jahrhunderts geriet Schweinitz unter die Botmäßigkeit des Magdeburger Erzbistums und schließlich 1362 an das askanische Herzogtum Sachsen-Wittenberg. Im Schloss wurden 1406 die beiden Söhne des sächsischen Kurfürsten, Wenzel und Siegmund, von einem einstürzenden Turm erschlagen. Das Schloss wurde 1576 abgetragen und im 19. Jahrhundert völlig eingeebnet. An seiner Stelle entstand 1600 das Amtshaus als Sitz der Amtsverwaltung. Die Steine des abgebrochenen Schlosses wurden zum Bau des Schlosses Annaburg verwendet (186).

Trebitz ㉔

Trebitz, 2009 in Bad Schmiedeberg eingemeindet, liegt etwa 17 km südöstlich der Lutherstadt Wittenberg und kann auf eine 1000-jährige Geschichte verweisen, die von Tiefen und Höhen gekennzeichnet ist (und von Wikipedia sehr umfänglich beschrieben wurde). Ursprünglich gehörte Trebitz seit dem Jahre 1004 zu einer Kette von 19 Burgwarden an der mittleren Elbe, mit deren Hilfe unter Kaiser Otto I. die ostelbische koloniale Entwicklung abgesichert werden sollte. Die leichte Zugänglichkeit des Ortes, durch den heute die Bundesstraße 182 führt, nahm ihn im Dreißigjährigen Krieg und im Napoleonischen Krieg furchtbar mit. In beiden Weltkriegen setzte sich diese Entwicklung fort. Das Trebitzer Schloss, dessen Besitz über die Jahrhunderte oft wechselte, hat diese Zeiten überstanden, da es vor allem im 20. Jahrhundert sinnvoll genutzt wurde; seit 1930 als Klinik, während des 2. Weltkrieges als Ostarbeiterkrankenhaus, nach 1945 als Alters- und Pflegeheim. Seit 2002 ist das Schloss privater Wohnsitz. Leider muss man sagen, dass es nicht einmal fotografisch erfassbar ist, von einem Betreten ganz abgesehen, denn die

Trebitz, Kirchturm der Evangelisch-Lutherischen.Kirche

Eingänge sind vernietet, ein bedauerlicher Verstoß gegen das Denkmalrecht des Landes. Heute ist die Gemeinde mit ihren vielen Organisationen ein Vorzeigeort und wird seit 2011 von einem Heimat- und Geschichtsverein betreut (44, 186). Ein Bild zu zeigen war unter den gegebenen Umständen nicht möglich.

Wartenburg ㉕

Der heute zu Kemberg, südöstlich Wittenbergs, gehörende Ort befand sich seit 1530 im Besitz der weitverzweigten Familie Löser auf Pretzsch, ging 1651 auf die von Witzleben über und 1748 auf Graf Friedrich Wilhelm von Brühl, Bruder des Sächsischen Premierministers. Seit 1603 existierte das stattliche Schloss, das 1769 einen spätbarocken Umbau erhielt. Zwischen 1920 und 1930 wurde der Nordflügel abgetragen, das Schloss öffnete sich zum Park im englischen Stil, von dem noch Reste existieren. Wartenburg wurde sehr bekannt durch die militärische Auseinandersetzung des Generals York (von Wartenburg) mit Napoleon, die letzteren zwang, sich auf Leipzig zurückzuziehen, wo es am 16.10.1813 zur Völkerschlacht kam, die Napoleons Ende einleitete.

Schloss Wartenburg

Wittenberg ㉖

Wittenberg wurde vor den südlichen Ausläufern des Fläming im Urstromtal der Elbe nahe dem Flussübergang auf dem etwas erhöhten rechten Ufer an der Kreuzung zweier alter Fernstraßen errichtet. Die erste urkundliche Nennung von 1180 als Burgward ist ein Anfangsdatum, dem vermutlich aber bereits die Einwanderung deutscher Kolonisten seit dem späten 10. Jahrhundert vorausging. Die Geschichte Wittenbergs ist aber keine des Hohen Mittelalters, sondern späterer Zeiten. Ab 1261 war sie Residenz und Hauptort des Herzogtums Wittenberg, dessen askanische Herzöge durch den Erlass der „Goldenen Bulle" von 1356 als Kurfürsten von Sachsen zu den vornehmsten Fürsten des Reiches zählten. Als die Askanier 1422 ausstarben, wurden die wettinischen Markgrafen von Meißen mit dem Herzogtum Sachsen-Wittenberg und der Kurwürde ausgestattet. Von 1486 bis 1547 war Wittenberg Residenz der sächsischen Kurfürsten und in dieser Zeit stand die Stadt in voller Blüte. Weltweit bekannt wurde sie über Martin Luther durch den Thesenanschlag 1517. Die große Zeit Wittenbergs ging 1547 mit der verlorenen Schlacht bei Mühlberg zu Ende. Die Funktionen der Kurfürsten gingen an die albertinische Linie der Wettiner über und das war sicherlich das Ende der größten Zeit Wittenbergs, die seit 1486 durch Kurfürst Friedrich den Weisen begonnen worden war, der seine Residenz nach Wittenberg verlegte und seit 1490 die verfallene askanische Burg nach Plänen von Conrad Pflüger als Renaissanceschloss wieder aufbauen ließ (164).

Schlosskirche Wittenberg

Universität Wittenberg

Bereits ab 1503 war das Collegium Fridericianum als erstes Universitätsgebäude erbaut worden und damit begann bereits eine andere große Zeit Wittenbergs. Diese Zeit ist gut recherchiert und belegt (309). Dies änderte sich auch nicht nach den großen Umwälzungen des Jahres 1547. Allerdings setzte die zunehmende Zahl der immatrikulierten Studenten in der Folgezeit Erweiterungsmaßnahmen am Collegium Augusteum voraus, die ebenfalls genau dokumentiert sind.

Rathaus Wittenberg am Marktplatz

Die Stadt Wittenberg hat in allen Bevölkerungsbereichen hohe Zuwachsraten gehabt (238), was für die bauliche Entwicklung naturgemäß von Wichtigkeit war. Die Bautätigkeit begann unmittelbar nach dem Regierungsantritt Friedrichs des Weisen und beschränkte sich nicht auf die fürstlichen Repräsentationsbedürfnisse. Die Burg Wittenberg, deren Abbruch bereits 1489/90 begann, lag mitten in der Stadt und ließ sich naturgemäß nicht gut verteidigen. In den folgenden Jahrhunderten wurde sie zu einer Festung ausgebaut, aber auch das war keine elegante Lösung, denn trotz der unablässigen Befestigungen zeigt die Geschichte der Stadt Wittenberg im Ernstfall keine größeren Erfolge auf. Soweit von Seiten der Festung Kanonenfeuer ausgelöst wurde, traf dies zwangsläufig die umgebenden Gebäude. Man kann auch sagen,

Ansichten der Innenstadt von Wittenberg

Stadtkirche St. Marien

dass die zahllosen Veränderungen zur Festung Wittenberg in einem Missverhältnis zu den Abwehrerfolgen der Stadt geführt haben, die im Siebenjährigen Krieg und zu anderen Zeiten eine leichte Beute für die preußische Armee wurde (230). Zwischen 1764 und 1775 wurde die Stadt dennoch schrittweise entfestigt, obgleich die Zeiten nicht so friedlich waren, wie der Durchzug der preußischen Truppen noch im Jahr 1806 zeigt. Insgesamt entwickelte sich die Stadt aber positiv, auch mithilfe der Entwicklung der Universität. Das Schloss wurde weder wesentlich ergänzt noch durch ein neues ersetzt. Jeder Besucher von Wittenberg tut sich heute schwer mit der Feststellung der „Reste“ der Burg, die unter den besichtigungswerten Bauten sicherlich am wenigsten herausragt. Heute ist das Schloss Museum und Stadtarchiv und keineswegs der einzige Grund, Wittenberg aufzusuchen, denn die Stadt hat erkennbar auch den Zweiten Weltkrieg wesentlich besser überstanden als zum Beispiel Städte wie Dessau oder Halberstadt (44, 167a).

Wörlitz ㉗

Wörlitz war im Jahr 1004 Hauptort des gleichnamigen Burgwardbezirks, der 1034 an den askanischen Grafen von Ballenstedt gelangte. 1487 trat erstmalig ein fürstliches Schloss in Erscheinung, das mit Teilung des Anhaltischen Fürstenhauses 1603 an die Dessauer Linie kam. Als Fürst Leopold III. Friedrich Franz von Anhalt-Dessau den Landschaftsplan zu dem Landschaftspark in Betracht zu ziehen begann, betrug sein Fürstentum 700 ha und 35.000 Einwohner, nach der Einbeziehung des Fürstentums Zerbst war es um 200 ha größer und um 20.000 Einwohner zahlreicher. Zwergstaat wäre das richtige Wort zur Beschreibung dieses kleinen Areals, das sich in erstaunlicher Weise über die kriegerischen und politischen Veränderungen Mitteldeutschlands hinweg erhalten hat. Der Umstand, dass fast alle anhaltischen Fürsten Generalfeldmarschälle der preußischen Armee geworden waren, mag dafür

Schloss Wörlitz

zur Begründung herhalten. Der Landstrich war politisch ungefährlich, aber kulturell und fachlich von außerordentlicher Leistungsfähigkeit. Das Wörlitzer Gartenreich ohne die vorher erwähnten Dessauer Landschaftsteile betrug 112,5 ha und lag an einem toten Elbarm. 1764 begann die Entstehung des großen Landschaftsparks, der im Jahr 1800 ein vollendetes Ergebnis erbrachte (44, 102, 203). Johann Wolfgang von Goethe beschrieb seinen Eindruck vom Gartenreich Wörlitz im Jahr 1778 so, wie wohl unendlich viele Besucher inzwischen gedacht haben werden: „Hier ist´s jetzt unendlich schön. Mich hat gestern Abend, wie wir durch die Seen, Kanäle und Wäldchen schlichen, sehr gerührt, wie die Götter dem Fürsten erlaubt haben, einen Traum um sich herum zu schaffen". Die Einzelheiten des Wörlitzer Gartenreichs auf so knappen Raum wie hier gegeben zu beschreiben, wäre anmaßend. Das Wörlitzer Gartenreich steht seit 2000 in dem Welterbeverzeichnis der UNESCO und selbstverständlich auch in der Liste „Gartenträume Sachen-Anhalt" (288).

Nymphe am Wörlitzer See mit Blick auf die Wolfsbrücke (o.)
Blick über den Wörlitzer See auf das Nymphäum (unten)

Historischer Gasthof „Zum Eichenkranz" in Wörlitz

Jerichower Land

(Auszug)

Burg	Isterbies	Loburg
Dornburg / Elbe	Königsborn	Möckern
Gommern	Leitzkau	Wendgräben

Schloss Leitzkau

Jerichower Land

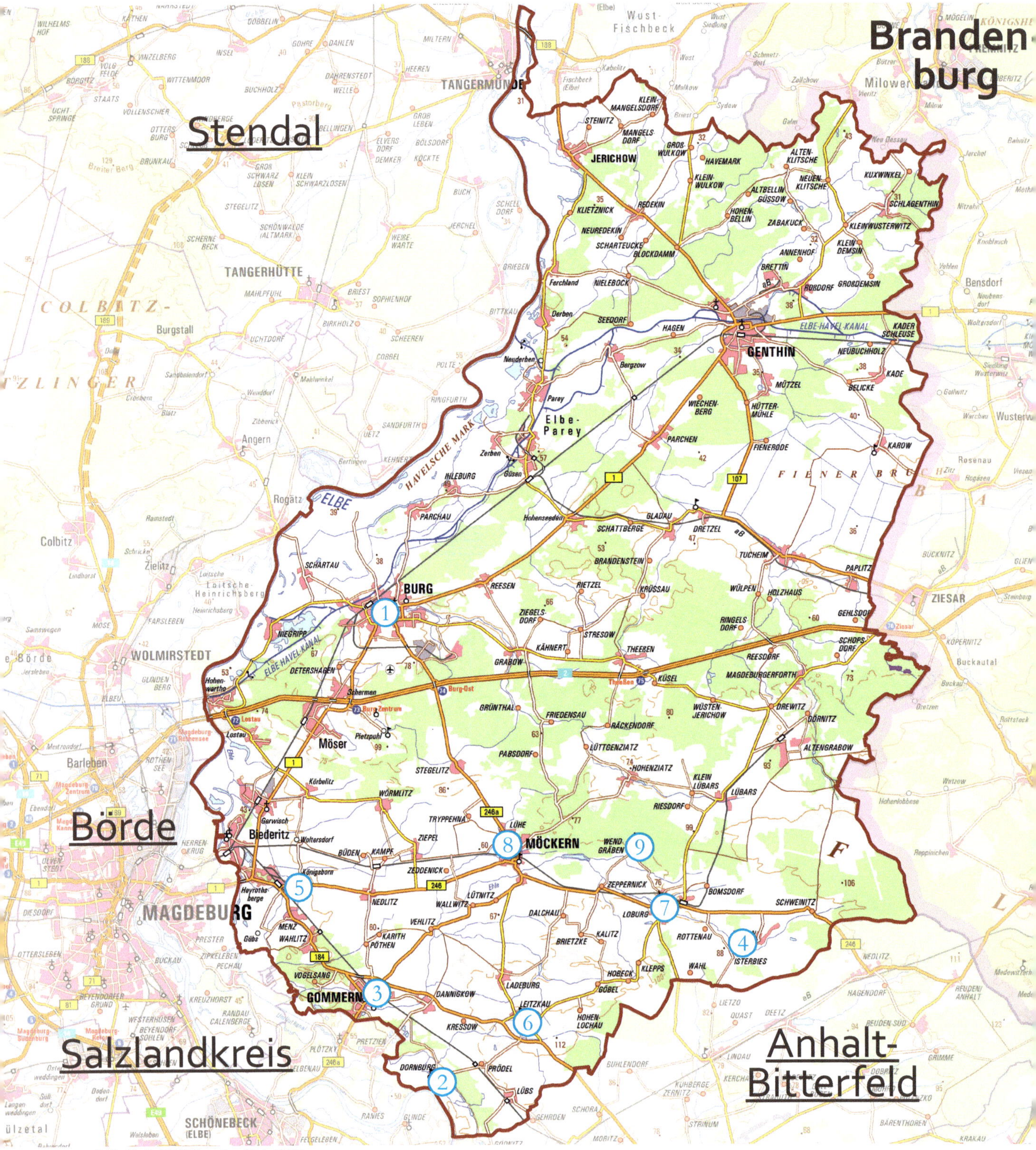

Burg ①

Die nördlichste Stadt des Berichtsraumes, in der heute etwa 24.000 Einwohner leben, wurde 948, also noch in ottonischer Zeit, erstmals erwähnt. Sie liegt am Höhenrand des nordwestlichen Flämings und war im 15. Jahrhundert nach Magdeburg und Halle die drittgrößte Stadt im Erzstift Magdeburg. Sie ging 1635 aus dem Besitz des Erzstiftes an Kursachsen und 1688 an Brandenburg über. Bis 1918 war Burg ein Garnisonsstadt, seit 1815 Kreisstadt des neugegründeten Kreises Jerichow. Burg war immer ein Wirtschaftsstandort. Lederverarbeitende Industrie, Handschuhmacherei, Brauereien und das Tuchmachergewerbe trugen zur wirtschaftlichen Entwicklung der Stadt bei. Die Stadt scheint von Kriegen unversehrt geblieben zu sein. Sie verfügt zwar über keine Burg und kein Schloss, aber zahlreiche öffentliche und private Bauten. Drei Kasernen, das Rathaus, die Pieschelsche Anstalt, das Kreiskrankenhaus sowie zahllose Villen und Wohnhäuser lohnen eine Besichtigung der Stadt (346).

Dornburg / Elbe ②

Eines der schönsten Schlösser Sachsen-Anhalts ist das Schloss Dornburg an der Elbe, etwa 20 km südöstlich Magdeburgs (287, 314). Die Entwicklung des französischen Barocks in Anhalt hat eine lange bauliche Vorgeschichte, auf die verwiesen werden muss (314).

Zuerst wurde eine Steinburg durch Grabungen festgestellt, die wahrscheinlich durch Albrecht den Bären (1100 bis 1170) gegründet wurde. Es muss die Absicht bestanden haben, die bis dahin eroberten slawischen Gebiete zu sichern. Eine, vielleicht diese Burg, muss um 1300 völlig zerstört worden sein, über ihr befand sich jedoch später eine weitere Wehranlage, die 1436 zerstört wurde. Die nächsten Jahrhunderte seien übersprungen, im Jahr 1674 zogen die Zerbster Fürsten in das Lehen ein. Da sie 1676 die Primogenitur einführten, musste der Älteste, Carl Wilhelm (1652 bis 1718) den anderen drei Brüdern eine standesgemäße Abfindung ermöglichen, so entstand unter

(v. links:) Burg, Ortsbild mit Kirche „Unser Lieben Frauen", Fachwerkhaus mit Wasserturm im Hintergrund, Hexenturm

Schloss Dornburg an der Elbe

Nebengebäude des Schlosses, (links) die Dornburger Kirche

Johann Ludwig I. (1656 bis 1704) die fürstliche Nebenlinie Anhalt-Zerbst-Dornburg. Als die Zerbster Hauptlinie 1742 ausstarb, übernahm Christian August von Anhalt-Zerbst-Dornburg mit einem Bruder die Regierungsgeschäfte. Seine Frau Johanna Elisabeth hatte einen Bruder, der 1751 König von Schweden wurde. Ihr Cousin heiratete die Zarin Anna Petrowna, deren Sohn war der spätere Zar Peter III., der wiederum 1744 ihre Tochter Sophie Auguste Friederike heiratete, die ihn später stürzte und als Katharina die Große Russland mehr als 30 Jahre bis 1796 erfolgreich regierte.

Zunächst bedarf die Zeit 1722 bis 1750 einer kurzen Erwähnung. In der genannten Zeit entstand das von dem Architekten Johann Christoph Schütze geplante Schloss Dornburg, das 1739 zum größten Teil vollendet war, aber nur wenige Jahre stand, bis es am 28. Juli 1750 abbrannte. Man entschloss sich, dass abgebrannte Schloss nicht wieder aufzubauen, sondern den Saarbrücker Architekten Friedrich Joachim Stengel zu beauftragen, der 1694 in Zerbst geboren war, was aber nicht der Grund für seine Einschaltung gewesen ist. Entscheidend vielmehr war der Umstand, dass er 1739 die französische Architektur vor Ort studiert und als Ergebnis das Saarbrücker Schloss vollendet hatte, wo er inzwischen der oberste Baumeister geworden war und seine meisten Werke in Saarbrücken und Umgebung schuf. Stengel starb dort hochbetagt und hochgeehrt im Jahre 1787.

Seine in Frankreich gewonnenen Kenntnisse setzte er beim Bau des Schlosses in Dornburg um, wobei er sein Werk nur einmal oder zweimal sah, weil er krankheitshalber nicht mehr von Saarbrücken nach Dornburg reisen konnte. 1754 war das Werk vollendet. 1797 wurden die verbliebenen anhaltischen Fürstenhäuser Bernburg, Dessau und Köthen aufgeteilt und Dornburg mit Schloss fiel durch Losentscheidung an Köthen. 1872 kaufte Just Leopold Hühne das Rittergut Dornburg mit Schloss, das er, nicht besonders begütert, bis 1945 behielt. Es war allerdings schon 1932 an die SA-Standarte 93 verpachtet. Nach dem Krieg sollte das Schloss zunächst abgerissen werden, umsichtige Denkmalfreunde wussten dies zu verhindern, in der DDR keine leichte Aufgabe. Nach der Wiedervereinigung war für mehrere Jahre das Landesamt für Archäologie und Denkmalpflege in dem Gebäude, 2008 entschied man sich doch wieder für einen Verkauf des Denkmals, das von einem Förderverein, der Stengel-Gesellschaft Dornburg, soweit wie möglich betreut wird. Das Schloss, dessen prachtvolle Fassade nichts über die Gestaltung der Innenräume aussagt, die übrigens nur zum kleineren Teil fertig geworden waren, ist für anhaltinische Verhältnisse einmalig, was seine Architektur betrifft. Dass dieses Schloss zum Teil mitten im Wald, zum Teil am Rande eines kleinen Dorfes liegt, macht es zu einer wundersamen Begebenheit (21, 287, 309).

Gommern ③

Die kleine Stadt Gommern nahe Magdeburg war wahrscheinlich schon in slawischer Zeit ein befestigter Ort. Die 948 erstmals genannte Burg wurde von Kaiser Otto dem Großen dem Moritzkloster in Magdeburg übereignet. 1183 gehörte sie dem Askanischen Herzog Bernhard von Sachsen, ab 1423 stand sie im Besitz der wettinischen Herzöge bzw. Kurfürsten von Sachsen. Zwischen 1418 und 1539 war Gommern an die Stadt Magdeburg verpfändet, danach sächsischer Amtssitz bis 1808. 1807 gehörte Gommern kurzfristig zum schnell verblassenden Königreich Westfalen und gelangte 1815 an Preußen. Die Stadt ist nie von Mauern umgeben gewesen; ihr sind daher im Dreißigjährigen Krieg die

Vorburg der Burg Gommern (unten), der Bergfried der alten Burg (re.) wird jetzt für eine Hotelanlage genutzt

üblichen Verwüstungen widerfahren. Die Stadt enthält somit keinerlei bauliche Relikte aus dem Mittelalter oder der Frühen Neuzeit.

Das heutige Aussehen der Burg ist begründet durch Wiederaufbau und Wiederumbau als Jagdschloss im Jahre 1579, durch Umbauten 1805 und 1806 und durch die Überformung für den Gastronomie- und Hotelbetrieb 1992 bis 1998. Diese Baugeschichte hat eine Entsprechung in der früheren Nutzung als Jagdschloss, Amtssitz, Haftanstalt, Resozialisierungsheim und Lehrlingswohnheim. Jetzt ist die Anlage Ort eines prächtigen Hotels (142).

Isterbies ④

Der 2009 nach Möckern eingemeindete kleine Ort Isterbies (östlich von Magdeburg) verfügt über ein Rittergut. Der Ort wird 1370 erstmals urkundlich erwähnt. 1427 wechselte der Ort mit Genehmigung zum Kirchspiel Ziesar (heute Land Brandenburg). Gustav Rudolf von Bennigsen-Foerder, Landrat, erbte das 1649 umgebaute Gut 1795; er verstarb hier im Mai 1809. Das ehemalige Gutshaus aus dem Ende des 18. Jahrhunderts enthält heute Wohnungen und ist ein sehr ansehnliches Gebäude, wie das Bild zeigt. Da sich 1,5 km nördlich das 105 ha große Naturschutzgebiet Bürgerholz bei Rosian befindet, lohnt sich vermehrt der Ausflug nach Isterbies (346).

Königsborn ⑤

Das Schloss Alt Königsborn, 10 km östlich von Magdeburg gelegen, ist ein „Überrest“ des ehemaligen Rittergutes aus Bausubstanz der Renaissance und des Barock. Der Ort war im Laufe des 14. Jahrhunderts von seinen Bewohnern verlassen und wüst geworden. Hundert Jahre später wurde aber ein Gut errichtet, aus dem sich der Ortsteil Alt Königsborn entwickelte. Aus dem Klostergut entstand ein Rittergut der von Alvensleben. 1575 – 1579 gehörte der Besitz dem Oberst von Ziegesar, der auf dem Gut ein Renaissanceschloss errichtete.

Nahe Alt-Königsborn (39) liegt Neu-Königsborn, hervorzuheben wegen seines Rokoko-Schlosses, das 1770 unter Friedrich von Gossler errichtet und 1844 sowie Anfang des 20. Jahrhunderts von Wilhelm von Nathusius renoviert wurde. Der Schlossbau wird ergänzt durch einen Wirtschaftshof unter Einbeziehung älterer Teile (Ende 19./Anfang 20. Jahrhundert) sowie zwei Kavaliershäuser. Ein dreigeschossiges achtachsiges Gebäude und ein Ende des 18. Jahrhunderts angelegter Schlosspark,

Isterbies, ehemaliges Gutshaus

Rittergut Neu-Königsborn

später von der Familie Nathusius verkleinert, runden das Bild der Schlossanlage ab. Die rein landwirtschaftlich genutzte Flur mit einer erfolgreichen Pferde- und Rinderzucht umfasste beim Verkauf 1905 einen Besitz von 500 ha. 1945 wurde das Gut nebst den beiden Schlössern enteignet und in Volkseigentum überführt. Nach der Wende hat sich an der landwirtschaftlichen Produktion nichts Grundsätzliches geändert.

Der Kriegsrat Friedrich Gossler hat in den Schlossgebäuden von Alt-Königsborn eine Seidenfabrik eingerichtet, die 1779 bankrott ging und 1781 stillstand. Als Gossler 1791 starb, ging Königsborn nacheinander an die von Gansauge, die Grafen von Chasot und die Familie Nathusius (1834 – 1900). Nach 1990 gab es allerdings für die beiden Schlösser nur noch ein Programm des Verfalls, den Neu-Königsborn besser überstanden hat.

Leitzkau ⑥

Im ehemaligen Landkreis Anhalt-Zerbst, der Teile seines Gebietes bei der letzten Kommunalreform an den Landkreis Jerichower Land abgeben musste, liegt eine der dekorativsten Schlossanlagen Sachsen-Anhalts, Leitzkau, 6 km östlich vom Elbefluss gelegen. Der Ort war schon im 10. Jahrhundert von großer Bedeutung für die Missionierung und Kolonisierung des ostelbischen Gebietes. Schon wegen seiner strategischen Lage als Sammelplatz der deutschen Heere im Kampf

(li.) Schloss Hobeck, Teil der Schlossanlage in Leitzkau, (re.) Schlosskirche

Unten: Luftaufnahme des Schlossensembles Leitzkau

mit den Slawen unter Otto III. und Heinrich II. in den Jahren 965, 997, 1005 und 1017 sowie nochmals 1029 unter Konrad II. spielte Leitzkau eine wichtige Rolle, denn von Leitzkau führte der von Sümpfen ungehinderte Weg auf den Höhen des Flämings nach Osten bis an die Oder. Als 983 mit dem großen Slawenaufstand der Bischofssitz in Brandenburg verloren ging, trat Leitzkau als Ersatz ein. Dort existierte seit dem frühen 12. Jahrhundert (1138/1139) die erste Prämonstratenser-Niederlassung östlich der Elbe. Von dort wurde das zerstörte Bistum Brandenburg reorganisiert. Entsprechend wurde die Stiftskirche ausgestattet. Bei der Weihe waren der Erzbischof Wichmann von Magdeburg und Albrecht der Bär, Begründer der Mark Brandenburg, persönlich anwesend. Mit dem Wiedererstarken des Brandenburger Domkapitels ging Leitzkaus Einfluss wieder verloren. Als die Reformation das Land zu verändern begann, regelte Joachim II. von Brandenburg die Verhältnisse in Leitzkau neu. Das ehemalige Kloster wurde im April 1564 für 70.000 Taler an den spanischen Söldnerführer Hilmar von Münchhausen verkauft. Von Münchhausen erbaute daraufhin unverzüglich ein Schloss im Stil der Weserrenaissance, dem einzigen derartigen Beispiel in Sachsen-Anhalt. Der ältere Flügel, Schloss Neuhaus, schloss als dreigeschossiger Neubau unmittelbar an den westlichen Teil der Basilika an. Schloss Neuhaus ist als Sitz der Stiftung Schlösser, Burgen und Gärten des Landes Sachsen-Anhalt aufwendig restauriert. Das Schloss wurde im Zweiten Weltkrieg so stark durch Bomben geschädigt, dass nur der Treppenturm mit dem Arkadenraum erhalten blieb, der an das dritte Schloss des Ensembles, das Schloss Hobeck angrenzt (44, 156, 274). Die prachtvolle Anlage liegt nicht einmal in einem Dorf, sondern die bauliche Umgebung ist mit dem vernichtenden Titel „Flecken“ bezeichnet, kein Grund, den hinreißenden „Flecken“ nicht zu berücksichtigen, der zur „Straße der Romanik“ gehört (119, 274).

Loburg ⑦

965 wurde die Loburg wohl nach der Schlacht auf dem Lechfeld (955) von Otto I. in den vorgeschobenen Verteidigungsring um Magdeburg einbezogen; seit 1161 war die Burg als Mittelpunkt eines Burgward-Bezirks genannt. Bereits 1413 befand sich in unmittelbarer Nähe eines von insgesamt drei Rittergütern im Besitz derer von Wulffen, die 1831 die Burg in Privatbesitz übernahmen, allerdings ohne den Bergfried, der gemeindlich geblieben war. Die Burg hat ungewöhnlich oft

Rathaus Loburg

Bergfried der Loburg

Schloss Möckern wird heute als Schule genützt

den Besitzer gewechselt und wurde 1609 Sitz eines landesherrlichen Amts sowie seit 1680 als Teil des Herzogtums Magdeburg kurbrandenburgisch. Der über Jahrhunderte hinweg ständig befristete Wechsel der Besitzer (im Normalfall alle 12 Jahre) ließ ein kontinuierliches Baugeschehen an der Burganlage nicht zu. Bereits Anfang des 17. Jahrhunderts waren die Gebäude auf der Burg unbewohnt. Das Städtchen Loburg wurde im Dreißigjährigen Krieg fürchterlich zerstört und die Ruinen der Kernburg wurden – bis auf den Bergfried – bereits nach der Vernichtung als Baumaterial für den Wiederaufbau der Stadt und des Amtes verwendet, Mitte des 18. Jahrhunderts war der größte Teil der Burganlage bereits abgetragen (227). Am Bergfried, dem letzten im wesentlichen erhaltenen Teil einer tausendjährigen Burganlage, wurden über die Jahrhunderte immer wieder Sanierungsmaßnahmen durchgeführt (228).

Loburg hat es zu einer namhafteren Entfaltung niemals bringen können, vor allem angesichts der Einengung des Burggeländes und der adeligen Güter. Die Zerstörungen durch den Dreißigjährigen Krieg und die Stadtbrände in den Jahren 1674, 1684 und 1688 taten ihr übriges.

Rathaus Möckern

Möckern ⑧

Möckern ist eine kleine Stadt an der Gabelung der Straßen Magdeburg-Brandenburg und Magdeburg-Zerbst, unmittelbar an der Ehle gelegen. Ältester Siedlungskern war die Burg, 948 an der Stelle einer älteren slawischen Anlage im sumpfigen Gelände angelegt. Möckern wurde im 10. Jahrhundert dem Moritzkloster zu Magdeburg zehntpflichtig, erlitt aber über Jahrhunderte das wechselnde Schicksal solcher Burgorte. Für unsere Geschichte ist der Hinweis wichtig, dass 1742 die Freiherren und späteren Grafen von Hagen, lange im Eichsfeld begütert, die Herrschaft über Möckern übernahmen und im gleichen Jahr der Inbesitznahme einen barocken Neubau errichteten, der Mitte des 19. Jahrhunderts in gotisierenden Formen umgebaut wurde. Ab 1760 wurde der Park Möckern durch den seit Wörlitz berühmten Architekten von Erdmannsdorff im englischen Stil angelegt. Zwischen 1840 und 1863 wurde das Schloss wieder umgebaut, diesmal im neugotischen Stil, von dem allerdings jetzt nur noch das an den Marktplatz anstoßende langgestreckte Wirtschaftsgebäude und das Pächterhaus vorhanden sind. Bis 1945 blieb die Familie von Hagen im Besitz des Schlosses, dann wurde sie – wie nach dem Zweiten Weltkrieg üblich – enteignet; seit 1991 lebt und wirkt die Familie von Hagen wieder in Möckern (223).

Wendgräben ⑨

Schloss Wendgräben, 1912 von dem bekannten Architekten Hermann Muthesius erbaut, steht eher am Ende des Berichtszeitraumes dieses Buches. Seine Nähe zu Möckern und zu der seit 1831 im Besitz der auf das 10. Jahrhundert zurückgehenden Familie von Wulffen ist immer lohnend. Der Bauherr Hans Waldemar von Wulffen, Rittergutsbesitzer in Groß-Lübars und Loburg, wollte mit seinem neuen Gebäude auch andere Funktionen außer dem Wohnen erfüllen, auch für Herrmann Muthesius eine neue Aufgabe. Das Schloss, dessen innere Fertigstellung sich bis 1922 hinzog, war daher durchaus geeignet, 1991 als Ausbildungszentrum der Konrad-Adenauer-Stiftung zur Verfügung zu stehen; dies ist auch noch der heutige Verwendungszweck. Der Turm war im Maßstab 1:1 dem entsprechenden Turm in Loburg nachgebaut.

Das Gebäude ist von einer modernen Garten- und Parkanlage nach dem Entwurf des Düsseldorfer Stadtgarten-Direktors Walter von Engelhardt umgeben. Garten und Park Wendgräben gehören mit ihrem Pflanzenreichtum und ihrer gestalterischen Klasse zu den wertvollsten und besterhaltenen Gartengestaltungen aus der Zeit Anfang des 20. Jahrhunderts (44).

Schloss Wendgräben

Nachhall

Was ist Sachsen-Anhalt für ein Land?

Wer es nur mehrmals mit dem Auto durchrast, am besten und schnellsten über eine der Autobahnen, wird schnell zu dem weitverbreiteten Urteil gelangen, dass dort nicht viel los ist. Wenn er zur nächsten Durchquerung ein Fahrrad benutzt, wird sich sein Fehlurteil bereits ändern.

Nach dem Weg zu fragen, sollte er sich versagen. Der Autor hat in den meisten kleinen Orten niemanden gefunden, der hätte gefragt werden können. Abgesehen von den wenigen Brennpunkten ist Sachsen-Anhalt eine beschauliche Region, die erst zum Leben erwacht, wenn man sich einliest. Da wird plötzlich deutlich, dass die Region schon 1200 Jahre alt ist. Auch die kleinen Orte, die fast ausnahmslos außen restauriert sind, werden eine bunte Geschichte vorweisen können. Der Leser stößt aber auch auf Ereignisse, angesichts derer man sich wundert, dass es den Ort überhaupt noch gibt. Die Fehden und Kriege des Mittelalters, die Bauernkriege, die Reformation, der Dreißigjährige und der Siebenjährige Krieg, die beiden Weltkriege des 20. Jahrhunderts und die Nachkriegszeit bis zur Wende haben das Land gezeichnet, aber nicht zerstört. Die vielen Farbfotos zeigen einen unglaublichen Reichtum an baulichen Pretiosen, die zahllosen Kirchenbauten nicht einmal genannt.

Das „alte“ Sachsen-Anhalt hat keine zusammenbrechende Altbau-Kultur hinterlassen, sondern den Bestand „runderneuert“. Man kann nichts falsch machen, wenn man sich intensiv mit dem unterschätzten Kulturraum befasst.

Kulturwege – Tourenvorschläge

Die Darstellung des Landes Sachsen-Anhalt in diesem Buch in Text und Bild mag den Leser dazu anregen, das Land in seinen vielfältigen geschichtlichen Bezügen und dem kulturellen Reichtum, der sich auch in den historischen Bauten darstellt, für sich selbst zu erschließen und vor Ort zu besichtigen. Das kann mit dem Auto geschehen, aber auch Radwege laden zur Erkundung ein. Die Website https://sachsen-anhalt-tourismus.de/ gibt dazu Vorschläge für ausgedehnte Radtouren.

Die nachfolgend skizzierten Routen zeigen eine Auswahl an für den Kulturraum Sachsen-Anhalt prägenden Orten und Bauten in der Magdeburger Börde, dem Harz, entlang der Saale, in Anhalt-Bitterfeld sowie im Osten von Dessau nach Wittenberg. Sie sind nach räumlichen Zusammenhängen und baulich-historischen Sehenswürdigkeiten ausgewählt. Es empfiehlt sich, ergänzend Karten und touristische Führer zu konsultieren und davon ausgehend eigene Wege und Höhepunkte zu finden und anzusteuern.

Wichtige Hinweise geben auch die über das Internet zugänglichen Portale der „Straße der Romanik" und des Projekts „Gartenträume – Historische Parks in Sachsen-Anhalt", das sich der Wiederentdeckung des gartenkulturellen Erbes in Sachsen-Anhalt widmet.

Eine Zeitreise durch Sachsen-Anhalt kann ein inspirierendes Erlebnis sein – gerade in Umbruchszeiten, wie wir sie derzeit durchleben.

Magdeburger Börde

Magdeburg war schon in der Zeit Ottos des Großen († 973) ein politisches und wirtschaftliches Zentrum.

Der Dom ist Deutschlands älteste gotische Kathedrale und Wahrzeichen der Stadt. Es gibt viele weitere Gründe, Magdeburg zu entdecken, so etwa das „Kunstmuseum Kloster Unser Lieben Frauen". (S. 46)

22 km

Nahe Magdeburg liegt **Groß-Ammensleben** mit historischen Sehenswürdigkeiten wie dem ehemaligen Benediktinerkloster (gegründet 1120) und der Kirche St. Peter und Paul. (S. 39)

11 km

Auf der Entdeckungsreise durch die Börde sollte man das aufwändig sanierte **Schloss Hundisburg** in Haldensleben mit dem schönen Parkensemble ebenso wie die nahe **Veltheimsburg** in Bebertal nicht auslassen. (S. 43, 32)

15 km

Wer eine historische Wasserburg sehen will, muss **Flechtingen** einen Besuch abstatten. Am Weg dorthin lohnt die Besichtigung des Schlosses in **Altenhausen** mit einer Vielfalt an Baustilen. (S. 37, 31)

16 km

Die Schlossanlage **Erxleben** war von 1282 bis 1945 im Besitz der Familie von Alvensleben und beherbergte mehrere Familienstämme. Erhalten sind noch das Barockschloss und ein sanierungsbedürftiger Renaissancebau. (S. 36)

13 km

Ummendorf weist nicht nur einen historischen Ortskern auf, sondern hat auch eine Burganlage mit mächtigem Bergfried. In der Burganlage befindet sich das bekannte Bördemuseum. (S. 57)

16 km

Kloster **Hamersleben** ist ein ehemaliges Augustiner-Chorherrenstift. Die StiftskircheSt. Pankratius beeindruckt durch ihre ursprüngliche romanische Gestalt und Ornamentik. (S. 42)

24 km

In **Hadmersleben**, Ortsteil von Oschersleben, ist ein Klostergebäude aus dem 10. Jhdt. zu besichtigen, das – mehrfach umgestaltet – heute u.a. als Schulgebäude dient. Sehenswert sind die Klosterkirche „St. Peter und Paul" und das „Kulturhistorische Museum". (S. 41)

19 km

Die Burg **Wanzleben** geht auf das 10. und 11. Jhdt. zurück und hat einen 30 m hohen Bergfried. Der Torturm und das Torhaus sind noch romanisch. (S. 59)

Der Harz

Halberstadt, das „Tor zum Harz", bietet viele Schätze – den Dom nach dem Vorbild französischer Kathedralen, den nach dem Krieg wiedererstandenen Domplatz, Fachwerkhäuser u.v.m. (S. 79)

22 km

Wernigerode ist eines der baulichen Kleinode im Harzraum: das neugotische Schloss über der Stadt, das Rathaus, die ganze Altstadt ist ein Gesamtkunstwerk (S. 100)

21 km

Das nahe **Blankenburg** lohnt einen Besuch. Bis 1945 wohnte die Familie des Herzogs von Braunschweig im Großen Schloss, das nun stückweise saniert wird. Die Barocken Gärten sollte man nicht versäumen. (S. 68)

14 km

Im Kloster Wendhusen in der Altstadt von **Thale** wird Geschichte lebendig, ebenso im Hüttenmuseum. Wer mehr der Natur zugetan ist, kann von hier aus das mystische Bodetal entdecken. (S. 98)

12 km

Ein Muss für Besucher des Harzvorlands ist die UNESCO-Welterbestadt **Quedlinburg**. Mehr als 1200 denkmalgeschützte Fachwerkhäuser wurden in den letzten Jahrzehnten liebevoll renoviert. (S. 91)

14 km

Schloss **Ballenstedt** war im 18. und 19. Jahrhundert Sitz der Fürsten von Anhalt-Bernburg, danach bis 1945 der Herzöge von Anhalt. Das Schlosstheater und der Schlosspark sind weitere Sehenswürdigkeiten. (S. 67)

24 km

Die Burg **Falkenstein** kann auf eine fast 900jährige Baugeschichte verweisen. Eindrucksvoll erhebt sie sich über dem Selketal. Der Legende nach soll Eike von Repgow hier den Sachsenspiegel verfasst haben. (S. 76)

10 km

Auf dem Weg nach Eisleben lohnt ein Halt am Schloss **Mansfeld**, das im 16. Jhdt. erbaut wurde und über eine starke Befestigungsanlage verfügte, die 1674 auf Druck der Stände geschleift wurde und nur mehr in Resten vorhanden ist. (S. 145)

24 km

In **Eisleben** bauten die Mansfelder Grafen ihre Stadtresidenzen, von denen zwei noch heute existieren. Dass Martin Luther hier geboren wurde und gestorben ist, ist ein weiterer Grund, den geschichtsträchtigen Ort zu entdecken. (S. 137)

Entlang der Saale

Bernburg mit dem sehenswerten Schlossensemble und anderen prachtvollen Bauten wäre ein guter Startpunkt für die historische Erkundung der Saale. (S. 112)

13 km

Kurz nach Bernburg in Richtung Halle lohnt ein Halt in **Plötzkau** mit der aufwändig sanierten Schlossanlage und einer schönen Umgebung, die zum Wandern einlädt. (S. 125)

28 km

Die mächtige Burganlage in **Wettin**, im Naturpark Unteres Saaletal, war Stammsitz des gleichnamigen Adelsgeschlechts, das über weitverzweigte Linien eine über 1000-jährige Geschichte aufweist. (S. 201)

21 km

Halle – eine faszinierende und geschichtsträchtige Stadt, die einwohnerstärkste Sachsen-Anhalts (knapp vor Magdeburg). Die Moritzburg wurde um 1500 von Kardinal Albrecht von Brandenburg mitten in der Stadt errichtet, um die selbstbewussten Bürger in den Griff zu bekommen. Die Burg und der Marktplatz mit einer Phalanx von schönen Bauten machen Halle zu einer sehenswerten städtischen Landschaft. (S. 179)

18 km

Merseburg war eine bedeutende Königspfalz des 10. bis 12. Jahrhunderts und Bollwerk für die Osterschließung. Die grandiose Anlage von Dom und Schloss ist geblieben und auch heute ein Besuchermagnet. (S. 189)

18 km

Im 17. und 18. Jahrhundert erlebte **Weißenfels** eine kulturelle Blüte, die im Residenzschloss und anderen prächtigen Gebäuden ihren Ausdruck findet. (S. 233)

16 km

Naumburg verfügt weder über eine Burg noch – strenggenommen – ein Schloss, aber schließt diese Lücken durch ein bezauberndes Stadtbild. Dominant ist der Dom, der allein einen Besuch Naumburgs rechtfertigt. (S. 222)

19 km

Die „Fürstenschule" in **Schulpforte** nahe Naumburg geht auf ein im 12. Jahrhundert gestiftetes Kloster zurück und kann auf eine Liste berühmter Schüler verweisen. Der Eindruck eines historischen Klostergebäudes ist auch heute noch präsent. (S. 230)

10 km

Als Abschluss bietet sich ein Besuch der **Rudelsburg** sowie der Burg **Saaleck**, die in Sichtweite zueinander liegen, an.

Anhalt und Bitterfeld

Schloss **Leitzkau** bei Gommern liegt seit der Gebietsreform 2007 im Landkreis Jerichower Land (früher Anhalt-Zerbst). Die dekorative Schlossanlage besteht aus mehreren Flügeln und ist Sitz der Kulturstiftung Sachsen-Anhalt, die das Ensemble musterhaft restauriert hat. (S. 287)

14 km

Trotz der Wunden des 2. Weltkriegs weist **Zerbst** immer noch viel Sehenswertes an historischen Bauten auf. Ein Museum ist der Zerbster Prinzessin Sophie Auguste Friederike gewidmet, die als spätere Zarin Katharina II. (die Große) 1762-1796 über Russland herrschte. (S. 256)

42 km

Köthen war von 1244 bis 1847 anhaltische Fürstenresidenz. Fürst Leopold (1694 - 1728) holte Johann Sebastian Bach 1717 als Hofkapellmeister nach Köthen. Das Schloss bildet nach wie vor den kulturellen Mittelpunkt der Stadt (S. 249)

20 km

Zörbig wird vom Schloss mit seinem weithin sichtbaren Bergfried überragt, das ein Heimatmuseum beherbergt. Sehenswert sind auch das ehemalige Rittergut im Ortsteil Mößlitz mit großem Park sowie das Schloss Quetz. (S. 254, 258)

22 km

Im Landschaftspark **Goitzsche** – in dem Seengebiet, das aus dem ehemaligen Braunkohlentagebau Goitzsche entstanden ist – kann man den Roten Turm und das Schloss **Pouch** besichtigen. Sportliche Besucher können den Muldental-Radwanderweg nutzen. (S. 253)

10 km

Der barocke, im 18. Jhdt. angelegte Irrgarten in **Altjeßnitz** ist der größte unter den wenigen erhaltenen historischen Hecken-Irrgärten Deutschlands. Er liegt in dem ehemals zum Altjeßnitzer Schloss gehörenden Park. Es gibt rund 250 verschiedene Möglichkeiten, im Irrgarten das Ziel zu erreichen. (S. 243)

Von Dessau nach Wittenberg

Nahe bei Dessau liegt das schöne Rokokoschloss **Mosigkau**, dessen Bau von Anna Wilhelmine von Anhalt-Dessau veranlasst wurde. Es diente bis 1945 als adeliges Fräuleinstift. Die Räume mit Originalausstattung sind zu besichtigen. (S. 252)

8 km

Die Altstadt von **Dessau** wurde gegen Ende des 2. Weltkriegs fast vollständig ausgelöscht, ist aber mit Schloss Johannbau und anderen sanierten historischen Gebäuden eindrucksvoll wiedererstanden. (S. 245)

15 km

Die Errichtung des Schlosses **Oranienbaum** geht auf eine holländische Prinzessin aus dem Haus Nassau-Oranien zurück, die dem Ort ihren Namen gab. Sehenswert ist auch die Orangerie mit einer Länge von 176 Metern. (S. 270)

5 km

1764 begann die Entstehung des großen Landschaftsparks der **Wörlitzer Anlagen** an einem Seitenarm der Elbe. Er gehört zur UNESCO-Welterbestätte Dessau-Wörlitzer Gartenreich und hat jährlich über 1 Mio. Besucher (S. 279)

7 km

Coswig beherbergt ein Schloss am Ufer der Elbe (ehemals Witwensitz der Herrschergattinnen des kleinen Fürstentums Anhalt-Zerbst), gegenüber das Kavaliershaus und das Rathaus am Markt. (S. 263)

↓ 15 km

Die neuere Geschichte von **Wittenberg** ist eng mit dem Wirken von Martin Luther verbunden: In der Stadtkirche aus dem 13. Jahrhundert predigte er, am Eingangsportal der Schlosskirche schlug er im Jahr 1517 die 95 Thesen an. Ab 1503 entwickelte sich die Universität zu einem geistigen Zentrum. Der alte Marktplatz ist ein optischer Anziehungspunkt. (S. 277)

↓ 31 km

Um auf dem Weg von Wittenberg östlich nach Annaburg einen Halt einzulegen, empfiehlt sich die Besichtigung des höchst ansehnlichen Rundbaus des Schlosses **Jessen**, nun Sitz der Stadtverwaltung. (S. 267)

↓ 5 km

Ein Kleinod im Landkreis Wittenberg ist das Renaissanceschloss in **Annaburg**, bestehend aus Vorderschloss und Hinterschloss. Diese Anlage sowie weitere ehemalige Prachtbauten entschädigen allemal für die Anreise. (S. 261)

Bildnachweis

Soweit die Bilder nicht nachfolgend angeführt sind, stammen sie vom Autor Dr. Klaus Neuenfeld.

Das alte Sachsen-Anhalt

Gustav Droysen–Algemeiner historischer Handatlas
https://de.wikipedia.org/wiki/Datei:Herzogtum_Sachsen_1000.PNG
Grabmal Heinrich der Löwe: Wikipedia_Stefan Bellini, CC BY-SA 3.0,
https://commons.wikimedia.org/w/index.php?curid=58189740
Albrecht der Bär: © Wikipedia_Lienhard Schulz_CC BY-SA 3.0
https://upload.wikimedia.org/wikipedia/commons/d/d4/Albert_I_of_Brandenburg.jpg
Portrait Johann Gottlob Nathusius: Stich vermutlich nach einem Bild des Malers Schöner

Börde

Emden: info@burgen-und-schloesser.net
Harmersleben Kirche: © Wikipedia_Feldstein_ CC-BY-SA-4.0
https://commons.wikimedia.org/wiki/File:Stiftsirche_St._Pankratius_in_Hamersleben,_Sachsen-Anhalt_1.jpg
Harbke: © wikipedia, Axel Hindemith_CC BY 3.0
https://de.wikipedia.org/wiki/Schloss_Harbke#/media/Datei:Schloss_Harbke_Übersicht.jpg
Hillersleben: © Wikipedia Klaus Graf_CC-BY-SA 3.0
https://commons.wikimedia.org/w/index.php?curid=36018579
Krottorf: Wikipedia Thujon, cc-by-sa 3.0
Magdeburg: Staatskanzlei W. Klapper
https://stk.sachsen-anhalt.de/staatskanzlei-und-ministerium-fuer-kultur/
Marienborn: Wikipedia_Radler59 - Eigenes Werk, CC BY-SA 3.0
https://de.wikipedia.org/wiki/Kloster_Marienborn_(Marienborn)#/media/Datei:Marienborn_Kloster.jpg
Meyendorf: Wikipedia_ErwinMeier_CC BY-SA 4.0.
https://de.wikipedia.org/wiki/Meyendorf#/media/Datei:Meyendorf_Kloster_01.jpg
Oschersleben: BEWOS Wobau GmbH
Ziesar: Burgmuseum Ziesar
www.burg-ziesar.de

Harz

Ballenstedt: Wikipedia_ Wolkenkratzer - Eigenes Werk, CC BY-SA 3.0
https://de.wikipedia.org/wiki/Datei:Ballenstedt,_Schloss_Ballenstedt.jpg
Ballenstedt: Wikipedia_ Dguendel_CC BY 3.0
https://de.wikipedia.org/wiki/Schlosstheater_Ballenstedt#/media/Datei:Ballenstedt,_the_theatre_of_the_castle.jpg
Blankenburg: © Eckhard Wegner, Deutsche Stiftung Denkmalschutz/
http://www.altertuemliches.at/termine/presse/29315
Ermsleben: Wikipedia_Matthias Böhm - Eigenes Werk, CC BY-SA 3.0,
https://de.wikipedia.org/wiki/Konradsburg
Friedrichsbrunn: Wikipedia_Olaf Meister - Eigenes Werk, CC BY-SA 4.0
https://de.wikipedia.org/wiki/Datei:Kirche_in_Friedrichsbrunn.jpg
Halberstadt: Von Xocolatl (Diskussion) 22:44, 18 April 2015 (UTC) - Selbst fotografiert, CC BY 3.0,
https://commons.wikimedia.org/w/index.php?curid=39657410

Harzgerode: Wikipedia_Olaf Meister_CC BY-SA 4.0
https://de.wikipedia.org/wiki/Schloss_Harzgerode#/media/Datei:Schloss_Harzgerode_2017.jpg
Langenstein: Portrait Maria Antonia von Branconi: Herzog Anton Ulrich-Museum, Braunschweig
Quedlinburg: Wikimedia Commons_A.Savin Eigenes Werk, FAL
https://de.wikipedia.org/wiki/Stift_Quedlinburg
Reinstedt: Wikimedia_Migebert_ CC BY-SA 4.0
https://commons.m.wikimedia.org/wiki/File: Oberdorf_225_(Reinstedt).jpg
Schlanstedt: Wikipedia_FrankBothe, CC BY-SA 3.0,
https://commons.wikimedia.org/w/index.php?curid=31570183
Stiege: © Wikipedia_Nephantz!_CC BY 3.0
https://de.wikipedia.org/wiki/Datei:Schloss_und_Kirche_in_Stiege.jpg

Salzlandkreis

Aderstedt: Wikipedia_Dguendel_CC BY 4.0
https://de.m.wikipedia.org/wiki/Datei:Aderstedt_(Bernburg),_die_Türme_der_Kirche_St.Paulus.jpg
Aschersleben: Wikipedia_M_H.DE_CC BY-SA 3.0)
www.de.m.wikipedia.org wiki DateiAschersleben,_Rathaus.jpg
Athensleben Schloss: © Wikipedia_Radler59_ CC BY-SA 4.0
https://de.m.wikipedia.org/wiki/Datei:Athensleben_Schloss.jpg
Athensleben Wasserturm: © Wikipedia_Melegaros, CC BY-SA 3.0
https://de.wikipedia.org/wiki/Athensleben#/media/Datei:Wasserturm_Athensleben.jpg
Bad Salzelmen: © Wikipedia_Jackiman, CC BY-SA 3.0
https://de.wikipedia.org/wiki/Burg_Schadeleben
Gänsefurth: © Steinblock Architekten GmbH, Magdeburg
www.steinblock-architekten.de
Haus Zeitz. In: Die ländlichen Wohnsitze, Schlösser und Residenzen der ritterschaftlichen Grundbesitzer in der preußischen Monarchie / hrsg. von Alexander Duncker. 4. Band, Seite 243. Berlin: Duncker, 1862. Digitalisiert durch die Zentral- und Landesbibliothek Berlin, 2006. URL: https://nbn-resolving.de/urn:nbn:de:kobv:109-1-7662887
Hecklingen Schloss: © Wikipedia_Tilman2007 - CC BY-SA 4.0
https://de.wikipedia.org/wiki/Schloss_Hecklingen
Hecklingen: Wikipedia_Friedrichsen, CC BY-SA 3.0
https://de.wikipedia.org/wiki/Datei:Hecklingen_Klosterkirche_Westwerk.jpg
Hoym: Wikipedia_F.baumgarten, CC BY-SA 3.0
https://de.wikipedia.org/wiki/Schloss_Hoym
Plötzkau: © Wikipedia_ErwinMeier_CC BY-SA 3.0
https://de.m.wikipedia.org/wiki/Datei:Plötzkau_Schloss_02.jpg

Mannsfeld-Südharz

Allstedt: image BROKER_Alamy Stock Foto
https://www.alamy.de/
Dederstedt: Karsten Hoerenz /Kirchenkreis Eisleben-Sommerda
Eisleben: Wikipedia Dguendel_CC-BY SA 3.0
https://upload.wikimedia.org/wikipedia/commons/0/0d/Das_Stadtschloss_der_Grafen_von_Mansfeld.jpg
Friedeburg: © Wikipedia, Pomfuttge_CC-SA 3.0
https://de.wikipedia.org/wiki/Datei:Friedeburg_Saale.JPG
Gerbstedt: Wikipedia_Jwaller CC BY-SA 3.0
https://de.wikipedia.org/wiki/Rittergut_Gerbstedt
Heiligenthal: Wikipedia_Olaf Meister - Eigenes Werk, CC BY-SA 4.0
https://de.wikipedia.org/wiki/Datei:Rittergut_in_Heiligenthal.jpg

Hettstedt Wasserburg: https://www.hettstedt.de

Mansfeld: Portrait Ernst von Mansfeld: Ostfriesisches Landesmuseum
http://www.landesmuseum-emden.de/1610-0-3
Oberwiederstedt: Portrait Novalis: Wikipedia_Franz Gareis
http://novalis.autorenverzeichnis.de/portraets/port_2_gareis_novalis_1800.html
Stolberg: Wikipedia_Ralf Lotys CC BY 2.5
https://de.wikipedia.org/wiki/Schloss_Stolberg#/media/Datei:2007-04_Stolberg_(Harz)_22.jpg
Portrait Stolberg-Wernigerode: Von Artist unknown, upload by User:Karsten11 -
https://commons.wikimedia.org/w/index.php?curid=5142543

Saalekreis

Doberlug: Wikipedia_A.Savin_CC By-SA 3.0
https://de.wikipedia.org/wiki/Kloster_Dobrilugk
Dölkau: Commons.Wikipedia_Dguendel_CC BY-SA 0.4
https://commons.wikimedia.org/wiki/File:D%C3%B6lkau_(Leuna),_das_Schloss_(S%C3%BCdseite).jpg
Ermlitz: Portrait Johann August Apel: Wikipedia, Autor unbekannt – aus dem Archiv des evangelischen Predigerseminars Wittenberg, Gemeinfrei, https://commons.wikimedia.org/w/index.php?curid=769801
Portrait Heinrich Friedrich Innozenz Apel: Anton Graff – Stadtgeschichtliches Museum Leipzig
Inv.Nr. Stadtrichter Nr. 50, Stadtgeschichtliches Museum Leipzig
Granau: Ralf Liebegott
https://www.alleburgen.de/bd.php?id=26392
Halle Marktplatz: Wikipedia_ Omits, CC BY-SA 3.0
https://de.wikipedia.org/wiki/Halle_(Saale)#/media/Datei:Marktplatz_Halle_2010.jpg
Halle-Beesen: Halle im Bild
Martin Beitz (www.halle-im-bild.de)
Halle Moritzburg: Wikipedia_Fenchelkiwi1 - Eigenes Werk, CC BY-SA 3.0
https://de.wikipedia.org/wiki/Moritzburg_(Halle)
Merseburg: Dom Von FrecheEnte – Eigenes Werk (Originaltext: Eigenaufnahme), Copyrighted free use,
https://commons.wikimedia.org/w/index.php?curid=34235336

Burgenlandkreis

Etzoldshain: Von Tnemtsoni – Eigenes Werk, CC BY-SA 3.0,
https://commons.wikimedia.org/w/index.php?curid=26834187
Goseck: © www.kulturstiftung-st.de/burgen-schloesser-dome/schloss-goseck
Heuckewalde: Von Jwaller – Eigenes Werk, CC BY-SA 3.0,
https://commons.wikimedia.org/w/index.php?curid=22281803
Marienthal: © commons.wikimedia, CC0 1.0, Aschroet
Neuenburg: Dicker Heinrich: Wikipedia_ Mewes
https://de.wikipedia.org/wiki/Datei:Neuenburg2.jpg
Neuenburg – Innenhof: Mewes
https://commons.wikimedia.org/w/index.php?curid=1830160
Osterfeld: Herrenhaus: Von Tnemtsoni - Eigenes Werk, CC BY-SA 3.0,
https://commons.wikimedia.org/w/index.php?curid=39935830
Rudelsburg: Wikipedia_Alexander Hoernigk
https://de.wikipedia.org/wiki/Rudelsburg
Schönburg: Wikipedia_Jwalle, CC BY-SA 3.0
https://de.m.wikipedia.org/wiki/Datei:Sch%C3%B6nburg-v-Wethaum%C3%BCndung.JPG
Zeitz: Schloss Moritzburg: Wikipedia_Mewes
https://de.wikipedia.org/wiki/Schloss_Moritzburg_(Zeitz)

Anhalt-Bitterfeld

Aken: Wikipedia_M_H.DE_CC BY-SA 4.0
https://de.m.wikipedia.org/wiki/Datei:Aken(Elbe),Kirche_St.Marien_mit_Pfarrhaus.jpg
Dessau: Wikipedia_M_H.DE_CC BY-SA 3.0
https://commons.wikimedia.org/wiki/File:Dessau,_Palais_Dietrich,_Wissenschaftliche_Bibliothek.jpg#/media/
Haideburg: Von Radler59 - Eigenes Werk, CC BY-SA 3.0,
https://commons.wikimedia.org/w/index.php?curid=31466253
Köthen: Wikipedia_Oursana_CC BY-SA 3.0
https://commons.wikimedia.org/wiki/File:2008-03_K%C3%B6then_04.jpg#/media/
Köthen Prinzessinhaus: Stadt Köthen (Anhalt)
Weißandt: © Wikipedia_Rübezahl937_CC BY-SA 2.0 de
https://commons.wikimedia.org/wiki/File:Goelzau007.jpg#/media/Datei:Goelzau007.jpg

Wittenberg

Coswig: Wikipedia_M_H.DE - CC BY-SA 4.0,
https://commons.wikimedia.org/w/index.php?curid=44208946
Coswig: © Wikipedia_M_H.DE
https://de.wikipedia.org/wiki/Datei:Coswig(Anhalt)Kavalierhaus.jpg
Hundeluft: © Stadt Coswig
Klöden: © Wikipedia_Z thomas_CC BY-SA 3.0
https://commons.wikimedia.org/wiki/File:Burg_kl%C3%B6den3.JPG#/media/Datei:Burg_klöden3.JPG
Schweinitz: © Wikipedia_Daniel A. Enke_CC BY-SA 3.0
https://de.wikipedia.org/wiki/Datei:Amtshaus_Schweinitz.jpg
Wittenberg: Wikipedia_ Chris06; shifted by Rabanus Flavus_CC BY-SA 3.0
https://commons.wikimedia.org/w/index.php?curid=34697486

Jerichower Land

Leitzkau: Foto: Video Lehmann, www.magdeburger-platte.de
Möckern: © Wikipedia, Axel Hindemith
https://de.wikipedia.org/wiki/Burg_Loburg#/media/Datei:Burg_Loburg_Ansicht_Strasse.jpg
Möckerm Schloss: Architektur Blicklicht
www.architektur-blicklicht.de

Karten

© GeoBasis-DE/LVermGeo LSA, 2020

Literaturverzeichnis

A

1. **Ahlhelm,** Günter – Ilsenburg am Harz, 1. Aufl. Leipzig 1966

2. **von Alvensleben,** Busso – Burg und Schlösser Erxleben, Ldkr. Börde, Burgen und Schlösser in Sachsen-Anhalt, Heft 17 S. 408, Halle 2008

3. **Anhaltischer Heimatbund e.V.** – 800 Jahre Anhalt, Verlag Janos Stekovics, 2012

3a. **Ansorg,** Susanne | **Peukert,** Jörg – Burg und Herrschaft Freyburg-Unstrut, 2004

4. **Antz,** Christian | **Kreiker,** Sebastian – Otto der Grosse, 5. Aufl. Wettin-Löbejün 2012

5. **Arnhardt,** Gerhard – Schulpforte. Seit 440 Jahren den Idealen des Humanismus verpflichtet, Jahrbuch für Regionalgeschichte, 11. Bd. Weimar 1984, S. 133

6. **Assing,** Helmut – Brandenburg, Anhalt und Thüringen im Mittelalter, Köln/Weimar/Wien, 1997

7. **ders.** – Albrecht der Bär in: Deutsche Fürsten des Mittelalters, Leipzig 1995, S. 221

B

8. **Bartzsch,** Claudia | **Schmidt,** David – Schloss Seeburg am Süßen See. Baugeschichte und Bauforschung am Rittersaalgebäude, Burgen und Schlösser in Sachsen-Anhalt, Heft 15 S. 151, Halle 2006

9. **Barz,** Paul – Heinrich der Löwe, 2. Aufl. Bonn 1977

10. **Bauer,** Albert | **Rau,** Reinhold – Quellen zur Geschichte der sächsischen Kaiserzeit – Ausgewählte Quellen zur deutschen Geschichte des Mittelalters, Band VIII. 5. Aufl. Darmstadt 2002

11. **Bechler,** Katharina – Schloss und Park Oranienbaum. In: Freitag/Hecht – Die Fürsten von Anhalt, Studien zur Landesgeschichte, Band 9, Halle 2009, S. 217

12. **dies.** – Schloss Oranienbaum, 2. Aufl. Halle 2007

13. **Beckmann,** Johann Christoff – Historie des Fürstenthums Anhalt, 5., 6. und 7. Teil, Herbst 1709 -1716

14. **Behrens,** Heinz A. – Burg und Festung Regenstein, Burgen und Schlösser in Sachsen-Anhalt, Heft 1 S. 15, Halle 1992

14a. **ders.** – Der Westbau des Kanonissenstiftes Wendhusen, Burgen und Schlösser in Sachsen-Anhalt, Heft 19, S. 130, Halle 2010

14b. **ders.** – Geheime Dienststellen auf dem Regenstein, Burgen und Schlösser in Sachsen-Anhalt, Heft 23, S. 445, Halle 1992, Halle 2014

14c. **Behrens,** Heinz A. und Birgit – Kloster Wendhusen, Band I, 1. Aufl. Quedlinburg 2009

15. **Bergk,** Karl-Heinz | Künzel, Silke – Chronik der Stadt Weißenfels, Wettin-Dößel, 2011

16. **Beumann,** Helmut – Die Ottonen, Stuttgart/Berlin/Köln, 5. Aufl. 2000

17. **Biegel,** Gerdt – Sachsen-Anhalt, Veröffentlichungen des Braunschweigischen Landesmuseums, Band 69, Braunschweig 1993, darin: Ross, Hartmut – Kultur und Fürstenherrschaft im Barock – das Beispiel Anhalt, S. 106 ff.

18. **Blanke,** Harald – Schloss und Barockgarten zu Hundisburg 1693 – 1993, Burgen und Schlösser in Sachen-Anhalt, Heft 3, S. 126, Halle 1993

19. **Boebel,** Ute – Die historische Entwicklung des einstigen Kurbades Lauchstädt bei besonderer Beachtung der bau- und gartenkünstlerischen Aspekte. In: Gärtnerische Wäldchen, Edition Schloss Wernigerode, Band 11, 2006, S. 61

20. **Boldt-Stülzebach,** Annette – Königslandschaft und Stammesherzogtum (10. – 11. Jahrhundert), Veröffentlichungen des Braunschweigischen Landesmuseums Band 96, S. 39

21. **Bollmann,** Henrik – Schlösser und Burgen in Sachsen-Anhalt, Halle 2011

22. **Böcker,** Heidelore – Funktion einer Kleinstadt im Erzbistum Magdeburg-Haldensleben bis zum Ende des 15. Jahrhunderts, Jahrbuch

für Regionalgeschichte, 12. Bd. Weimar 1985, S. 51

23. **Börner,** Karl-Heinz – Die sechste Residenz – 74 Jahre Fürstensitz Harzgerode (1635 – 1709). In: Freitag/Hecht, Die Fürsten von Anhalt, 2. Aufl., Halle 2009, S. 202

24. **Borst,** Arno – Lebensformen im Mittelalter, Frankfurt/Berlin/Wien, 1979

25. **Brachmann,** Hansjürgen – Der Harz als Wirtschaftsraum des frühen Mittelalters, Harzzeitschrift, 43./44. Jahrgang, Braunschweig 1992

26. **ders.** – Der Raum im Mittelalter, in: Sachsen-Anhalt, Veröffentlichungen des Braunschweigischen Landesmuseum 69, S. 32

27. **Brademann,** Jan – Der lange Weg nach Anhalt. Zur Genese eines Fürstentums vom 13. bis 16. Jahrhundert. In: 800 Jahre Anhalt, 2. Aufl. 2009, S. 211

28. **ders.** – Ursprungsort, Herrschaft und Territorium kleinerer Reichsfürsten: Burg und Fürstentum Anhalt bis ins 16. Jahrhundert. In: Freitag/Hecht, Die Fürsten von Anhalt, 2. Aufl. 2009, S. 56

29. **Breitschuh,** Nadine – Jagdschloss Letzlingen – letztes noch erhaltenes Hohenzollernschloss in: Sachsen-Anhalt, Mitteldeutsches Jahrbuch, Band 16, Bonn 2009, S. 33

30. **Breuer,** Steffi – Zur Geschichte von Schloss und Park Teutschenthal, Burgen und Schlösser in Sachsen-Anhalt, Heft 12 S. 291, Halle 2003

31. **Brömel,** Hans-Joachim | **Hege,** Fritz – Besuch an Saale und Unstrut, Dresden 1955

32. **Brückner,** Jörg – Von der Orangerie zum Archiv: Die Geschichte des Gebäudes im Lustgarten von Wernigerode. In: Burgen und Schlösser in Sachsen-Anhalt, Heft 6, S. 160, Halle 1997

33. **Bumke,** Joachim – Höfische Kultur: Literatur und Gesellschaft im hohen Mittelalter, 11. Aufl., München 2005

C

34. **Carsten,** Francis L. – Gutsherrschaft und Adelsmacht in: Schlenke, Preußen – Beiträge zu einer politischen Kultur, S. 28, Band 2, Berlin 1981

35. **Claude,** Dietrich – Der Königshof Walbeck, Jahrbuch für die Geschichte Mittel- und Ostdeutschlands, Band 27, S. 1, Berlin 1978

36. **Cottin,** Markus – Die Merseburger Fürstengruft, Petersberg 2011

37. **Cypionka,** Ruth – Stadtgeschichte Naumburgs, in: Naumburg an der Saale – Beiträge zur Baugeschichte und Stadtsanierung, Petersberg 2011

38. **Czech,** Vinzenz – Legitimation und Repräsentation – Zum Selbstverständnis thüringisch-sächischer Reichsgrafen in der frühen Neuzeit, Schriften zur Residenzkultur, Band 2, Berlin 2003

39. **ders.** – Fürsten ohne Land. Höfische Pracht in den sächsischen Sekundogenituren Weißenfels, Merseburg und Zeitz, Schriften zur Residenzkultur, Bd. 5, Berlin 2009

D

40. **van Dülmen,** Richard – Kultur und Alltag in der frühen Neuzeit, 2. Band „Dorf und Stadt“, 2. Aufl. München 1999

41. **Dauer,** Horst – Anmerkungen zur Biographie des Baumeisters Johann Christoph Schütze (1687 – 1765) oder alternative Ausstattungsmöglichkeiten in Zerbster Schlössern bzw. Weißenfels, Burgen und Schlösser in Sachsen-Anhalt, Heft 13 S. 306, Halle 2004

42. **ders.** – Der Barockbau des Schlosses Coswig/Anhalt, Burgen und Schlösser in Sachsen-Anhalt, Heft 5 S. 64, Halle 1996

43. **Dehio,** Georg – Handbuch der Deutschen Kunstdenkmäler: Sachsen-Anhalt I (Regierungsbezirk Magdeburg) Deutscher Kunstverlag 2002;

44. **ders.** – Sachsen-Anhalt II (Regierungsbezirk Dessau und Halle) 1999

44a. **ders.** – Handbuch der deutschen Kunstdenkmäler, Brandenburg, Berlin, München 2012

45. **Dilly,** Heinrich | **Zaunstöck,** Holger, Fürst Franz – Beiträge zu seiner Lebenswelt in Anhalt-Dessau 1740 – 1817, Halle 2005

46. **Diwald,** Hellmut – Heinrich der Erste, Bergisch-Gladbach 1990

47. **Donath,** Matthias – Bemerkungen zum Bautyp der

Moritzburg in Halle/Saale, Burgen und Schlösser in Sachsen-Anhalt, Heft 12 S. 208, Halle 2003

48. **Dreyhaupt,** Johann Christoph – Pagus Neletici et Nudzici, 2. Band 1749, Herausg. im Auftrag der Arbeitsgemeinschaft für mitteldeutsche Familienforschung, von Uwe Meißner, Fliegenkopf Verlag Halle 2002

49. **Drößler,** Rudolf – Romanische Bauten im Landkreis Zeitz, 1995

49a. **Duncker,** Alexander – Die ländlichen Wohnsitze, Schlösser und Residenzen der ritterschaftlichen Grundbesitzer in der preußischen Monarchie, 5 Bände, Berlin 1860

E

50. **Eberhard,** Hans – Die Geschichte der Pfalz Tilleda, in: Grimm, Paul, Tilleda, eine Königspfalz am Kyffhäuser, Akademie-Verlag Berlin 1968, S. 51

51. **Ebert,** Kordula | **Hellwig,** Beate – Die Entwicklung der Museen im Schloss Neuenburg, Burgen und Schlösser in Sachsen-Anhalt, Heft 4 S. 160, Halle 1995

52. **Eibl,** Elfie-Marita – Heinrich der Löwe, in: Holtz, Eberhard | Huschner, Wolfgang, Deutsche Fürsten des Mittelalters, Leipzig 1995, S. 186

53. **Eisold,** Norbert | **Kühn,** Peter – Halberstadt, 1. Aufl. Rostock 2000

54. Enders, Lieselott – Die Altmark: Geschichte einer kurmärkischen Landschaft in der Frühneuzeit, Berlin 2008

55. **dies.** – Hochmittelalterliche Herrschaftsbildung im Norden der Mark Brandenburg, Jahrbuch für Geschichte des Feudalismus, Bd. 9, Berlin 1985, S. 19

F

56. **Fajt,** Jiří u.a. – Die Altmark von 1300 bis 1600, Berlin 2011

57. **Findeisen,** Peter – Geschichte der Denkmalpflege Sachsen-Anhalt, 1. Aufl. Berlin 1990

58. **Fischer-Fabian,** Siegfried – Die deutschen Cäsaren – Triumph und Tragödie der Kaiser des Mittelalters, 1977

59. **Flemming,** Johanna l **Lehmann,** Edgar l **Schubert,** Ernst – Dom und Domschatz zu Halberstadt, 2. Aufl. Berlin, 1975

60. **Fossier,** Robert – Das Leben im Mittelalter, München-Zürich, 2008

61. **von Freising,** Otto – Chronik oder die Geschichte der zwei Staaten, Ausgewählte Quellen der deutschen Geschichte des Mittelalters, Band XVI, Nachdruck 6. Aufl. Darmstadt 2011

62. **Freitag,** Werner – Anhalt und die Askanier im Spätmittelalter, In: Rogge l Schirmer, Hochadelige Herrschaft im mitteldeutschen Raum (1200 - 1600), 2003, S. 195

63. **ders.** – Halle 806 bis 1806, Halle, 2006

64. **ders.** – Die Fürsten von Anhalt im Spätmittelalter und Früher Neuzeit, In: Freitag, Werner l Hecht, Michael, Die Fürsten von Anhalt, 2. Aufl. Halle, 2009

65. **Frenzel,** Reiner – Der Dom zu Halberstadt, 2. Aufl. Berlin, 1982

65a. **Friedrich,** Hans l **Müller,** Siegfried – Schloss Haus Zeitz - Geschichte eines ehemaligen Königshofes, Bernburg, 1992

66. **Froesch,** Anette – Das Luisium bei Dessau, Forschungen zum Gartenreich Dessau-Wörlitz, München-Berlin, 2002

67. **Frotscher,** Sven – Die Stiftskirche in Frose, Große Baudenkmäler Heft 475, München-Berlin, 1993

68. **ders.** – Burg Falkenstein und Schloss Meisdorf, Leipzig, 1995

69. **Fried,** Johannes – Das Mittelalter, München, 2008

70. **Friedrich,** Hans l **Müller,** Siegfried – Schloss Haus Zeitz - Geschichte eines ehemaligen Königshofes, Bernburg, 1992

G

71. **Glade,** Heinz l **Zerback,** Kurt – Der Harz, 1. Aufl. Leipzig, 1975

72. **Glade,** Heinz – Aus Altmark, Börde und Harzvorland, Leipzig, 1979

73. **Glatzel,** Christine l **Schmitt,** Reinhard – Burg Querfurt, 4. Aufl. Leipzig, 1991

74. **Glatzel,** Christine l **Hellwig,** Beate l **Schmitt,** Reinhard – Schloss Neuenburg,

DKV-Kunstführer Nr. 516, 4. Aufl. München-Berlin, 2008

75. **Gockel,** Michael – Die deutschen Königspfalzen, Band 2 Thüringen, I. Allstedt, S. 1, In: Die deutschen Königspfalzen, herausgegeben vom Max-Planck-Institut für Geschichte, Göttingen 2000

76. **Goez,** Werner – Lebensbilder aus dem Mittelalter, 3. Aufl. Darmstadt, 2010

77. **Grimm,** Paul – Der Ilsestein bei Ilsenburg, Harz, eine Burg des 11. Jahrhunderts, Harz-Zeitschrift 16. Jahrgang, Goslar, 1964, S. 13

78. **ders.** – Die vor- und frühgeschichtlichen Burgwälle der Bezirke Halle und Magdeburg, Jahresschrift für mitteldeutsche Vorgeschichte, Berlin 1958

79. **Griep,** Hans-Günther – Burgen und Schlösser im Harz, 3. Aufl. Goslar 2004

80. **Gross,** Reiner – Geschichte Sachsens, 1. Aufl., Leipzig, 2001

81. **Grosse,** Walther – Die Grafen von Walbeck und die Stiftskirche zu Walbeck, Harz-Zeitschrift, 4. Jahrgang Bad-Harzburg, 1952, S. 1

82. **Grube,** Hans – Instandsetzungsarbeiten an der Burg Egeln, Burgen und Schlösser in Sachsen-Anhalt, Heft 2, Halle 1993, S. 78

H

83. **Hahn,** Peter-Michael – Einführung „Fürsten ohne Land“ an Saale, Unstrut und Elster. In: Fürsten ohne Land, Schriften zur Residenzkultur, Band 5, S. 11

84. **Hampe,** Karl – Deutsche Kaisergeschichte in der Zeit der Salier und Staufer, 11. Aufl. Darmstadt, 1963

85. **ders.** – Herrschergestalten des deutschen Mittelalters, 6. Auflage Darmstadt, 1978

86. **Handle,** Elisabeth – Im Dienst von König und Reich - Der Magdeburger Erzbischof Albrecht II. als geistlicher Reichsfürst der späten Stauferzeit. In: Puhle, Aufbruch in die Gotik, S. 293

87. **Handschick,** Cornelia l **Brecher,** Sebastian – Schloss Hohenthurm im Saalekreis – ein Beitrag zur Baugeschichte, Burgen und Schlösser in Sachsen-Anhalt, Heft 21, S. 443, Halle 2012

88. **Hartmann,** Martina – Aufbruch ins Mittelalter – Die Zeit der Merowinger, Darmstadt 2003

89. **Herrmann,** Dirk – Der Zerbster Schlossgarten und seine Gebäude. Die Entwicklung eines bedeutenden Barockensembles um das Residenzschloss, Burgen und Schlösser in Sachsen-Anhalt, Heft 14, S. 298

89a. **ders.** – Schloss Zerbst in Anhalt, 2. Aufl. Regensburg 2005

90. **Hasert,** Eva-Maria – Schloss Wernigerode, 2. Aufl., 1999

91. **Haufe,** Rüdiger – Die Geister der Burg Saaleck, Beiträge zur Regional- und Landeskultur Sachsen-Anhalts, Heft 32, S. 50, Halle 2004

92. **Hecht,** Michael – Die Fürsten von Anhalt, 2. Aufl., Halle, S. 160

93. **Hennrich,** Claudia C. – Schloss Stolberg. Neue Erkenntnisse zur Baugeschichte, Burgen und Schlösser in Sachsen-Anhalt, Heft 15, S. 187, Halle 2006

94. **Helbig,** Herbert – Burgen und älteres Städtewesen in Mitteldeutschland, Jahrbuch für die Geschichte Mittel- und Ostdeutschlands, Band IV., Tübingen 1955, S. 225

95. **Hartmann,** Werner – Stadtbilder aus Halberstadt, Leipzig 1992

96. **Helten,** Leonhard – Residenz und Stadt – Offene Fragen. In: Das ernestinische Wittenberg: Universität und Stadt (1486 - 1547), Lück u.a. Wittenberg-Forschungen, Band 1, S. 74

96a. **Herrfurth,** Klaus – Königshof und Kaufmannssiedlung – Zur Frühgeschichte der Stadt Calbe an der Saale, Heft 12, S. 7, Halle 2003

97. **Herrmann,** Dirk – Schloss Zerbst in Anhalt – Geschichte und Beschreibung einer vernichteten Residenz, 2. Aufl. Regensburg 2005

98. **ders.** – Der Zerbster Schlossgarten und seine Gebäude, Burgen und Schlösser in Sachsen-Anhalt, Heft 14, S. 298, Halle 2005

99. **ders.** – Schloss Zerbst in Anhalt, 1. Aufl., Regensburg 2009

100. **Herrmann-Trost,** Peter – Zur Situation der Herrenhäuser und Landschlösser im mitteldeutschen Raum. Versuch einer Analyse an Hand des Herrenhauses Beesedau im Salzlandkreis, Burgen und

Schlösser in Sachsen-Anhalt, Heft 19, S. 418, Halle 2010

100a. **Hildebrand,** Siegfried – Zur Geschichte und Baugestalt der Komturei Bergen, Burgen und Schlösser in Sachsen-Anhalt, Heft 5, S. 57, Halle 1996

101. **Hinz,** Paulus – Gegenwärtige Vergangenheit – Dom und Domschatz zu Halberstadt, 2. Aufl. Berlin 1963

102. **Hirsch,** Erhard – Das franzische Zeitalter. In: 800 Jahre Anhalt, S. 275

103. **Hoffmann,** Wolfgang – Quedlinburg, 8. Aufl., Wernigerode 2008

104. **Högg,** Frank l **Stahl,** Andreas - Die Burg und das Amt Lindau. Ein Beitrag zur Baugeschichte, Burgen und Schlösser in Sachsen-Anhalt, Heft 18, S. 301, Halle 2009

105. **Höhne,** Dirk – Bemerkungen zur sogenannten Wehrhaftigkeit mittelalterlicher Landkirchen, Burgen und Schlösser in Sachsen-Anhalt, Heft 12, S. 119, Halle 2003

106. **Holland,** Alexander – Das Jagdschloss in Letzlingen, Burgen und Schlösser in Sachsen-Anhalt, Heft 5, S. 133, Halle 1996

107. **Holtzmann,** Robert – Geschichte der sächsischen Kaiserzeit, Band 1 und 2, 1941, Reprint, 5. Aufl., München 1967

108. **Holz,** Eberhard l **Huschner,** Wolfgang – Deutsche Fürsten des Mittelalters, Leipzig 1995

109. **Hoppe,** Stephan – Schloss Bernburg an der Saale im 16. Jahrhundert, Burgen und Schlösser in Sachsen-Anhalt, Heft 4, S. 56, Halle 1995

110. **Horstkötter,** Ludger l **von Xanten,** Norbert – Vom Rheinland nach Magdeburg, Mitteldeutsches Jahrbuch Band 7, Köln/Weimar/Wien 2000, S. 49

111. **Hünicken,** Rolf – Geschichte der Stadt Halle, Teil I., Halle 1941

J

112. **Jablonowski,** Ulla – Frühe Renaissanceschlösser der Fürsten von Anhalt, Burgen und Schlösser in Sachsen-Anhalt, Heft 15, S. 278, Halle 2006

113. **Jacobsen,** Roswitha – Der Hof von Sachsen-Weißenfels und das kulturelle Verdienst seiner Herzöge, Mitteldeutsches Jahrbuch, Köln/Weimar/Wien Band 3, 1996, S. 75

K

114. **Kallsen,** Otto – Die deutschen Städte im Mittelalter, 1891, Nachdruck Melchior Verlag Wolfenbüttel (O.J.)

115. **Karlson,** Olaf – Schloss Harzgerode, Burgen und Schlösser in Sachsen-Anhalt, Heft 20, S. 180; Halle 2011

116. **Kathe,** Heinz – Grundzüge der Geschichte von Sachsen-Anhalt. In: Sachsen-Anhalt, Veröffentlichungen des Braunschweigischen Landesmuseum Band 69, S. 19

117. **Keller,** Katrin – Kleinstädte in Kursachsen, Köln/Weimar/Wien, 2001

118. **Klocke,** Fritz – Harzgerode, Leipzig 1956

119. **Knape,** Rose-Marie – Straße der Romanik, 3. Aufl., Halle 2003

120. **Knape,** Wolfgang – Magdeburg, 4. Aufl. 2011

121. **Kobuch,** Manfred – Herrschaftspraxis und Verwaltung der Burggrafen von Leisnig im 15. Jahrhundert. In: Hochadelige Herrschaft im mitteldeutschen Raum (1200 bis 1600), S. 117, Stuttgart 2009

122. **Korf,** Winfried – Die Burg Anhalt im Unterharz. Geschichte – Baugeschichte – Umfeld, Burgen und Schlösser in Sachsen-Anhalt, Heft 1, S. 27, Halle 1992

123. **ders.** – Die Burg Falkenstein am Selketal und ihr siedlungstopographisches Umfeld, Burgen und Schlösser in Sachsen-Anhalt, Heft 3, S. 60, Halle 1994

124. **ders.** – Die Burgen in Aschersleben, Burgen und Schlösser in Sachsen-Anhalt, Heft 13, S. 81, Halle 2004

125. **ders.** – Burg Falkenstein, Wettin 1997

126. **Krause,** Hans-Joachim – Petersberg b. Halle, 4. Aufl. Regensburg 2002

126a. **Krause,** Hans-Joachim u.a. – Denkmale in Sachsen-Anhalt, Weimar 1986

127. **Krawulsky,** Roland – Wittenberg, 2. Aufl., Wernigerode 2003

128. **Kreißler,** Frank – Aspekte der Residenzbildung: Dessau im 16. Jahrhundert. In: Freitag/Hecht, Die Fürsten von Anhalt, 2. Aufl. Halle, 2009, S. 160

129. **Krieger,** Karl-Friedrich – König, Reich und Reichsreform im Spätmittelalter, Enzyklopädie Deutscher Geschichte, Band 14, München 1992

130. **von Kruedener,** Jürgen – Die Rolle des Hofes im Absolutismus, Forschungen zur Sozial- und Wirtschaftsgeschichte, Band 19, Stuttgart 1973

131. **Künzel,** Thomas – Die Erichsburg bei Siptenfelde, Ldkr. Harz, Burgen und Schlösser in Sachsen-Anhalt, Heft 17, S. 92, Halle 2008

132. **Küßner,** Mario l **Schunke,** Torsten – Neue Erkenntnisse zur Baugeschichte der Oberburg Giebichenstein, Stadt Halle (Saale), Burgen und Schlösser in Sachsen-Anhalt, Heft 14, S. 39, Halle 2005

133. **Kutz,** Rüdiger – Die Rudelsburg als Symbolort der Kösener Corpsstudenten, Beiträge zur Regional- und Landeskultur Sachsen-Anhalt, Heft 32, S. 103, Halle 2004

L

134. **Labouvie,** Eva – Adel in Sachsen-Anhalt, Köln/Weimar/Wien 2007

135. **Lagatz,** Uwe – Graf Heinrich zu Stolberg-Wernigerode (1772 - 1854). In: Labouvie, Adel in Sachsen-Anhalt, Köln/Weimar/Wien, 2007, S. 293

136. **Lagatz,** Uwe – Zwischen Ancien Régime und Modernisierung - Graf Henrich zu Stolberg-Wernigerode (1772 - 1854), Studien zur Landesgeschichte, Band 10

137. **Lampert von Hersfeld** – Annalen, Ausgewählte Quellen zur deutschen Geschichte des Mittelalters, Band XIII, 4. Aufl. Darmstadt 2011

138. **Le Goff,** Jacques – Der Mensch des Mittelalters, Essen 2004

139. **ders.** – Die Geburt Europas im Mittelalter, München 2012

140. **Liebe,** Sieghard l **Knape,** Wolfgang – Stolberg, 2. Aufl., Leipzig 1981

141. **Linck,** Manfred – Die Moritzburg in Halle, Burgen und Schlösser in Sachsen-Anhalt, Heft 22, S. 330, Halle 2013

142. **Lippmann,** Eberhard – Burg Gommern, Burgen und Schlösser in Sachsen-Anhalt, Heft 4 S. 191, Halle 1995

143. **Lorenz,** Hermann – Die Geschichte Anhalts, 1906, Reprint Dessau 2007

144. **Löhr l Breitkopf l Dittrich** – Denkmale der Renaissance in der halleschen Innenstadt; Halle 2009

145. **von Lucius,** Robert – Verdichtet und steinreich – Streifzüge durch Sachsen-Anhalt, Halle 2013

146. **Lück,** Heiner – Der Beitrag Eikes von Repgow zur Verwissenschaftlichung und Professionalisierung des Rechts im 13. Jahrhundert. In: Puhle – Aufbruch in die Gotik, Mainz 2009, S. 301

147. **Lütge,** Friedrich – Die mitteldeutsche Grundherrschaft, Jena 1934

M

148. **Mägdefrau,** Werner – Vom Thüringer Königreich bis zum Ende der Sächsischen Kaiserzeit, 531 - 1024, Bad Langensalza 2003

149. **Mangelsdorf,** Frank – Einst und Jetzt – Sachsen-Anhalt, Berlin 2011

150. **Märtl,** Claudia – Die ostsächsische Frühzeit und die Ottonen (8. Jahrhundert bis 1024). In: Die Braunschweigische Landesgeschichte – Jahrtausendrückblick einer Region, Herausgeber Horst-Rüdiger Jarck/Gerhard Schildt, Braunschweig 2000

151. **dies.** – Ostsachsen zur Zeit der Salier (1024-1125). In: Die Braunschweigische Landesgeschichte – Jahrtausendrückblick einer Region, Herausgeber Horst-Rüdiger Jarck/Gerhard Schildt, Braunschweig 2000

152. **Marcus,** Paul – Herzog Bernhard von Anhalt (um 1140 bis 1212) und die frühen Askanier in Sachsen und im Reich, Europäische Hochschulschriften Band 562, Frankfurt/M., Berlin, Bern, New York, Paris, Wien

153. **Meie,** Hans-Jürgen – Weltkulturerbe Quedlinburg, 3. Aufl., Goslar 2000

154. **Meixner,** Lutz – Neue Erkenntnisse zur Geschichte des Johannbaues in Dessau, Burgen und Schlösser, Heft 2, Halle 1993

155. **Merfert,** Walter – Zwischen Harz, Huy und Hakel, Beiträge zur Kulturgeschichte des Vorharzes und seiner Randgebiete, Band 1, Oschersleben 2001

156. **ders.** – Magdeburg und das Land östlich der Elbe von Zerbst bis Havelberg, Beitrag

zur Kulturgeschichte der ostelbischen Kreise, Band 3, Oschersleben 2003

157. **Mayer,** Theodor – Friedrich I. und Heinrich der Löwe, 1944, Nachdruck Darmstadt 1957

158. **Michels,** Norbert (Hrsg.) – Anhalt in alten Ansichten, Halle 2006

158a. **Mock,** Markus Leo – Das Schloss in Calbe an der Saale, Burgen und Schlösser in Sachsen-Anhalt, Heft 14, S. 186, Halle 2005

159. **Müller,** Matthias – Das Schloss als Bild des Fürsten, Historische Semantik, Band 6 Göttingen 2004

160. **Müller,** Joachim l **Partenheimer,** Lutz – Der 11. Juni 1157 und seine Bedeutung für Stadt und Land Brandenburg, Jahrbuch für die Geschichte Mittel- und Ostdeutschlands Band 54, S. 71, München 2008

161. **Myrrhe,** Ramona – Zwischen Fabrik und Rittergut – Die Familie von Nathusius. In: Labouvie, Adel in Sachsen-Anhalt, Köln/Weimar/Wien 2007, S. 315

N

162. **Neitmann,** Klaus – Was ist eine Residenz?, Vorträge und Forschungen zur Residenzenfrage, hg. von Peter Johanek, Sigmaringen 1990

163. **Neuenfeld,** Klaus – Streifzüge durch Thüringer Residenzen, Weißbach 2012

164. **Neugebauer,** Anke – Am Anfang war die Residenz – Forschungen und Perspektiven, Wittenberg – Forschungen Band 1, S. 82

165. **Nier,** Eberhard – Das Ballenstedter Schlosstheater, Mitteldeutsches Jahrbuch, Band 17, Bonn 2010, S. 173

166. **Noack,** Heinz – Unterwegs in Mansfeld-Südharz, 1. Aufl. Clenze 2012

O

167. **Oelsner,** Manfred – Das Bodetal, Leipzig 1980

168. **Oppl,** Ferdinand – Friedrich Barbarossa, 2. Aufl. Darmstadt 1994

P

169. **Pantenius,** Michael – Burgen in Sachsen-Anhalt, Halle 2010

170. **Paravicini,** Werner – Höfe und Residenzen im spätmittelalterlichen Reich, Teilband I: „Begriffe", bearbeitet von Jan Hirschbiegel und Jörg Wettlaufer. In: Residenzenforschung, Band 15. II., Sigmaringen 2003

171. **Patze,** Hans l **Streich,** Gerhard – Die landesherrlichen Residenzen im spätmittelalterlichen Deutschen Reich, Blätter für deutsche Landesgeschichte, 118. Jahrgang, Göttingen 1982

172. **Pätzold,** Stefan – Herrschaft zwischen Saale und Elbe – Markgraf Konrad von Meißen und der Niederlausitz, Vortragsmanuskript. In: Concilium medii aevii (1998), S. 61-76

173. **Partenheimer,** Lutz – Die frühen Askanier und die Entstehung Anhalts. In: 800 Jahre Anhalt, S. 153

174a. **ders.** - Ergebnisse der Bauforschung an der Moritzburg in Halle/Saale, Burgen und Schlösser in Sachsen-Anhalt, Heft 17, S. 174, Halle 2008

174. **Paul,** Maurizio – Wohntürme und Turmbauten im Stadtgebiet von Magdeburg, Burgen und Schlösser in Sachsen-Anhalt, Heft 13, S. 151, Halle 2004

175. **Pauler,** Roland – Leben im Mittelalter, Darmstadt 2007

176. **Partenheimer,** Lutz – Albrecht der Bär, 2. Aufl., Köln/Weimar/Wien, 2003

177. **Pelka,** Wilhelm – Studien zur Geschichte des Untergangs des alten Thüringer Königreichs im Jahr 531 n. Chr., Zeitschrift des Vereins für Thüringische Geschichte und Altertumskunde, 14. Bd., Jena 1904, S. 165

178. **Peters,** Günter – Hamersleben, in: Die Grundherrschaft eines ostsächsischen Regularkanonikerstifts im 12. und 13. Jahrhundert, Jahrbuch für die Geschichte Mittel- und Ostdeutschlands, Band 54, S. 1, München 2008

179. **Petersohn,** Jürgen – Die Ludowinger – Selbstverständnis und Memoria eines hochmittelalterlichen Reichsfürstengeschlechts, Blätter für deutsche Landesgeschichte, 129. Jahrgang 1993, S. 1

180. **Peukert,** Jörg (Herausgeber) – Burg und Herrschaft – Die Neuenburg und die Landgrafschaft Thüringen im hohen Mittelalter, Freyburg 2004

181. **Polag,** Athanasius – Huysburg, Passau 2008

182. **Pönitz,** Christian – Das Rittergut in Zangenberg – die Geschichte eines vergessenen fürstlichen Landhauses, Burgen und Schlösser in Sachsen-Anhalt, Heft 16, S. 253, Halle 2007

183. **Pöppelmann,** Heike – Eine neue Welt im Entstehen: Magdeburgs Bürgerstadt im 12. und 13. Jahrhundert. In: Puhle, Aufbruch in die Gotik, S. 471

184. **Pörner,** Ernst – Wernigerode, Leizpig 1960

185. **Pötschke,** Dieter – Kloster Ilsenburg, Harzforschungen Band XIX, S. 21

186. **Prasse,** Matthias – Arkadien am Elbstrom – Schlösser und Gärten zwischen Wittenberg und Dessau, Dresden 2010

187. **ders.** – Kurze illustrierte Geschichte des Landes Anhalt, 1. Aufl. Dresden 2013

188.

189. **Probst,** Marion – Kloster Michaelstein, Dössel

190. **Pürschel,** Katja – Das Renaissanceschloss in Großmühlingen, Burgen und Schlösser in Sachsen-Anhalt, Heft 18, S. 412, Halle 2009

191. **Puhle,** Matthias – Magdeburg im Mittelalter, Halle 2005

R

192. **Rader,** Olaf B. – Adalbert, Erzbischof von Magdeburg (968-981), in: Holtz/Huschner – Deutsche Fürsten des Mittelalters, S. 77

193. **Ramm,** Peter – Dom und Schloss zu Merseburg, München-Berlin 2008

194. **ders.** – Bildhauer des Barock im herzoglichen Merseburg. In: Säckl/Heise, Barocke Fürstenresidenzen, S. 248

195. **Reichhoff,** Lutz – Naturraum und Landschaft in Anhalt, in: 800 Jahre Anhalt, S. 71

196. **Roch,** Irene – Die frühneuzeitlichen Festungen Mansfeld und Heldrungen in ihren Beziehungen zu Bayern und Sachsen, Burgen und Schlösser in Sachsen-Anhalt, Heft 1, Halle 1992, S. 52

197. **Roch-Lemmer,** Irene – Die Bestückung der Festung Mansfeld im 16. und 17. Jahrhundert, Burgen und Schlösser in Sachsen-Anhalt, Heft 6, S. 148, Halle 1997

198. **dies.** – Die „Mansfeldische Chronica“ des Cyriakus Spangenberg als baugeschichtliche Quelle für Burgen und Schlösser des Mansfelder Landes, Burgen und Schlösser in Sachsen-Anhalt, Heft 13, S. 133, Halle 2004

199. **dies.** – Herrenhäuser in der Umgebung von Halle/Saale, Burgen und Schlösser in Sachsen-Anhalt, Heft 7, S. 177, Halle 1998

200. **Röckelein,** Hedwig u.a. – Mittelalterliches Leben im Frauenstift Gernrode, Quedlinburg 2002

201. **Rudolph,** Benjamin – Der Regenstein am Harz – Geschichte und Bestand – Konservierung und Revitalisierung, Burgen und Schlösser in Sachsen-Anhalt, Heft 17, S. 365, Halle 2008

202. **Rüger,** Reinhard – Die Instandsetzung der Rudelsburg in den Jahren 1991/92, Burgen und Schlösser in Sachsen-Anhalt, Heft 2, Halle 1993, S. 58

203. **Rüffer,** Michael – Das Schloss in Wörlitz, München-Berlin 2005

204. **Rust,** Edzard – Das barocke Schloss in Hundisburg, Burgen und Schlösser in Sachsen-Anhalt, Heft 5, S. 106, Halle 1996

S

205. **Saal,** Walter – Das „Fünfsinne-Zimmer“ im Unterhof Frankenleben, Burgen und Schlösser in Sachsen-Anhalt, Heft 4, S. 99, Halle 1995

206. **Sander,** Antje – Das Jeverland in Anhalt – Zerbster Zeit (1667 - 1793). Probleme und Chancen einer Beziehung auf Distanz. In: Freitag/Hecht, Die Fürsten von Anhalt, 2. Aufl. 2009, S. 235

207. **dies.** – Ferne Fürsten – Das Jeverland in Anhalt-Zerbster Zeit, Oldenburg 2003

208. **Sante,** Georg Wilhelm (Hrsg.) – Geschichte der deutschen Länder – Territorien-Ploetz – Stichwort „Sachsen-Anhalt“, Würzburg 1971

209. **Säckl,** Joachim – Dreihundert Jahre Fertigstellung des Residenzschlosses Neu-Augustusburg in Weißenfels, Burgen und Schlösser in Sachsen-Anhalt, Heft 3, S. 88, Halle 1994

210. **ders.** – Zur Geschichte des Rittersitzes und Herrenhauses in Weischütz / Unstrut,

Burgen und Schlösser in Sachsen-Anhalt, Heft 4, S. 77, Halle 1995

211. **ders.** – Wieder wandeln im alten Schloss (Neu-Augustusburg) in Weißenfels, Burgen und Schlösser in Sachsen-Anhalt, Heft 15, S. 363, Halle 2006

212. **ders.** – Herrschaftsbildung und dynastische Zeichensetzung – Die Sekundogenitur-Fürstentümer Sachsen-Weißenfels, Sachsen-Merseburg und Sachsen-Zeitz in der zweiten Hälfte des 17. Jahrhunderts. In: Czech, Fürsten ohne Land, S. 18, Berlin 2009

213. **ders.** – Das Reichsfürstentum Sachsen-Querfurt. In: Säckl/Heise, Barocke Fürstenresidenzen, S. 154

214. **ders.** – Zur Geschichte des Schlosses Steinburg bei Bad Bibra, Burgenlandkreis, Burgen und Schlösser in Sachsen-Anhalt, Heft 9, S. 206, Halle 2000

215. **ders.** – Sachsen-Merseburg – Territorium-Hoheit-Dynastie. In: Säckl/Heise, Barocke Fürstenresidenzen, S. 179

216. **ders.** – Sachsen-Zeitz, Territorium – Hoheit – Dynastie. In: Säckl/Heise, Barocke Fürstenresidenzen, S. 279

216a. **ders.** – Sachsen-Weißenfels – Territorium – Hoheit – Dynastie, in: Säckl/Heise, Barocke Fürstenresidenzen, S. 33

217. **ders.** – Schloss Allstedt – Fürstliche Herrschaftsvermittlung zwischen Anspruch und Realität. In: Säckl/Heise, Barocke Fürstenresidenzen, S. 358

218. **Säckl,** Joachim l **Heise,** Karin – Barocke Fürstenresidenzen an Saale, Unstrut und Elster, Petersberg 2007

219. **Säckl,** Joachim l **Schmitt,** Reinhard – Zur Geschichte und Baugeschichte des Adelsitzes in Nißmitz, Burgenlandkreis, Burgen und Schlösser in Sachsen-Anhalt, Heft 15, S. 99, Halle 2006

220. **von Seggern,** Harm – Wirtschaftsgrundlagen im 13. Jahrhundert. In: Puhle, Aufbruch in die Gotik, S. 413

221. **Seidler,** Friederike – Die Arbeiten des VEB Denkmalpflege Halle/Sitz Quedlinburg an der Thomas-Müntzer-Gedenkstätte Schloss Allstedt (Westflügel) bis 1989, Burgen und Schlösser, Heft 20, S. 412, Halle 2011

222. **Siebert,** Hermann – Altes und Neues über Burg und Dorf Anhalt, Zeitschrift des Harz-Vereins für Geschichte und Alterthumskunde, 1904, S. 165

223. **Sobotka,** Bruno J. l **Strauss,** Jürgen – Burgen, Schlösser, Gutshäuser in Sachsen-Anhalt, Witten 1994

224. **Springer,** Matthias – Die Sachsen, Stuttgart 2004

225. **ders.** – Erzbischof Wichmann von Magdeburg – ein geistlicher Fürst der Stauferzeit. In: Erzbischof Wichmann (1152 - 1192) und Magdeburg im Hohen Mittelalter, Ausstellungskatalog, herausgegeben von Matthias Puhle, Magdeburg 1992

226. **Stahl,** Andreas – Historische Nachrichten von der Burg Kalbe an der Milde, Burgen und Schlösser in Sachsen-Anhalt, Heft 8, S. 79, Halle 1999

227. **ders.** – Die ehemalige Amtsburg Loburg, Burgen und Schlösser in Sachsen-Anhalt, Heft 7, S. 6 Halle 1998

228. **ders.** – Der Bergfried der Amtsburg Loburg, aaO, Heft 9, S. 99, Halle 2009

229. **ders.** – Das Schloss und Amt Elbingerode, Ldkr. Harz, Burgen und Schlösser in Sachsen-Anhalt, Heft 17, S. 135, Halle 2008

230. **ders.** – Ein Schloss unter Beschuss. Die Belagerung der kursächsischen Landesfestung Wittenberg 1760 und 1813/14, Burgen und Schlösser in Sachsen-Anhalt, Heft 22, S. 405, Halle 2013

231. **Starke,** Heinz-Dieter – Die Pfalzgrafen von Sommerschenburg, Jahrbuch für die Geschichte Mittel- und Ostdeutschlands, Band IV, Tübingen 1955

232. **Stengel,** Eduard F. – Zum Prozeß Heinrichs des Löwen, Deutsches Archiv für Geschichte des Mittelalters, 5. Jahrgang, S. 493, Weimar 1942

233. **Sternal,** Bernd l Berg, Lisa l Braun, Wolfgang – Burgen und Schlösser der Harzregion, Band 1, 3. Aufl. 2012

234. **dies.** – Burgen und Schlösser der Harzregion, Band 2, 3. Aufl. 2012

235. **dies.** – Burgen und Schlösser der Harzregion, Band 3, 2. Aufl. 2012

236. **dies.** – Burgen und Schlösser der Harzregion, Band 4, 1. Aufl. 2013

237 **Stolberg,** Friedrich – Befestigungsanlagen im und am Harz von der Frühgeschichte bis zur Neuzeit, 2. Aufl. Hildesheim 1983

238 **Straube,** Manfred – Soziale Struktur und Besitzverhältnisse in Wittenberg zur Lutherzeit, Jahrbuch für Geschichte des Feudalismus, Band 9, Berlin 1985, S. 147

239. **ders.** – Die drei Sekundogenituren Sachsen-Weissenfels, Sachsen-Merseburg und Sachsen-Zeitz – Geschichte und Bevölkerung. In: Säckl/Heise, Barocke Fürstenresidenzen an Saale, Unstrut und Elster, S. 6

Sch

240. **Schafranek,** Erich – Blankenburg am Harz, Leipzig, o. J.

241. **Scheffler,** Isabella – Schloss Bündorf – Seine Geschichte und Kunstgeschichte, Burgen und Schlösser in Sachsen-Anhalt, Heft 20, S. 261, Halle 2011

241a. **Scherf,** Lutz – Baugeschichtliche Untersuchungen am Schloss Heuckewalde, Burgen und Schlösser in Sachsen-Anhalt, Heft 23, S. 121, Halle 2014

242. **Schieffer,** Rudolf – Das Magdeburger Erzbistum und seine Bedeutung im Reich bis 1207. In: Puhle, Matthias – Aufbruch in die Gotik, Band I, Mainz 2009, S. 29

243. **Schlenker,** Gerlinde – Geistliche und weltliche Territorien (12. bis 15. Jahrhundert. In: Sachsen-Anhalt, Veröffentlichungen des Braunschweigischen Landesmuseums 69, S. 57

244. **Schmidt,** Friedrich – Das obersächsische (südharzische) Ministerialgeschlecht von Morungen, Zeitschrift des Harz-Vereins für Geschichte und Altertumskunde, 1900, S. 165

245. **ders.** – Der Adel in Brücken und seine Güter, Mitt. des Vereins für Geschichte und Naturwissenschaft in Sangerhausen und Umgebung, Heft 5, S. 5 - 111, Sangerhausen 1906

246. **Schmidt,** Marion l **Schmidt,** Thorsten, Wernigerode – 7. Aufl. Wernigerode 2001

247. **Schmitt,** Reinhard – Schloss Neuenburg, 1. Aufl. München 1992

248. **Schmitt,** Reinhard l Böge, Rainer – Schloss Allstedt, 2. Aufl. München/Berlin 1993

249. **Schmitt,** Reinhard – Aus der Geschichte der Konradsburg, Große Baudenkmäler, Heft 442, 3. Aufl. München/Berlin 1996

249a. **ders.** – Zur Erbauung des Schlosses Oberwiederstedt, Burgen und Schlösser, Heft 3, S. 47, Halle 1994

250. **ders.** – Burg Querfurt, Große Baudenkmäler, Heft 436, 3. Aufl. München/Berlin 1998

251. **ders.** – Burg Giebichenstein in Halle/Saale, DKV-Kunstführer Nr. 446/0, 3. Aufl. München

252. **ders.** – Kloster und Schloss Ilsenburg. Urkundliche, archivalische und sonstige Quellen zur Geschichte und Baugeschichte zwischen 1003 und 2003, Burgen und Schlösser in Sachsen-Anhalt, Heft 18, S. 68, Halle 2009

253. **ders.** – Der romanische Torturm der Burg in Klein-Rosenburg, Salzlandkreis, Burgen und Schlösser in Sachsen-Anhalt, Heft 19, S. 160, Halle 2010

254. **ders.** – Schloss Neuenburg bei Freyburg (Unstrut). Archivalische Quellen zur Geschichte und Baugeschichte von 1700 bis 1815, Heft 13, S. 229, Halle 2004

255. **ders.** – Zur Geschichte und Baugeschichte der Schönburg, Burgenlandkreis, Burgen und Schlösser in Sachsen-Anhalt, Heft 12, S. 15, Halle 2003

256. **ders.** – Zur Baugeschichte der Doppelkapelle in Landsberg, Saalkreis, Burgen und Schlösser in Sachsen-Anhalt, Heft 13, S. 54, Halle 2004

257. **ders.** – Quellen zur Baugeschichte von Schloss Rammelburg, Burgen und Schlösser in Sachsen-Anhalt, Heft 13, S. 101, Halle 2004

258. **ders.** – Schloss Neuenburg bei Freyburg/Unstrut, Sonderheft 1996, S. 90, Halle 1996

259. **ders.** – Burg Saaleck, Burgenlandkreis. Zur Geschichte und Baugeschichte, Burgen und Schlösser in Sachsen-Anhalt, Heft 15, S. 6, Halle 2005

260. **ders.** – Zur Geschichte und Baugeschichte der Rudelsburg, Burgenlandkreis, Burgen und Schlösser in Sachsen-Anhalt, Heft 14, S. 75, Halle 2005

261. **ders.** – Schloss Neuenburg bei Freyburg (Unstrut). Zur Baugeschichte vom späten 11. bis zum mittleren 13.

Jahrhundert nach den Untersuchungen der Jahre 1986 – 2007, Burgen und Schlösser in Sachsen-Anhalt, Heft 16, S. 6, Halle 2007

262. **ders.** – Schloss Wallhausen, Ldkr. Mansfeld, Südharz, Burgen und Schlösser in Sachsen-Anhalt, Heft 17, S. 104, Halle 2008

263. **ders.** – Die beiden Klöster in Memleben, Dössel 2006

264. **ders.** – Zur neuzeitlichen Bau- und Nutzungsgeschichte der Konradsburg bei Ermsleben, Lkrs. Harz, Burgen und Schlösser in Sachsen-Anhalt, Heft 17, S. 222, Halle 2008

265. **ders.** – Das Herrenhaus des ehemaligen Rittergutes Gößnitz, Burgenlandkreis, Burgen und Schlösser in Sachsen-Anhalt, Heft 17, S. 338, Halle 2008

266. **ders.** – Das Gebäude des ehemaligen Benediktinerklosters Hillersleben bei Magdeburg in nachmittelalterlicher Zeit, Burgen und Schlösser in Sachsen-Anhalt, Heft 18, S. 251, Halle 2009

267. **ders.** – Die Baugeschichte des Schlosses in Burgliebenau in Merseburg – ein nahezu vergessenes Bauwerk der Bischöfe und Herzöge von Merseburg, Burgen und Schlösser in Sachsen-Anhalt, Heft 20, S. 200, Halle 2011

268. **ders.** – Archivalische Quellen zur Bau- und Nutzungsgeschichte des Schlosses Wendelstein an der Unstrut. In: Burgen und Schlösser in Sachsen-Anhalt, Heft 7, S. 56, Halle 1998

269. **ders.** – Die Schlosskirche in Goseck – Quellen zur Baugeschichte vom 17. bis zum späten 19. Jahrhundert, Burgen und Schlösser, Heft 20, S. 325, Halle 2011

270. **ders.** – Burg und Schloss Dreileben in der Börde, Burgen und Schlösser in Sachsen-Anhalt, Heft 20, S. 132, Halle 2011

271. **ders.** – u.a. – Schloss Bernburg, Leipzig 2009

272. **ders.** – Zur Geschichte und Baugeschichte der „Curtis", des Klosters und des Rittergutes Zscheiplitz, Burgen und Schlösser in Sachsen-Anhalt, Sonderheft 1999, Halle, S. 36

273. **ders.** – Burg Querfurt um 1000 – Zum baulichen Lebensumfeld des hl. Brun von Querfurt, Burgen und Schlösser in Sachsen-Anhalt, Heft 20, S. 99, Halle 2011

273a. **ders.** – Neue Erkenntnisse zur Baugeschichte der Eckartsburg, Burgen und Schlösser in Sachsen-Anhalt, Heft 23, S. 75, Halle 2014

273b. **ders.** – Zur Baugeschichte des Schlosses in Lützen, Burgen und Schlösser in Sachsen-Anhalt, Heft 23, S. 145, Halle 2014

274. **Schmuhl,** Hans – Schloss Leitzkau, Schriftenreihe der Stiftung Dome und Schlösser in Sachsen-Anhalt, Band 3, Halle 2005

275. **Scholke,** Horst – Halberstadt, Ein kulturgeschichtlicher Rundgang durch die Stadt, Halberstadt 1966

276. **ders.** – Halberstadt, 1. Aufl. Leipzig 1974

277. **ders.** – Der Freundschaftstempel in Gleimhaus zu Halberstadt, 1. Aufl. Leipzig 2000

278. **ders.** – Halberstadt - Kunst- und Kulturdenkmäler einer tausendjährigen Stadt, Halberstadt 1990

279. **Scholz,** Michael – Geistliche Landesherrschaft zwischen Kurbrandenburg und Kursachsen – Das Erzstift Magdeburg vom 14. bis zum 16. Jahrhundert. In: Rogge/Schirmer – Hochadelige Herrschaft im mitteldeutschen Raum, S. 443 Stuttgart

280. **ders.** – Residenz, Hof und Verwaltung der Erzbischöfe von Magdeburg in Halle in der ersten Hälfe des 16. Jahrhunderts, Residenzforschung, Band 7, Sigmaringen 2008

280a. **ders.** – Amtssitze als Nebenresidenzen. Wanzleben, Wolmirstedt, Calbe und Kloster Zinna als Aufenthaltsorte der Erzbischöfe von Magdeburg, in: Sachsen-Anhalt

281. **Schreiber,** Harald – Burgscheidungen, Halle 1966

282. **Schultze,** Johannes – Nordmark und Altmark, Jahrbuch für die Geschichte Mittel- und Ostdeutschlands, Band VI, Tübingen 1957, S. 77

283. **Schulze,** Hans K. – Grundstrukturen der Verfassung im Mittelalter, Band 1, Stuttgart/Berlin/Köln, 2. Aufl. 1990

284. **ders.** – Band 2, 2. Aufl. 1992

285. **Schubert,** Ernst – Die Harzgrafen im ausgehenden Mittelalter. In: Hochadelige Herrschaft im mitteldeutschen Raum (1200 - 1600), S. 13, Stuttgart

286. **ders.** – Der Dom zu Naumburg, DKV – Kunstführer Nr. 410, 14. Aufl. München 2007

287. **Schüler,** Stefan – Schloss Dornburg an der Elbe, Selbstverlag der Stengel-Gesellschaft Dornburg/Elbe e.V., Am Theuberg 1b, 39264 Dornburg, www.stefan-schueler.de

288. **Schumann,** Ludwig – Gartenräume Sachsen-Anhalt, herausgegeben vom Landesamt für Denkmalpflege und Archäologie Sachsen-Anhalt, 1. Aufl. Berlin 2009

289. **ders.** – Anhalt: Stippvisiten in einem achthundert jährigen Fürstentum, Kulturreisen in Sachsen-Anhalt, Band 13, Dößel 2012

290. **Schütte,** Ulrich – Das Schloss als Wehranlage, Darmstadt 1994

291. **Schymalla,** Joachim – Burg Falkenstein im Harz, Mitteldeutsches Jahrbuch, Band 17, S. 22, Bonn 2010

292. **Schwarz,** Ralf – Vor- und Frühgeschichte Anhalts. In: 800 Jahre Anhalt, S. 119

293. **Schwarzberg,** Heiner – Untersuchungen zur Burg Schneidlingen, Burgen und Schlösser in Sachsen-Anhalt, Heft 6, S. 90, Halle 1997

294. **ders.** – Zur Baugeschichte der Burg Zilly im frühen 17. Jahrhundert - Aus dem Tagebuch des Matthias von Oppen, Burgen und Schlösser in Sachsen-Anhalt, Heft 9, S. 191, Halle 2000

295. **Schwarze-Neuß,** Elisabeth – Kloster als Vorläufer von Gutsanlagen - das Nonnenkloster Wiederstedt, Burgen und Schlösser in Sachsen-Anhalt, Heft 3, S. 33, Halle 1994

296. **dies.** – Die Eigenbefestigungen im Stadtgebiet von Halle, Burgen und Schlösser in Sachsen-Anhalt, Heft 6, S. 76, Halle 1997

297. **dies.** – Die historische Bedeutung der Burgen, Schlösser und Eigenbefestigungen für die Entwicklung der Stadt Halle im Mittelalter (Teil 1), Burgen und Schlösser in Sachsen-Anhalt, Heft 5, S. 25, Halle 1996, 1. Aufl. Hamburg 2009

298. **dies.** – Die Bewohner und Nutzer der Burg Giebichenstein zur Stadt Halle von den Anfängen bis zur Erbauung der Moritzburg (1484 - 1517), Burgen und Schlösser in Sachsen-Anhalt, Heft 6, S. 41, Halle 1997

299. **dies.** – Alte Gutshöfe, Domänen und Herrenhäuser im Stadtgebiet von Halle, Burgen und Schlösser in Sachsen-Anhalt, Heft 8, S. 143, Halle 1999

300. **dies.** – Schlossbau im Industriezeitalter in Mitteldeutschland, Burgen und Schlösser in Sachsen-Anhalt, Heft 13, S. 317, Halle 2004

301. **dies.** – Weltliche Herrschaft und Burgen der Erzbischöfe von Magdeburg, (937 - 1025) Burgen und Schlösser in Sachsen-Anhalt, Heft 18, S. 7, Halle 2009

302. **dies.** – Weltliche Herrschaft und Burgen der Erzbischöfe von Magdeburg, (1023 - 1119) Burgen und Schlösser in Sachsen-Anhalt, Heft 19, S. 63, Halle 2010

303. **dies.** – Weltliche Herrschaft und Burgen der Erzbischöfe von Magdeburg, (1107 - 1152) Burgen und Schlösser in Sachsen-Anhalt, Heft 20, S. 7, Halle 2011

304. **dies.** – Weltliche Herrschaft und Burgen der Erzbischöfe von Magdeburg, Erzbischof Wichmann, Burgen und Schlösser in Sachsen-Anhalt, Heft 21, S. 61, Halle 2012

305. **dies.** – Weltliche Herrschaft und Burgen der Erzbischöfe von Magdeburg, Erzbischof Wichmann, Burgen und Schlösser in Sachsen-Anhalt, Heft 22, S. 7, Halle 2013

306. **dies.** – Schlossbau im Barockzeitalter. Eine Sozialgeschichte der Herrschaftsbauten in Mitteldeutschland von der Mitte des 17. bis zum Ende des 18. Jahrhunderts. Teil 1: Die Schlösser der Fürsten, Burgen und Schlösser in Sachsen-Anhalt, Heft 14, S. 253, Halle 2005

307. **dies.** – Schlossbau im Barockzeitalter. Eine Sozialgeschichte der Herrschaftsbauten in Mitteldeutschland von der Mitte des 17. bis zum Ende des 18. Jahrhunderts. Teil 2: Die Schlösser des Landadels, Burgen und Schlösser in Sachsen-Anhalt, Heft 15, S. 322, Halle 2006

308. **dies.** – Schlossbau im Barockzeitalter. Eine Sozialgeschichte der Herrschaftsbauten in Mitteldeutschland von der Mitte des 17. bis zum Ende des 18. Jahrhunderts. Teil 3: Die Schlösser und Herrenhäuser der großen Familien, Burgen und Schlösser

in Sachsen-Anhalt, Heft 16, S. 368, Halle 2007

309. **Schwineköper,** Berent (Hrsg.) – Handbuch der historischen Stätten Deutschlands – Provinz Sachsen-Anhalt, 11. Band, 2. Aufl. Stuttgart 1987

T

310. **Tebruck,** Stefan – Zscheiplitz - Pfalzgrafenhof, Kirche, Kloster und Gut. In: Burgen und Schlösser in Sachsen-Anhalt, Sonderheft, Halle 1999; Nachtrag Heft 9, S. 235 Halle 2000

311. **Thiele,** Andrea – Vier Jahrzehnte in Halle – die Saalestadt als Residenz Augusts von Sachsen, postulierter Administrator des Erzstifts Magdeburg (1614-1680). In: Säckl/Heise, Barocke Fürstenresidenzen, S. 122

312. **Thietmar v. Merseburg** – Chronik, Freiherr-vom-Stein-Gedächtnisausgabe, 9. Aufl., Darmstadt 2011

313. **Titze,** Mario – Die Geburtsurkunde des Barock in Anhalt, Baugeschichte und kunsthistorischer Rang des Cosewiger Schlosses, Burgen und Schlösser in Sachsen-Anhalt, Heft 18, S. 461, Halle 2009

314. **ders.** – Schloss Dornburg in Anhalt. In: Burgen und Schlösser in Sachsen-Anhalt, Heft 7, S. 159, Halle 1998

315. **Trillmich,** Werner l Thietmar von Merseburg – Chronik, Ausgewählte Quellen zur deutschen Geschichte des Mittelalters, Band IX, Darmstadt 2011

316. **Trinius,** August – Durch's Saaletal – Ein Wanderbuch 1890 – Reprint Bad Langensalza 2011

317. **Trippenbach,** Max – Zur Geschichte der Burg Falkenstein seit Besitznahme durch das Geschlecht v. d. Asseburg, Zeitschrift des Harzvereins für Geschichte und Altertumskunde, S. 81, 1911

318. **Tullner,** Mathias – Geschichte des Landes Sachsen-Anhalt, 3. Aufl., Magdeburg 2001

319. **ders.** – Kleine Geschichte Sachsen-Anhalts – Von der Weimarer Republik zum Bundesland, Halle 2012

U

320. **Ullmann,** Wolfgang – Magdeburg, Das Konstantinopel des Nordens, Jahrbuch für die Geschichte Mittel- und Ostdeutschlands, Band 21, Berlin 1972, S. 1

V

321. **Vötsch,** Jochen – Zwischen Reichsfreiheit und Landsässigkeit – Die Grafen von Mansfeld im 15. und 16. Jahrhundert, in: Rogge/Schirmer, Hochadlige Herrschaft im mitteldeutschen Raum (1200 bis 1600), Stuttgart (2003), S. 165

322. **ders.** – Kursachsen, Das Reich und der mitteldeutsche Raum zu Beginn des 18. Jahrhunderts, Frankfurt/Main 2003

W

323. **Wagner** – Verwehte Spuren, Die Anfänge der Thüringer Landesgeschichte, 3. Aufl. Ilmenau 2008

324. **Wäscher,** Hermann – Feudalburgen in den Bezirken Halle und Magdeburg, Berlin 1962

325. **Wäschke,** Hermann – Abriss der Anhaltischen Geschichte, Dessau 1895, Nachdruck 2011, Dessau-Roßlau

326. **ders.** – Geschichte Anhalts von den Anfängen bis zum Ausgang des Mittelalters, 3 Bände Köthen 1912/13

327. **Weinhauer,** Claudia – Das alte Schloss in Gänsefurth, Burgen und Schlösser in Sachsen-Anhalt , Heft 2 S. 238, Halle 2003

328. **Wehser,** Astrid – Anna Wilhelmine von Anhalt und ihr Schloss in Mosigkau, Kiel 2002

329. **dies.** – Schloss Mosigkau im Dessau- Wörlitzer Gartenreich, DKV-Kunstführer Nr. 551, 3. Aufl., Berlin-München 2012

329a. **Werner,** Barbara – Die Ruine Neu-Morungen bei Sangerhausen – Burg eines Dichters, Burgen und Schlösser in Sachsen-Anhalt, Heft 23, S. 27, Halle 2014

330. **Wilde,** Manfred l Kühne, Nadine – Barockschloss Delitzsch, Leipzig 2007

331. **Wilde,** Manfred – Das Barockschloss Delitzsch als Witwensitz der Herzöge von Sachsen-Merseburg in Säckl/Heise, Barocke Fürstenresidenzen, S. 204

332. **Wilke,** Sabine – Das Goslarer Reichsgebiet und seine Beziehungen zu den terri-

torialen Nachbargewalten, Göttingen 1970

333. **Wittwar,** Klaus-Peter – Das Gut Hackpfüffel, Lkr. Mansfeld-Süd, Burgen und Schlösser in Sachsen-Anhalt, Heft 17, S. 319, Halle 2008

Z

334. **Zaunstöck,** Holger (Hg.) – Das Leben des Fürsten –

Studien zur Biografie von Leopold III. Friedrich Franz von Anhalt-Dessau (1740-1817), Mitteldeutscher Verlag 2008

335. **Zemlin,** Burkhard l Feldrapp, Reinhard – Lutherstadt Eisleben, 1. Aufl., Bindlach 1993

336. **Zeune,** Joachim – Burgen - Symbole der Macht, Regensburg 1997

Beschreibende Darstellung der älteren Bau- und Kunstdenkmäler der Provinz Sachsen mit angrenzenden Gebieten von der Historischen Kommission der Provinz Sachsen (und Anhalt). – Heinrich Bergner, Erstveröffenlichung 1879

Redaktionelle Ergänzungen sind der Grund, warum die einzelnen Bände nicht in das Literaturverzeichnis eingefügt werden, sondern einen eigenen Block bilden. Die laufenden Fundstellennummern erlauben die Ergänzung der Texte. Die Jahreszahlen bezeichnen das Erscheinungsjahr des jeweiligen Bandes, rechtfertigen aber auch den Hinweis, dass zwischen deren Erscheinungsjahr und der Veröffentlichung in diesem Buch zwei Weltkriege und die Zeit der DDR liegen, weshalb die Hinweise in den Texten einer umsichtigen Bewertung bedürfen. Die verwendeten Ortsnamen beziehen sich überwiegend auf Kreise, in wenigen Fällen auf Grafschaften. In den einzelnen Bänden sind die Orte alphabetisch zu finden.

337 **Aschersleben** (1904)

338 **Bitterfeld** (1893)

339 **Calbe** (1885)

340 **Delitzsch** (1892)

341 **Eckartsberga** (1883)

342 **Freyburg**

343 **Gardelegen** (1897)

344 **Halle**, Stadt (1902)

345 **Halle**, Stadt und Saalekreis (1886)

346 **Jerichow** (1898)

347 **Mansfeld**, Gebirgskreis (1893)

348 **Mansfeld**, Seekreis (1895)

349 **Merseburg** (1893)

350 **Naumburg**, Stadt (1903)

351 **Naumburg**, Kreis (1905)

352 **Naumburg**, Kreis (1905)

353 **Oschersleben** (1891)

354 **Querfurt** (1909)

355 **Sangerhausen** (1882)

356 **Schweinitz** (1891)

357 **Wanzleben** (1912)

358 **Weißenfels** (1880)

359 **Weißensee** (1882)

360 **Wernigerode** (1883)

361 **Wolmirstedt** (1911)

362 **Zeitz** (1879)

Ortsverzeichnis